长兴县文物志

CHANG XING XIAN WEN WU ZHI

《长兴县文物志》编纂委员会　编

方志出版社

2019年1月，长兴（太湖）博物馆落成　　（梁奕建 摄）

长兴县博物馆基本陈列展厅——长兴一百万年　　（梁奕建 2019年2月摄）

1985年成立新四军苏浙军区纪念馆　　（梁奕建 2019年9月摄）

1995年兴建新四军苏浙军区成立50周年纪念碑

（梁奕建 2019年9月摄）

长兴金钉子博物馆展厅　　（吴拯 2019年6月摄）

位于煤山葆青的标准地质灰岩剖面“金钉子”
（梁奕建 2003年7月摄）

全国重点文物保护单位七里亭遗址 （许要武 2016年10月摄）

浙江省文物保护单位台基山遗址 （周凤平 2019年5月摄）

全国重点文物保护单位顾渚贡茶院遗址及摩崖（顾渚山西顾山最高堂摩崖题记）　　（梁奕建 2004年6月摄）

全国重点文物保护单位新四军苏浙军区旧址（新四军苏浙军区司令部旧址[沈家大院]）
（梁奕建 2001年5月摄）

全国重点文物保护单位城山古城遗址(古城墙遗址)　（梁奕建 2006年4月摄）

2005年10月，江家山遗址局部抢救性考古发掘现场
（梁奕建 摄）

2009年，第三次全国文物普查中发现磨盘山大墓现场
（上官友珍 摄）

2006年7月，小浦合溪洞旧石器遗址考古发掘勘探现场 （梁奕建 摄）

2005年，七里亭遗址考古现场

2007年1月17日，中科院古脊椎动物与古人类研究所所长、研究员高星（左一）在合溪洞遗址考古工地考察旧石器考古工作

（梁奕建 摄）

2007年9月17日，中科院古脊椎动物与古人类研究所研究员张森水在长兴县博物馆观察石制品

（梁奕建 摄）

2009年12月10日，美国科学院院士、哈佛大学终身教授尤索福(右)、北京大学教授王幼平(左)到长兴考察旧石器工作

(梁奕建 摄)

2012年6月21日，中国古陶瓷学会名誉会长耿宝昌(右三)、会长王莉英(左三)一行在长兴县博物馆鉴赏新出土的哥窑瓷器

(梁奕建 摄)

2012年11月7日，中、日、韩考古专家云集长兴县博物馆

(梁奕建 摄)

1985年1月13日，长兴县纪念新四军苏浙军区成立四十周年大会在雉城镇隆重举行，江渭清等部分新四军老同志在长兴县新四军苏浙军区纪念馆前合影
（周德坤 摄）

1996年7月，长兴县新四军苏浙军区纪念馆首创的“当一回新四军战士”夏令营　（梁奕建　摄）

2007年6月，老战士楚青（粟裕的夫人）、周克玉与长兴老区“小战士”在北京人民大会堂合影　（县纪念馆　提供）

2010年6月3日，合溪洞遗址标志碑揭幕仪式　（梁奕建　摄）

2010年6月3日，浙江省旧石器考古长兴县工作站授牌仪式　（梁奕建　摄）

2010年6月3日，浙江省人民政府新闻办公室在杭州之江饭店召开浙江省旧石器考古成果新闻发布会

（梁奕建 摄）

2010年10月，中央电视台等12家中央级媒体到长兴采访文物普查工作 （陈红斌 摄）

2010年3月，合溪洞遗址考古成果参加2009年全国十大考古新发现终评会 （梁奕建 摄）

林城江家山遗址出土的马家浜文化木耜

和平狮子山遗址出土的马家浜文化夹砂陶鬶

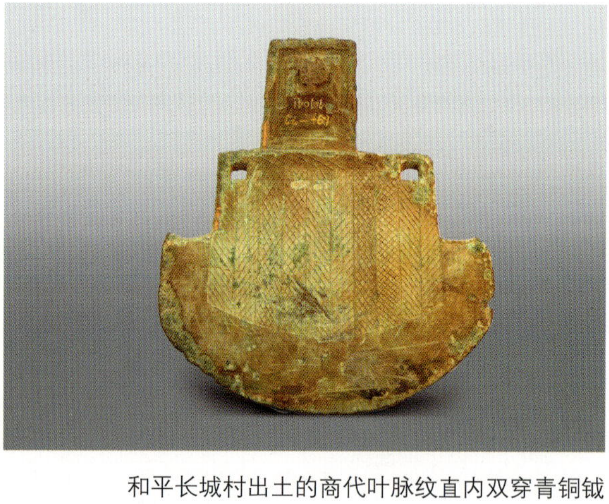

和平长城村出土的商代叶脉纹直内双穿青铜钺

林城江家山遗址出土的崧泽文化陶纺轮

小浦上草路村出土的西周青铜簋(浙江省博物馆 提供)

小浦上草路村出土的西周青铜铙

（浙江省博物馆 提供）

五峰山鼻子山越国贵族大墓出土的原始瓷甬钟

长兴港出土的汉青铜弩机

龙山西峰坝港北出土的东晋青瓷羊形器

泗安云峰宋墓出土的北宋青白瓷佛像

李家巷石泉吴氏家族墓出土的哥窑贯耳瓶

龙山高山岭亭子山出土的宋青白瓷镂空缠枝牡丹香薰

泗安枣树湾出土的清青花瓷将军罐

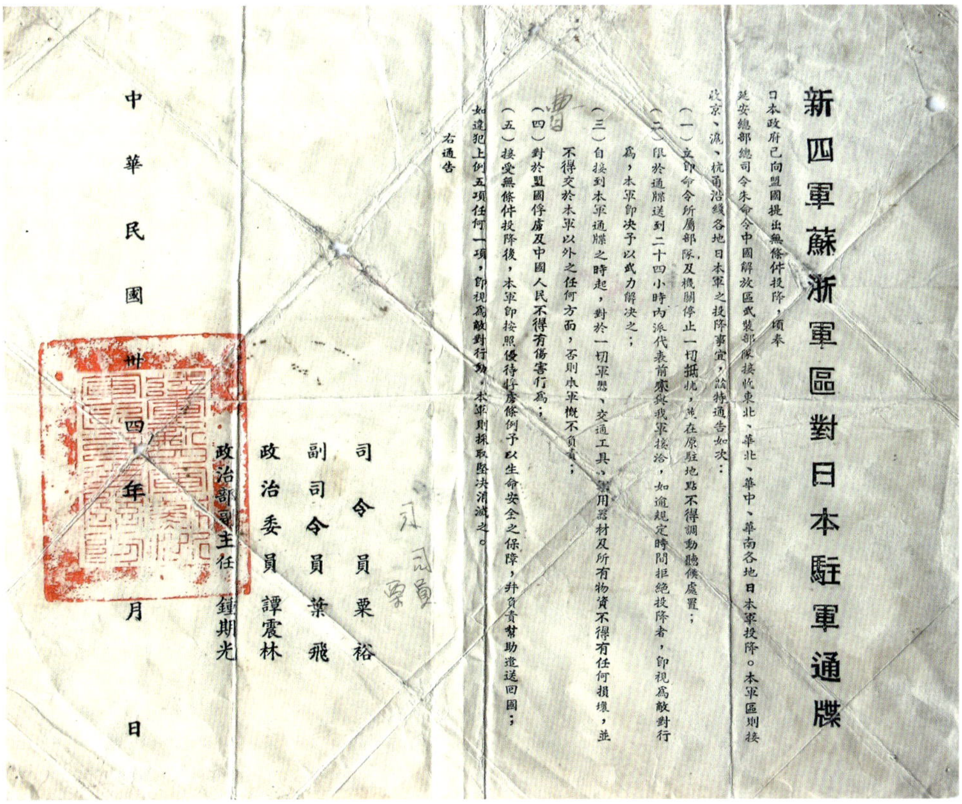

1945年,新四军苏浙军区对日本驻军通牒

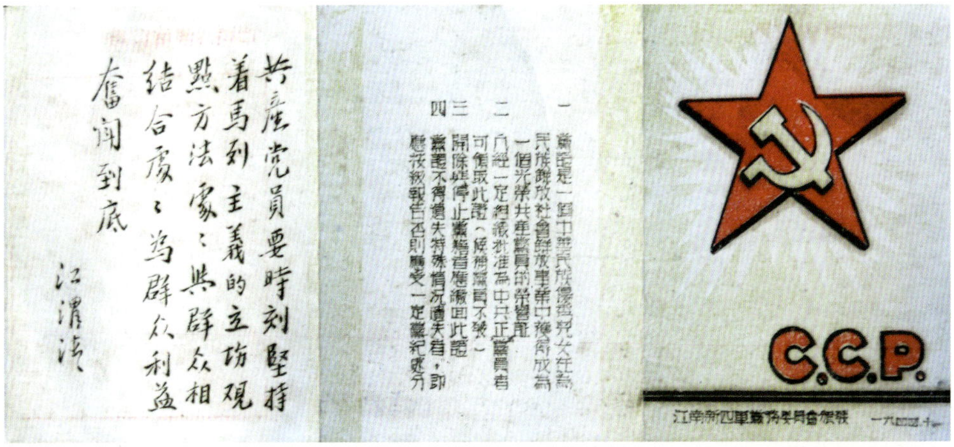

1944年,中国共产党临时党证C.C.P

1944年，王必成(右)、江渭清(左)、吴仲超在长兴槐花坳合影　　(县纪念馆 提供)

1944年3月29日，杭村缴大炮后，新四军六师十六旅旅长王必成与战友们在槐花坳合影
(县纪念馆 提供)

1944年10月，新四军六师十六旅指战员在温塘练兵场合影　　（县纪念馆 提供）

1945春，粟裕在仰峰岕为其夫人楚青及长子粟戎生拍摄的照片　　（县纪念馆 提供）

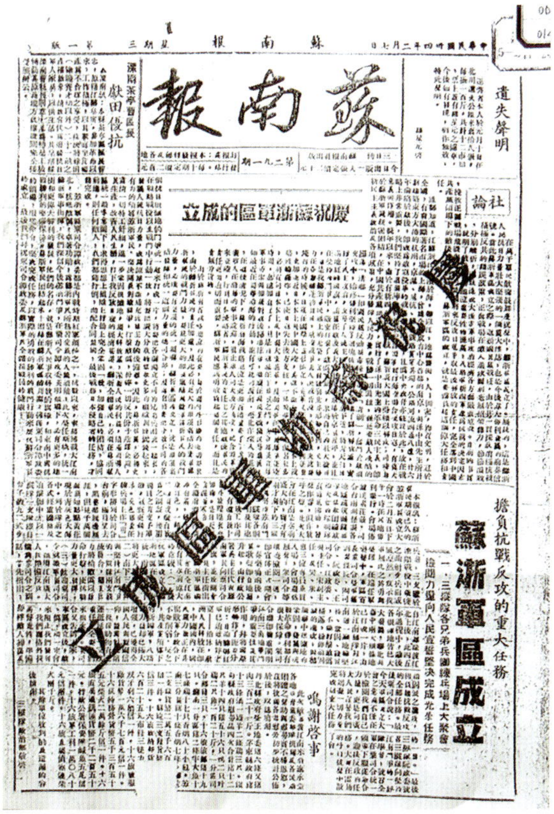

蘇南報

社論

慶祝蘇浙軍區成立

蘇浙軍區成立

擔負抗戰反攻的重大任務

遺失聲明

1945年2月7日，《苏南报》报道“庆祝苏浙军区成立”　　（县纪念馆 提供）

序

文物是人类在社会活动中遗留下来的具有历史、艺术、科学价值的遗物和遗迹。文物承载精神文明，传承历史文化，维系民族精神，是加强社会主义物质文明和精神文明建设的深厚滋养。保护文物功在当代、利在千秋。

长兴历史悠久，文化灿烂。考古证明：100万年以来，我们的先民就在这块神奇的土地上繁衍生息，留下了许多宝贵的文化遗产。现有七里亭遗址、城山古城遗址、顾渚贡茶院遗址及摩崖、新四军苏浙军区旧址4处全国文物重点保护单位，台基山遗址、圣井、朱氏宗祠等14处浙江省文物保护单位，中共长兴县委秘密交通站旧址等56处长兴县文物保护单位。全县馆藏文物一万多件，其中已鉴定国家一级文物28件，二级文物81件，三级文物785件。

中华人民共和国成立以来，中共长兴县委、县人民政府十分重视文物工作。1959年，中共长兴县委成立长兴县搜集革命历史文物小组，在煤山地区征集大量新四军苏浙军区军民进行抗日战争遗存的革命文物。1961年，长兴县人民委员会颁发《关于文物保护管理搜集办法》，公布第一批县级文物保护单位，1983年以后又先后公布五批（次）县级文物保护单位。1976年，成立长兴县博物馆和新四军苏浙军区司令部旧址文物保护管理所，具体负责全县文物保护、宣传、研究业务工作。1999年县人民政府颁发《长兴县文物保护管理条例》，文物保护工作有了地方性法规，同时成立长兴县历史文化遗产保护委员会，协调全县的文化遗产保护工作。2010年，县人民政府发印《关于加强文化遗产保护的实施意见》，文物保护工作全面纳入全县国民经济和社会发展计划，纳入财政预算，纳入城乡建设规划，纳入体制改革，纳入各级领导责任制考核。2013年，县人民政府又出台《长兴县古建筑保护管理办法》，由县财政逐年落实古建筑县级文物保护单位（点）维修专项资金。同时加强基础设施建设力度，分别于2001年与2018年先后新建落成长兴县会展中心（含县博物馆）和投资2.3亿元的长兴（太湖）博物馆。

在县委、县人民政府的正确领导下，长兴文物博物馆系统干部职工，秉承文物工作者特有的职业道德，坚持“保护为主，抢救第一，合理利用，加强管理”的文物保护工作方针，为全县文物保护工作做出了大量卓有成效的工作。新四军苏浙军区司令部旧址文物保护管理所成立后，长兴第一代文博人，发扬新四军铁军精神，艰苦奋斗，吃在乡下，住在老宅，行走在乡间，风里来、雨里去，征集革命文物，保护革命旧址，开辟宣传阵地。1975至1976年，长兴大兴水利，只有两名工作人员的县博物馆，吃苦耐劳，全力以赴承担起长兴港、合溪港、洪山港三大河道开挖疏浚工程文物保护搜集工作。商周青铜器、汉代铁器、唐代银器等上千件珍贵文物得到了有效保护，为县博物馆奠定了厚实藏品基础。1994年，中共中央印发《爱国主义教育实施纲要》的通知后，新四军苏浙军区纪念馆4位工作人员艰苦创业，勇于担当，提出“以纪念馆为中心，辐射苏浙皖边，把展览送到新四军苏浙军区指战员曾经战斗过的地方去。”《铁的新四军》等革命史迹巡回展，被《中国文物报》誉之“爱国主义教育大蓬车”，受到上级领导和社会各级的一致好评。同时创新思路开展的“当一回新四军战士”夏令营等系列活动走出馆门，联动长三角，走进中南海。进入二十一世纪，面对重点工程此起彼伏，城市化建设日新月异，县博物馆、文物保护管理所担起了“工程未动、文保先行”的重任，坚守原则，任劳任怨，12年间开展近50项抢救性考古发掘清理项目。哥窑贯耳瓶、莹石插座、方座印纹陶尊等数以万计的地下文物得到了及时抢救保护，其中亭子头宋墓、鼻子山越国贵族大墓、炮台山石室土墩墓、江家山遗址等多项考古成果在全省、乃至全国为首次发现。2002年启动的长兴旧石器考古调查成果丰硕，域内发现遗址58处，位列华东第一位。七里亭遗址调查考古证明浙江人类历史达100万年，与合溪洞遗址一起先后入围当年“全国十大考古新发现”终评。野外不可移动文物保护得到进一步加强，通过三次全国文物普查和三次全省文物普查，做到了家底清，情况明，分级保护到位。新四军苏浙军区旧址、顾渚唐宋摩崖题记、朱氏宗祠、孔庙、钟楼、鼎嘉桥、光阳桥等一大批文物保护单位得到及时修复。台基山遗址公园建设开启浙江省、乃至全国城市中心古文化遗址有效保护、合理利用创新范例。

数十年来，长兴文物工作得到上级党和政府的充分肯定，成绩喜人。县人民政府、县文化广播新闻出版局、县博物馆、县新四军苏浙军区纪念馆、县纪念馆原馆长梁奕建，四个层面先后荣获5个国家级先进称号，实现了文物系统全国先进“满堂红”。这是全县文物博物馆人共同努力的成果，也是长兴63万干部群众的共同荣誉。

文物是不可再生的文化资源，文物保护工作“只逗号，没有句号。”历史证明，世界上每一个有理想、有作为、有成就的民族，都是极为敬畏和善待自己的文化遗产的。“因为文化是一种力量，对于一个国家来说，它是一种凝聚力、亲和力；对于一个民族来说，它是一种想象力、创造力、整合力。”《长兴县文物志》的出版，是对昨日长兴文物及文物工作一个回顾，一个疏理，一个总结，更是对未来文物工作的启示和鞭策。保护、研究、宣传、利用好祖先留给我们宝贵的文物，是责任，是使命。我们是历史文化的传承者、守望者，守土有责，任重道远。

习近平同志说：“不忘历史才能开辟未来，善于继承才能善于创新。”我们要“让收藏在博物馆里的文物、陈列在广阔大地上的遗产、书写在古籍里的文字都活起来。”为实现中华民族的伟大复兴的“中国梦”只争朝夕，不负韶华。为了明天，保护好昨天；为了未来，传承好历史。

2020年5月

凡　例

一、《长兴县文物志》是长兴县历史上第一部文物工作专志。本志编纂工作，坚持以马克思列宁主义、毛泽东思想、邓小平理论、“三个代表”重要思想、科学发展观、习近平新时代中国特色社会主义思想为指导，坚持辩证唯物主义和历史唯物主义的立场、观点和方法，本着尊重历史、实事求是、详今略古原则，全面系统、客观真实地记述长兴县文物事业发展演变过程及所取得的保护、研究、传播成就，达到“存史、资政、育人”目的。

二、本志书编纂时间上限因事而异，尽量追溯至事物发端，下限至2013年12月31日。大事记、彩页部分下限至2019年6月。

三、本志以志为主，辅之以记、述、图、表、录、照片等。采取横排门类、纵写始末编排，纵横结合，设章、节、目三级记述。志首冠以总述及大事记，前置彩照、总序和序、凡例，后设附录、后记，正文共计4章13节。

四、全志采用语体文记述，述而不论，按《简化字总表》和《标点符号用法》(GB/T15834-2011)书写、标点，涉及个别特殊字体或繁体或音译或同音字代替。

五、本志按传统习惯纪年，中华民国以前，以考古年代纪年，用汉字书写，用阿拉伯数字括注公元；中华民国以后，用阿拉伯数字括注公元；中华人民共和国建立后，以公元纪年，略去“公元”二字。

六、资料主要来源长兴县博物馆、新四军苏浙军区纪念馆馆藏档案和长兴县文化广电新闻出版局及相关县级机关各部门、乡镇(街道、园区)以及其他社会各界提供的档案资料，一般不注明出处，引用原著的则注明出处。

七、称谓一律使用第三人称，国家、组织机构、会议、文件、行话术语、专业名称、专有名词等名称使用全称，过长的名称或者使用频率高的名称第一次出现用全称，其后使用简称。“长兴县人民政府”简称“县政府”，“长兴县博物馆”简称“县博物馆”，“长兴县新四军苏浙军区纪念馆”简称“县纪念馆”“第三次全国文物普查”简称“三普”等。

目　录

总述

ZONG SHU

地理环境

一、地理位置

长兴县地处浙江省杭嘉湖平原西北部，长江三角洲腹地，苏浙皖三省交界处。东临太湖，西倚天目。县境呈枫叶状，东西宽52.7公里，南北长51公里；地理坐标：北纬30°43′至31°11′，东经119°33′至120°06′。全县总面积1430平方公里，辖21个乡镇（街道、开发区），人口63万。这里阡陌纵横，河流交错，山水清远，四季宜人，土地肥沃，物产丰饶。自古享有“丝绸之府”“鱼米之乡”“文化之邦”“江南望县”“帝乡佛国”“兵家必争之地”之称。

二、地形地貌

长兴县位居浙北低山丘陵向太湖平原过渡的地区。地势西高东低。县境西北部、南部、东南部被三个低山丘陵围绕。在西北和西南部山区之间，各有一山间盆地；境内中部和东北部展布两片平原。全县有平原、丘陵（包括山间盆地）、低山等多种地形。其中，平原占总面积72.8%，丘陵占总面积27.03%，低山（海拔500米以上）占总面积0.17%。

（一）山　脉

北支山脉位于长兴县北部，发脉于西天目的广苕山（安吉县）。广苕山脉正干走向安徽广德和长兴交界处，即为北支山脉正干，自青岘岭向北，越过金钟岭、白岘岭至三州山（海拔522米），折向东沿苏浙两省交界处的襄王岭、茗岭、西川岭、白猫岭、黄龙头、啄木岭、乌峰岭、父子岭入太湖至大雷山止。在长兴一侧还包括互通山（海拔574米）、顾渚山、金山、西顾山等山为互通山分支脉。黄龙头山支脉，自黄龙头（海拔536米）向南延伸一分支，经乌头山（海拔500米）又分为九龙山、回龙山两支行而南；西支至城北雉山、子山没入平原，东支至夹山、湖陵山没入平原。

龙山支脉自广苕山在安吉、长兴、广德界入境，向东伸展一支脉，至长泗平原西缘隆起为仙山，沿长兴与安吉分界线东至龙山。

岩山支脉起自广苕山脉正干，向东至青岘岭，再东至仙凤岭，被八都岕谷地切为南北两分支：北支岩山（海拔525米）经黄茅（莽）岭、乌瞻山、龙头岕，没入平原；南支望岭（海拔506米）、方山（海拔575米），经金鸡岭、郎山，尽于小浦平原。

南支山脉属低山丘陵，发脉于东天目，由莫干山绵亘而北，至长兴、安吉、湖州两县一市交界点三山（海拔584.8米）。入县境后分三支；一支向西北，经阴坑里（海拔572米）、野山（海拔562米）至青山，山脉被横涧谷地隔断，继之吴山、佛川山、独山，没入西苕溪平原，称吴山支脉；一支自三山向东北延伸，经周坞山、大岗山（海拔534.7米）、青龙山、小洪山、磨盘山、大岭岗、城山没入西苕溪平原，称城山支脉；东境一脉绕长兴、湖州市界山霞雾山北走，过苕溪，便是弁山，弁山支脉呈东西走向，西起吕山，向东经白鹤岭、戚家山、金山、云峰顶（海拔521.6米）、南云峰，向东北经黄龙洞至小梅山，入太湖。自弁山主峰云峰顶向西北，经天井岭至杨家山，没入城东平原。

长兴县山脉分支体系

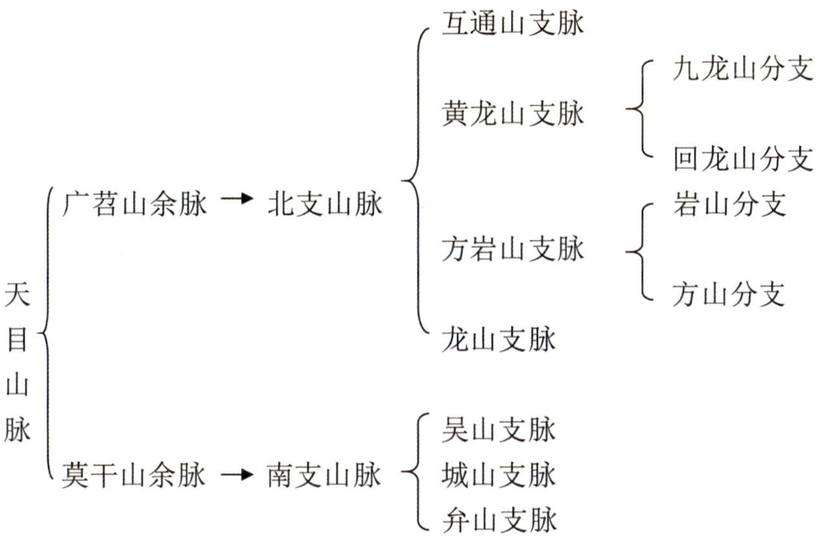

（二）盆　地

煤山盆地：位于长兴西北部。北为互通山，西为三州山、青岘岭，南为岩山、乌瞻山，东为乌头山、九龙岗所环抱。盆地呈方形。中部有狮子山、稻堆山、大鹰山三个高丘。盆地中的丘陵、低山，都由沉积岩组成；高丘主要由石灰岩构成，发育着岩溶地貌——漏斗和地下洞穴。地下水资源丰富。在合溪涧（北涧、南涧）出口处，发育有冲积扇小平原，是人口聚居区。盛产篱竹、箬竹、果木。

泗安低丘盆地：在长兴西南隅。南起龙山，北迄二界岭、师姑岗，东接长泗平原，西以界牌低丘与广德盆地东缘相连。盆地南北高起，中间低平，是浙北通往皖南的“走廊”。盆地南北两片近山麓出口，为古冲积扇，红壤广布。由于片蚀、沟蚀严重，已变成带状红色低丘。从仙山、二界岭、长潮至太傅，均属此类地貌。由于红壤土质黏重，不易渗水，暴雨洪涝，几乎全成地表径流。

（三）平　原

长兴县低平原约占全县总面积的43.69%，主要分布在太湖沿岸和泗安塘、西苕溪两岸。

城东平原：位于长（兴）水（口）公路以东的滨湖区，以及长（兴）湖（州）线至李家巷段的两侧，包括洪桥、雉城、夹浦的全部和李家巷、水口的部分，总面积约222平方公里，平均海拔3至5米。城东平原的基底西高东低，处在以太湖为中心的浅沼形洼地西缘。表层沉积物以细颗粒沙（细粉沙、黏土）为主，系湖沼堆积物。天然湖、河，人工溇港交错。其中，水域面积约占平原区的23%。人口稠密。是长兴粮食、油料、蚕桑、渔业的主要产区。

长泗平原：在长兴中部，以虹星桥为中心，介于泗安盆地与城东平原之间，主要分布在泗安塘、西苕溪两岸。地势西高东低，海拔3至7米，面积350平方公里。长泗平原西段多山麓冲积扇，东段多河、湖沉积，南、北近低山丘陵，易受洪涝威胁。地表多筑圩堤，人工河流纵横。为长兴主要种植业基地之一。

（四）水　文

长兴主干流均发源于西部山区，由西向东，分别由干流和溇港流入太湖。境内干流由北而南主要有乌溪、合溪涧（箬溪）、泗安塘和西苕溪四大水系。

合溪涧：合溪新港的上游。发源于白岘襄王岭，至煤山大园会东西两川之水，经石庙到槐坎草子槽，纳青岘岭以下梓坊（南闸）诸水汇为合溪涧，经陈武帝钓台至合溪。以诸水之合而得名。经镇湾潭南行4里至黄泥潭，此段为合溪涧。全长30多公里，流域面积约300平方公里。河床纵坡5‰至1.5‰，系砂卵石河床。常年水位5.72至5.94米。历年最大流量1220立方米/秒。

合溪涧汇煤山盆地之水，四周溪谷深坳，坡陡势猛，一遇暴雨，源短流激，易成洪水泛滥。支流有北涧、南涧。

箬溪：又名长兴港，古时夹港两岸悉生箭箬而得名。自小浦黄泥潭，分合溪涧之水一股经小浦镇，纳八都岕杨岭涧之水，过竹山潭至画溪桥，会姚家桥港（林城港）之水折向东流，穿过雉城镇，经下箬寺直流新塘口入太湖。全长19公里，流域面积311平方公里。河面宽40至60米，水深3至4米。河床纵坡约0.16‰。多年平均水位3.09米，历年最高水位5米，最低水位2.03米。最大流量310立方米/秒。

箬溪分为三段，上游自黄泥潭起至画溪桥，古名合溪；画溪桥至紫金桥称画溪；从画溪桥至新塘口，古称箬溪。雉城镇龙潭湾东段称下箬，绕城西段称上箬。支流有杨林涧、姚家桥港、白阜港、重阳港、黄土桥港。

泗安塘：又名四安溪。发源于安徽省广德县青岘岭。经朱湾岭流入本县二界岭、三里桥汇于泗安水库；经水库调蓄后出鸭鱼塘桥，会青东涧之水，经泗安镇、管埭又会长潮涧之水，东流天平桥、林城，分一支向东北入姚家桥港；主流东向虹星桥，又分一支向东北入九里塘港、横塘渡，分一支向北经吕山到小箬桥，折入小箬港，经李家巷、赵家桥，折向东北出杨家浦入太湖；主流由横塘渡径直向东，出纽店桥，汇入西苕溪。全长74.6公里，干流长40多公里，河面宽30至50米，流域面积565.5平方公里。河床纵坡在大王村以上的为7‰，大王村至朱湾2.3‰，朱湾至泗安水库1.3‰。泗安镇以下至吕山河底高程为0.5米，河底宽为12米，年最大流量189立方米/秒。

泗安塘东西横向贯长兴县中部，南与西苕溪，北与长兴港以支流相通，构成灌溉、泄洪网络，是长兴水系中的重要干流，其中上游两岸是我国一类保护动物扬子鳄的适生区。支流有青东涧、长潮涧、周吴涧、太傅港、泥桥港、九里塘港、张王塘港、小箬桥港、杨家浦港、横山港、北横港、姚家港、陈桥港、蠡塘港、深大港、胥仓港。

西苕溪：又名龙溪港。发源于天目山北麓的安吉县姚村乡狮子山。此山原名广苕山。据明《吴兴备志》："天目之阴为广苕山，发源是苕溪，一名西溪。一名大溪，一名龙溪。"流经安吉、长兴、吴兴三县。总流域面积2274平方公里。长兴段（北岸）西起小溪口，东至吕山乡的下目村，长18.2公里；右岸（南岸）西起吴山乡的大丁村，东至和平的下殷村，长21.7公里。

西苕溪是横穿长兴县南部的最大河流。正常水位3米。河面宽度一般为80至100米，最窄处69米，最宽处159米。河底高程一般在-1至-5米。多年平均水位3.05米，最高水位7.88米，最低水位2.17米。最大流量1250立方米/秒。西苕溪长兴段右岸（南岸）的支流有晓墅港、洪山港、和平港、北杨桥港，汇集安吉县晓墅镇及吴山、和平等乡镇之水。

三、气候与物产

长兴属北亚热带季风气候区，常年平均气温为15.6℃，历年极端最高气温39.3℃，极端最低气温-13.9℃。年均降水量1390毫米，年雨日144.5天，其中3至9月是全年降水集中期，占年雨量的75%以上。常年日照时数1810.5小时，常年无霜期240天。气候总特点：雨热同季，温光协调，降水丰沛，光照充足，气候温和，四季分明。但年际间气候多变，主要灾害性气候有暴雨、冰雹、洪涝、干旱、台风，以及秋末冬初的寒潮，清明后的"倒春寒"和连绵阴雨，春末夏初强对流天气，影响农业生产和民众生活。

长兴地处杭、嘉、湖"鱼米之乡、丝绸之府、文化之邦"一角。平原地区以种植稻、麦、油菜为主，兼有蚕桑、畜牧、水产等业；低山、丘陵地区盛产竹、松、杉、苗木，名特产有唐代贡茶——紫笋茶、乌梅、银杏、板栗。野生动物主要有金钱豹、獐、麂、野猪、兔、狼、獾等，飞禽有草鸮、画眉、黄莺、喜鹊、白鹭、乌鸦、白头翁、麻雀等；水产有白鱼、鳙鱼、白鲢、鲤鱼、鳜鱼、银鱼、甲鱼、白虾、太湖蟹、湖虾以及珍稀动物扬子鳄等。低山、丘陵与太湖连接处，地势起伏，山水清远，风光秀丽。境内矿产资源丰富，非金属矿种有煤炭、石灰石、硅灰石、石英石、凝灰石、陶土（紫砂泥）、膨润土、耐火黏土和硼等。

历史沿革

长兴，春秋时属吴，吴王阖闾使弟夫概筑城于此，因城呈狭长形，故名曰长城。后属越，越为楚所灭，遂属楚。秦分三十六郡，则属鄣郡。汉高祖六年（前201年），立刘贾为荆王，长兴属荆国；十二年（前195年），汉高祖立刘濞为吴王，又改属吴。景帝三年（前154年），地属会稽郡乌程县。后汉永建四年（129年），分会稽置吴郡，地属吴郡。吴宝鼎元年（266年），分吴丹阳为吴兴郡，长兴则地属吴兴郡乌程。

晋武帝太康三年（282年），分乌程县立长城县，属吴兴郡。南朝宋、齐、梁、陈时，属吴兴郡。梁敬帝绍泰元年（555年）于吴兴置震州，未几州废，仍名吴兴郡。隋开皇九年（589年）灭陈，罢吴兴郡，长城并入乌程县，属苏州。仁寿二年（602年），复立长城县，属湖州。大业二年（606年），废湖州，仍属吴郡（今在苏州）。隋末（618年）置长州。唐武德四年（621年）更置绥州，六年（623年）辅公祏更名雉州，并置原乡县属，七年（624年）废雉州，以安吉、原乡入长城。麟德元年（664年）复置安吉县。天宝元年（742年），改湖州为吴兴郡，乾元二年（759年）复为湖州，县名不改。

后梁开平四年（910年），吴越王钱镠避梁太祖父讳，改长城县为长兴县。至此，长兴之名使用至今。宋太平兴国三年（978年）吴越纳土，置两浙西路，州县名悉旧。宝庆元年（1225年）降湖州为安吉州，所领县如故。元至元十三年（1276年）平江南，改昭庆军安吉州为湖州安抚司，隶两浙都督府。翌年改为湖州路，长兴属湖州路。元贞元年（1295年）升长兴县为长兴州，仍属湖州路。至正十七年（1357年）耿炳文取长兴，改名长安州，以安吉县来属。二十二年（1362年）复名长兴州。明洪武二年（1369年），降州为县，隶属湖州府。弘治元年（1488年），知府王珣以安吉、孝丰等九乡山民立孝丰县，而割长兴南境的顺零、晏子、荆溪山区入安吉。清顺治二年（1645年），六月，豫王征江南，总兵张士元定湖州，县属浙江布政司湖州府。

民国元年（1912年）2月，长兴直隶于省，此后，多有变化。在抗战时期，新四军十六旅在长兴开辟了敌后抗日根据地。民国33年（1944年）4月，在槐花磡建立长兴县抗日民主政府，隶属于苏南行政公署郎广区。民国34年（1945年）10月10日，国民党县政府迁入长兴城，属浙江省第二行政公署。

1949年4月26日，长兴解放，5月16日成立长兴县人民政府，隶属浙江省第一区专员公署。1967年11月，成立长兴县革命委员会，属嘉兴地区革命委员会。1980年，恢复长兴县人民政府，隶属于嘉兴地区专员公署。1983年10月，撤专署实行市管县，隶属于湖州市。

文物概述

长兴地上地下文物十分丰富。2007至2012年第三次全国文物普查(下简称“三普”)已查明境内古遗址、古墓葬、古建筑、石窟寺及石刻、近现代重要史迹及代表性建筑、其他等文物登录点1210余处,其中特别重要的有120余处。新四军苏浙军区旧址、顾渚贡茶院遗址及摩崖2处为全国重点文物保护单位;七里亭遗址、江家山遗址、台基山遗址、空山遗址、新安遗址、城山古城遗址、西峰坝东汉画像石墓、“圣井”、孔庙、龙山窑址、九龙山窑址等12处为浙江省文物保护单位,钟楼、光阳桥、九女冢、方山窑窑址等58处为长兴县文物保护单位。长兴县博物馆(下简称县博物馆)、长兴县新四军苏浙军区纪念馆(下简称县纪念馆)收藏有旧石器至近现代各个时期的石器、陶瓷器、金银铜铁器、古籍书画等藏品近万件。

旧石器时代

2002年11月,长兴旧石器的发现,一方面把古人类在浙江省境内劳动、生息的历史提前了100万年,甚至更长,也为浙江境内新石器时代文化溯源提供了有意义的资料;另一方面,把苏、浙、皖、赣、闽连成一片,扩大了旧石器时期南方主工业的分布区,纬度向东扩展1°,对南方主工业的发展和区学类型的研究提供了可靠材料。

截至2012年12月,长兴已查明旧石器遗址主要分布于泗安、林城、煤山、槐坎、白岘、水口、夹浦、雉城、小浦、李家巷、和平等11个乡镇,56个点。所有旧石器均出自于稀网纹红土和网纹红土之中。依据地质学家对南方红土的断代意见,绝大部分为距今78万至12.6万年前的中晚更新世时期,最早为100万年前的中更新世时期。从考古调查采集的上千件石器器形来看,以砍砸器、刮削器、手镐、手斧、石核及球形器为主。其主要特征:

(1)大多数石制品粗大而厚重,长度超过80毫米,重量大于200克,石器更甚,长度多在100毫米,重量1000克以上。

(2)做石器原料的岩种多种多样,以砂石为主,包括粗面岩,凝灰岩、石英岩、变质泥岩、硅质灰岩、石英和燧石等。

(3)打片基本上用锤击法,是否用过碰砧法难以确定。生产石片的工艺比较原始。石核以砾石为原料,以自然台面居多,打击台面少。有打击台面的石核均属多台面,采用转向打法。石片的形态不规则,有呈梯形,也有少量三角形或长型。

(4)在石器中重型的远多于轻型的,在宽刃类中存在少许过度类型的标本。

(5)石器中毛坯块状者占优势,多用砾石和石核,断块不多,片状者少量。

(6)石器的加工相当粗糙,器型不规整,刃缘呈波纹形。刃口钝者较多,刃角一般匀超过70° 。

(7)石器的加工都用锤击法,加工方式多样:向背向破裂面、向平面、错向加工、复向加工和交互打击的,其中向背面打击为主要方式。

新石器时代

新石器时代,长兴先民创造出了更加辉煌灿烂的原始文化。1976年县博物馆成立后,通过几代考古工作者的不懈努力,已确立了马家浜文化—崧泽文化—良渚文化—钱山漾文化的发展序列。

从距今6500年左右的和平狮子山马家浜文化遗址出土夹砂陶腰沿釜等文物来看,长兴先民已开始制陶和稻作农业,奠定了“鱼米之乡”丰裕的物质基础。出土的文物有夹砂陶鬶、腰沿釜,泥质红陶豆、高颈弦纹陶罐,猪或牛鼻式耳陶灶、鱼鳍形侧鼎足等等。这些器物,以砂质红陶和泥质红陶为主,砂质陶胎内掺有砂粒和蚌末。泥质红陶表红里黑或者红胎黑衣。器壁粗厚,胎质疏松,烧制温度约800~850℃左右。器物表面饰有弦纹、附加堆纹、镂刻纹等。制作方法以手制为主,部分为轮制或慢轮修整。其中最代表器型是夹砂陶鬶和腰沿釜,其造型之精美、保存之完整、出土数量之多在同时期文化遗址中是少见的。而距今6000~5300年的林城江家山遗址、雉城台基山遗址第四层崧泽文化层古墓葬中出土了夹砂陶鼎、釜,泥质灰陶豆、杯、壶、罐、纺轮等,其陶质以砂质红陶和砂质灰陶为主,有少量泥质红陶、白陶和黑皮陶,质地较细,器表光洁,部分已用慢轮修整,有绳纹、弦纹等简单装饰,烧制温度已提高到950~1000℃左右,尤其是陶纺轮有双勾线图案,极其少见。出土的玉石器有:玉璜、玉玦 、玉环、玉管,石钺、有段石锛、组合形石犁、三孔石刀、石镞等。在江家山遗址50余座崧泽文化中晚期古墓葬中,还出土了大量保存相对完整的骨架,其中一副不但骨架完整,且双手还分别握着石锛与陶罐,在同类型遗址十分罕见。到了距今5300~4000年左右的良渚文化时期,长兴迄今虽未发现大型典型的良渚文化遗址,但从雉城西阜出土的石钺、夹浦蒋埠桥出土的玉锥形器,小浦合溪出土的玉璜及台基山遗址出土的良渚文化双孔石钺和长兴港出土的双鼻壶、黑衣陶罐、杯、豆、夹砂红陶鼎、陶纺轮等及大量石器器物来看,人类文明曙光在这里已冉冉升起。该时期的陶器以砂质黑陶和泥质灰胎黑皮陶为主,并有一些薄胎黑陶和少量砂质与泥质橙红陶,部分器表施有黑色陶衣。陶器制作以轮制法为主,并有手制和模制,陶器表面除多素面磨光外,还饰有弦纹、绳纹、刻纹、锥刺纹、镂空纹,并出现彩绘陶器等。出土的石器精细而光滑,器形有单双孔石钺、三角形穿孔石犁、扁平体带孔石铲、长方形石刀、半月形石刀、扁平石锛、有段石锛、石斧、石凿、石镰、柳叶形石镞等等。

先秦时期

长兴背山面湖,地势雄峻,历来为兵家必争之地。历史进入青铜时代,太湖流域成为吴越先民演绎一幕幕光辉灿烂历史的大舞台。春秋吴王阖闾使其弟夫概在长兴修筑长城,于吴城、彭城、邱城演练步兵,斯圻、石圻、芦圻演练水兵,在长兴同样留下众多古迹。

距今4000~3500年的马桥文化在长兴分布十分广泛,雉城台基山、钱家斗东浜、林城江家山和小浦画溪桥多处古文化遗址抢救性考古发掘出土的器物文化特点非常明显。出土的陶器以夹砂红(褐)陶、泥质灰陶、泥质黑陶、泥质红褐陶为主,胎质含铁量较高,主要器形有刻划纹鼎、豆、鬲、甗、鸭形器、釜、簋、尊、盘、罐及碾钵、陶拍等,烧制温度在1000~1200℃左右。画溪桥遗址出土的豆把饰有云雷纹、蟠虺纹、饕餮纹、菱纹、弦纹等。石器有段石锛、双孔石刀、石矛、V形破土器等。尤其是在台基山遗址第三层马桥文化层位上出土的青铜矛和陶支座上留有铜渣,为马桥文化青铜器制作业的研究提供了佐证。在长兴港出土的石锛、雉城上杨村出土的石戈及孔庙前建设银行工地出土的早商木井及竹篓、木臿、麻绳同样反映该时期长兴先民的创造力。

长兴大地上以印纹硬陶为代表的商周及春秋战国的历史文化遗产相当丰富。环沉、仙山、步云桥、篁墩、老坟山、乌龟山、张家桥、太傅庙、初康遗址等为代表的古文化遗址分布于全县11个乡镇。出土器物有商代绳纹硬陶甗、西周双系连珠纹灰陶罐、席纹灰陶鬲、编织曲折纹葫芦陶尊、春秋三足水波纹硬陶鼎、战国黑衣陶豆(内刻有"东阳里"三字)等代表性器物。土墩墓、石室土墩墓遍及环太湖西岸临湖山冈、坡地,2012年年底登录在册土墩达2800多座。《浙江省文物考古研究所学刊》第七期载:"从李家巷赵家桥弁山石室土墩墓不同时期器物组共存一室考古发掘来看,不能以整座石室作为最基本的考古单位,而应以石室内不同器物组为代表的各座墓葬来进行断代和分期。"赵家桥弁山石室土墩墓"成为浙江省石室土墩遗存课题研究的里程碑"。林城镇太傅石狮大型石床土墩墓、小浦炮台山春秋晚期石室墓的考古发掘同样揭示了春秋战国时期吴越文化多元性。

在长兴土墩墓和石室土墩墓中出土的主要器物是印纹硬陶和原始瓷。印纹硬陶有罐、坛、瓮、豆、簋、尊、鼎等,原始瓷有豆、碗、盂、碟、瓮、坛、罐、瓿、尊、甬钟、镈等,有明器、日常生活用具,也有仿青铜礼器、乐器。煤山下齐岭西周古墓葬群出土的仿青铜器方座组合纹陶尊、仿青铜器组合纹带盖陶簋,雉城五峰山鼻子山大墓出土的仿青铜原始瓷打击乐器甬钟、句鑃、錞于、镈、编磬、镇等弥足珍贵。陶器陶质以砂质红陶和砂质灰陶最多,黑皮陶或灰皮磨光陶次之,泥质红陶较少。器表纹饰凡砂质陶多以饰绳纹、附加堆纹和指窝纹为主。黑皮与灰皮泥质陶则饰弦纹、贝纹、凹点纹、镂孔纹、菱形纹、划纹、折带纹和云雷纹。泥质红陶和硬陶与原始瓷表面多饰席纹、回纹、方格纹、菱形纹、曲折纹、云雷纹、编织纹、波浪纹、C型纹等,而原始瓷大部分施釉不均,烧结后有的呈透明状,釉色有青灰、褐黄和黄绿。胎体用轮制成型,烧成温度在1200℃以上,断面吸水率比陶器明显降低,胎体含铁量比陶器少,但制作工艺还是比较粗糙,处于瓷器的初级阶段。2007年12月,在林城龙山脚下发现荆竹关东周印纹硬陶窑址和牌坊沟商周印纹硬陶窑址(含少量原始瓷器),为太湖西南岸印纹硬陶及原始瓷的烧制找到了源头。

作为兵家必争之地,长兴地下掩藏的兵器十分丰富。长兴属吴、越、楚三国交界,战事频繁。随着生产力的发展,铸铜业的兴起,生产了大量青铜兵器和生产工具,由此形成极具长兴地方特色的青铜文化。截至2012年在长兴共出土604件青铜器,其中青铜兵器多达109件(青铜剑34件,青铜戈16件,青铜矛30件,青铜镞17件、其他12件),尤其是长城杨桥村出土的商代叶脉方格纹青铜钺,长兴港出土的无格圆茎变形兽面纹青铜剑、云雷兽面纹青铜匕和西周条形短胡二穿式青铜戈、战国宽骹狭刃青铜矛,可称之青铜兵器中瑰宝。长兴出土的青铜礼器、乐器和生产工具也同样精彩,其中有青铜鼎、铙、簋、洗、鬲、壶及青铜犁、锄、镰、钻和鱼钩、镖等。尤其是1959年10月在小浦上草路村出土的云雷纹青铜铙和C形纹青铜簋，经郭沫若鉴定为“江南出土西周罕见之器”。

战国时期，已渐进铁器时代。随着冶铁业的兴起，在太湖水域、长兴港还出土了方折凹口銎宽体式铁犁，长方銎铁口锄，凹形铁臿等铁制农业生产工具。

秦汉时期

秦至东汉前期，长兴基本处于火耕水耨阶段。历年汉墓考古发现极大部分为中小型棺椁墓和砖室墓。汉砖以麻布纹、绳纹居多，同时出现大量的吉祥祝福及纪年铭文，如“万岁不败”“万岁不死”“万岁”以及龙纹图案等。规格一般长25～35厘米、宽14～18厘米、厚5～8厘米不等。随葬品以釉陶器和陶器为主，铁器次之，青铜器和漆器较少见。随葬品的差异不显著，出土陶器主要是壶、罐、瓿、簋、钵、鼎、釜、井、灶、泥质钱币、陶俑等；铁器有剑、刀、矛、鼎、釜等及少量铜器，诸如铜镜、洗、壶、甑、釜、熏炉、印章等。最典型的有图影碧岩前城、后城汉代土墩墓葬群，仙山庆丰、五丰、长丰土墩墓葬群，雉城张家湾、夏家庙土墩墓葬群、九女冢、七女冢及西峰坝东汉画像石墓等。

长兴的制陶业进入东汉晚期迅速崛起，主要分布在雉城、林城、和平、小浦依山傍水的山冈上。其中林城方山建窑遍及整个岗地，史书记载为“千户烟灶，万户人丁”，且制窑延绵不断至民国，迄今保存较完整窑址有二座。小浦光耀考古则发现在150平方米范围内有七座汉代马蹄窑和三角形窑，以烧制汉砖为主，可见当时制陶业已形成规模作业。雉城长岭山窑址、夹浦月亮山窑址出土了大量汉代窑具和器物，产品包括壶、罐、盂、钵、碗、盏等，烧制温度达到1100～1250℃左右。小浦画溪桥汉代遗址出土直径74厘米、壁厚3.4厘米、每节高34.8厘米的陶井圈和原始瓷钱币纹四系双层盘口壶，反映当时长兴制陶业已发展到相当高的水平。

20世纪70年代，长兴港疏浚淤泥中出土一大批精美而完整的汉代铁器。上百件铁器中农业生产生活工具共67件，其中包括铁釜、斧、犁、锛、锄、鱼镖、镰等。兵器共38件，其中包括铁剑、箭、戟、矛和环首铁刀等，尤其是长达101.2厘米的环首铁刀，102.6厘米长的铁剑，34.8厘米长的薄格扁茎式铁铍和卜字形铁戟完好无损，刃部锋利依旧，环首铁刀刀把上竹柄尚存。1976年，长兴港还出土一件汉代错银斜方格纹青铜弩机，各部件一应俱全，且无斑迹，悬刀张力依旧，扳动灵活，望山上刻度清晰可辨，为汉代远程冷兵器的代表器物。

东汉末年至三国时期，东吴孙策派程普吕蒙讨伐乌程严白虎，严白虎则以和平城山为依托，兴建城池与孙吴部抗衡。城山顶上尚保存罗城1400米，金城400米和部分弩台、烽楼、擂鼓墩、点将台以及走马埒等遗址。其中，土城墙依山而建，辇土为墙，内缓外陡，现存高度1.5～4米不等，是江南为数不多的汉代古城遗址之一。

六朝时期

长兴山水孕育了一代帝王，陈朝（557—589年）开国皇帝陈霸先诞生于下箬。他恭俭勤劳、志度宏远，讨灭侯景，袭杀僧辩，称帝建康，统一江南半壁江山，为汉文化的传承和发展做出了重大贡献，历代前贤对其予以较高的评价。归有光《圣井铭并叙》中称之“江左诸帝，号为最贤”。今在长兴尚保存有陈朝陈武帝故宅遗址，传说陈武帝出生沐浴的“圣井”。六朝时期出土的主要文物有青瓷鸡首壶、羊注子、虎子、盘口壶、四系瓷罐及青瓷盆、盂、盏和猪舍、谷仓、马、狗、鸡、鸭、俑等明器和少量青铜器。瓷器一般上部多饰一条以网络纹和联珠纹组成的带状印纹及堆塑“铺首衔环”。到了中晚期出现青瓷褐斑装饰，在器物的口沿，肩部或顶部突出位置饰以褐色斑点，即俗称“点彩”。以西峰坝村港北东晋砖室墓出土的青瓷鸡首壶、羊注子为要。青铜器以铜镜为主，该时期铜镜纹饰题材多样，内容丰富，有花草、禽兽和人物故事图案等，层次清晰，工艺精湛。在为数不多的生活用品中，槐坎乡礼贤岕出土一件青铜提梁匜一枝独秀，整件器物造型精美，凤纹精湛，反映了六朝时期高超的铸造工艺。

东晋杰出的政治家，著名文人，成功指挥“淝水之战”的谢安，曾为吴兴太守，为治理太湖，在小梅口一带兴建水利工程，谢公塘遗址尚有保存。其病故后初葬建康梅山，后迁葬于长兴三鸦岗。

唐宋元明清时期

隋至唐宋，长兴由战乱趋向稳定，逐步走向繁荣，经济发展，文化繁荣，享有“江南望县”美誉。

隋大业九年（613年），在泗安置鹰扬府，筑有城池，开启长安、吉安、广安、宜安四门，与雉城一起成为此后历代军事重镇而载入史册。

唐大历五年（770年）水口顾渚紫笋茶被列入贡品，其间茶圣陆羽隐居于苕溪之滨，足迹踏遍“方山诸谷”，著就旷世之作《茶经》。历代文人墨客白居易、杜牧、颜真卿、皎然、陆龟蒙、皮日休、刘禹锡、袁高、杨汉公、张文规、陆游、王十朋、苏轼等纷纷踏至，或登高远眺或临泉品茗或依亭歌啸，留下了大量诗文，成为中华文化宝库的珍品。在顾渚山尚保存有三处九方唐宋摩崖石刻题记和我国第一个贡茶院遗址，吉祥寺以及清风楼、清晖轩、木瓜堂、忘归亭、境会亭、荐春台、甫里茶园等茶文化遗迹。

南宋，长兴作为抗金腹地，岳飞、韩世忠曾在合溪、悬脚岭一带安营扎寨，抗拒金兵。因此留下岳飞场、悬脚岭等古迹，尤其是当时宋兵所使用的独具特色的“韩瓶”随处可觅，而韩世忠之子韩彦直就安葬在二界岭邱家村，其孙韩杕墓安葬在二界岭云峰村。

“一方水土养一方人”。自唐至清，长兴人才辈出，中进士289名，举人245名。其中，唐代唐太宗的贤妃徐惠，佛教律宗创始人道宣，诗人钱起、皎然、陆龟蒙；宋代“太学四绝”书法家刘焘，通议大夫周之道，谏议大夫刘度，龙图阁直学士刘珏、翰林学士施元之、施宿父子，右中奉大夫周淙；元代创办东湖书院的蒋必胜、蒋克明父子，诗人沈贞；明代刑部尚书顾应祥，江西布政使徐中行，文人吴琉，中国最早一代具有代表性的私人出版商《元曲选》编者臧懋循；清代灯彩工艺家沈无咎、“奇士”钱江，音乐家朱旂、书画家张度和隐士朱升等等均为后人所敬仰。

该时期长兴地下出土的文物同样精美绝伦。水口九龙山唐五代龙窑生产的白瓷和小浦光耀唐宋龙窑生产的黑釉瓷器反映长兴制陶业发展到了新的历史水平。下箬杨湾村出土的唐代窖藏银器中“摩羯纹”与法门寺出土的金质茶具同出一辙。鱼化龙惟妙惟肖，栩栩如生，既展示了盛唐时期繁荣的一面，也反映了长兴茶文化丰富的内涵。二界岭云峰宋墓出土的青白瓷坐佛像、龙泉窑青瓷袋足炉，雉城高山岭宋代墓葬出土的福建建窑兔毫盏，宋镂空缠枝牡丹纹青白瓷香熏，洪桥横山小沉渎村出土的宋代定窑薄胎白瓷敞口盘，石泉村出土的哥窑三足炉、贯耳瓶、青花罐、龙泉窑青瓷碗，雉城五峰村出土的明代龙泉历史故事瓷碗，泗安仙山枣树湾出土的清康熙青花缠枝莲纹盖罐，长兴港出土的哥窑开片双鱼青瓷盆和水口明代墓葬出土的白瓷碗和金器等同样为传世瑰宝。作为湖州府属地，长兴出土的近200件铜镜中湖州镜占多数，其大小不同，造型各异，是湖州镜制造业一个缩影。铜镜主要器形有方形、圆形、葵花形、菱花形、桃形等，多素地。大部分镜背刻铸有作坊姓名，如“湖州仪凤桥南酒楼相对石之真青铜照子”，该招牌式的镜铭上，就如今天的商品广告。其中一方上刻有“湖州铸监局乾道七年铸炼铜监□”和“铸造工匠杨二”，反映当时湖州镜制作业已有官方监制。

长兴依山傍水，特殊的地理位置和频繁的战事，保存下来的古建筑数量相对较少。长兴尚存的30多处古民居、寺庙均为明清时期遗存。山区以徽派建筑为主，水乡建筑体量较小，城区仅存孔庙（大成殿、明伦堂）、钟楼与朱氏宗祠。

民宅一般都是坐北朝南偏东的封闭式院落，总体布局是纵向轴对称，两边偏屋也完全相对称。单体建筑一般是五开间两厢房或三开间两厢房，少者一进，多者五进，以三进居多。一般是沿着中轴线自南往北分别为门厅、前厅、后厅堂。

明代建筑以朱家宗祠，明伦堂为例，整体结构简练，规矩谨严，用材粗壮。明间用抬梁式构架，其他采用穿斗式或抬梁式混合结式；外围砌空斗墙，内灌砂泥。屋顶多为硬山顶，阴阳合瓦。厅堂明间前施六扇六抹隔扇门，进深特大，出檐较深，并设置外廊。厅房和堂屋门面均可拆卸，作敞口厅，围墙和风火墙顶部均有瓦顶，以保护墙面不被雨水渗透。

清代建筑用材不大，比较注重装饰。清晚期结构复杂，制作精美，尤其门楼装饰十分讲究。装饰丰富，最常见反应在门窗花格子与雕花。窗格有砖瓦的，有块木筋外加纸筋灰膏塑的，也有木花格的。隔扇既可作门，也可为窗，还可作为厅室内分间的隔断。它们往往四扇一组，相靠并立，填满两柱之间。可装可卸。许多建筑木刻，砖雕十分精致。内容有戏曲人物、小说故事或二十四孝之类，不一而足。其融书法、绘画、戏剧、文学、雕刻为一体，较之北方雕刻更细腻圆润，秀丽丰富。大户人家门前置有左右抱鼓石，多雕花。太湖边水乡人家则家家有石级码头通舟、取水、洗涤，石级有驳岸式和悬排式。

桥梁是江南水乡道路的纽带，被誉为“水乡的翅膀”。在长兴上百座形式各异的古桥梁中，以石梁桥为主。气势恢宏的光阳桥和文化积淀深厚的鼎嘉桥则是著名的古拱桥。在千种万般的桥梁中，单孔和多孔并有，石梁和木梁并存，其中林城畎桥为八墩七孔石梁桥，全长34米，宽2.05米，高3.10米；夹浦三孔大乌桥（兴隆桥）是全县唯一一处多孔石拱桥。夹浦小乌桥则是十分精美的一座石拱桥，其石刻艺术玲珑剔透，多数采用浮雕，高浮雕和线刻等手法，层次分明，主体感强，布局疏密相同，奏刀干净利落，精细入微，充分显示了明清时期长兴石雕艺术的精湛水平。

随着佛教、道教等宗教文化的传承，作为“帝乡佛国”的长兴，至清末各代所建寺院、庵堂达200余处。虽迄今保存仅城山教寺、八都岕开元禅寺、岩山振天禅寺等不多古寺院落，但许多万劫余生的宗教文物显得弥足珍贵。其中，有城山教寺的石刻造像、舍利塔，大云寺唐代石经幢，雉城钟楼中洪武七年铸造重达一吨的铜钟以及和平法海禅寺之碑等。

同样历代前贤客居长兴也为后人留下了许多珍品，其中明代著名文学家归有光，《西游记》作者吴承恩在长兴同朝为官，共治一县，留下了《圣井铭并叙》《梦鼎堂记》两块传世碑刻，其立于县衙门前“尔俸尔禄，民脂民膏”诫碑虽已残损，但仍为后人所传颂。元代著名书法家赵孟頫的《长兴州修建东岳行宫记》碑、碧岩北宋摩崖石刻、孔庙碑廊、白岘洞山明清摩崖题记均有很高的研究价值。

当然，作为“江浙门户”，南宋后，长兴战事时有发生，元末明初朱元璋与张士诚相持，“十战鳌山，九败弁山”，清末太平军与清军在长兴鏖战四年，民国13年（1924年）江浙军阀开战于此。频繁战事在长兴留下许多战争遗迹、兵器等。其中有冷兵器向热兵器转变的代表性兵器铜火铳，有铸有“湖防局赵景贤监制，清同治元年吉日造”铭文的铜炮，还有太平军使用过的铁刀、铁剑等。

土地革命至中华人民共和国成立

长兴是具有光荣革命传统的老区县。民国17年（1928）中共夹浦独立支部诞生。民国26年（1937）11月25日，日本侵略军进犯，长兴沦陷。民国27年（1938）3月，长兴抗日义勇游击队夜袭大云寺，打响长兴地方武装抗日第一枪。民国29年（1940）4月中共长兴县委在长潮岕西山庵秘密召开第一次会议。民国30年（1941）建立了以雉城竹园村徐家为中心的中共长兴县委秘密交通站。民国32年(1943)秋至民国34年（1945）10月，粟裕、叶飞等率领新四军苏浙军区军民以槐坎为指挥中心，抗击日伪，先后发动了杭村大捷、长兴战役、泗安战役、青岘岭战役等战役，为打败日本侵略者写下了可歌可泣的光辉一页。民国34年（1945）10月，新四军奉命北撤后，许多抗日志士、地下党员为保护抗日战争胜利果实坚持斗争，献出宝贵生命。民国38年（1945）4月20日，中国人民解放军发起渡江战役。24日，第三野战军发起大规模的苏浙皖边围歼战。26日，第二十八军八十三师二四四团解放长兴县城。5月16日，中国共产党长兴县委员会、长兴县人民政府宣告成立。革命前辈的英勇斗争业绩，为我们留下了许多革命史迹。著名的纪念地有地处煤山的全国重点文物保护单位新四军苏浙军区司令部、粟裕办公室及宿舍、新四军苏浙军区一纵队司令部、苏浙公学、新四军兵工厂、方司令谭司令北山园住所、中共长兴县委、县抗日民主政府、新四军后方医院疗养院、鞋子厂、被服厂、修枪所、《苏南报》报社、《苏南报》报社编辑部和苏南行政公署旧址；有县级文物保护单位新四军苏浙军区政治部、供给部和中共长兴县委秘密交通站旧址等。在槐坎台基村苏浙公学旧址墙头上：“这里没有学士博士，只有宝贵经验的革命者；这里没有黄埔军官，只有身经百战的老战士”和“革命熔炉”等标语依稀可辨。在县纪念馆内收藏有许多珍贵的革命文物。其中有：新四军苏浙军区指战员使用过的大刀、枪支、手榴弹，新四军苏浙军区《对日本驻军最后通牒》，江南新四军党务委员会颁发的中国共产党党证（c.c.p）、新四军十六旅机关报《火线报》的石印版，用于冶炼钢铁制作手榴弹等武器装备的大风箱，还有根据地发行的抗币、流通券和根据地人民支前用的担架、驮架、军鞋，地下党、地方武装使用的土枪、台铳、红缨枪，革命烈士遗物等等。展示了长兴人民在中国共产党领导下前仆后继、浴血奋战的革命斗争史实，是进行革命传统教育的极好教材，也是长兴作为革命老区的历史见证。

大事记

DASHIJI

2011年4月，浙江省博物馆与长兴县博物馆缔结友好馆(童善平 摄)

1949年

4月26日，中国人民解放军第二十八军八十二师二四四团解放长兴县城。

5月16日，中国共产党长兴县委员会(下简称：县委)、长兴县人民政府(下简称：县政府)宣告成立。

5—6月，县政府文教科接管国民政府文教科、民众教育馆、文化供应社等场所，将民众教育馆改为县人民文化教育馆。

1951年

县政府将原竖于长兴县衙门梦鼎堂东面墙壁内的残碑《梦鼎堂记》搬至长兴县文化馆保管。

1952年

长兴县人民文化教育馆改为长兴县文化馆。

1957年

6月，煤山镇葆青村徐敬弟将收藏的100多件革命历史资料全部捐给中共槐坎乡党委。

1958年

建于明代的雉城老城墙因城市建设陆续拆除。

长兴县文化馆设文物藏品室，兼职人员1名，藏品200多件。

1959年

10月，杭牛铁路建设中，在合溪人民公社小浦村上草路自然村一个被农耕平整过的土墩下出土西周时期云雷纹青铜铙和龟纹青铜簋两件青铜器。后收藏于浙江省博物馆。

同年，成立长兴县搜集革命历史文物小组，在煤山地区征集大量当年新四军进行抗日战争遗存的革命文物。

1961年

4月15日，浙江省人民委员会公布长兴温塘新四军苏浙军区司令部旧址为省级重点文物保护单位。

5月20日，长兴县人民委员会颁发《关于文物保护管理搜集的办法》。公布第一批县级文物保护单位。

同年，原保存于下箬寺，由归有光撰、吴承恩书《圣井铭并叙》碑移至长兴县文化馆保存。该碑断成三块，整体完整。

1963年

仙山水库建设中发现仙山遗址，并采集部分印纹硬陶片。

县政府拨专款修缮孔庙。

1964年

新四军苏浙军区司令部旧址陈列馆筹建工作启动，先后征集马灯、老式账桌、竹水壶、木质靠背椅等革命文物。

1966年

8月，全县城乡“红卫兵”开始大破“四旧”，一些文物、古籍、古迹被毁。

1968年

12月，雉城旧城改造拆除望春桥，北移26米，新建解放桥。

1969年

雉城镇钮店湾大队发现明代“后七子”江西布政使徐中行墓，出土一件有“喜”字青花瓷碗和一件明仿唐海兽葡萄纹青铜镜。

长兴中学操场出土一件西周早期青铜甬钟。

原人民广场西侧（朱家白场）发现明代瓷器窖藏，出土龙泉窑青瓷大盘等文物。

1970年

冬，合溪新港开挖，全县32个公社7万多人参加会战，出土一批文物。

1971年

长兴出土的青铜兵器、印纹硬陶罐等17件文物首次参加由国家文物部门组织的出国展览。

合溪人民公社蝴蝶村村民在九女冢大墩中挖出大量青石板用于水利工程，古墓葬遭受无意识人为破坏。

1972年

鼎新人民公社鼎新村发现马桥文化遗址，采集出土青灰色角岩三角形石犁。

1973年

12月，洪山港水利工程开工，文物工作者在横涧大队施工段先后征集青铜兵器、农具和原始瓷器、印纹硬陶器等文物近百件。

1974年

10月9日，中共浙江省委宣传部主要领导在浙江省文管会、县委主要领导陪同下考察新四军苏浙军区司令部旧址，商量革命旧址修缮和宣传工作。

12月，县委批准成立“长兴新四军苏浙军区司令部旧址陈列筹备小组”，并开展旧址保护工作。

1975年

3月，浙江省文化厅下拨资金1.2万元用于温塘新四军苏浙军区旧址修缮。11月工程竣工后，完成新四军十六旅、苏浙军区抗日斗争史陈列大纲编写和布展工作。

9月，纪念抗日战争胜利30周年之际，全省革命文物保护工作现场会在长兴召开。

12月，长兴港疏浚工程开工，夏星南、费明等长期奔波在施工工地和废品收购站之间，搜集出土文物。先后搜集石器、陶瓷器、青铜器、铁器、银器近千件。其中，在画溪桥段附近发现汉代古文化遗址，出土筒瓦、云纹瓦当、兽面纹瓦当、铁兵器、铁农具、黑陶洗、黑陶豆等。在上阳段出土石镰、石戈、半月形石刀和青铜剑、矛、斧、镰等。在下箬段出土马桥文化陶器和一件汉代错银铜弩机，以及一组唐代银器。

同年，杭州大学历史系史月廷、范展带领高年级学生深入槐坎、白岘、煤山广泛搜集新四军抗战史，编写史料汇编。

1976年

1月，“新四军苏浙军区司令部旧址”（实为新四军苏浙军区一纵队司令部旧址）正式对外开放，并建立“长兴县《新四军苏浙军区司令部》旧址文物保管所”。

7月19日，长兴县博物馆（下简称：县博物馆）成立，馆址在雉城镇解放路。分设陈列室、办公室和库房。隶属教育局革命领导小组。

11月，泗安塘疏浚工程开工，在长桥段工地搜集两晋、南北朝青瓷8件。在小浦镇画溪桥村田畈出土汉代绳纹陶井圈一组。

1977年

12月，长兴县文物工作座谈会在县博物馆召开。

1977年12月，长兴县文物工作座谈会召开（竺志祥 摄）

1978年

1月，和平公社投放10万余工，开挖和平新港和两条支港，出土一批文物。

11月，教育局革命领导小组改为文教局，文物工作隶属县文教局主管。

和平人民公社长城大队杨桥自然村农民在修建猪圈时发现一件商代几何纹青铜钺，后由长城乡人武部部长王志庭将文物送至县博物馆，上交国家收藏。

1979年

1月，县博物馆在室外建立碑亭，陈列《长兴州修建东岳行宫记》《圣井铭并叙》《梦鼎堂记》及《大云寺石经幢》等碑刻，对外展出。

10月，县博物馆首次举办《建国30周年长兴出土文物展览》。

1980年

3月14日，浙江省人民政府通知，保护“长兴灰岩”标准地质剖面，建立刻有中英两国文字的永久性标志。

7月，长政发〔1980〕87号文件，撤销文教局，文、教分开，成立长兴县文化局。文物工作隶属县文化局主管。

1980年，长兴灰岩标准剖面标志碑（竺志祥 摄）

1981年

3月，长兴县第二次全国文物普查启动，普查队在和平城山首次发现石刻造像。

10月19日，县政府大院重建时出土《梦鼎堂记》碑额，至此该碑刻拼接基本完整。

11月2日，由县文物部门负责重修大成殿，1983年2月3日竣工。

同年，长兴出土的11件古代农业生产工具参加全国农业展览馆举办的古代农业生产史展览。九女冢周边农户从九女冢土墩中挖取大量印有“万岁不败”“坚牢”等铭文砖，经中国科学院专家鉴定，系汉六朝古砖。

1982年

3月，县委大院（原王氏旧宅）出土明代书法家董其昌撰文并书、长兴王道明题跋的《长兴县熊侯生祠记》残碑。

3—5月，为配合当地采矿，浙江省文物考古研究所（下简称省考古所）会同县博物馆对弁山支脉赵家桥东、西、南三条山脊37座土墩墓进行考古发掘。

6月18日，县委党史资料征集工作座谈会在县纪念馆举行。

1982年6月18日，县委党史资料征集工作座谈会，邀请在外埠的部分同志参观温塘合影（竺志祥 摄）

1984年

2月5日，原新四军苏浙军区司令员、全国人大常委会副委员长粟裕逝世。4月26日，部分骨灰由其次子粟寒生等护送，撒在县纪念馆前右侧广场下。11月建立“粟裕同志部分骨灰敬撒处”纪念碑。

3月，水口乡顾渚村重建忘归亭。

4月4日，泗安革命烈士纪念碑落成。其间，在搬迁南华山烈士墓时出土4枚革命烈士印章。

4月，长兴县文化局与长兴县广播事业局合并为长兴县文化广播事业局，文物工作隶属县文广局主管。

12月22日，浙江省人民政府公布槐坎乡仰峰村的沈家大院（原新四军苏浙军区司令部旧址）为省级文物保护单位。

同年，长兴出土的青铜器等30件文物参加全国文物汇报展览。

1985年

1月13日，纪念新四军苏浙军区成立四十周年活动在长兴举行，中共浙江省委领导与新四军老同志分别在槐坎仰峰、温塘参加活动。原新四军苏浙军区一纵队政委江渭清为长兴县新四军苏浙军区纪念馆（下简称县纪念馆）题写馆名。

5月22日，县纪念馆启动征用坐落在槐坎乡十月村台基自然村的新四军苏浙公学旧址。

9月，长兴出土的5件古代兵器，参加国家体委组织的全国武术挖掘整理成果展览。

12月，长兴县第二次全国不可移动文物普查结束。

1985年1月，新四军苏浙军区一纵队原政委江渭清到新四军苏浙军区司令部所在地仰峰村（竺志祥 摄）

1985年1月13日，在纪念新四军苏浙军区成立四十周年活动中，为粟裕将军骨灰敬撒处揭碑（周德坤 摄）

1986年

1—10月，县博物馆组织专业人员对文物普查资料进行整理编写。绘制文物图纸300多幅、拍摄文物照片300多张。并举办文物普查成果展，展出文物300多件。

11月11日，槐坎、白岘等24个乡镇的223个村被认定为革命老区。

11月14日，全国人大常务委员会副委员长叶飞题字“革命烈士永垂不朽”的古城公园“长兴革命烈士纪念碑”落成。

1987年

4月21日，粟裕夫人楚青、马苏政等到县纪念馆广场，向粟裕骨灰敬撒处献花圈，举行祭奠纪念活动。

9月，经县政府批准，县纪念馆列为县文广局直属单位。10月，正式启用“长兴新四军苏浙军区纪念馆”新印章。

同年，县博物馆对馆藏文物进行清理登记、绘图、制卡，建立文物藏品档案，共登录文物藏品3799件。

1990年

10月，县纪念馆投资13万元，调整充实更新馆内基本陈列，对木结构进行涂桐油和白蚁防治。

1991年

2月1日，县博物馆协助浙江省自然博物馆到槐坎“长兴灰岩”征集鱼化石二件。

6月6日，上海博物馆馆长马承源到县博物馆鉴赏馆藏文物，对长兴出土的青铜器、铁器给予高度评价。

8月10日，浙江省文化厅厅长钱法成到长兴了解文物因暴雨受灾情况，当天夜间察看县级文物保护单位钟楼。

11月22日，浙江省文物局下发〔1991〕浙文物考字130号文件，《关于长兴仰峰粟裕旧居维修方案的批复》。

1992年

3月，长兴县出台古建筑《消防安全》委托保管协议书。同月，县人大代表沈鸿钧、王自成、沈小成、汤水根等提案《关于将大成殿、明伦堂申报为省级文物保护单位》和《保护维修县级文物保护单位鼎嘉桥》等。

4月3日，朱根山副县长带领有关部门领导视察城山教寺文物保护工作，并就清明期间安全工作进行部署。当日，官庄村将存放于寺院内2件唐晚期盘口壶捐予县博物馆。

5月18日，为配合上海博物馆对铁器防锈处理项目的试验，县博物馆提供藏品5件，用于科技保护试验。

7月8日，县博物馆组织专业人员就谢安墓的保护管理进行现场调查。

7月13日，县信访办向文化局转达沈月伟写给茅临生书记“关于加强顾渚摩崖石刻保护”的信函。

7月，县委办〔1992〕26号文件，撤销长兴县文化广播电视局，成立“长兴县文化局”与“长兴县广播电视局”，文物工作隶属县文化局管理。

11月9日，浙江省文物局〔1992〕浙文物考字120号下发《关于长兴钟楼维修方案的复函》。

12月31日，新任县委书记茅临生到槐坎指导工作，并慰问县纪念馆工作人员。

1993年

3月15日，县委、县人大、县政府、县政协、县纪委、县人武部及县委老干部局联合在县纪念馆召开“老区工作座谈会。”

3月，县人大代表、政协委员沈鸿钧、严惠君等再次提出《要求抢救维修县文物保护单位大成殿、明伦堂的提案》；柏甫琴、赵广兴、侯焕云等提出《要求对长兴灰岩保护区加强保护措施的议案》。

4月20日，县政府办公室抄告县领导批示：同意修复谢安墓，可商请县博物馆共同商讨修复方案。

5月5日下午，中共湖州市委书记俞国行等视察县纪念馆。

10月1日，钟楼正式对外开放，开辟《钟楼图片展》和《佛教文化艺术展》。

1994年

1月30日，中共湖州市委书记俞国行等领导慰问县纪念馆工作人员，祝贺新春快乐。

4月19日，县政府办公室长政办发〔1994〕34号文件下发《关于进一步加强对县级文保单位——钟楼的管理意见》，通知明确钟楼委托县百货公司负责保护、维修、管理和使用。百货公司应接受文物主管部门的检查、督促和指导，共同做好钟楼的保护工作。

5月16日，槐坎乡人民政府与县纪念馆联合摄制"《继承光辉历史，再创经济辉煌》——浙西老区槐坎乡见闻"电视专题片。

8月7日，县文化局向县人大呈报《关于新建县博物馆大楼的提案》。

8月15日，县文化局下发长文〔1994〕47号《关于同意恢复下箬寺陈霸先故居的批复》。

10月1日，县纪念馆二楼开设展厅并对外正式开放。县委书记金庆灿等领导参观了展览，并安排1万元布展补助经费。

10月28日，共青团长兴县委、长兴县关心下一代工作委员会联合在县纪念馆广场举行"长兴县青少年爱国主义教育基地"授牌仪式。

11月4—18日，县博物馆参加省环保科学考察团，深入水口乡顾渚村，完成《顾渚摩崖石刻保护规划报告》。

11月28日至次年1月6日，县纪念馆首次在全县各乡镇进行《新四军在浙西》《长兴抗日烽火》图片巡回展活动，行程500公里，教育4万人。

12月27日，县纪念馆启动新四军苏浙军区司令部旧址等革命旧址文物保护单位标志碑置安工作。

1995年

1月12日，长兴县新四军研究会在县纪念馆召开纪念新四军苏浙军区成立五十周年会议。

4月4—13日，县纪念馆与安吉孝丰烈士陵园在安吉县递铺、梅溪等地联合举办《新四军在浙西》《长兴抗日烽火》及《安吉抗日斗争历史》图片展。

5月2日，书法家郭仲选、姜东舒、张耕源、李明、张志敏一行到县纪念馆参观并题字赠送书法作品。

5月4日、8日，县博物馆两次护送馆藏文物赴杭州，参加全省国家一级文物鉴定工作，馆藏24件文物被确定为国家一级文物。

6月3日，上海举行"刘别生烈士殉国五十周年纪念会"。县纪念馆与槐坎乡人民政府领导应邀参加。

6月29日，中共湖州市委书记俞国行、县委书记金庆灿等视察县纪念馆，并就新四军苏浙军区旧址保护和利用问题进行现场办公。

8月4日，槐坎至东风岕公路线温塘岔口处通往县纪念馆道路砂改油工程竣工。

8月15日，在纪念"新四军苏浙军区成立暨抗日战争胜利五十周年"文艺晚会上，县长杨献国将10.5万元捐款交于县纪念馆。

9月20日，县文化局向县政府呈报《关于要求对县级文保单位——五里桥保护管理的意见》。提出保护拆除石构件，做好"四有"档案等相关要求。

9月28日，县政府办公室召开县人民银行、县公安局、县文化局、县博物馆关于博物馆一级藏品保管协调会议。会议决定,县博物馆24件国家一级文物由县人民银行代藏。

9月29日,在纪念新四军苏浙军区成立五十周年暨国庆晚会上,县纪念馆接受社会捐款总计33.2万元。

10月17日,12月1日,浙江省文化厅副厅长何福清、连晓鸣先后到县纪念馆检查指导工作,并题字赠言。

12月12日,县纪念馆在杭州接受浙江省新四军研究会浙西分会捐款11733元,新四军老战士创作的书法、绘画作品17件。

1996年

1月4日,湖州市市长唐永富陪同富阳市新四军研究会老同志参观县纪念馆。

4月21日,县纪念馆邀请全国人大常委会副委员长叶飞为新四军苏浙军区成立五十周年题字。

6月27日,湖州市文化局、共青团湖州市委及长兴县四套班子领导,县总工会、团县委、县文化局、槐坎乡党政领导,新四军老战士代表和长兴县各界群众200余人在县纪念馆广场举行"新四军苏浙军区纪念碑"落成揭碑典礼,副委员长叶飞为纪念碑题写碑名。

7月9日,浙江省文物局副局长陈文锦检查指导新四军苏浙军区司令部旧址保护工作,研究旧址维修方案。

7月25日至8月25日,县纪念馆《新四军在浙西》展板在绍兴市鲁迅纪念馆展出。

7月28日,中央电视台、济南军区电视台联合摄制组到县纪念馆拍摄《新四军足迹》电视片部分内容。

9月,县委办发〔1996〕43号文件,合并"长兴县文化局"与"长兴县体育运动委员会",成立"长兴县文化与体育局"(下简称:县文体局)。文物工作隶属县文体局管理。

1996年3月29日,县纪念馆正式对外宣传"江南小延安"

1996年6月27日,"新四军苏浙军区纪念碑"落成揭碑典礼

1997年

1月20日至4月6日,县纪念馆实施仰峰岕新四军苏浙军区司令部旧址房屋、土地征用工作。

3月11日,县政府下发长政字〔1997〕18号文件《关于公布顾渚山贡茶院遗址的保护范围和建设控制地带的通知》。

3月18日，中共湖州市委宣传部部长陈永昊、县委宣传部部长唐中祥等领导到县纪念馆看望工作人员。陈永昊题字赠言："向革命前辈学习，向纪念馆工作人员学习"。

3月30日，浙江省新四军研究会与长兴县新四军研究会联合在县纪念馆召开"纪念一代名将粟裕诞辰九十周年大会"。

3月，县博物馆、县纪念馆藏品建档工作经验在浙江省馆藏文物建档工作交流会上进行交流。

4月24—27日，县纪念馆与浙江电视台国际部组织相关人员赴北京走访新四军苏浙军区老首长，拍摄大型专题纪录片《四月》。在京采访了叶飞、彭德清、周林、楚青、乐时鸣、徐超、叶藻、马苏政、林平、季尼、恽前程等原新四军苏浙军区老同志。副委员长叶飞为长兴题写"可爱的长兴"和专题片《四月》片名。

1997年4月27日，县纪念馆馆长与浙江电视台国际部记者在北京走访原新四军苏浙军区老同志（左至右前：梁奕建、马苏政、季尼、楚青、周林、彭德清，后：张新潮、叶超、乐时鸣、叶藻、恽前程、林平）（县纪念馆 提供）

5月，县博物馆、长兴县钱币学会联合举办《中国历代钱币展》，展出版面66块，古钱币587件。

5月，新四军苏浙军区老同志，贵州省委原书记、教育部原副部长周林在京为"新四军苏浙军区司令部旧址""槐坎乡中心小学"题名。

6月5日至7月5日，县纪念馆在浙江省自然博物馆无偿支持下，在二楼展厅举办《海洋珍稀动物标本展》。

6月23日，浙江省文物鉴定委员会专家汪济英、柴眩华、周永良等对水口沉其岭盗墓案件出土文物进行文物鉴定。其中，二级文物2件，三级文物1件，一般文物5件。

7月7—9日，县纪念馆与槐坎乡中心小学联合举办第一届"当一回新四军战士"夏令营。

8月15日，县纪念馆与槐坎乡中心小学首创"小小新四军讲解员"培训班。

8月19日，中央电视台、江苏电视台、中国新四军研究会及南京军区政治部到县纪念馆拍摄文献纪录片《铁的新四军》部分内容。

9月1日，县政府文件公布谢安墓为县级文物保护单位。

9月11日，浙江省文物局局长鲍贤伦、博物馆处处长梅可锐及湖州市文化局局长金兴华等领导指导新四军苏浙军区司令部旧址维修工作。鲍贤伦个人还向纪念馆捐款慰问病重的纪念馆退休人员。

9月15日至10月15日，县博物馆举办"水口乡沉其岭重大盗墓部分文物出土展"。

10月9日，全国新四军研究会革命纪念馆专业委员会第五次年会上播放反映县纪念馆工作的《四月》专题片。

1998年

3月10日至5月26日，县纪念馆承办的《浙西丰碑——新四军苏浙军区革命史料图片展》，先后在湖州市博物馆、含山国防园、双林中学、南浔中学、八里店镇中学、长兴青少年宫等地进行巡回展览。

4月5日，浙江省文物局副局长王鸣泉、博物馆处副处长沈坤荣到县纪念馆检查指导工作，实地察看新四军苏浙军区司令部旧址维修情况。

5月7日，县纪念馆工作人员赴南京走访新四军苏浙军区老同志徐充、季凌、徐放等。徐充当场向县纪念馆捐赠了抗战时期使用过的公文包一件、印章一枚。

5月21日，湖州市文物鉴定小组对县博物馆、县纪念馆部分馆藏文物进行鉴定。

5月30日，新四军老战士、粟裕生前秘书鞠开到县纪念馆参观，瞻仰旧址，祭扫粟裕墓。

8月6—9日，县委宣传部部长唐中祥等一行赴北京走访新四军老同志楚青、马苏政、乐时鸣、徐超等。征求长兴拍摄《粟裕在浙西》电视纪录片及新四军苏浙军区革命旧址申报全国重点文物保护单位有关事宜意见和建议，后赴承德解放军第24军军部采访。

10月5日，梁奕建出席由国家文物局在延安主办召开的全国部分省市革命纪念馆工作座谈会。

12月17—18日，湖州市第四次古文化研讨会在长兴举行，来自湖州市及周边三县的20多位专业人员在会上交流17篇论文。

12月23日，县博物馆设计方案论证会在长兴召开，浙江省文物局副局长王鸣泉等应邀出席。

1999年

1月至3月，县纪念馆在全县开展走访革命烈士，征集革命文物史料活动，共征集革命文物78件，其中烈士遗物30件。

4月6日，县纪念馆召开乡镇文化干部参加的革命文物保护座谈会，并首次向参加会议的人员颁发了业余文保员证书。

4月23日，湖州市国防教育基地建设座谈会在县纪念馆召开。会上，县纪念馆被授予为湖州市国防教育基地。

4月27日，县政府召开全县文化与体育工作会议，成立长兴县文物保护管理委员会。会上，分管副县长与各乡镇领导签订文物保护目标责任书。

4月8日至5月28日，县委宣传部、县文体局、民政局、双拥办、人武部、团县委、教委、县委党史办联合主办，县纪念馆承办的《长兴英烈》图片展在全县各乡镇巡回展出，45块版面展出150张图片，接待观众3万多人。

6月23日，浙江省文物鉴定委员会革命文物鉴定组到县纪念馆鉴定馆藏文物。经鉴定有9件文物被定为二级，25件文物被定为三级。

7月15日，浙江省文物局梅可锐、吴志强等领导到长兴了解“6·30”洪灾受损情况，并实地察看新四军苏浙军区司令部等5处革命旧址。

7月，县博物馆将长年露天的30多通历史碑刻进行整理，并建立简易棚架。

8月9日，县长杨献国、副县长宋文英到县纪念馆现场办公，调研文物库房和旧址保护工作。

8月10—14日，县纪念馆与团县委、县实验小学、槐坎中心小学等联合举办“当一回新四军战士”夏令营。其间，小营员还赴杭州接受老同志的检阅。长兴县电视台全程跟踪报道。

8月9日至9月20日，县纪念馆完成与邻居王松良、王耀良住房征用及拆迁等事宜，征用土地870平方米。

9月30日，湖州市代市长黄坤明等领导视察县纪念馆，交流新四军老同志在福建的有关情况，并签名留念。

10月7日，县纪念馆文物库房综合楼基建启动。

12月24日，县文体局决定县博物馆、县纪念馆两馆合二为一，即多块牌子，一套班子。梁奕建任馆长，费明任党支部书记。

2000年

1月至3月，县纪念馆与白岘乡人民政府联合出资1万元，对新四军后方医院疗养所旧址的屋面翻瓦筑漏，更换部分腐朽檩、梁枋及椽子。

2月12日县博物馆、县纪念馆出台工作人员守则、安全保卫制度、值班人员守则、公共财产管理制度、财务管理制度、考勤暂行办法、藏品管理暂行规定、奖惩补贴暂行规定等8个规章制度。

2月23日，浙江省委党史研究室、杭州市新四军研究会、市委党史研究室领导到县纪念馆参观，并拍摄资料。

2月29日，南京军区装备部调拨给县纪念馆的一门54式122榴弹炮从安徽六安运抵槐坎温塘。

3月6日，湖州市代市长黄坤明带领市县有关领导视察县纪念馆，并前往仰峰岕参观新四军苏浙军区司令部旧址。他指示：“要加强革命文物保护、研究和宣传工作，加快县纪念馆、司令部旧址主要交通道路建设工作。”

3月15日，县政府拆迁办召开旧城改造有关单位座谈会，位于解放路原县博物馆拆迁工作启动。

4月5日，副县长宋文英检查县级文物保护单位城山教寺安全保护工作，强调加强古建筑消防安全。

4月6日，浙江省新四军研究会浙西分会徐让、郑明等一行52人到县纪念馆参观，并瞻仰新四军苏浙军区司令部旧址。

4月16日至5月24日，由湖州市国防教育委员会、市教委、团市委联合主办，县纪念馆、县博物馆承办的《浙西丰碑——新四军苏浙军区革命史料图片展》在德清县各乡镇中小学校巡回展出，共接待中小学生36000余人次。

5月31日，县博物馆与县政府拆迁办签订馆室拆迁合同。6月22日，珍贵文物寄存于县建行金库。28日，博物馆搬至县委党校临时办公，一般文物也随之搬到党校临时库房，实行24小时双岗值班。

6月16日，县博物馆收藏40多块历史碑刻搬到县体育馆保存，其中《梦鼎堂记》《圣井铭并叙》《长兴州修建东岳行宫记》及《大云寺石经幢》等珍贵碑刻搬到党校保存。

6月28日，湖州市副市长张维娟在副县长宋文英陪同下视察县纪念馆，并察看文物库房。

6月至7月，县政府组织有关职能部门开展“新四军苏浙军区革命旧址群”申报全国重点文物保护单位工作。

7月7日，浙江省文物局副局长王鸣泉，省博物馆处副处长沈坤荣，省自然博物馆馆长康熙民，市文物局柴培良、吴马林到县博物馆、县纪念馆检查文物藏品建档工作。

9月19—21日，县文体局、县博物馆领导一行4人赴北京就新四军苏浙军区革命旧址申报全国重点文物保护单位汇报工作，并拜望在京新四军老同志楚青、马苏政、王遐方。

9月，县纪念馆发动群众，自筹资金3800元，对中共长兴县委旧址、长兴县抗日民主政府旧址进行抢救性维修。

10月16日，浙江省文化厅厅长沈才土在副县长宋文英、县文体局局长陈亦祥陪同下检查文物保护工作。

11月20日，长兴县编制办批准成立长兴县文物保护管理所（下简称县文保所），与县博物馆合署办公。两块牌子，一套班子。

2001年

1月12日，在浙江省文博系统第二届展览交流洽谈会上，长兴首次向大会推出《浙西丰碑——新四军苏浙军区史迹展》，并与浙江省博物馆签订《国际礼品展》、与省自然博物馆签订《珍稀动物标本展》意向书。

3月29日，县博物馆在高山岭村亭子头施工现场清理一座宋墓，出土青白瓷香薰、建窑兔毫盏等一批珍贵文物。

3月30日，县文体局召开新博物馆（纪念馆）基本陈列征求意见座谈会，夏星南、丁仲康、周祥清、潘林荣等参加会议。

4月20日，省文物局博物馆处处长梅可锐会同省公安厅安全处领导到县博物馆，就新馆建筑存在的物防缺陷进行现场办公。

6月20日，新四军苏浙军区司令部旧址举行揭牌仪式，正式对外开放。县领导徐克强、叶白云及有关部门领导出席仪式。同时，《光辉的历程——中共长兴党史图片展》举行首展式，并在全县巡回展出至8月底。

6月25日，长兴新四军苏浙军区旧址被国务院公布为第五批全国重点文物保护单位。

7月7日，长兴县第三次省历史文化遗产普查工作启动。8月26日，普查工作会议在县委党校召开。29日至30日，举行普查业务培训，县历史文化遗产保护委员会成员单位、各乡镇分管领导、文化站站长、全体普查人员参加培训。

7月17日，皇家湾污水处理厂施工工地发现唐宋水下遗存。22日至23日，县博物馆组织工作人员，冒高温，夜以继日下井作业，清理出土文物50多件，其中多件唐代璧形底瓷碗为长兴首次出土。

7月，县纪念馆投入7500元，先后对新四军《苏南报》社旧址、苏浙军区报社编辑部旧址和新四军鞋子厂旧址进行抢救性维修。

8月5日，县政府办公室召开污水处理厂施工与文物保护协调会议，朱仲华副县长参加会议。

9月1日，县文体局召开会展中心工作会议，县领导叶白云、宋文英、韩伟方参加会议，传达县委常委会会议精神，就博物馆相关功能定位。

9月5日，浙江省委副秘书长、省机关党工委书记叶明在县委副书记张全镇陪同下，参观县纪念馆。

9月18日，长兴县公安局下发长公办〔2001〕81号《关于加强文物保护的通知》。要求各警署(中心所)、大队、科室、长广分局本着对历史，对纪律负责的态度，加强长兴县境内的文物保护。

10月9日，县政府主要领导听取会展中心布局、布展管理汇报，确认博物馆《新四军在浙西》《物阜长兴》《长兴风情》三个陈展主题。

10月11日，全国重点文物保护单位——长兴新四军苏浙军区旧址(苏浙军区一纵队司令部旧址)举行揭碑仪式，副县长宋文英及有关部门、乡镇领导出席仪式。

2001年10月11日，新四军苏浙军区旧址保护标志碑揭幕仪式

10月22日，浙江省文物局博物馆处处长梅可锐与浙江大学教授严建强到县博物馆指导新馆基本陈列展览工作。

11月26日，县博物馆新馆试开放。

12月13—14日，县博物馆存放于县委党校的一般文物，由公安部门协助搬迁至新博物馆库房。

2002年

1月1日，长兴会展中心(县博物馆)举行对外开放仪式，文化部社会图书司司长陈琪林及县四套班子领导和有关部门负责人出席了开放仪式。

2002年元旦，县会展中心(县博物馆)正式对外开放

1月21日，浙江省旅游局授予县纪念馆AA级旅游景区。

2月5日，科技部原部长朱丽兰、中央委员桂世镛在县委主要领导陪同下考察县博物馆。

2月6日，由湖州市人民政府、长兴县人民政府、槐坎乡人民政府拨款及当地村民捐款，总投资49万元，通往新四军苏浙军区司令部旧址的砂改油工程竣工。

3月1日，长兴县国土资源局、县文化与体育局联合下发，长土资〔2002〕32号《关于在开展农村土地整理中做好文物保护工作的通知》。

3月20日，配合长洽会由县博物馆承担的“芥里婚庆”活动在八都芥十里银杏长廊进行。

5月20日，县博物馆24件一级文物由县建设银行移交县博物馆，正式转入新博物馆库房。

5月22日，县政府决定因道路改造需要，由长兴县建设局负责搬迁位于磨盘山前的明代建筑望雉亭，实施异地保护。

5月31日至6月10日，由韶山毛泽东纪念馆提供的《毛主席来到我们身边——毛泽东同志遗物展》在县博物馆举行。

6月3日，县政府办公室召开大成殿、明伦堂文物保护单位建设控制地带因建设银行新楼建设配套建筑矛盾协调会。会议决定新建项目必须确保文物安全。

6月13日，县博物馆安防通过省文物局、省公安厅三级风险等级标准验收。

6月24日，县文体局公布长兴县第一批文物保护点113处，其中古遗址14处，古墓葬29处、古建筑19处、古桥梁38处、石刻4处、近现代代表性建筑9处。

6月，县纪念馆对新四军被服厂旧址的两栊梢翻瓦筑漏、添加小瓦、整理山墙。

7月9日，中共浙江省委常委、宣传部部长陈敏尔在市委宣传部部长陈永昊陪同下参观县博物馆，并签名。

7月17日，启动朱氏宗祠、圣井、城山古城遗址申报浙江省文物保护单位。

7月24—30日，县博物馆与长兴县公安局经文保科合作，对林城土地平整中流散文物实施追缴，共追回文物31件。

8月1日，林城方山窑村贺锦新向县纪念馆捐献“白阜镇镇长潘震签发的动员民佚军运的通知”等抗战文物计37件。

8月5日，县文保所向全县各有关村下发《关于在开展农村土地整理中做好文物保护工作的紧急通知》。共7条，主要内容为“凡在施工中拾得地下出土文物必须上交县博物馆”“施工中，一旦发现古遗址和出土文物，应立即停止施工，并通知县文物保护管理所”。

8月10—15日，全国重点文物保护单位——长兴新四军苏浙军区旧址（含新四军兵工厂旧址等13个点）树立了保护标志碑。

8月10—29日，县纪念馆实施完成白岘乡、槐坎乡境内的新四军被服厂旧址等9个点的室内灯光照明线路改造。

8月16日，湖州市政府主要领导黄坤明等视察县博物馆，参观社会发展厅。

8月23日，长兴县第三次全省历史文化遗产普查工作取得阶段性成果。历时一年，普查500余处，登录300余处，形成文本113处，征集文物150多件。

8月28日，长兴县文物保护管理委员会在杭州召开全体成员单位扩大会议，会上副县长宋文英代表县政府与各乡镇签订文物保护责任书，并参观浙江省博物馆。

9月6日，中共浙江省委书记张德江在省市县有关领导陪同下视察县博物馆。参观《社会发展厅》和《新四军在浙西》展览。

10月8日，副县长宋文英到鼎新村就鼎嘉桥维修进行现场办公。10日，视察光耀窑址和顾应祥墓考古清理和文物保护情况。

10月18日，南京军区原政委方祖岐上将视察县纪念馆，并题字“光照东南”。

11月1日，中国科学院古脊椎动物与古人类研究所张森水研究员与省考古所副所长徐新民到县博物馆联系旧石器调查工作。2日，县博物馆与古脊椎所、省考古所组成联合旧石器考古调查小组，对全县进行野外文物调查。

张森水(中)与考古人员在白阜进行田野调查

11月21日，解放军总装备部钟德浙(原新四军苏浙军区政治部副主任钟期光之子)一行到县纪念馆参观，瞻仰仰峰岕新四军苏浙军区政治部旧址。

11月22日，梁奕建在京走访楚青、陈晓燕(赵益群之女)等，就"新四军成立65周年纪念行"在长兴活动和建设县纪念馆新馆工作进行汇报。

12月2—31日，县文保所对煤山下齐岭凤凰狩猎场用地6座西周土墩墓进行抢救性考古清理，出土印纹硬陶尊、簋等礼器30多件。

12月5日，中共浙江省委书记、代省长习近平在湖州市、长兴县主要领导陪同下，考察县博物馆和县纪念馆《新四军在浙西》展厅。

12月20日，国务院召开全国文物工作电视电话会议，县政府办公室组织收看。

2003年

1月28日，县博物馆举办由浙江省博物馆友情提供的《国际礼品展》。

1月29日，县博物馆调整基本陈列展览，增加旧石器考古成果和亭子头宋墓考古成果内容。

2月19日，县博物馆配合省考古所芮国耀、方向明等到长兴调查西气东输沿线文物，20日发现钱家抖东浜遗址和夹浦蒋埠桥遗址。

2月22日，李家巷庄基村遗址在土地平整中受损，文物部门立即责令停工，并组织人员对保护范围外围受损遗迹进行抢救性清理，发现2眼汉代砖砌水井。

2月25日，光耀窑址考古清理结束，发现5座汉代马蹄窑和两座宋代龙窑，出土文物上百件。

3月1日，县博物馆在五峰山东侧发现东岳行宫遗址，面积约200平方米，地面建筑遗迹明显，且与土墩墓相连。

3月19日，县博物馆配合公安部门赴湖州曹家标公司追回流散出土文物——煤山扁体鱼化石1件。

3月20日，环沉遗址因104国道扩建受损，经多方协调，县交通部门立即停止施工，调整方案，确保地下文物不受损。

3月31日，驻湖解放军第一集团军73011部队与县纪念馆共建社会实践教育基地揭牌仪式在县纪念馆广场举行。少将颜晓宁和县长刘国富等约120名部队干部及地方党政领导参加活动。

4月3日，县委主要领导考察五峰山东岳行宫遗址，并就台基山公园建设征求县博物馆意见。

4月4日，由县委宣传部、文体局、教委联合主办，县博物馆承办的《国旗、国歌、国徽》展开展。

4月8日，县政府办公室召开台基山遗址公园建设协调会，由文物部门负责协助文物保护相关报批手续。

4月9日至6月底，为配合西气东输重点工程，由省文物考古研究所、县文保所联合组成考古队，对蒋埠桥遗址、东浜遗址进行抢救性考古发掘。其间，配合非典防疫对进出人员进行严控。

4月14日，梁奕建当选中共湖州市第五次党代表，15日至18日参加在湖州举行的中共湖州市第五次党员代表大会。

4月20日，叶挺将军之子叶华明由湖州市、长兴县主要领导陪同参观县纪念馆展厅。

5月1日至6月1日，为防控“非典”，县纪念馆、县博物馆暂时闭馆。

5月8日，熊全龙副县长在县文体局主要领导陪同下考察县纪念馆工作，并察看仰峰岕新四军苏浙军区司令部旧址。

5月15日，县委常委、宣传部部长陈丽霞考查顾渚摩崖题记保护情况，下午到蒋埠桥遗址看望考古人员。

5月21日，副县长熊全龙召开台基山公园规划设计协调会，公园主题为文化遗址公园。26日，县政府召开规划例会，讨论台基山公园建设方案，刘国富县长要求进一步调整修改。28日，县文体局组织人员分别考察跨湖桥遗址公园和南京桃花渡和余姚河姆渡遗址博物馆建设。6月2日，刘国富县长、熊全龙副县长听取台基山遗址公园建设方案修正案汇报。

5月29日，县委常委、宣传部部长陈丽霞到博物馆检查库房文物安全保护工作，并鉴赏长兴出土珍贵文物。

5月30日，县委常委、宣传部部长陈丽霞考察县纪念馆和参观新四军苏浙军区司令部旧址。

6月4日，宣杭铁路建设文物调查，在二界岭石马冲发现古墓葬，在画溪桥发现马桥文化遗址。

6月12日下午，浙江省委宣传部、省文物局会同市委宣传部领导到县纪念馆调研，研讨革命文物保护与利用。

6月14日，县文保所邀请省考古所研究员芮国耀、方向明等，协助对“圣井”、城山石刻造像进行文物勘探、绘制线图。

6月23日，余杭博物馆一行到博物馆商借旧石器展览事宜。

6月24日，县文体局邀请省考古所研究员芮国耀、方向明等一起对泗安地区良渚文化遗存进行考古调查。25日，对台基山遗址进行勘探，确认遗址中心位置在台地的东北侧。

7月2—17日，县纪念馆投入经费2.5万元新建新四军苏浙军区司令部旧址消防水塔一座。

7月3日至8月8日，省考古所会同县文保所对因土地平整遭受严重扰乱的画溪桥遗址进行抢救性考古清理。

7月9日，县文体局决定县博物馆、县纪念馆单独分设。梁奕建任中共长兴县博物馆、新四军苏浙军区纪念馆联合党支部书记。

7月15日至8月10日，县纪念馆（新四军苏浙军区一纵队司令部旧址）投入经费1.5万元，对馆内所有照明线路更新改造。

7月19日，副县长熊全龙考察画溪桥考古工地，慰问冒高温坚守一线工作的考古人员。

7月24日，县博物馆首届考古夏令营开营。来自雉城各小学学生30人参加活动。主要内容围绕“寻宝、识宝、护宝”，参观考古工地、古文化遗迹，采集古陶片，模拟古人生活，制作拓片等。

7月30日，县长刘国富检查博物馆文物库房安全保护工作，并鉴赏珍贵文物。

8月10日，长兴县人民政府长政发〔2003〕53号文件公布中共长兴县委秘密交通站旧址等16处史迹为第三批县级文物保护单位。

8月11日，浙江省文物局局长鲍贤伦对台基山遗址公园建设作出明确指示，要求重视地下文物保护，充分听取专家意见。同日，并就长兴举办陈武帝诞辰1500周年全国书画展表示支持。

8月23日至9月23日，县文保所会同省考古所对台基山遗址进行抢救性试掘，出土一批崧泽文化、良渚文化和马桥文化不同时期珍贵文物，确立了遗址古文化的发展序列。

9月17日，县长刘国富考察台基山遗址考古工地，要求加快考古进度，指示连夜加班考古。

9月28日，县长刘国富再次考察台基山遗址考古工作，充分肯定县博物馆同志忠于职守、勇于奉献的精神。

11月13日，长兴县建设银行建设工地（长兴中学大门口）发现早商木井，经紧急抢救性考古清理，出土一批早商印纹硬陶和原始瓷罐以及麻绳、鹿角等珍贵文物。

11月15日，湖州师院与县纪念馆共建“两课”教学实践基地揭牌仪式在县纪念馆广场举行。

11月22日，县博物馆承办，梁奕建主编的《太湖风韵——纪念陈武帝诞辰1500周年全国书画名家作品集》编辑印刷完成。26日上午，首展式在县博物馆二楼展厅举行，展出朱关田、张海、旭宁、聂成文、段成桂、陈永正、张飚、林岫、申万胜、谢云、肖峰等名家书画作品115件。陈永正、张浩、魏新燕、骆恒光、马锋辉、俞正、朱昆明等书画名家出席首展式。

11月28日，纪念陈武帝诞辰1500周年活动开幕，来自全国50多位六朝史专家出席学术讨论会。

2003年年底建设完成的台基山遗址公园

12月3日，五峰村越国大墓在重点工程施工中发现，在公安部门配合下追回一批流散仿青铜原始瓷打击乐器等文物。29日，省考古所会同县文保所组成考古队，陈元甫任队长，对古墓葬进行抢救性考古发掘。

2004年

1月1日，中央电视台报道长兴县五峰山村鼻子山发现越国贵族大墓，出土一批仿青铜器原始瓷打击乐器。

1月16日，中共长兴县委宣传部下发长宣〔2004〕3号《关于县博物馆免费开放工作的通知》。

1月22日，县博物馆在全省率先正式向全社会免费开放，次日长兴县电视台、浙江电视台分别予以报道。2月12日，省委宣传部宣传处领导到博物馆调研博物馆免费向社会开放工作，认为长兴的做法是个亮点。

2月10日，中国古陶瓷学会名誉会长朱伯谦、省考古所研究员任世龙到长兴鉴赏鼻子山、下齐岭和亭子头出土文物。对下齐岭出土的印纹硬陶尊和鼻子山东周原始瓷打击乐器表示高度关注。

2004年2月12日，中国古陶瓷著名专家朱伯谦、任世龙、陈元甫研究员在县博物馆鉴赏出土文物

2月20日，县博物馆举办长兴县考古成果展。主要展出2001—2003年县博物馆、文保所考古清理、文物征集等成果。

2月22日，白岘凌云油漆公司向县博物馆赞助1万元，冠名历史文物展展厅。

2月29日，新四军苏浙军区政治部旧址、新四军苏浙军区供给部旧址、中共长兴县委秘密交通站旧址竖立文物保护标志碑。

2004年3月18日，浙江省政协原主席刘枫在水口视察茶文化遗迹

3月3日，召开全县历史文化遗产管理委员会成员单位负责人会议。4日，县人大常委会副主任宋文英考察五峰村鼻子山古墓葬考古工作，慰问省考古专家。

3月10—14日，县历史文化遗产管理委员会组织乡镇分管文物保护工作领导赴河南、陕西考察文物保护工作，参观开封、洛阳等历史文化名城和洛阳博物馆、兵马俑博物馆。

3月18日，浙江省政协原主席刘枫在水口考察茶文化遗迹。

3月19日，浙江省文物局局长鲍贤伦带领吴志强、曹锦炎、芮国耀、方向明等，与市文物局柴培良、吴马林一起，考察长兴文物保护工作，称台基山遗址公园建设是一项功德无量的工作。县委组织部部长项乐民、副县长熊全龙陪同考察。

3月20日，县文保所梁奕建、童善平、何炜一行对杭长线高速公路长兴段进行文物调查，在白莲村西山自然村与七里亭交界处，318国道南侧发现旧石器遗址，采集一件燧石刮削器，由此发现了七里亭遗址。

3月29日，长兴县人大常委会就长兴文物保护工作进行执法大检查，重点检查"五纳入"落实情况。

3月31日，澳门莲花电视台到长兴拍摄紫笋茶历史专题片，在县博物馆拍摄藏品唐代银质茶具。

4月1日，水口乡政府召开文物保护协调会，商讨因道路建设水口老街古镇桥拆迁事宜。会议决定石桥异地保护。

4月9日，浙江省文物局副局长陈文锦到水口顾渚参加茶文化历史研究活动，并考察顾渚唐宋摩崖题记、台基山遗址和鼻子山考古工地。

4月11日，为期4个月的五峰村鼻子山越国贵族大墓抢救性考古发掘野外工作结束。

4月13日，上海博物馆考古部主任、研究员宋健到长兴考察文物考古工作。

4月25日，中共浙江省委原副书记王其超参观县博物馆。

4月27日，县文体局邀请省考古所专家宋煊、李守之勘探顾渚贡茶院及摩崖，城山教寺及石刻造像、土城遗址，指导省保单位申报和保护工作。

4月30日，县文保所启动和平龙潭山石室土墩墓抢救性考古清理工作，两个月共清理东周石室土墩墓6座，出土文物近50件。

5月6日，浙江省文化厅厅长杨建新到长兴调研，参观考察县博物馆、顾渚贡茶院遗址及摩崖。

5月12—19日，县纪念馆承办的"弘扬铁军精神，争做四有新人——新四军浙西战斗史"大型图片展在湖州师院举行。5月20—23日，展览在湖州职业技术学院、湖州广播电视大学展出。

5月15日，县博物馆与学校德育基地共建活动领导小组成立，成员单位有长兴中学、长兴一中、雉城中学、华盛虹溪中学、古城中学、职业高中、长兴技校、长兴卫校、长兴师院、实验小学、雉城一小、雉城二小、雉城三小、雉城四小等。

5月25日，长兴县白蚁防治站对新四军被服厂旧址、新四军后方医院疗养所旧址进行白蚁防治。

5月31日，中科院古脊椎所研究员张森水与省考古所徐新民等一行再次到长兴进行旧石器调查工作。6月1日，在煤山下齐岭旧石器遗址(19号点)发现大量燧石。

6月12日，浙江省文物局博物馆处处长梅可锐到长兴指导工作，参观考察台基山遗址公园、金钉子灰岩剖面和县纪念馆。

6月14日，长兴县电视台《先锋颂》栏目报道长兴县博物馆党建工作。

6月20日，《长兴文物》内部交流资料正式出刊。开辟文博信息、历史钩沉、考古成果、史料研究等栏目。

7月1—4日，县委副书记叶白云带领文体局局长陈亦祥、副局长高有顺、博物馆馆长梁奕建一行赴京走访新四军老首长、文化部及国家文物局有关领导，汇报革命文物保护与利用工作。

7月8日，县博物馆、县纪念馆、无锡市博物馆联合举办“江浙联动、文化旅游新干线——当一回新四军战士”夏令营。

7月23日，县长刘国富考察县纪念馆，并布置文物保护、宣传研究相关工作。

7月27日，炮头山古墓葬、古窑址抢救性考古清理工作开工。9月23日，首次发现东周时期石室土墩墓外有器物坑。

8月10日，省政府、省公安厅、省文物局检查组到长兴进行文物安全大检查。

10月15日，县文保所在五峰村滨海·水木花都建设工地发现地下文物。11月2日，进行抢救性考古清理，共清理西周古墓葬1座，汉墓5座、晋墓1座、宋墓1座，出土文物30多件。

11月3日，县政协主席张全镇、副主席张加强等考察水口茶文化遗产保护工作，县文化、文物、旅游、文联、政协历史组有关人员参加活动。15日，县文体局在水口召开顾渚摩崖题记保护座谈会，水口乡政府、顾渚村、金山村、水口警组、县公安局文保科有关人员参加会议。

11月30日，县文物部门举行白溪朱氏宗祠维修启动仪式，当地群众主动捐献砖瓦。

12月23日，中共浙江省委原书记薛驹、江苏省人大常委会原主任储江等参观县纪念馆。

2004年12月23日，中共浙江省委原书记薛驹（前排右三）、江苏省人大常委会原主任储江（前排右四）等新四军老首长、老领导参观县纪念馆并向粟裕同志塑像敬献花篮（县纪念馆 提供）

2005年

1月1日，浙江省文物局局长鲍贤伦为长兴县博物馆题写馆名。

1月8日，梁奕建陪同湖州市电视台记者在京采访新四军苏浙军区老同志徐超、乐时鸣、马苏政、恽前程、楚青等。9日与鞠开前往通县瞻仰粟裕将军铜像。其间，楚青决定将将军铜像捐赠县纪念馆。13日，在南京采访陈瑛、徐充、季凌等人。

1月23日，副县长沈佳明等赴北京国家发改委争取“全国红色旅游经典景区”项目。

2月25日，为配合全县共产党员先进性教育，根据县委组织部部署，由梁奕建主持完成编写的地方性学习材料《铁的信念》付印，并分发到全县各级党组织。

2月28日，县纪念馆完成新四军后方医院旧址《江南抗战红色医院》陈列展览并对外开放。并在旧址附近树立新四军无名烈士墓碑一座。

3月14日，长兴县人大常委会主任朱根山考察朱氏宗祠。

3月18日，浙江省文化厅、省文物局有关领导到长兴进行共产党员先进性教育，并参观县博物馆。

3月23日，江家山遗址因申苏浙皖高速公路建设遭受破坏。4月4日，由省考古所与县文保所联合组成联合考古队进入考古工地。

3月25日，中共长兴县委办公室印发县委办发〔2005〕47号《中共长兴县委办公室、长兴县人民政府办公室关于成立朱家祠堂保护与利用工作领导小组的通知》。县博物馆拍摄馆藏玉器，入编《中国出土玉器全集》。

3月30日，县委常委杨福成召集陈武帝故宫重建工作例会，传达县委、县政府“两办”关于成立陈武帝故宫重建工作领导小组的决定。4月6日，杨福成带队参观南京市博物馆，并听取陈武帝故居重建项目意见和建议。

4月7日，县委常委、宣传部部长陈丽霞带队，就革命文物的保护利用问题，参观江苏盐城、海安等新四军史迹纪念馆。

4月12—14日，县委副书记叶白云就革命文物保护与红色旅游开发工作，带队到北京走访中央党史研究室和在京的楚青、章立人、鞠开等老同志。

4月26日，为配合陈武帝故居重建工作，根据县政府统一布置，经省文物管理部门同意，县文保所启动对已扰乱的陈武帝故居遗址局部进行清理试掘。

2005年4月26日，县文保所对下箬寺遗址进行试掘，发现宋代地层

4月26—28日，县委、县人民政府在北京召开浙西抗日根据地建立60周年研讨会。楚青、马苏政、乐时鸣、叶藻、徐超、鞠开、林平应邀出席。

4月27日，长兴县政协副主席张加强带队，县文物部门有关专业人员与谢文柏、杜使恩、唐重兴等一起到煤山悬脚岭考察唐代境会亭遗址。

4月，设置长兴县文化广电新闻出版局（下简称县文广新局）（体育局），文物工作隶属县文广新局管理。

5月9日，县文保所对西丰坝小娜山先期因农民取土遭受破坏古墓葬进行清理，发现3座汉六朝砖室墓，其中一座为穹隆顶，出土一件龙首把鎏金青铜香薰。

5月15日，《人民日报》主编陈伟光到县纪念馆参观，并撰稿报道。

5月29日，县博物馆与“龙摄影”合作的《长兴文物保护成果展》巡展启动，6月22日上午在县博物馆举行首展仪式。

6月4日，上海市文明办、教委、黄浦区教委、区党校，新四军后代代表及新闻媒体到长兴商量《铁的新四军》赴上海展览事宜。28日，《铁的新四军》在上海黄浦区图书馆举行首展式，沙铁勇、张树华、叶白云、陈丽霞、宋文英、沈佳明等领导参加。7月18日，《铁的新四军》赴上海徐汇区展览。

6月8日，浙江省发改委、省文物局，湖州市文物局、市发改委到长兴调研红色旅游和文物保护工作，县领导陈丽霞参加调研。

6月11日，中科院古脊椎所张森水、罗志刚，省考古所徐新民等再次到长兴进行旧石器调查工作，到白莲村确认28号点，次日在光耀村银锭岗确定29号点。

7月6日，县纪念馆、县博物馆与良渚博物院联合举办的“当一回新四军战士”夏令营在槐坎开营。

7月8日，省考古所所长曹锦炎考察江家山考古工地，落实安全保卫工作。

7月22日，省考古所副所长陈元甫到长兴与县博物馆一起对合溪水库建设工程规划区域进行考古调查，发现光耀、箬芥窑址、六十亩山和民丰等土墩墓。

7月26日，县人大常委会主任朱根山召集朱氏宗祠保护利用领导小组会议，县文广新局、建设局、交通局、水利局、环保局、财政局、开发区等单位领导参加。

7月31日，《温塘——战斗的岁月》专题片在中央电视台10套播出。

8月1日，由浙江省委宣传部、文化厅、文物局主办，省博物馆承办，县纪念馆协办的《历史的印痕——浙江省纪念抗战胜利60周年》大型图片展在浙江省博物馆举行。

8月9日，淮安楚州博物馆向县博物馆征集吴承恩《梦鼎堂记》《圣井铭并叙》碑拓。

8月10日，副县长沈佳明主持召开顾渚贡茶院保护利用专家论证会，省文物局文物处原处长姚仲源、省建设厅高级工程师翁可隐及刘正官、宋煊、李新芳和省文物局文物处副处长杨新平等参加会议。

8月30日，浙江省文物局副处长杨新平到长兴指导顾渚贡茶院及摩崖保护工作。9月6日，省级文物保护单位顾渚摩崖题记物理保护工程启动，首先对老鸦窝石刻实施搭建竹凉亭、清理周边环境、构筑石护坎等工程。

9月7日，县政府召开陈武帝故宫重建工程规划设计方案会审。国家旅游局规划处副处长窦群，清华大学教授、建筑学院城市规划系主任、资源保护与风景旅游研究所所长、建设部专家委员会委员郑光中，浙江省古建筑设计研究院副院长、高级工程师、杭州市城市规划专家委员会委员张书恒等专家参加会议。县领导杨福成、沈佳明参加。

9月8日，省考古所与县文保所联合组成考古队对七里亭旧石器遗址进行考古发掘，至2006年5月结束。

9月11日，县博物馆举办《笔墨苕溪、诗画太湖》长兴、安吉书画联展。

9月28日，朱氏宗祠保护利用领导小组在白溪村召开朱氏宗祠维修捐款活动。县领导朱根山、沈佳明等参加。

10月8日，陈武帝故居重建工程方案论证会在紫金大酒店召开，卞晓萱、胡阿祥、张学锋、章义和、钟晓青等国内六朝史

2005年9月28日，县文广新局组织举行朱氏宗祠保护利用工程开工暨捐资仪式

专家应邀参加。

10月11日,“粟裕同志塑像揭幕仪式”在县纪念馆门口广场举行。

10月13日,省级文物保护单位朱氏宗祠维修工程开工,项目由杭州匀碧文物保护工程公司承接,县文体局具体负责实施。

12月11日,省考古所副所长、全国古建筑保护专家组成员李小宁在朱氏宗祠指导维修工作。

12月20日,县委副书记张建明、县委常委宣传部部长陈丽霞考察朱氏宗祠维修工程。

2005年10月11日,粟裕同志塑像揭幕仪式在新四军苏浙军区纪念馆广场举行(县纪念馆 供稿)

2006年

1月1日,县博物馆协助长兴县公安局刑侦大队对西峰坝一座被盗墓葬进行现场勘察。

1月5日,浙江省文物监察总队到长兴进行文物安全检查工作。

3月14日,省考古所专家李小宁、郑殷芳等到长兴就朱氏宗祠维修召开现场办公会议,对屋面、梁架维修进行技术指导。

3月22日,为配合长水线扩建工程,陈母岭抢救性考古清理开工。31日,出土萤石插座、萤石碗和玉项链、玉玦、原始瓷壶等珍贵文物,朱根山、沈佳明等县领导到工地视察。

4月5日,县委副书记张建明、副县长沈佳明到县博物馆考察文物库房保护工作。

4月11日,中共湖州市委书记孙文友考察县纪念馆。

5月7日,县博物馆专业人员在下乡协调工作时发现西峰坝小娜山南侧东汉画像石墓。

5月14日,县长刘国富考察县博物馆,指示筹建太湖文化博物馆。

5月15日,七里亭遗址野外考古工作结束,西峰坝画像石墓出土陶俑。

5月15—26日,县博物馆专业人员先后赴雉城、煤山、和平、李家巷、水口、泗安举办《文物法规及文物常识》培训班,并向有关人员颁发浙江省业余文保员证书。

5月20日,县政府召开文物单位保护工程论证会,朱光亚、黄滋、谭玉峰、杜顺宝、宣建华、赵成等专家对顾渚贡茶院遗址及摩崖、孔庙、朱氏宗祠的保护提出了许多宝贵意见和建议。

5月23日,西峰坝港北东晋砖室墓出土青瓷鸡首壶、羊注子等一批珍贵文物。

5月25日,顾渚贡茶院遗址及摩崖被国务院公布为第五批全国重点文物保护单位。

6月3日,长兴县百场电影下乡首映式在白溪村举行,浙江省文物局局长鲍贤伦到场并讲话。省文物监察总队队长吕可平、市文物局副局长柴培良出席。该活动拉开了浙江省2006年文化遗产日宣传的序幕。

6月10日，长兴县文化遗产日宣传活动在中心广场举行，副县长沈佳明主持，县委副书记张建民讲话，市文物局副局长柴培良致辞。活动中开展了图片展览、法律咨询、文物鉴赏、电影放映等义务为民服务项目。

2006年6月3日，县文化遗产保护千场电影下乡启动仪式

6月12日，《圣井铭并叙》碑拓由长兴县博物馆负责编印成册。

6月13日，为确保西峰坝画像石墓画像石安全，文物部门将墓中的画像石转移到县博物馆收藏。

7月25日，江家山遗址野外考古结束，并落实临时性文物保护界桩。

2006年6月，日本考古专家在县博物馆对江家山遗址出土木器进行科技分析（方向明 摄）

8月11日，县博物馆开展硬笔书法、电脑打字、器物绘图、文物鉴赏、文物基本常识等项目职工业务大练兵活动，并评选县博物馆业务能手。

8月20日，完成全国重点文物保护单位顾渚贡茶院遗址及摩崖标志碑置安工作。

8月21日，县委书记刘国富、代县长章根明陪同中共浙江省委组织部领导参观县博物馆。

8月22日至11月30日，县文保所主持，杭州文物维修工程公司承接实施孔庙抢救性维修工程。全面恢复明伦堂残损梁架和大成殿门窗，更换大成殿、明伦堂地面铺装，修复屋面等。

9月4日，县政府在行政中心水利局会议室召开合溪水库建设协调会议，会上听取了文物部门关于做好库区文物考古发掘的意见，并要求加强与上级文物部门联系，尽快落实考古工作。

9月，县文保所配合省考古所完成川气东输工程考古调查工作。建设线路回避狮子山遗址与亮甲山等重要不可移动文物。

10月17日，县文广新局召开“争创全国文物先进县”工作会议。由县博物馆收藏的煤山扁体鱼一件移交金钉子博物馆存放、展示。

10月19日，石泉村小黄山发现古墓葬因施工受损。县文保所派出专业人员前往勘探并及时清理出土铜镳斗、青铜镜等器物。

10月至11月，县文保所完成午山冈4座汉墓抢救性考古清理工作，出土汉原始瓷敞口壶、弦纹罐、铁釜等一批器物。

11月3日，孔庙碑廊新建工程正式开工，共展出明清时期有关长兴孔庙碑刻17通。

11月15日，《圣井铭并叙》《梦鼎堂记》《长兴州修建东岳行宫记》碑搬至大成殿内保存。

11月20—30日，县文保所对二界岭新兴工业园区3座西周土墩墓进行抢救性考古清理，出土一批印纹硬陶罐和原始瓷豆。

12月11日，新建"太湖博物馆"正式列入工作议程，县文广新局邀请浙江大学教授严建强予以指导。

12月19日，浙江省新四军研究会浙西分会郑明一行到长兴就《新四军历史人物》一书编辑和纪念粟裕100周年诞辰活动联系工作。

2007年

1月9日，县博物馆组织全体党员、职工赴二界岭砖瓦厂慰问外来民工，并参加劳动、体验生活。

1月22日，民丰土墩墓抢救性考古发掘结束野外作业。共发掘2座西周土墩墓，出土原始瓷盂等一批珍贵文物。

1月29日，和平派出所民警夜间巡逻中，在红山村抓获3名盗掘古墓嫌疑人，并查获盗掘工具。

2月5日，白溪朱氏宗祠维修工程通过验收。

2月12日，大成殿、明伦堂维修工程通过验收。

2月13日，湖州市文物鉴定小组专家到长兴鉴定吴山古墓葬被盗案件所涉及文物。

3月2日，县长章根明考察县博物馆文物库房。

3月16日，七里亭遗址入围2006年度"全国十大考古新发现"初评。19日，浙江省电视台到长兴拍摄七里亭遗址考古新发现，《湖州日报》报道七里亭遗址考古成果。20日，浙江卫视报道七里亭遗址入围2006年度"全国十大考古新发现"初评。

3月28日，县博物馆与南京博物院科技所签订江家山遗址出土木器、人体骨架脱水保护合同。4月27日启动实施科技保护项目。

3月28日，为配合合溪水库建设工程，由省文物考古研究所孟国平具体负责的光耀银锭岗古墓葬、古窑址抢救性考古发掘全面开工。

3月29日，乔旭峰、梁奕建赴湖州，在新四军老战士沈安熹家中征集到革命文物4件，由县纪念馆收藏。

4月1日，北京故宫博物院、北京大学、省考古所专家一行在陈元甫带领下，到长兴参观、鉴赏原始瓷器物。

4月7日，七里亭遗址考古成果参加2006年度"全国十大考古新发现"评比终评。

4月14日，煤山派出所在五通山村二组现场抓获4名盗掘古墓葬犯罪嫌疑人。县文保所立即派人到现场勘察，确认为西周土墩墓。

5月17日，副县长闵云考查白溪朱氏宗祠保护工作。

5月21日，为配合合溪水库建设，由省考古所徐新民任领队的银锭岗旧石器遗址抢救性考古发掘工作启动。

5月30日，湖州市文物鉴定小组吴马林、潘林荣、闵泉一行到长兴鉴定被盗古墓葬案件。县委常

2007年4月6日,县博物馆梁奕建就长兴考古在北京走访中国考古界学术泰斗张忠培(徐新民 摄)

2007年4月7日,七里亭遗址入围全国十大考古新发现终评会议现场

委宣传部部长王庆忠、副县长赵永兴考察县博物馆工作。南京博物院徐副院长与文物科学保护研究所领导到长兴交流木器保护相关工作。

6月7日,根据群众提供线索,省考古所会同县文保所人员对光耀仙人洞进行考古调查,发现动物化石,命名为合溪洞遗址。

6月12日,副县长赵永兴参观银锭岗考古工地。

6月21日,在318国道长兴段改造工程文物调查中,发现因泗安工业园区建设已遭受一定破坏的赵村古文化遗址,当场通知停止施工,落实考古清理工作。

6月28—29日,市文物鉴定小组一行5人到长兴,对县博物馆、县纪念馆近千件文物进行三级文物鉴定。

7月7日,纪念粟裕将军100周年诞辰活动在县纪念馆举行。中国新四军研究会会长、解放军总后勤部原政治委员周克玉等一行参加活动。

7月16—21日,由县博物馆、县纪念馆承接的宁波万里学院14位学生到长兴举行"江南小延安"红色之旅社会实践活动,先后参与考古实践和"当一回新四军战士"活动。

7月17—20日,省考古所专家楼航、李永嘉等人到县博物馆拍摄江家山出土文物。

7月25日,副县长闵云会同县文物部门有关人员赴杭,向浙江省文物局领导汇报长兴争创全国文物先进县相关工作。

7月26日,副县长金树云到县博物馆调研馆室利用工作。

2007年7月,浙江省纪念粟裕100周年诞辰,周克玉(中国新四军研究会会长,解放军总后勤部原政委)(中)等一行参观县纪念馆陈列展览(县纪念馆 供稿)

8月6日，县博物馆成立长兴县文博文化发展有限公司。

8月8日，城山教寺维修方案论证举行，县博物馆负责人参加会议，并阐述文物保护原则，否决改变文物原状方案，提出保护古建原真性等修改意见。

8月14日，县博物馆邀请方向明等专家对江家山遗址出土木器进行初步定级，以便文物科技保护项目申报。

8月20日，银锭岗旧石器遗址考古发掘田野工作结束，上海复旦大学教授陈诚一行到工地考察长兴旧石器考古工作。

2007年7月15日，宁波万里学院大学生在县纪念馆参加当一回新四军战士夏令营

8月23日，省考古所所长曹锦炎、书记沈岳明到长兴了解野外文物考古工程进度。

9月17日，县政府、县历史文化遗产保护委员会、县文广新局、各乡镇有关领导、县博物馆、县纪念馆全体工作人员参加“三普”电视电话会议。

9月21日，中科院古脊椎所张森水研究员再次到长兴工作。27日在县博物馆召开现场办公会，就合溪洞旧石器遗址考古发掘达成一致意见。曹锦炎、闵云、陈亦祥、徐新民、梁奕建出席会议。

9月26日上午，全县“三普”动员大会召开。副县长闵云做报告，陈亦祥布置工作任务。下午，闵云等赴省文物局汇报全国文物先进县争创工作。同日，长兴县“三普”普查队成立。

9月27—28日，举办全县“三普”培训班，各乡镇分管领导、文化站站长、全体普查队员参加培训。

9月29日，长兴县文物监察大队成立。10月22日，县文物监察执法大队召开第一次工作例会。

9月30日，县“三普”办招募长兴县“三普”志愿者，县电视台跟踪报道。

10月4日，县文保所负责人在下乡途中发现江家山遗址北侧318国道两边绿化带改造工程出土大量新石器时代文物残件，立即与建设方联系，调整方案，保护地下文物。

10月16日，长兴县“三普”野外调查登录试点在和平镇启动。

10月30日，银锭岗考古田野作业全面完成。同日，县博物馆新馆建设列入县政府工作议程。

11月5日，城山古城遗址保护规划论证会在和平镇召开，浙江省文物局文物处杨新平，县领导濮建芳、闵云参加会议。

11月14日，湖州市“三普”普查队到和平横涧村与县普查队学习交流普查工作。

11月15日，浙江省“三普”办公室陈官

2007年10月19日，电视剧《西游记》孙悟空扮演者六小龄童参观县博物馆(徐红英 摄)

忠、杨新平在市文物局柴培良、吴马林等领导陪同下视察长兴文物普查工作，并到吴山韦山慰问正在普查一线工作的队员。

12月11日，县“三普”普查队在林城石英村根据村民李鸿云提供线索发现荆竹关战国窑址。下午副县长闵云在局长陈亦祥陪同下考察新发现的荆竹关战国窑址，并慰问一线普查队员。

12月13—14日，国家“三普”办公室领导、专家乔梁等在省、市普查办领导陪同下考察长兴普查工作，并到林城镇石英村察看普查成果，看望普查队员。

12月15日上午，“三普”普查队在石英村发现凤凰墩商周遗址，四周有壕沟。下午在牌坊沟发现商周印纹硬陶窑址。

12月19日，县文保所负责为期两个月的午山岗十八亩山汉墓考古结束，出土一批高温釉陶珍贵文物。其中，罍上有九头凤鸟图案。

2007年12月11日，新发现的浙江省文物保护单位——龙山窑址(荆竹关窑址)

2007年12月13日至14日，国家三普办公室领导、专家在省、市普查办领导陪同下考察长兴普查工作

2008年

1月5日，县“三普”普查队在虹星桥白水滩发现董家油坊碾房遗址。

1月15日，中科院古脊椎动物与古人类研究所副所长高星在合溪洞遗址考察长兴旧石器考古工作。

1月27日，浙江省文物局副局长陈文锦、处长沈坤荣，省博物馆馆长陈浩、省丝绸博物馆副馆长徐德明，市文物局副局长柴培良一行应邀冒着大雪到长兴指导县博物馆新馆选址工作。

2月23日，长兴县政协副主席张加强在县博物馆负责人陪同下，上城山了解城山教寺维修工程相关情况。

2008年1月16日，中科院专家冒雪指导合溪洞考古工作

3月3日，省“三普”办公室吴志强、郑建华在市文物局副局长柴培良陪同下到长兴协调全省“三普”现场会准备工作。

3月6日，省、市茶文化研究会到长兴举办茶文化研讨会，建议把顾渚古茶山列入文物普查范围。

3月9日，县政府召开两馆一中心规划建设论证会，国家文物局博物馆司副司长李耀申、首都博物馆党委书记常务副馆长韩勇、中国博物馆协会秘书长安来顺、浙江大学博物馆系主任严建强参加会议。

3月11日，浙江省博物馆馆长陈浩、副馆长李刚到长兴协调文物展示有关工作。县博物馆协助省博物馆在长兴野外采集旧石器标本7件，用于省博物馆基本陈列《越地长歌》展览。

3月25—26日，浙江省“三普”工作现场会在长兴召开，全省近180位“三普”办主任、普查队长及专家参加会议。浙江省文物局局长、“三普”办主任鲍贤伦参加会议并做工作报告，县普查队队长梁奕建在会议上做长兴工作经验介绍。26日与会代表还赴林城午山岗、周吴山现场观摩实地调查登录工作。

4月3日，中共湖州市委书记孙文友在县委书记刘国富、县长章根明陪同下，到县纪念馆调研红色旅游工作。

5月6日，县“三普”普查队在夹浦镇月明村发现月亮山汉代窑址。

5月22日，县“三普”普查队在虹星桥镇港口村发现1957年创办的虹溪区第六高级社幼儿园旧址及壁画。

8月13日，县“三普”普查队在小浦镇小浦村发现清代“贞节”凉亭。

9月5日，县文物部门与县公安局治安大队一起处理洪桥陈桥出土古钱币被哄抢事件，追回一批宋元古钱币上交县博物馆。

9月8日，县文保所会同省考古所对318国道改建工程李家巷段立交桥古墓葬抢救性考古工作启动。

2008年5月，江南红村“将军桥”施工中（县纪念馆 供稿）

9月23日，县政府决定位于雉城镇的大成殿、明伦堂移交县博物馆管理。

9月25日，县“三普”普查队在煤山镇大干岕发现宋元时期大型建筑遗址。

10月1日，长兴县展览馆正式对外开放，辟有6000平方米展厅，其中包括建置区域，社会营生，帝王后妃、墨客骚人，名胜古迹等内容。

10月10日，县文保所会同省考古所启动槐坎乡抛渎岗古墓葬考古发掘工作。

10月24日，中央电视台、《光明日报》、《中国文物报》、新华社等12家中央主流媒体到长兴采访“三普”工作，并对县“三普”普查队在龙山渚山实地调查进行了现场采访。同日，“改革开放30周年长兴文物保护成果展”在县会议中心展出。

2008年9月25日，第三次全国文物普查队员在煤山大干岕下井勘探

2008年10月24日，中央电视台、《光明日报》、《中国文物报》、新华社等中央主流媒体对县“三普”普查队在龙山渚山实地调查进行现场采访（陈红冰 摄）

11月12日，县“三普”普查队在李家巷镇石泉村发现一村三牌坊，即石山桥贞节牌坊、高氏牌坊和吴氏牌坊。

12月4日，县文广新局组织乡镇文化站干部前往良渚博物院参观学习。

2009年

1月18日，县文广新局召开“三普”重要信息有功人员嘉奖会。林城石英村村民李鸿云、水口顾渚村村民陈幸福等6人受表彰。

2月6日，老长中工地宋代古井清理出宋青瓷鱼注子等文物。

3月6日，县“三普”普查队在管埭村发现空山遗址，面积达12万平方米，属良渚文化至商周台地型聚落遗址。

3月9日，长兴县人大常委会文卫委员会对全县文物保护工作开展调研。

3月10日，县“三普”普查队在禧祉村新安自然村发现有环壕的新石器时代台地型聚落遗址，面积达3万平方米。

3月22日，县“三普”普查队在仙山猴村现场抓获一名正在盗掘古墓葬的犯罪嫌疑人，并移交县公安部门依法处理。

4月9日，长兴县人大文教卫委员会领导带队赴德清、余杭考察文物保护工作，调研长兴文物保护经费问题。

4月10日，国家文物局领导、专家到长兴检查合溪水库考古工地，并鉴赏出土文物。

4月12日，煤山大干岕发现古墓葬，清理出土宋代青白瓷碗2件，韩瓶1件。

4月14日，“浙江省廉政文化教育基地揭牌仪式”在县纪念馆举行，中共湖州市委常委、纪委书记王敏奇，县委副书记项乐民等参加会议。

5月9日，长兴电视台推出以“三普”成果为重点的系列专题片《印象长兴》共10集。

6月6日，浙江省文物局印发浙文物发〔2009〕151号《关于公布二、三级博物馆名单的通知》，县博物馆、县纪念馆被定级为国家三级博物馆。

6月15日，县博物馆负责的鼎嘉桥维修工程启动。

6月22日，长兴召开磨盘山大墓发掘与保护现场办公会。省文物局吴志强、许常丰，省考古所李小宁、陈元甫，县有关部门领导潘瑞祥、陈亦祥、刘月琴等参加会议。会议决定：以不发掘为宜。

7月1日，县文保所配合省考古所对杭宁高铁建设工程所涉下孙遗址局部进行抢救性考古发掘进场。

7月4日至8月27日，县文保所会同省考古所对红卫桥遗址进行抢救性考古发掘。出土有崧泽文化的黑皮陶、夹砂陶器及少量玉石器。

7月13日，小浦画溪桥村罗家厂一处古墓葬因农民建房被毁，县文保所组织专业人员进行抢救性考古清理。发现两座汉代土坑墓，出土一批汉代釉陶器。

7月20日，县文保所会同省考古所由孟国平领队对318国道改建工程二界岭大东村段受损古墓葬进行抢救性考古清理。

7月21日至8月20日，县文保所组织专业人员对318国道改建工程赵村段赵村遗址进行考古清理，出土硬陶埙等一批商周时期遗存。

8月4日，省考古所所长李小宁一行到长兴检查考古工作，在红卫桥遗址等工地慰问一线考古人员。

8月27日，嘉兴市博物馆馆长葛金根一行到县博物馆商借马家浜文化器物，并邀请协办马家浜文化考古成果展。

9月26日，由县委宣传部、县文广新局主办，县博物馆承办的《丹青遗风颂华诞》首展式在县博物馆举行，县委常委宣传部部长王庆忠、政协副主席张加强参加开幕式活动。

9月29日，应中国文物报社、“三普”办公室邀请，梁奕建以全国基层博物馆两个代表之一身份在北京国子监参加由国家文物局主办的庆祝中华人民共和国成立60周年暨“三普”征文颁奖活动。

10月17日，由杭州文物工程公司负责实施虹星桥镇周村桥搬迁、开发区光阳桥应急性抢修启动。

10月27日，长兴“三普”工作通过湖州市“三普”办公室专家组验收。

11月17日，县政府召开第九次常务会议，研究文化遗产保护工作。通过过渡时期博物馆安排，出台文化遗产保护实施意见，编辑系列丛书，落实相关经费。

11月20—21日，由县博物馆倡议的首届“环太湖地区历史文化保护与利用博物馆馆长、文保所所长联谊会”在长兴召开。来自江苏吴江、宜兴，安徽广德，浙江余杭、良渚、桐乡、湖州、德清、长兴的博物

2009年，中科院古脊椎所与省考古所专业人员对合溪洞遗址出土的动物化石进行考古整理

馆馆长、文保所所长参加会议。

12月10日，北京大学教授王幼平、哈佛大学教授尤索福、南京博物院研究员房迎三及省考古所副研究员徐新民到长兴考察旧石器考古工作。先后实地考察合溪洞遗址、午山岗遗址。

12月23日，县文广新局召开大成殿、明伦堂维修方案会审，闵泉、朱建明、陈子凤等专家参加。

2010年

1月1日，上午和平镇独山村5位村民抓获6名盗墓嫌疑人。次日，省、市专家组对被盗墓葬进行鉴定。

1月5日，长兴电视台推出《印象长兴》专题片，主要内容为长兴现存旧石器时代至商周时期不可移动文物保存情况，反映长兴悠久的历史和灿烂的文化。

1月11日，县政府〔2010〕2号文件公布长兴县第四批县级文物保护单位36处。

1月23日，为配合旧城改造，县政府决定博物馆拆迁。县文广新局召开博物馆搬迁动员会，确定博物馆临时搬至县档案馆办公，一周完成搬迁任务。24日，搬迁全面开始。

2月1日，县博物馆所有藏品在县公安局的配合下，全部安全搬至县档案馆保管。下午，所有《浙西丰碑》展厅文物全部移交给县纪念馆。

3月15日，县博物馆决定注册"合溪洞""长兴人"两个商标。

3月18日，长兴县水利局下发长水发〔2010〕38号《关于开展在用古代水利工程与水利遗产调查工作的通知》。

3月28日，县文广新局印发长文广新〔2010〕24号《关于公布塘上冲旧石器遗址等435处文物为第二批县级文物保护点的通知》，同时印发〔2010〕25号《关于撤销山湾桥等5处县级文物保护点的通知》，其中包括山湾桥、周安桥、张连长一班长烈士墓、南庄花门楼、葛公桥。

4月8日，中科院古脊椎所刘斌研究员等一行到长兴考察合溪洞考古成果，对新发现出土的马头骨化石进行鉴定。

4月26日，浙江省文物局副局长吴志强、考古所所长李小宁到长兴，协商省政府文化遗产日"关于长兴旧石器考古成果宣传方案"。

5月4日，七女冢考古首次发现楚式深坑棺椁墓，出土青铜壶等文物。同日，北庄长湖线改造工程出土文物，文保所工作人员现场采集到铜斧、铜犁、刀削、铜块等器物。

5月7日，中共中央原常委、中华人民共和国原副主席曾庆红考察县纪念馆。

5月19日，浙江省文物局副局长吴志强与考古所所长李小宁等到长兴就"三普"和合溪洞遗址标志碑揭碑工作现场办公。

5月31日，国家"三普"办公室刘小和一行在省、市普查办领导、专家陪同下到长兴验收"三普"工作，长兴县成为浙江省首个通过验收单位。

6月3日上午，副县长闵云一行在之江饭店参加省政府新闻办召开的"浙江省旧石器考古成果新闻发布会"。下午浙江省文物局、长兴县人民政府在合溪洞遗址召开合溪洞遗址标志碑揭碑暨浙江省旧石器考古长兴工作站授牌仪式。省文物局局长鲍贤伦、副局长吴志强、湖州市政府副市长沈建平、中科院古脊椎所所长高星等200多人参加。

2010年6月3日，中科院古脊椎所、省考古所领导，长兴旧石器考古工作站人员合影（梅亚龙 摄）

2010年6月3日，省文物局局长鲍贤伦等参加合溪洞遗址标志碑落成仪式

6月6日，合溪洞遗址考古成果在北京参加“全国十大考古新发现”终评。

6月12日，由浙江省文物局、长兴县人民政府主办，省考古所、省博物馆承办，县博物馆等协办的《浙江百万年文化根系——浙江省旧石器考古成果展》在省博物馆举行。副县长闵云参加开幕式。

7月19日，县文保所会同省考古所启动西峰坝南符小山土墩墓抢救性考古发掘。

8月10日，由县委宣传部主办，县美协、县博物馆承办的《红色之旅、浙皖丹青——长兴泾县国画联展》在明伦堂举行。

9月21日，浙江省文物局下发浙文物发〔2010〕227号《关于指定收藏长兴弁山石室土墩墓群出土文物的批复》。同意由省考古所保留7座土墩墓出土的161件器物，其余27座土墩墓出土的399件器物由县博物馆收藏。

9月21日，县文广新局召开全县文物保护单位“认看认领”百人志愿者成立大会，浙江省文物局文物处郑建华处长参加会议，并作文物保护专题讲座。

10月8日，由县博物馆负责的大成殿孔子塑像落成。

10月12日，由中国博物馆学会主办的“全国百强县博物馆馆长论坛”在常熟举行，县博物馆梁奕建在大会上作主旨发言。

10月15日，由浙江省文物局局长鲍贤伦题写的“大唐贡茶院遗址”巨型标志碑在顾渚贡茶院遗址落成。

10月31日，老战士江泽南参观县纪念馆。

2010年，长兴县博物馆全体工作人员（陈红冰 摄）

11月8—10日，省考古所郑建明主持龙山窑址试掘，面积6平方米，出土大量商至西周晚期印纹硬陶片和少量原始瓷片。

11月9—10日，故宫博物院院长郑欣淼到长兴考察，中共浙江省委常委张曦、浙江省文物局局长鲍贤伦陪同考察顾渚贡茶院遗址等地。

11月16日，中国文物报社总编助理李让在长兴考察文物保护与宣传工作，闵云副县长陪同。

11月26日，省考古所主办，县博物馆协办的浙江省旧石器考古研讨会在长兴召开，来自舟山、浦江、临安、桐庐、德清、安吉、湖州等馆及中科院古脊椎所专家参加会议。

12月29日，县文广新局在县纪念馆召开"江南小延安"陈列展览论证会。来自盐城、茅山、泾县、溧阳等新四军纪念馆的馆长、专家参加会议。

2011年

1月19日，县博物馆梁奕建馆长被中国文物报社聘为"2010年度全国文化遗产十佳图书"评选活动评审专家。

2月17日，县"三普"普查队完成《长兴县"三普"工作报告》。

3月10日，县文保所完成二界岭韩彦直墓神道石翁仲、石像生归安工程。

3月11日，县博物馆与县文物监察大队在雉城镇竹园村处理一起出土文物流散事宜，追缴宋代铜狮子等文物4件。

3月16—19日，中科院古脊椎所资深研究员袁宝印到长兴指导旧石器考古工作，先后踏看了煤山、白阜、白岘、林城、二界岭、白莲等地旧石器遗址。

3月24日，因土地平整受损，方山窑古墓葬考古清理开工，共发现9座两周至南北朝古墓葬。

3月29日，县委、县政府召开陈武帝故居陈列展览概念方案规划论证会，县委副书记章根明参加会议。同日，县文保所配合省考古所对杭长高速长兴段延伸段进行考古调查，新发现紫金山旧石器遗址。

2011年3月16—19日，古脊椎所袁宝印研究员，在长兴实地考察指导旧石器考古工作

3月30日，台基山南侧施工工地出土唐宋寺院石构件，共清理出唐晚期至宋石经幢残段10余件。

4月20日，县文广新局、财政局联合编制《长兴县民国时期建筑遗存》。其中，包括新四军被服厂旧址、吕山侵华日本侵略者炮台工事遗址、长兴煤矿遗址等63处。

4月27—28日，浙江省博物馆馆长陈浩带领28位党员、干部到长兴指导工作，并与县博物馆签订友好馆协议。

4月29日，县文广新局决定朱氏宗祠移交县文保所日常管理。

5月2日，煤山镇西山土墩墓发现楚式土坑墓，出土23件仿青铜器泥质陶器。

5月10日，北京大学教授杨哲峰到长兴考察，参观西峰坝画像石墓，并鉴赏县博物馆馆藏文物。

5月12日，县文广新局聘任省考古所原副所长陈元甫研究员为县文保所名誉所长。

5月25日，复旦大学教授陈淳在省考古所所长李小宁陪同下到长兴指导旧石器考古工作。

2011年7月1日，新四军苏浙军区纪念馆广场

6月16日，副县长闵云召开协调会，布置陈武帝故居陈列展览工作。20日，县文广新局党委研究决定，由县博物馆负责陈武帝故居陈列馆布展业务工作。

6月，长兴县紫砂工艺陈列馆开馆，其中展出的有新石器时期陶片标本7件，马桥文化标本3件，商周印纹硬陶标本6件，汉代釉陶标本4件，唐宋陶、瓷器标本11件。

2011年1月，县博物馆工作人员在大成殿清理积雪

9月5日，县政府办下发《关于和平镇损毁文物(官庄土墩墓)事件的通报》，浙江省文物局文物监察总队到长兴督查。

9月13日，全国书协名誉主席陈永正等全国著名陈氏后裔书法家为陈武帝故居陈列馆题写楹联，作品由县博物馆永久收藏。

9月28日，县博物馆过渡馆搬至县文化馆新大楼办公，10月26日，完成搬迁工作。

10月20日，浙江省文物监察总队到长兴，实地检查了最高堂唐代摩崖题记、西峰坝画像石墓、台基山遗址、圣井、朱氏宗祠、孔庙和新四军苏浙军区旧址等文物保护单位。

11月14日，副县长闵云考察县博物馆及义家山古墓葬考古工地。

12月3日，县政府组织县“三普”领导小组成员单位领导、全体普查人员参加全国第三次文物普查电视电话会议。

12月7日，中共湖州市市党校、县纪念馆共建研究实践基地、党性教育室签约仪式在县纪念馆举行。

12月13日，陈武帝故居陈列展览通过由省博物馆、良渚博物院、湖州博物馆组成的专家组验收。

2012年

1月9日，陈武帝故居陈列展览绘图原稿共54幅全部交由县博物馆收藏。

2月8日，县博物馆基本陈列《长兴一百万年》正式对外开放。

3月2日，浙江省文物局文物处副处长李新芳到泗安现场办公，与水利部门协商五里渡斗门在水利工程改建中的保护工作。

3月至6月，县博物馆举办《太湖望县——长兴建县1730周年历史研究征文》活动，共35位作者29篇文章入围并获奖。

3月16日，县文广新局在局机关举办文物保护基本知识培训班。

3月29日，历时半年的大成殿、明伦堂维修工程通过验收。

4月8日，浙江省博物馆党、团组织在杨铿书记带领下到长兴与县博物馆工作人员互动交流，并在义冢山考古工地开展考古实地体验活动。

4月27日，县博物馆新馆基本陈列大纲《长兴一百万年》报省文物局，并向财政部争取新馆建设陈列展览专项经费200万元。

5月21日，县委常委、宣传部部长王庆忠调研义冢山考古工作，看望省考古所一线考古人员。

6月1日，县人民政府文件公布新四军江南银行(银行兑换所)旧址为县文物保护单位。

6月6日，县博物馆15件原始瓷尊、甬钟等出土文物在德清参加《瓷之源——德清窑瓷器考古成果展》。

6月8日，由长兴县人民政府、浙江省文物局主办，县博物馆策划承办的《紫玉金砂——长兴紫砂茗壶精粹》展在省博物馆举行，省文物局副局长陈官忠、博物馆处处长杨新平、省博物馆馆长陈浩、长兴县人大常委会副主任杨福成等领导及长兴部分紫砂制作大师出席开幕式。会上由钟凤文、梁奕建主编的《紫玉金砂——长兴紫砂名壶精粹》一书正式出版。

2012年6月21日，中国古陶瓷学会名誉会长耿宝昌为长兴县博物馆题词“吴风越韵”

6月9日，县博物馆60件藏品在湖州市博物馆参加全市文物考古成果展。20件文物在杭州市博物馆展出。

6月19日，中国古陶瓷学会名誉会长耿宝昌、会长王丽英一行10多人到县博物馆鉴赏哥窑瓷器，指导长兴文物鉴定工作，并为县博物馆题写“吴风越韵”四字。

7月3日，吕志良县长、楼秋红副县长调研文物工作，实地考察五峰村义冢山考古工地。

9月4日，省考古所所长李小宁、副所长刘斌及中科院考古研究所副所长白云翔一行到长兴指导工作。

9月25日，中共湖州市委常委、组织部部长吴伟到县纪念馆调研党员干部培训基地建设。

11月7日，由中科院考古研究所、省考古所联合主办，县博物馆等单位承办的《起于垒土——秦汉土墩墓国际学术讨论会暨考古成果展》在县博物馆举行开展仪式，来自中国、韩国、日本的百位考古专家出席。

11月12日，粟裕生前秘书朱楹少将携夫人参观县纪念馆。

12月28日，韩国考古专家一行7人参观县博物馆。

2013年

1月10日，省考古所胡继根研究员到长兴了解长兴汉墓有关情况，并到九女冢与县博物馆专业人员一起下墓穴踏勘。

1月11日，浙江省文物局印发浙文物发〔2013〕20号《关于公布2012年度浙江省陈列展览精品奖项目的通知》。县博物馆的“帝乡佛国——陈武帝故居陈列展览”荣获最佳形式设计奖，县纪念馆的“江南小延安”基本陈列荣获最佳服务奖。

2013年4月13日，粟裕将军长子粟戎生、钟期光将军之子钟德苏参观新四军纪念馆廉政展厅

1月17日，新四军江南银行陈列布展竣工并通过验收，正式对外开放。

3月26日，县委书记章根明带领有关人员对新四军江南银行旧址保护与利用进行实地调研。

4月10日，二界岭罗家地村民挖树时发现窖藏宋代银器，后通过耐心工作，蔡日义、杨泽忠、沈世安三位主动上交出土文物21件。

4月13日，粟戎生中将携夫人李曼俊、儿子粟志军与武警湖北总队原参谋长钟德苏一行到县纪念馆参观，缅怀先辈业绩。

4月26日，县政府印发长政发〔2013〕32号《关于在全县开展第一次全国可移动文物普查（下简称“一普”）的通知》。同时成立长兴县第一次全国可移动文物普查领导小组，副县长楼秋红任组长。

5月12日，《紫玉金砂——长兴紫砂茗壶精粹》展赴江苏大丰博物馆巡回展。

5月18日，孔庙正式对外开放。

5月22日，长兴电视台《小彤热线》播出由县博物馆承办的《寻访长兴古桥》大型电视宣传节目。灵山脚下石翁仲、石像生一组7件搬至台基山遗址公园保护。

5月28日，浙江省人民银行原行长陈国强参观县纪念馆和“新四军江南银行”陈列馆。

6月10日，由应征、梁奕建主编的《镌石印痕——环太湖历史碑刻拓片精粹》正式出版。18日，县博物馆在明伦堂举行《镌石印痕——环太湖历史碑刻拓片精粹》联展首展式。浙江省文物局陈官忠副局长、省博物馆副馆长雍泰岳、市文物局副局长张国强及广德、吴江、湖州、德清、余杭、苏州等博物馆领导参加首展式。

7月22日，龙游县文广新局、龙游县博物馆领导一行到长兴参观，并与县博物馆对接“姑蔑长印”事宜。

7月30日下午，中共湖州市委常委、纪委书记陈浩一行十余人，在县委副书记许小月，县委常委、纪委书记金淦英等陪同下，对县纪念馆“省廉政教育基地”“省群众满意基层站所”进行实地调研。

8月12日，长政办发〔2013〕116号印发《关于印发长兴县第一次全国可移动文物普查实施方案的通知》。

8月20日，县政府召开长兴县“一普”工作会议。

9月2日，县纪念馆代表新四军纪念馆及浙江省参加国家文物局召集的全国十家抗日主题纪念馆如何在革命纪念馆基地开展革命宣传活动座谈会。

9月10日，县级文物保护单位大界口吴宅、献桥、包福桥、周家凉亭、毛场里凉亭、兴隆桥、王思高宅等七处古建筑开始统一维修。

11月6日，由中共湖州市委、浙江省委党史研究室联合举办的“粟裕大将浙江军事斗争暨纪念新四军挺进浙西70周年座谈会”在县纪念馆举行。

11月16日上午，县长吕志良一行参观新四军苏浙军区司令部旧址，并调研革命文物保护与宣传工作。

11月26日，环保部领导视察七里亭遗址，并详细了解长兴历史文化遗存现状，向县长吕志良建议加强文化遗产保护。

11月30日，县长吕志良视察七里亭遗址，指示要加强遗址文化内涵的宣传和遗址保护。

12月1日，县文广新局局长曾善赐、副局长姜金泉等踏勘乌瞻山遗址，作出暂时将有可能遭盗石构件搬至纪念馆保存等相关决定。

12月11日，县博物馆馆藏青铜兵器、农具25件参加无锡阖闾城遗址博物馆基本陈列展。

2014年

1月5日、6日，郑某某、蔡某某等人在雉城镇高山岭乘夜盗窃古墓葬，因严重缺氧，致使一名盗墓者晕厥。同案人无奈向公安民警求助，相关犯罪嫌疑人被民警当场抓获。参与盗墓所有人员被追究刑事责任。

1月13日，长兴县"一普"汇总表完成，报浙江省"一普"办公室。

2月17日，湖州市级领导"三思、三观"专题学习活动——深入开展党的群众路线教育实践活动在县纪念馆举行。市委、市人大、市政府、市政协四套班子领导及市直属有关单位党委(党组)主要负责人参加。

3月13日，省考古所选择长兴作为省考古所所属可移动文物普查的试点县。

3月23日，由浙江省作协、红旗出版社、中共长兴县委联合主办的《江南小延安》审读研讨会在县纪念馆举行。中国作家协会副主席、书记处书记何建明，省委宣传部、省作协等单位的领导、专家，县委书记章根明等参加研讨会。

3月29日至4月8日，由县博物馆牵头的《镌石印痕——环太湖历史碑刻拓片展》在浙江省博物馆孤山馆区展出，并于首展日召开了环太湖地区博物馆馆长、文物保护管理所所长联谊会。

4月4日，新四军老战士李佐南之子李力将父亲生前使用过的部分物品——口风琴、笔记本、中国人民抗日战争胜利60周年纪念章、1945—1950年解放奖章及证书等14件遗物捐献给县纪念馆。

4月25日，2014网络作家"红色故土行"合作交流座谈会及浙江省网络作家协会长兴创作基地挂牌仪式在县纪念馆举行。

5月8日，县"一普"普查队完成县财政局保存的民国时期手绘图纸认定工作，认定文物共3248张(件)。

5月9日，县博物馆库房古籍整理完成，湖州日报刊登《长兴整理出478种馆库古籍》。

5月12日，浙江省文化厅副厅长、文物局局长陈瑶一行到长兴调研，参观新四军苏浙军区一纵队司令部旧址及江南银行陈列馆。

6—10月，为配合杭长线延伸段建设工程，省考古所与县文保所对云峰南宋韩世忠孙韩秋墓进行抢救性考古发掘，并实施异地保护工程。

7月2日，长兴江家山遗址出土的崧泽文化时期陶纺轮、石环形器参加由省考古所主办的"崧泽之美——浙江崧泽文化考古特展"。

7月9日，县文物部门发现忻湖村唐太宗贤妃徐惠故里古井，并进行现场勘探，要求主管部门加以保护。

7月14日，浙江省文物局下发浙文物发〔2014〕211号《关于苕溪清水入湖河道整治工程长兴段文物考古调查意见》。要求优化工程方案设计，对长兴县文保单位石山桥贞节牌坊进行原址保护，对文物保护点万安桥、塘汇桥、胥仓桥，以及具有一定保护价值的复兴万安桥进行迁移保护。

7月15日，仰峰岕新四军苏浙军区司令部旧址"历史印迹"陈列展布展工作启动，9月2日竣工并正式对外开放。

7月22日，粟裕妹妹粟粹芸5位子女齐聚县纪念馆，向县纪念馆捐赠1951年粟裕在苏联养病期间带回的一台留声机。

7月31日，在云峰韩柣墓东侧发现一座北宋双室砖室墓，出土周子美墓志铭一方，青白瓷坐佛一尊。

8月6日，省考古所《浙江国宝》一书编辑对所涉长兴四处全国重点文物保护单位进行影像拍摄。

9月2日，长兴县庆祝抗日战争胜利纪念日暨红色山乡槐坎首届文化节启动仪式在新四军苏浙军区司令部旧址广场上举行。新四军老战士及后代、省市文物局有关领导、长兴县领导等近300人参加活动。

9月25日，图影村“长兴县界”“后土之神”等石碑共计52块由县博物馆收藏。

10月11日，新四军研究会六师分会部分成员到长兴，开展重走父辈抗战救国的故地行活动。原北京军区联络部部长夏强毅、江渭清之子江旅安、乐时鸣子女乐俊河、乐俊海等20余人参加。

10月15日，县博物馆与长兴白蚁防治中心一起对小浦南俞钱宅进行白蚁防治。

11月18日，县博物馆会同长兴县建设局商议长兴县城区编制单位规划，县级及以上文保单位全部在规划图上进行标识。

11月18日，新四军苏浙军区一纵队司令部旧址（县纪念馆）实施全面维修。

12月5日，由浙江省自然博物馆、县博物馆主办的“书画长兴——长兴当代书画名家作品展”于12月5日在省自然博物馆二楼绘画展厅展出。

12月8日，县文广新局印发长文广新〔2014〕52号《关于同意设立上泗安古码头陈列馆的批复》。

12月10日上午，浙江省人民政府副省长郑继伟考察县博物馆，参观《长兴一百万年》历史文物史迹展。

2014年12月10日，浙江省副省长郑继伟（左1）考察县博物馆（许要武 摄）

2015年

1月3日，文博志愿者李士杰在和平镇城山村东山脚发现徐阶墓志盖，上有37字：“明特进光禄大夫柱国少师并太子太师吏部尚书建极殿大学士赠太师谥文贞徐公墓志铭。”

1月5日，长文广新〔2015〕1号文件表彰2014年度文物保护工作先进单位和先进个人。

1月13日，长兴县纪念新四军苏浙军区成立70周年暨大型系列纪录片《红色地标》走进浙江开拍仪式在“江南红村”举行，县委书记、县长吕志良致辞。中国新四军研究会学术委员会主任徐君华，浙江省新四军历史研究会常务副会长陈培德，新四军后代代表陈昊苏、粟戎生参加活动。

1月23日，县政府确定新建的长兴县（太湖）博物馆新馆［下简称：县（太湖）博物馆］选址为太湖口中央大道1号地块。

1月31日，县(太湖)博物馆新馆建设专家咨询会在行政中心召开，中国博物馆协会秘书长安来顺、浙江省文物局副局长郑建华、省博物馆馆长陈浩、浙大博物馆系主任严建强、上海博物馆副馆长陈克伦、浙江省自然博物馆原馆长康熙民等参加。

2月2日，县博物馆《紫玉金砂——浙江长兴紫砂茗壶特展》在温州博物馆展出。

3月16日，县博物馆与长兴县第八小学签订“朱氏宗祠”共建协议，日常管理、使用由校方负责，文物保护由馆方承担。

4月7日，云峰韩杕墓迁建保护、西峰坝画像石墓保护方案启动。

5月8日，县文广新局举办的“守护文物，留住乡愁”主题系列培训会，全县20个乡镇(街道、园区)的文物从业人员及文保志愿者共100人参加。

6月24日，中共浙江省委原常委、杭州市委原书记王国平到县纪念馆参观调研，县长周卫兵陪同。

7月7日，县文广新局与有关乡镇、街道共同对全县抗战遗迹进行梳理，并树立12处抗日战争遗址纪念碑。

7月24日，长兴县人民政府公布上泗安古桥群等为第六批县级文物保护单位。其中，包括泗安上泗安古桥群、水口接香塘桥、横山高大坵砖拱桥。

8月31日，云峰村韩杕墓墓底出土一件南宋龙泉窑冰裂纹薄胎(灰胎)厚釉鬲式炉。

9月1日，县纪念馆投资350万元的基本陈列《浙西丰碑》竣工并正式对外开放。其内容包括“挺进长兴、挥师浙西、威震东南、惜别江南、名垂中华”5个部分。特色展《红色标杆》(廉政专题展览)分“将军、母亲、英雄、战士、誓言”5个主题。

9月9日，县纪念馆《浙西丰碑》主题展、县国防教育主题公园开展开园仪式在县纪念馆广场举行。同日，上海新四军研究会六师分会东进艺术团到长兴进行慰问演出。

10月14日，中共浙江省委常委、纪委书记任泽民到县纪念馆考察，中共湖州市委书记裘东耀、县委书记吕志良陪同。

10月30日，韩国国立加耶文化财研究所朴往熙、郑仁部一行六人到县博物馆进行中韩文化交流。

12月22日下午，长兴县历史文化研究会正式成立。县政协原主席张全镇、县人大常委会副主任钱慧明、副县长徐晓惠、县政协副主席张加强等参加第一次会员代表大会。梁奕建当选会长。

2016年

1月11日，由长兴县历史文化研究会主办的《箬溪》第一期出刊。

1月12日，县纪念馆完成新建东侧围墙85米，扩展广场1400平方米。

2月21日，县纪念馆名誉馆长楚青(粟裕将军夫人)逝世，享年93岁。

3月1日，省考古所会同县文保所启动“龙之梦”项目所涉碧岩地块古墓葬抢救性考古发掘。

4月18日，县纪念馆全面开通微信智能导览。

4月20日，浙江省文物局组织专家对县博物馆文物藏品进行抽查，结果账物相符。专家对文物保管提出宝贵建议和意见。

4月28日,县纪念馆两名工作人员赴省自然博物馆参加全省博物馆“十佳青少年教育项目”推介活动,成功入选“全省首届博物馆十佳青少年教育项目”。

6月8日,哈佛大学费正清研究中心赵梦一行参观县博物馆,并就早期的长兴紫砂器物进行探讨。

6月11日,县纪念馆“浙西丰碑——新四军在浙西”基本陈列获2015年度浙江省博物馆陈列展览精品奖。

6月16日,省考古所主持发掘的长兴鼻子山越国贵族大墓110件文物,由陈元甫负责移交县博物馆入藏。

6月29日,“传承铁军精神”长兴红色系列文艺精品——新四军绘本故事《仰峰》首发仪式在“江南红村”举行。浙江省文联副主席、党组成员、书记处书记马锋辉等400余人出席首发式。

6月30日上午,县(太湖)博物馆开工仪式隆重举行。省文物局局长柳河、中共湖州市委常委宣传部部长胡菁菁、县政府县长周卫兵及县四套班子、当地干部群众代表等参加。

7月8日,县纪念馆引进退役武器81式122毫米火箭炮、122榴弹炮各一门,26日引进退役59式中型坦克一辆, 29日引进退役56式85毫米加农炮、65式双37毫米高炮各一门。

7月14日,根据县长周卫兵批示,县文物部门对全县小沉渎村、中道村、胥仓村等14个古村落历史文化遗产进行摸排。

10月10日,长兴县第一次全国可移动文物普查工作通过市级验收。

10月11日,县博物馆完成“天地一体”工程,对长兴县省级及以上文物保护单位进行监控安装。

11月10日,县博物馆35件印纹硬陶藏品参加由萧山博物馆主办,县博物馆等协办的《陶瓷之间》大型专题文物展。

11月26日,由省博物馆主办,县博物馆协办的《错彩镂金——浙江出土金银器》在省博物馆举行,县博物馆5件馆藏金银器参加展出。

2017年

2月28日,副县长陈峰一行到煤山调研新四军苏浙军区旧址保护开发工作,实地察看苏浙公学、方司令谭司令住所、后方医院等旧址。

3月7日,中共湖州市委书记陈伟俊带领新一届市委班子在县纪念馆进行“走进烽火岁月,缅怀革命先辈,重温入党誓词”活动。

3月15日,中共浙江省委宣传部副部长、文明办主任黄明辉考察县纪念馆。

5月9日,全国少工委120多位辅导员在“小小讲解员”带领下参观县纪念馆,并就校外辅导工作进行实地考察。

5月15日,县博物馆收藏的清拓赵孟頫书《长兴州修建东岳行宫记》碑拓片参加湖州赵孟頫碑帖展。

5月22日,县纪念馆承办的“传承铁军精神”长兴红色文艺作品推介会在西湖区文化馆进行。

5月27日，县博物馆与县图书馆联合承办《长兴王修温匋夫妇藏书回家展》，共展出展板48块，古籍13种。

5月28日，《中国作家》长兴创作基地、浙江报告文学长兴创作基地授牌仪式在县纪念馆举行。

6月26日，县博物馆专业人员在小浦发现南周古道，为县内保存最为完好的宋元古道之一。

7月18日，县(太湖)博物馆基本陈列大纲在浙江省文物局通过专家组会审。

8月7日，县委书记周卫兵等人到县纪念馆开展主题党日调研工作。

8月23日，中共湖州市委书记陈伟俊陪同中共浙江省委组织部部长任振鹤一行考察县纪念馆。

8月30日，应征、周凤平主编，西泠印社出版社出版的《物阜长兴Ⅱ》正式出版。

9月8日，五峰鼻子山越国贵族大墓出土的5件战国仿青铜原始瓷打击乐器参加湖南省博物馆《东方既白》展。

11月7日，新四军苏浙公学、兵工厂旧址修缮工程启动，2018年3月底完工。

11月29日，湖州市县处级干部学习贯彻“十九大”精神集中学习轮训班在县纪念馆开展“不忘初心，牢记使命”现场教学活动。

12月19日，全国重点文物保护单位最高堂摩崖石刻保护工程通过浙江省文物保护专家组验收。

12月26日，县纪念馆编著，浙江古籍出版社出版的《铁军丰碑——长兴县新四军苏浙军区纪念馆馆藏文物精华》一书正式出版。

2018年

1月9日，浙江省人大常委会副主任冯明，省人大常委谢力群、吴国朝、钱建民等一行考察县纪念馆。

1月29日，县文化广电新闻出版局被评为浙江省“一普”先进集体，周凤平被评为全省“一普”先进个人。

2月6日，1938年2月日本侵略军进犯长兴照片(日本新闻印刷)5张入藏县博物馆。

2月8日，清水入湖工程所涉及吕山复兴万安桥、林城潘家卓万安桥的搬迁保护工程通过验收。

5月4日，长兴南太湖万亩工业平台基地工程，发现明代藏书家吴琉墓和吴琉伯父吴孝光、父亲吴孝春墓。通过抢救性考古发掘共出土南宋定窑折腹碗、南宋龙泉窑青瓷碗、明景德镇窑青花盖罐等30余件珍贵文物。

6月8日，泗安镇云峰村出土的北宋青白瓷佛像参加省博物馆举办的《越地宝藏——100件文物讲述浙江故事》展览。

7月3日，省考古所陈元甫等一行到县博物馆库房拍摄55件商周印纹硬陶，用于省考古所编著的《商周印纹硬陶图录》。

7月24日，县纪念馆配合长兴县公安局对县纪念馆存在安全隐患的馆藏地雷3件、炮弹22件、手榴弹17件进行移交管理。

8月1日，县纪念馆迎接八一建军节，开展“重温历史记忆 弘扬铁军精神”活动在《人民日报》头版刊登。

8月6日，县长杨中校、副县长陈峰等一行调研县博物馆文物库房。

8月8日，县纪念馆《不忘初心——难忘的开学第一课》青少年教育课程入围“2015—2017年度全省博物馆青少年教育课程”优秀教学设计案例。

8月23日，中共湖州市委书记马晓晖参观、考察县纪念馆。

9月13日，县纪念馆荣获浙江省社科联“浙江省社科普及基地”优秀基地称号。

9月26日，在县文保所专业人员指导下，和平镇人民政府及法海禅寺组织人员将倒伏在地上的法海禅寺碑移入碑亭。

10月9日，县博物馆主办的《戊戌纪事——纪念改革开放40周年老物件展》在文化馆一楼展厅展出。

10月10日，新四军苏浙公学、兵工厂旧址维修工程通过省文物局组织的专家组验收。

10月14日，县纪念馆被教育部办公厅公布为“全国中小学研学实践教育基地”。

10月18日，县博物馆组织策划的《长兴六老紫砂展》在湖北省黄石市博物馆展出。

10月24日，长兴县文物保护单位清仙桥维修工程通过验收。

10月25日，县博物馆收藏的20件原始瓷及印纹硬陶藏品参加由省考古所主办《锁匙》展览。

11月8日，新四军老战士温净之女向县纪念馆捐赠父亲抗战时期使用过的电键、电码本的盒子等革命文物。

11月29日，县纪念馆接收中国人民解放军某部捐赠的退役飞机一架，型号为歼7B。

2019年

1月9日，县文广新局与县旅游管理委员会合并为县文化和广电旅游体育局。

1月13日，投资2.5亿元，面积3.1万平方米的长兴县（太湖）博物馆正式对外开放。上午，国家文物局原局长、故宫博物院院长单霁翔参观博物馆基本陈列。下午，县四套班子主要领导及有关部门、乡镇等干部群众近200人参加开幕式。其间，环太湖博物馆联盟在长兴成立，来自太湖流域22家博物馆馆长参加会议。

1月19日，长水线黄泥亭道士山出土63件西周原始瓷及印纹硬陶罐点交入库，由县（太湖）博物馆收藏。

1月30日，由县博物馆、县历史文化研究会编著，浙江省人民美术出版社出版的第一本乡镇人文读本《走读夹浦》出版，并在夹浦镇举行首发仪式。

3月20日，浙江省政协副主席周国辉一行参观、考察县纪念馆。

4月12日，应征主编的长兴《民国时期传统装帧书籍普查登记目录》由国家博物馆出版。

4月18日，县（太湖）博物馆陈列展览由省文物局组织专家进行验收。省文物局博物馆处处长杨新平、省博物馆馆长陈浩、中国茶叶博物馆馆长吴晓力、杭州工艺美术馆馆长王英翔、浙江自然博物馆副馆长金幸生参加。

4月26日，县（太湖）博物馆助力“长兴解放日”大型直播活动，开展《重走解放之路》《跑协骑协接力跑，回顾历史》等活动。

为配合“龙之梦”建设工程，实施的碧岩土墩墓考古发掘现场

2019年5月开始的徐阶墓考古发掘现场

5月1日，省考古所会同县文保所对和平东山徐阶墓进行考古试掘，面积1120平方米，发现“泮池”“拜台”、砖椁墓等重要遗迹。

5月13日，中央电视台《影像方志》在县(太湖)博物馆开拍。

5月16日，首都博物馆到县(太湖)博物馆商借用于跨年度的《浙江历史文化展》展览文物藏品。

5月18日，《紫玉金砂——纪念长兴紫砂60周年成果展》在县(太湖)博物馆一楼临展厅展出。

6月4日，县(太湖)博物馆15件文物藏品参加苏州博物馆《大邦之梦——吴越楚文物特展》。

6月16日，由80多位社会各界人士参加的长兴县文博志愿队在县(太湖)博物馆成立。

6月20日，中央电视台《音乐公开课》栏目组在县纪念馆门口广场录制，主持人鞠萍亲临主持。

6月28日，“龙之梦”项目所涉考古项目结束，共发掘173座土墩，发现874座墓葬，出土8922件器物。

第一章

地下文物

DIXIA WENWU

第一节

古遗址

一、旧石器遗址

【七里亭遗址】

七里亭遗址位于泗安镇白莲村，南距泗安塘约1.5公里，遗址所在的岗地属泗安塘的二级阶地，地理坐标为北纬30°54′58.7″，东经119°41′05.1″。为中更新世至晚更新世时期的旧石器遗址，分布在申苏浙皖高速与杭长高速交界处南北长约120米、东西宽约80米的“陇岗”上。

七里亭遗址

2004年3月20日，县文保所在为配合杭长高速公路建设重点工程文物勘探调查中发现。2005年9月至2006年5月，省文物考古研究所与县文保所对遗址进行抢救性考古发掘。600平方米发掘区出土石核、石片、石球、石砧、石锤、砍砸器、刮削器、尖状器、手镐等石器800余件。在距地表12.5米左右的细沙砾层中发现的一件石器，经国家古地磁实验室测定，距今约100万年。

2006年3月，该遗址入围全国“十大考古新发现”终评，受到专家广泛关注。中科院古脊椎动物与古人类研究所研究员张森水指出：“它的发现对于深入了解西苕溪旧石器遗址的分布规律，与之相关联的生态环境等，以及对南方砾石工业的深入研究都有积极的意义，同时对探索砾石工业的区域性特征也有着很重大的学术价值。”2011年1月7日，被公布为省级文物保护单位。

【合溪洞遗址】(略)　详见第四章，保护管理，第275页

合溪洞遗址

【茅亭样遗址】

茅亭样遗址位于槐坎乡平丰村何家弄自然村茅亭样槐坎乡工业园区黄泥岗，该地三面环山，北面为煤山“金钉子”地质灰岩剖面，面积约2万平方米。海拔33米。

茅亭样遗址剖面

2003年10月，在中科院古脊椎动物与古人类研究所与省文物考古研究所联合组织的西苕溪旧石器考古调查中发现。遗址由于槐坎砖瓦厂取土形成1～3米剖面，已知文化层2～3米。在稀网纹红土和网纹红土层中分别出土有石核、石片和砍砸器。采集的石器有石核、石球、石片、砍砸器等。

【西埠遗址】

西埠遗址位于雉城镇白阜西埠村，原白阜乡政府北200米处黄泥岗。北为丘陵山冈，南为长泗平原，面积约1万平方米。海拔32米。

2003年10月，在中科院古脊椎动物与古人类研究所与省文物考古研究所联合组织的西苕溪旧石器考古调查中发现。遗址由于白阜砖瓦厂取土形成高达2～5米的剖面，已知文化层2.5～4.5米。在稀网纹红土和网纹红土层中分别出土有石核、石球、砍砸器、刮削器。采集的石器有大量石核、石球、石片、砍砸器、手镐、刮削器。遗址上层还发现有明确商周时期遗址遗迹。

西埠遗址

【方山遗址】

方山遗址位于林城镇方中村方山窑自然村东北侧300米处黄泥岗。南面为长泗平原，面积约2万平方米。海拔17米。

2003年10月，在中科院古脊椎动物与古人类研究所与省文物考古研究所联合组织的西苕溪旧石器考古调查中发现。遗址由于林城镇砖瓦厂取土形成高达3米多的剖面，已知文化层2～4米。在稀网纹红土层中曾出土石核一件，采集石器有较多石核、砍砸器、石片和少量手镐等。遗址西侧300米岗地为王家山遗址。

方山遗址剖面

【下齐岭遗址】

下齐岭遗址位于煤山镇新庄村下齐岭东南侧黄泥岗，周边为丘陵山冈，南距三狮水泥厂300米，面积约3万平方米。海拔36米。

2004年6月，县文保所专业人员在

下齐岭遗址

日常文物调查中发现。遗址由于浙江省三狮水泥股份有限公司工业生产取土形成多处剖面，已知文化层2.5～4.5米。在稀网纹红土和网纹红土层中出土有石核、砍砸器、燧石刮削器。采集的石器有大量的石核、砍砸器、石片、燧石刮削器和少量的手镐，以燧石器最为丰富。

【石头冲遗址】

石头冲遗址位于泗安镇仙山石头冲自然村318国道浙江安徽交界处南侧黄泥岗，四周为农田水网。面积约2000平方米。海拔37米。

石头冲遗址

2003年10月，在中科院古脊椎动物与古人类研究所与省文物考古研究所联合组织的西苕溪旧石器考古调查中发现。遗址由于二界岭大东村砖瓦厂取土和318国道改造工程形成高达4米多的剖面，已知文化层2～4.5米。在稀网纹红土中出土大量石片、刮削器，在网纹红土中出土有石核一件。采集的石器及石制品有石核、石片、刮削器、砍砸器等。

【师姑岗遗址】

位于泗安镇师姑岗村原村小前黄泥岗，四周岗地连绵，面积约2万平方米。海拔32米。

2004年5月，县文保所专业人员在日常文物调查中发现。遗址由于师姑岗砖瓦厂取土形成高达2～4.5米的剖面，已知文化层2～4米。在稀网纹红土中出土有石核一件。采集的石器及石制品有石核、刮削器、砍砸器、石球等。

师姑岗遗址

【塘上冲遗址】

塘上冲遗址位于林城镇午山岗村塘上冲自然村北的小山山冈西坡上，四周为长泗平原，面积约5000平方米。海拔34米。

因修建简易公路和周边村民取土，小山岗被挖开一个南北走向长约30米的断面，露出高约2～4米的网纹红土地层剖面。其中，耕土层0.3～0.5米，铁锰层0.4～0.7米，稀网纹红土层0.8～1.2米，网纹红土不清。出土石器标本有石核、石片、砍砸器等。2009年12月10日，美国哈佛大学著名终身教授尤索福到现场勘探，采集到一件石核。

塘上冲遗址

塘上冲遗址出土旧石器现场

2002年11月至2012年12月，县博物馆、文保所会同中科院古脊椎动物与古人类研究所，浙江省文物考古研究所，对境内进行10年连续不断的旧石器遗址调查，先后发现旧石器遗址58处。

第三次全国文物普查登录的旧石器遗址点一览表

表1-1

名称	地点	面积（平方米）	文化内涵
四仙墩遗址	和平镇马家边村四仙墩自然村一小山岗上	5000	南为鸡笼山，西为金家村自然村，北为四仙墩自然村。因村民种茶取土露出厚约2～4米的地层剖面。地层剖面自上而下可见耕土层、网纹红土层、稀网纹红土层。遗址范围约为80×60米。现场采集到石核、石片、石球、手镐等旧石器及石制品
梁家里遗址	和平镇长岗村梁家里自然村一小山坡上	5000	因村里宅基地复垦用土，挖出一长约10米的地层剖面，可见网纹红土地层。从网纹红土地层中采集有石核、石片等旧石器及石制品。遗址面积约5000平方米
外山遗址	吴山乡三矿村三矿自然村南	55000	遗址分布范围在村办公大楼以北，面积约5.5万平方米，岗地约呈10度缓坡。在原村砖瓦厂取土留下的山冈剖面上，可观察到清晰的地层关系，文化层1～2.5米，出土石核、砍砸器各1件，采集石片1件

续表

名称	地点	面积（平方米）	文化内涵
于家村遗址	吴山乡横涧村于家自然村吴山乡敬老院前红山脚下小山岗上	5000	因村民取土造成约50×70米的大坑，露出高约3～5米的地层剖面，可见网纹红土、稀网纹红土地层。在网纹红土地层中发现2件砍砸器，1件刮削器
白云庵遗址	林城镇石英村白云庵自然村，天平福利砖瓦厂西侧山冈上	20000	因制砖取土挖出3～5米网纹红土地层剖面，在山冈北、南侧取土点采集到石球、石核、砍砸器等旧石器及石制品。遗址面积约为2万平方米
阳岗遗址	林城镇连心村阳冈自然村	8000	因村民取土形成一约120×50米的大坑，坑壁露出厚约5米的网纹红土剖面。采集到石核、手镐、石片等旧石器及石制品
阳光山遗址	林城镇阳光村阳光山自然村，宣杭铁路北侧一小山冈上	5000	因村民取土露出稀网纹红土、网纹红土地层剖面，厚约3～4米，面积5000平方米。采集到石片等旧石器及石制品
石狮岗遗址	林城镇上狮村石狮山冈自然村	10000	因村民取土形成约150×80米的大坑，露出深约8米的稀网纹红土、网纹红土地层剖面。现场采集到石核、砍砸器、石片3件旧石器及石制品
蔡家遗址	林城镇石英村蔡家自然村，长兴与安吉交界的龙山山脉中段东侧山脚缓坡处	30000	由于石英村砖瓦厂取土形成两个分别为250×100米、100×80米的大坑，露出厚约4米的地层剖面。在网纹红土地层中采集到石核、石片等旧石器及石制品
山冈遗址	林城镇大云寺村山冈自然村北侧	7500	申苏浙皖高速公路出口段转弯处以南，分布面积约7500平方米。因建设公路所形成的一段剖面上，可见稀网纹红土1～1.3米之间，网纹红土1.7～2.2米之间。现场采集砍砸器、石核旧石器及石制品标本各1件
太傅遗址	林城镇太傅村、大云寺村、上狮村三村交界处，上狮村山冈尾部	16500	原太傅砖瓦厂（2007年废弃）区域，20世纪80年代因建砖瓦厂取土，从网纹红土土层中采集到石斧、石核、砍砸器等旧石器及石制品
前村遗址	林城镇方山窑村前村自然村北	30000	面积约3万平方米。由开挖山冈留下深达2～5米的剖面，红土层0.4～0.8米，稀网纹红土层0.8～1.2米，网纹红土1.2～2.8米。现场采集尖状器、砍砸器、石核3件旧石器及石制品
横街遗址	林城镇方山窑村横街自然村北	6000	遗址位于村道路以西长宽各约80米的范围内，面积6000平方米。在砖瓦厂取土留下的剖面上，可见耕土层0.4～0.6米，铁锰层0.6～0.8米，稀网纹红土1.1～1.5米，网纹红土未及底。在稀网纹红土中出土了完整的砍砸器、石核、石片各1件
香山遗址	夹浦镇香山村香山南坡	80000	遗址东西长约400米，南北宽约200米，呈不规则长方形状。在稀网纹红土中，出土大量石核、砍砸器、石球等

续表

名称	地点	面积（平方米）	文化内涵
观音山遗址	夹浦镇丁新村丁甲桥自然村观音山南坡	40000	分布面积约为4万平方米；在遗址区北侧剖面可见耕土层0.3～0.5米，铁锰层0.5～0.8米，稀网纹红土0.8～1.7米，网纹红土层不及底。采集到旧石器十余件，其中石核、砍砸器等石制品
山下遗址	夹浦镇丁新村山下自然村东侧，麒麟山山脚南侧下一片台地上	30000	遗址东西长约200米，南北宽约150米。因村民取土遗址内形成一约100×50米的大坑，露出网纹红土地层剖面。采集的石制品有石核等
北山湾遗址	虹星桥镇午山村北山湾自然村	10000	遗址内因村民取土形成一约2500平方米的大坑，露出厚约3.5米的稀网纹红土和网纹红土地层。采集到石片、石核3件旧石器及石制品
水口砖瓦厂遗址	水口乡水口村沉其岭自然村原水口砖瓦厂旁	1000	长水公路东侧，原砖瓦厂取土露出厚约2～4米的稀网纹红土和网纹红土地层剖面。采集到石核、石片等旧石器及石制品
黄泥山岗遗址	小浦镇高地村黄泥山岗自然村	10000	长圣砖瓦厂取土形成100×100米深坑，可见稀网纹红土和网纹红土剖面。在网纹红土稀网纹红土地层剖面中采集有石核、石球等旧石器及石制品
金鸡山遗址	小浦镇五庄村双家坎自然村金鸡山	1200	原五庄村砖瓦厂取土形成一大坑，露出厚约5～6米的网纹红土剖面。在网纹红土和铁锰层交界处采集到石核石制品1件
杨府庙遗址	二界岭乡初康村杨府庙自然村初康砖瓦厂	10000	因砖瓦厂取土露出网纹红土地层剖面，厚约2～5米，面积约10000平方米。采集到石核等石制品
张亩山遗址	二界岭乡初康村高瓜塘自然村张亩山	6000	申苏浙皖高速公路北侧二界岭砖瓦厂取土形成东西100米、南北60米，深2～6米剖面。可见红土层、稀网纹红土、网纹红土等地层关系。采集到石核、石球、石片等旧石器及石制品
初康桥遗址	二界岭乡初康村初康桥自然村	1300	遗址东西长100米，南北宽100米。在稀网纹红土、网纹红土地层中采集到石核、石球、砍砸器等大量旧石器及石制品
初康遗址	二界岭乡初康村初康桥自然村	1300	与初康商周遗址相连，长约40米，宽约35米。因砖瓦厂取土对遗址形成扰乱性破坏，未见清晰剖面。采集到石核、石球、砍砸器等旧石器及石制品
东村遗址	二界岭乡东村村砖瓦厂	3200	遗址东西长约80米，南北40米。采集到石核、砍砸器、石片等旧石器及石制品
“杀人场”遗址	二界岭乡太平村太平桥自然村东	4000	东西长80米、南北宽50米范围的剖面上，可见铁锰层0.7～1米，稀网纹红土1.2～1.5米，下为网纹红土；采集旧石器及石制品标本砍砸器1件、石核2件
龙船岕遗址	煤山镇五通村龙船岕自然村	20000	遗址南北长约200米，东西宽约100米，文化层厚度1.2～1.5米。采集到石核、砍砸器、石片等旧石器及石制品
千井湾遗址	白岘乡访贤村千井湾煤矿东侧山岗	15000	遗址剖面长300米，宽约50米，可见耕土层0.4～0.6米，红土层1.1～1.6米，稀网纹红土1.2～2米，最下部为网纹红土

续表

名称	地点	面积（平方米）	文化内涵
凤凰亭遗址	白岘乡访贤村凤凰亭自然村	3000	遗址长约80米，宽约30米。西北侧有清晰剖面，耕土层0.3～0.5米，红土层0.4～0.6米，稀网纹红土1.1～1.5米，网纹红土不及底。采集到石核、石球、砍砸器等旧石器及石制品
白岘访贤遗址	白岘乡访贤村固石砖瓦厂厂区内	50000	遗址南北200米、东西250米。因地面被砖瓦厂取土，形成深3～5米的剖面，可见明显地层关系。采集到石核、石球、手镐、砍砸器等多件旧石器及石制品标本
仰峰遗址	槐坎乡仰峰村原砖瓦厂	40000	仰峰砖瓦厂取土点，长330米，东西宽约100米。剖面可见耕土层0.3～0.5米，红土层0.5～1.3米，稀网纹红土层1.1～1.7米，网纹红土不及底。采集到石核、石片等旧石器及石制品
石泉遗址	李家巷镇石泉村石泉自然村一小山岗上	5000	遗址南北长50米，东西宽100米。因村民取土露出网纹红土地层剖面，厚约2～5米，采集到石核等旧石器及石制品
上安东遗址	泗安镇三里亭村上安东自然村	4000	泗安大道与04省道交界处，遗址南北长约80米，东西宽约50米，可见剖面3米，其中红土层厚度1.1～1.5米，网纹红土厚度1.7～2.3米。采集到石核、砍砸器、石片等旧石器及石制品
白莲遗址	泗安镇白莲村五里亭自然村	15000	申苏浙皖高速与318国道交叉处西北侧。原为白莲砖瓦厂取土区，南北约150米，东西100米。遗址西侧可见清晰剖面，最高处达4.3m，采集到石核、砍砸器、石球等旧石器及石制品
茅塔遗址	泗安镇新丰村茅塔自然村西	12000	遗址南北长200米、东西宽60米，面积为12000平方米。2007年砖瓦厂取土挖成长70米、宽50米、深1～3米深坑，可见地层为耕土层0.2～0.3米，铁锰层0.5～1.2米，稀网纹红土0.8～1.5米，采集到砍砸器、手镐、石片等旧石器及石制品
塘湾遗址	泗安镇五里渡村塘湾自然村西	6000	遗址东西长100米、南北宽60米。从新318国道建设工地剖面看，铁锰层、红土层、稀网纹红土层及网纹红土层清晰。采集到石核、砍砸器等旧石器及石制品
空山遗址	泗安镇管埭村空山东北侧山坡	5000	由于建造公墓取土采集有1件石核。地表可见少量网纹红土，分布面积约100×50米，地层不清晰。遗址上叠压有新石器时期至商周古文化遗址
木墙门遗址	泗安镇皂山村木墙门自然村东北，原泗安镇砖瓦厂范围内	8000	因砖瓦厂取土露出地层剖面，范围约100×80米。在网纹红土地层中采集到石核等旧石器及石制品
塔山遗址	泗安镇黄巢村张家边自然村，塔山东侧1000米处	12000	遗址范围约为150×80米。遗址东北端可见地层剖面，耕土层0.2～0.3米，铁锰层0.2～0.7米，稀网纹红土0.8～1.5米，网纹红土未见底。遗址上先后采集的石器及石制品有砍砸器、石核、石球等
白阜遗址	雉城镇白阜村西埠自然村西	8000	“五八”线公路以南西岗山砖瓦厂生产区，遗址分布在约东西80米、南北100米的范围内，从砖瓦厂取土所形成的剖面上，可见明显的地层关系，采集到石核、石片、石斧等旧石器及石制品

二、新石器遗址

【空山遗址】

空山遗址采集文物标本

空山遗址位于泗安镇管埭村与皂山村交界的空山东侧山冈。空山为突起于长泗平原一座小山岗，遗址位于山冈的东部，海拔30.8米，相对高度27米，东西长约850米，南北宽50～220米，东、西、北三面坡度较缓，南面坡度较大，岗顶较平坦。遗址北300米为老鸦塘水系，南600米为泗安塘水系，山下周边为平原水网地带。为新石器时代至商周时期台地形聚落遗址。

2008年3月6日，“三普”中在山冈的东、西、北及岗顶均采集到大量标本。其中，东北侧纵横150×60米的区域内涵丰富，以商周文化为主，可见文化层约0.3～1.2米。采集的标本以印纹硬陶为主，原始瓷与石器残件次之。印纹硬陶主要有云雷纹、回纹、曲折纹、编织纹、米筛纹、弦纹、叶脉纹、方格纹、组合纹等，原始瓷主要是豆、盘残件，石器主要是石刀残件。岗顶中间纵横120×40米的区域则发现较多的新石器文化遗存，采集的标本有鱼鳍形鼎足，夹砂陶宽扁形器耳，黑衣陶片，红烧土，石犁、钺、刀残件以及大量的印纹硬陶片。在岗南裸露的岩石和西北坡上同样也采集到散落的圆锥形、扁锥形陶鼎足、印纹硬陶片及原始瓷片。

该遗址是浙北地区保存相对完整，面积特大，内涵丰富的一处古文化聚落遗址。2011年1月7日，被公布为浙江省文物保护单位。

【江家山遗址】

江家山遗址位于林城镇大云寺村董村自然村的北侧，申苏浙皖高速公路与老318国道之间。东西长约250米，南北宽约100米的台地上，面积约2万平方米。为新石器时代至商周时期台地型聚落遗址。

浙江省文物保护单位——江家山遗址

2005年3月23日，县文保所专业人员在下乡途中发现该遗址因申苏浙皖高速公路施工遭受破坏。5月，文物部门对其中高速公路北侧宽25米左右区域进行抢救性考古发掘，发现该遗址文化层1.2～3.5米，以新石器时代墓葬为主，出土文物有马家浜文化时期的玉石器、陶器、木器；崧泽文化时期玉石器、陶器，良渚文化时期的黑皮陶和马桥文化的夹砂陶等，还有大量不同时期的人体骨架。高速公路下表层也因早期建设受扰乱。

考古证明：江家山遗址是新石器时代南太湖文化走廊中一处重要文化遗存，内涵丰富。2011年1月7日，被公布为浙江省文物保护单位。

【新安遗址】

新安遗址位于泗安镇禧祉村新安自然村。遗址平面略呈圆形，直径约300米，总面积7万平方米，四周为水系。为新石器时代至商周时期台地型聚落遗址。

浙江省文物保护单位——新安遗址

2008年3月，文物部门在“三普”中发现该遗址，后多次对遗址进行调查探测，发现文化层0.6～2.15米。采集标本有红衣陶片、鱼鳍形夹砂陶鼎足、夹砂宽把陶耳罐陶片、羊角状夹砂陶鼎足，及大量夹砂陶、泥质陶及印纹硬陶片，原始瓷豆、碗、盂残片与石锛、石钺、石铲、石刀等石器残件，局部还发现动物和人体残骨。印纹硬陶主要纹饰有云雷纹、方格纹、回纹、编织纹、曲折纹、水波纹、叶脉纹、米筛纹、麻布纹等。

该遗址面积较大，内涵丰富，时代明确，地下保存尚好，且有“环壕”。2011年1月7日，被公布为浙江省文物保护单位。

【台基山遗址】

台基山遗址位于雉城街道台基山，遗址分布在相对高度1～4.5米的台地上，南北长约100米，东西宽约80米。为新石器时代至商周时期台地型聚落遗址。

浙江省文物保护单位——台基山遗址

1971年，县文化部门在台基山西北侧发现古文化遗址。1972年10月，嘉兴地区文物普查小组对遗址进行勘探调查，确定了南北长100米，东西宽80米，文化层0.4～2米的基本遗址范围。1983年与2003年，曾两次试掘，探明文化层0.5～2.6米，面积约8000平方米。文化序列为崧泽—良渚—马桥—商周至明清时期。出土文物有崧泽文化时期的黑皮陶盆、罐、壶，夹砂陶鼎、缸、罐，石锛、石凿；良渚文化时期的双孔石刀、有段石锛、石钺毛坯；马桥文化时期夹砂陶鼎、鬲、甗、钵和青铜矛以及带有铜渣的陶支座，石铲、石锛、石矛、石镞、弯月形石刀等石器。采集的印纹硬陶标本纹饰有梯格纹、云雷纹、方格纹、回纹、编织纹、曲折纹、水波纹、叶脉纹。

该遗址内涵丰富，保存完整，时代明确。1983年被公布为县级文物保护单位。2004年建成台基山遗址公园。2011年1月7日，被公布为浙江省文物保护单位。

【狮子山遗址】

狮子山遗址位于和平镇和平村红庙自然村狮子山东南侧，红庙西北侧坡地及水田。呈不规则椭圆形，北高南低，南北长约110米，东西宽约85米。为新石器时代至商周时期台地型聚落遗址。

长兴县文物保护单位——狮子山遗址

1981年红庙村村民在水塘挖沙时曾出土马家浜文化时期夹砂陶鬶、圜底腰沿釜、喇叭形高把陶豆、夹砂陶鼎、夹砂陶罐和牛鼻式陶支座、陶灶等一批珍贵文物。2007年“三普”、2010年县博物馆古文化遗址复查中，现场采集标本有红皮陶、夹砂陶、泥质陶、印纹硬陶片，石锛、石刀等。其西南角勘探文化层约0.3～0.6米。

该遗址出土文物珍贵，内涵十分丰富，为浙北地区具有典型意义的新石器时代遗址。2010年1月12日，被公布为长兴县文物保护单位。

【张家桥遗址】

张家桥遗址位于画溪街道三新村张家桥自然村西岗地上，东北为农田水网，西南为丘陵岗地，分布面积5000平方米。为新石器时代至商周时期坡地型聚落遗址。

浙江省文物保护单位——张家桥遗址

2008年9月，文物普查勘探发现遗址东北端可见文化层约0.3～1.2米。中部地表散落大量文物标本，其中有红烧土、夹砂陶鱼鳍形鼎足、泥质陶镂空豆柄、泥质陶片和石锛、石刀、石凿、石镞、砺石等石器，尤其是残损石器较多。印纹硬陶陶片纹饰有云雷纹、方格纹、回纹、编织纹、曲折纹、水波纹、叶脉纹、米筛纹、麻布纹等。遗址表层叠压汉代墓葬和唐宋时期窑址。

张家桥遗址采集标本

该遗址是太湖西南岸为数不多的先秦时期坡地聚落遗址，文化内涵相对丰富。2011年1月7日，被公布为浙江省文物保护单位。

【高家桥遗址】

高家桥遗址位于林城镇与虹星桥镇交界的午山岗。午山岗为凸起于长泗平原的一座南北向山岗，长2.5公里，海拔10～35米。遗址位于距山岗北端300米处的岗顶，面积约1万平方米。为新石器至商周时期台地型聚落遗址。

长兴县文物保护单位——高家桥遗址

2008年3月，“三普”中发现。遗址分布于西起山脊公路，东至高田汽车安全装置有限公司厂区，东西长约120米、南北宽约80米范围内。由于后期扰乱，地表凸起呈弧状，有西周至汉土墩墓叠压。从剖面看，文化层厚度为0.3～2.8米，层次清晰，包含物较丰富。采集标本有石犁、石钺、石刀、石镞、夹砂陶片、泥质灰陶片、夹砂鼎足及印纹硬陶片等。印纹硬陶陶片纹饰有回纹、编织纹、曲折纹、水波纹、叶脉纹、米筛纹等。2005—2007年，当地村民在生产耕作中先后采集到良渚文化的石犁和马桥文化的石刀、石锛等。

该遗址保存较好、面积较大，且内涵丰富。2010年1月12日，被公布为长兴县文物保护单位。

【高门楼遗址】

高门楼遗址位于林城镇石英村高门楼自然村，畎桥西南约2公里。遗址西、北两面地势略高，东南面为稻田，面积约1200平方米。为新石器时代至商周时期的台地型聚落遗址。

20世纪80年代第二次全国文物普查中发现。2008年1月，“三普”复查再度确认。该遗址土质较松软，呈灰褐色，文化层厚约0.9米左右。内有丰富的红烧土、夹砂红陶片、石器等，陶片可辨器形有鼎、罐等，鼎足有扁凿形、鱼鳍形，还采集到有孔石铲等石器残件。

该遗址堆积深厚，内涵丰富。1983年3月12日，被公布为长兴县文物保护单位。

【凉亭遗址】

凉亭遗址位于泗安镇长丰村半边塘自然村，泗安水库西北侧湿地旅游区。遗址大致呈椭圆形，因2008年发展旅游开挖一人工河道，遗址遂成一岛，面积约8000平方米。属新石器时代至商周、秦汉时期台地型聚落遗址。

长兴县文物保护单位——高门楼遗址

长兴县文物保护单位——凉亭遗址

2009年3月，“三普”中发现该遗址，采集和征集文物标本有黑皮陶、夹砂陶和印纹硬陶器及石锛、石刀、石铲等石器和汉砖等。印纹硬陶主要纹饰有方格纹、回纹、叶脉纹等。文化层较厚，部分可见达1米以上。

该遗址时代跨越较长，堆积较厚，内涵丰富。2010年1月12日，被公布为长兴县文物保护单位。

【乌龟山遗址】

乌龟山遗址位于泗安镇钱庄村十房自然村乌龟山台地上。遗址呈长方形，南北长180米，东西宽110米。属新石器时代至商周时期台地型聚落遗址。

2002年6月，第三次全省文化遗产普查中发现该遗址。其中，部为20世纪末开挖的一条宽约5米，东西向人工河道，从河岸地层剖面可见文化层最厚达2米以上。遗址上采集有大量印纹陶片、黑陶鼎足和少量石器等。

乌龟山遗址文化堆积深厚，内涵丰富。2003年8月10日，被公布为长兴县文物保护单位。

长兴县文物保护单位——乌龟山遗址

【太傅庙遗址】

太傅庙遗址位于林城镇太傅村胡小弯自然村太傅庙山岗南端阳坡上。东西宽约320米，南北长约100米。属新石器时代至商周时期台地型聚落遗址。

2008年2月，“三普”调查中发现，遗址以村民陈连喜宅为中心周围方圆50米，文化层1.3～1.8米，包含物丰富。现场发现大量崧泽文化至商周时期遗存。采集文物标本有红烧土、有段石锛、石刀、夹砂陶鼎足和印纹陶片。印纹陶片纹饰主要有回纹、方格纹、曲折纹、编织纹、米筛纹等。

太傅庙遗址

【大庄庙遗址】

大庄庙遗址位于泗安镇五里渡村大庄庙自然村原大庄庙岗地东南侧。东北侧为长泗平原，面积约1万平方米。属新石器时代至商周时期台地型聚落遗址。

遗址西北高，东南低，东西长约150米，南北宽约80米。以东北角最为丰富，堆积较厚。在村民所挖房基上发现大量红烧土，文化层最厚达1.2米。采集标本有夹砂陶鱼鳍形鼎足、夹砂红陶釜、泥质陶罐等，地面散落大量陶片。其中，印纹陶片纹饰主要有云雷纹、回纹、曲折纹、编织纹、米筛纹、方格纹等。

大庄庙遗址

【上杨遗址】

上杨遗址位于雉城镇上杨村上杨自然村北侧农民新村，东距画溪大桥300米，西距老坟墩30米，北距长兴港150米，分布面积约4800平方米。属新石器时代至商周时期台地型遗址。

因农民新村建设有所扰乱，可见剖面文化层0.5～1.2米，采集标本有夹砂陶片，鱼鳍形鼎足，泥质陶片、红烧土等。20世纪70年代，域内曾出土西周时期青铜兵器和汉代铁器。

【背头山遗址】

背头山遗址位于林城镇午山岗村午山自然村东侧背头山，南距泗安港200米，分布在背头山岗东南坡约2000平方米范围内。属新石器时代至商周时期台地型聚落遗址。

该遗址山岗顶部海拔高度28米，岗坡约呈15度坡度。遗址区因耕种茶、桑及杂木而扰乱，地面散落大量遗迹，采集标本有红烧土、夹砂陶鼎足、印纹硬陶等残件，经局部试探，文化层为0.3～0.8米。

【红卫桥遗址】

红卫桥遗址位于雉城镇红卫桥东北侧，面积约1.2万平方米。属新石器时代至商周台地型聚落址。

遗址分布范围在红卫桥东侧、县前街以北，东西约120米、南北约100米。因该城市建设工程需要，文物部门对遗址区域内面积1045平方米进行发掘，文化层在地下1.8～2.8米之间，有多个文化类型叠压。从出土器物及清理的7座墓葬和地面采集残片显示，系崧泽晚期至商周时期聚落遗址和墓葬区。出土和采集的器物有石器、玉器、泥陶、夹砂陶及人体骨架。未涉及建设开发区域尚保存部分遗存。

三、商周时期遗址

【龙山窑址】

龙山窑址位于林城镇石英村龙山脚下金鸡膀与荆竹关两自然村，由牌坊沟、荆竹关两窑址组成，相距1300米，分布面积2000余平方米。为晚商至战国印纹硬陶窑址。

2007年12月，“三普”中发现。2008年3月至2009年10月，文物部门对窑址进行多次调查勘探，发现两窑址均依岗坡而建，坡度15°～25°，属龙窑。表面因农业耕作受损较严重，地表散落大量红烧土和印纹硬陶片。其中，牌坊沟窑址时代为晚商至西周晚期，主要器形有尊、坛、瓮、罐等，印纹硬陶陶片纹饰有云雷纹、回纹、组合纹、曲折纹、方格纹、编织纹、水波纹、叶脉纹、米筛纹等，还有少量的原始瓷片。荆竹关窑址时代为春秋晚期至战国时期。主要器形有坛、瓮、罐等，印纹硬陶陶片纹饰有方格纹、席纹、水波纹、米筛纹和麻布纹等。

浙江省文物保护单位——龙山窑址（牌坊沟窑址陶片堆积）

截至2009年年底，该窑址是环太湖地区发现的唯一一处

浙江省文物保护单位——龙山窑址(荆竹关窑址)

保存较好,内涵丰富的商周时期印纹硬陶窑址。2010年1月12日,被公布为长兴县文物保护单位。2011年1月7日,被公布为浙江省文物保护单位。

【仙山遗址】

仙山遗址位于泗安镇仙山村大环桥自然村泗安水库大坝南侧,小尖山西北坡。南北约100米,东西约60米。属先秦时期坡地型聚落遗址。

20世纪70年代兴建仙山水库大坝时发现,时北坡局部因建设需要受损,采集出土大量马桥文化至商周时期陶器和石器。石器器形有石钺、穿孔石刀、有段石锛、穿孔石斧、耘田器、石凿、石镞等。陶瓷器有夹砂陶鼎、夹砂陶釜、陶豆、陶纺轮、印纹硬陶罐、原始瓷豆、原始瓷钵等。印纹硬陶陶片纹饰有云雷纹、回纹、组合纹、曲折纹、编织纹、水波纹、米字纹、填线大方格纹、米筛纹等。还有一件青铜匕,鞘上有“Y”纹饰。可见文化层0.2～0.5米。该遗址是长兴县境内发现的唯一处位于山坡西北部的遗址。遗址上有树林及修建水库时建设的管理用房。

该遗址采集出土器物丰富,具有较高的考古价值。1983年3月12日,被公布为长兴县文物保护单位。

长兴县文物保护单位——仙山遗址

【牌坊遗址】

牌坊遗址位于林城镇畎桥村牌坊自然村，龙山山脉东南端芝山东北坡缓坡上。呈扇面状，弧长300米，宽150米。山坡坡度20°左右。属马桥文化至战国时期的聚落遗址，

长兴县文物保护单位——牌坊遗址

2008年1月，“三普”中被发现。遗址文化层厚0.2～0.5米，上坡薄，下坡厚。采集的标本有段石锛、夹砂陶鼎足、石刀(残)、夹砂陶片、印纹硬陶片等。印纹硬陶片有回纹、曲折纹、菱形纹、席纹、米筛纹、方格纹等。遗址上叠压有西周至汉的古墓葬。

该遗址堆积明确、采集标本丰富。2010年1月12日，被公布为长兴县文物保护单位。

【老坟山遗址】

老坟山遗址位于林城镇石英村与北汤村交界的一台地上。面积约3万平方米。属先秦时期台地型聚落遗址。

长兴县文物保护单位——老坟山遗址

2002年6月，浙江省第三次文化遗产普查中发现。遗址东、西、北三面为水田，南面为公墓。整个遗址高出水田1米左右，呈长方形台地状。东西长约200米，南北宽约150米。遗址上为庄稼地和树林，初步勘探文化层0.2～0.4不等。地表散见夹砂陶鼎足，回纹、曲折纹、菱形纹、席纹、米筛纹、方格纹等印纹陶片和少量石器残件。

该遗址面积较大，堆积明确，是长兴保存较好的一处商周时期古文化遗址。2003年8月10日，被公布为长兴县文物保护单位。

【环沉遗址】

环沉遗址位于夹浦镇环沉村环沉自然村。遗址被104国道分割为东西两个区，东区面积约1200平方米，地面建有民宅；西区面积约4000平方米，地表为耕地、农作物。四周为农田水网，东距太湖3000米。属先秦时期台地型聚落遗址(1992版长兴县志载：新石器时代)。

该遗址发现于20世纪50年代，80年代在拓建104国道时曾出土一批商周时期陶器和石器，器形有夹砂陶釜、夹砂陶鼎、泥质陶豆、印纹陶罐和梯格纹陶片等。2001年文物调查时采集的标本有

夹砂红陶、印纹硬陶和石器残件等。其中印纹硬陶纹饰有梯格纹、回纹、曲折纹、菱形纹、叶脉纹、纺织纹、米筛纹、组合纹及方格纹。2009年因集镇开发建设，在标志碑西侧进行抢救性考古发掘，可见文化层0.3～0.8米，包涵物密度较高，其中有马桥文化的泥质陶鼎足、石刀、石锛等。经浙江省文物考古研究所专家进一步考古研究，确定为马桥文化至商周时期台地型聚落遗址。

该遗址堆积明确，采集出土文物丰富。1961年5月20日，被公布为长兴县文物保护单位。

环沉遗址文化层剖面

【篁墩遗址】

篁墩遗址位于虹星桥镇谭家村篁墩自然村西侧，四周为农田水网，面积约7200平方米。为先秦时期台地型聚落遗址。

20世纪80年代第二次全国文物普查中发现。遗址位于东西长90米、南北宽80米台地上。历年采集标本有夹砂陶、黑衣泥质陶、印纹硬陶、原始瓷等，器形有鼎、罐、碗等，鼎足分圆锥形和扁锥形。2008年"三普"中勘察其文化层厚度约为0.3～0.6米。采集标本有印纹陶、原始瓷、夹砂陶、黑衣泥质陶器残片和少量石器。印纺硬陶片主要纹饰有方格纹、云雷纹、米筛纹、席纹、弦纹等。

该遗址保存良好，文化堆积明确，内涵较丰富。1983年3月12日，被公布为长兴县文物保护单位。

长兴县文物保护单位——篁墩遗址

长兴县文物保护单位——篁墩遗址（剖面）

【庄基村遗址】

庄基村遗址位于李家巷镇老虎洞村庄基村自然村，南面为白鹤岭山脉，北面为农田水网，面积约8000平方米。为先秦至汉代台地型聚落遗址。

长兴县文物保护单位——庄基村遗址

20世纪80年代第二次全国文物普查中发现。遗址东西宽约100米，南北长约80米，发现遗物有石斧、印纹硬陶器，器形以罐居多，圜底内凹、口沿呈宽沿平口。2003年3月，因土地平整遗址南部靠山坡处约500平方米受损。经抢救性考古清理，发现遗址年代为商至汉，出土遗物有石刀、石锛、石铲及夹砂陶、泥质陶、印纹陶等残片，印纹硬陶片纹饰有回纹、叶脉纹、云雷纹、米筛纹等。在西南侧发现有两眼汉六朝砖砌水井，出土十余件高温釉陶敞口壶、盘口壶、罐等器物。勘探基本确定遗址分布南到新318国道，北到庄前公路，西到农田水渠，东到庄基村村公路。

该遗址保存较好，面积较大，文化堆积明确，内涵丰富。1983年3月12日，被公布为长兴县文物保护单位。

【步云桥遗址】

步云桥遗址位于雉城镇金莲桥居委会步云桥居民区内，北至太湖中路，东为护城河西岸，南为北门小区，面积约3600平方米。属先秦台地形聚落遗址。

长兴县文物保护单位——步云桥遗址

20世纪80年代第二次全国文物普查中发现。遗址分布于步云桥小学西侧土岗上，东西长80米、南北宽60米，相对高度0.6～2.2米。遗物有石器和陶器及大量红烧土。主要器形有石刀、石锛和陶鼎、釜、罐等。鼎足分圆锥形、扁锥形、羊角形。2009年4月"三普"中发现遗址因旧城改造、村民建房、道路扩建周边蚕食严重，部分民宅建在遗址上方。在村民建房留下的断面上可见文化层0.8～1.8米厚。采集标本有石器、夹砂红陶、泥质红陶、灰陶、黑陶、印纹硬陶残片，器形有鼎、盘、罐等，纹饰有绳纹、方格纹、曲折纹、回纹等。

该遗址文化内涵丰富，是一处县城中心区域的马桥文化至商周时期古遗址。1983年3月12日，被公布为长兴县文物保护单位。

【东浜遗址】

东浜遗址位于开发区街道办事处钱家斗居委会姚家浜自然村东，杭宁高速公路东侧。四周为农田水网，面积约1500平方米。属马桥文化时期至商周台地型聚落遗址。

东浜遗址

遗址所处台地高约1.2～1.5米。2003年4—7月，浙江省文物考古研究所为配合西气东输工程，发掘遗址300平方米，文化层厚0.3～2.5米。出土有大量的印纹陶片，刻划纹陶片，夹砂陶片和弯月形石刀、石锛、石凿等器物。四周农田散落大量印纹硬陶片，主要纹饰有刻画纹、梯格纹、绳纹、方格纹、曲折纹、回纹等。

【塘湾遗址】

塘湾遗址位于泗安镇五里渡村塘湾自然村山岗东侧，南侧为长泗平原。面积约30000平方米。属马桥文化至商周时期台地型聚落遗址。

塘湾遗址（毛波 摄）

遗址所在山岗呈东西走向，相对高度5～20米。在山岗脊部及岗坡均有遗迹发现，分布范围约为东西长300米、南北宽100米，局部可见文化层0.3～1.5米。其中，村民陈公喜宅周围采集到大量标本，主要器形有鼎、罐、壶等，以夹砂陶、泥质陶、印纹硬陶为主。印纹硬陶主要纹饰有方格纹、曲折纹、回纹、云雷纹等。

【乌盆山遗址】

乌盆山遗址位于和平镇新港村庄桥自然村南侧乌盆山西南坡，周边为水田，面积2000平方米，海拔16米。属马桥文化至商周台地形聚落遗址。

乌盆山遗址

乌盆山为凸起于周边农田12米的大墩，遗址位于大墩的南侧坡地上。因建设公墓取土留下的16米长的剖面，发现大量红烧土夹带泥质陶、夹砂陶片，以及少量印纹硬陶片,可见文化层0.6～0.8米。地面因后期耕作散落较多马桥文化时期至商周文化遗存,有石锛、夹砂陶片、鼎足、印纹硬陶片等。遗址区内有多座汉墓叠压。

【莫家墩遗址】

莫家墩遗址位于画溪街道上杨村莫家墩自然村南长牛线旁,画溪桥东侧。四周为农田,面积约4000平方米,海拔10米。为商周时期台地型聚落遗址。

遗址区因后期道路建设等因素,已认知区域呈三角形台地,南依新长铁路,北靠长牛公路。底长80米,宽60米,中间为莫家墩土墩,文化层0.5～1米。在土墩墓西南侧剖面可见大量夹砂陶和部分石器,周边水田间采集有夹砂陶片、石刀残件。

莫家墩遗址(胡秋凉 摄)

据县博物馆档案记载,该遗址周围曾出土石器、陶器和青铜器。

【凤凰墩遗址】

凤凰墩遗址位于林城镇石英村凤凰墩自然村凤凰墩。四周为农田、民宅,西邻龙山,面积约6000平方米,海拔9米。为马桥文化至商周时期有环壕的台地型聚落遗址。

遗址沿略呈椭圆形的台地分布,长120米,宽60米,台地相对高度2.5～3.5米,周围有形似“城壕”水系。水系宽约10～12米,深1～2米。在东北侧剖面发现4期文化层,厚度2～2.5米,以马桥至商周文化层堆积最厚,内涵丰富。采集的标本有夹砂陶、泥质陶、印纹硬陶等残片,印纹硬陶纹饰以回纹、曲折纹、菱形及组合纹居多。

凤凰墩遗址

【下孙遗址】

下孙遗址位于洪桥镇亭子桥村下孙自然村杨小线北侧。南靠弁山，北为农田水网，面积约3000平方米，海拔7米。为商周时期聚落遗址。

遗址分布在山脚缓坡上，东西约50米，南北约60米，大致呈长方形分布。可见文化层厚度0.3～1.2米。采集标本有夹砂陶罐、夹砂鼎足和印纹陶残片。印纹陶纹饰有米筛纹、回纹、小方格纹、组合纹、波浪纹、叶脉纹、席纹等。20世纪80年代在遗址上段曾出土一只东周时期陶罐，内装数件青铜块。

下孙遗址剖面

【上无胥遗址】

上无胥遗址位于夹浦镇太平桥村上无胥自然村。四周为平原水网，面积约1.5万平方米。为商周时期台地型聚落遗址。

遗址高于周边1.5米左右的台地，大致呈长方形。东西最宽处约100米，南北最长约150米，可见文化层厚度0.3～1米。采集标本有红烧土、夹砂陶片、夹砂陶鼎足、印纹硬陶片、石刀、石锛等。印纹硬陶片纹饰众多，有米字纹、回纹、波浪纹等。春秋时这里属吴国“吴城”属地。

上无胥遗址

【花仙墩遗址】

花仙墩遗址位于夹浦镇太平桥村一凸起的土墩上,四周为农田水网。北与上无胥遗址相距约400米,面积约4000平方米。为商周时期台地型聚落遗址。

土墩呈不规则椭圆形,东西约80米,南北约50米,土墩南角有一蟠龙庵。遗址文化层厚度为0.1~0.3米,主要分布于土墩的东北角。采集标本有夹砂陶、釉陶、印纹硬陶、原始瓷、汉砖等,印纹硬陶纹饰有叶脉纹、席纹、回纹、曲折纹、方格纹等。

花仙墩遗址

【湖林山遗址】

湖林山遗址位于水口乡后坟村湖林山自然村湖陵山东南缓坡,四周为农田水网。面积约6000平方米。为商周台时期地型聚落遗址。

遗址分布范围为南北长约120米,东西宽约50米。在缓坡下方耕地上采集到大量印纹硬陶和夹砂陶片、鼎足,纹饰为回纹、曲折纹、叶脉纹、席纹、米筛纹、小方格纹等。据当地村民讲述:"在山顶至东南缓坡耕作时,经常可见以上标本。"

湖林山遗址

【凤凰山遗址】

凤凰山遗址位于二界岭乡太平村凤凰山自然村西面,宣杭铁路南侧。面积约2400平方米,海拔20米。为商周时期台地型聚落遗址。

遗址东西长约60米,南北宽约40米,可见文化层厚度0.3~0.6米。采集有西周陶罐残件标本和红烧土、印纹硬陶片等。其中,印纹硬陶纹饰有回纹、小方格纹、云雷纹、叶脉纹等。遗址上叠压有汉代墓葬,并发现有汉代陶壶。

凤凰山遗址

【上盘塘遗址】

上盘塘遗址位于二界岭乡太平村上盘塘自然村扬子山岗南端。四周岗地连绵，面积约1万平方米，海拔29米。为商周时期台地型聚落遗址。

遗址在岗地南侧地势平缓处，南北长约150米，东西宽约70米。在邱品子房屋后的剖面处采集到夹砂陶鼎足、原始瓷豆和硬陶罐等器物残片，可辨文化层0.6～1米。地面发现较多器物碎片，其中印纹硬陶纹饰有回纹、方格纹、席纹、米字纹等。

上盘塘遗址

【前夹山遗址】

前夹山遗址位于龙山街道渚山村前夹山自然村东北角水田中。西靠陈墓岭，东为农田水网，面积约1.5万平方米，海拔7米。属商周时期台地型聚落遗址。

遗址原为一个小岗地，后耕作开垦为梯田。南北长约150米，东西宽100米，文化层厚度0.3～1.2米。因村民挖鱼塘，考古清理采集到的器物有原始瓷豆、碗，印纹陶罐和石刀、石片以及夹砂陶鼎足等标本。其中印纹陶片纹饰众多，有回纹、曲折纹、组合纹、方格纹、席纹、米字纹等。

前夹山遗址采集标本

【陈墓岭遗址】

陈墓岭遗址位于龙山街道渚山村夹山自然村陈墓岭东南侧缓坡上。东为农田水网，西为连绵丘陵岗地，面积约1万平方米，海拔8米。为商周时期聚落遗址。

陈母墓岭遗址

整个遗址东西长约150米，南北宽约70米，地表种植杨梅林。在遗址南侧剖面可见文化层厚度0.3～1.2米间有大量红烧土。采集标本有圜底内凹印纹陶罐、夹砂陶鼎足、有段石锛等器物。地面散落大量印纹陶片，印纹陶片纹饰有回纹、米筛纹、方格纹、曲折纹、弦纹等。

【上红庙遗址】

上红庙遗址位于泗安镇皂山村上红庙自然村。东北为长泗平原，面积约6000平方米，海拔20米。属商周台地型聚落遗址。

遗址为略凸小冈地，东西长约100米，南北宽约60米，文化层厚0.3～1.2米。现场采集有大量印纹硬陶片，主要纹饰有小方格纹、方格纹、米筛纹、米字纹、曲折纹、回纹等。

上红庙遗址

【长山岗窑址】

长山岗窑址位于林城镇石英村李王自然村前长山岗山岗南坡中断。面积约150平方米，海拔32米。属西周至春秋印纹硬陶窑址。

长山岗窑址

窑址四周为山岗坡地，距山脚相对高度10米，坡度12°。地表散落许多两周时期印纹硬陶片。初步勘探地表下可见印纹硬陶片堆积，厚度不详。主要纹饰以方格纹为主，有少量编织纹。部分陶片胎质较疏松，呈土红色。据当地村民反映，垦荒取土时发现有大量堆积。地表长满小竹、灌木。

该窑址位于牌坊沟、荆竹关窑址中间，龙山山脉东北侧，为龙山窑址组成部分。

【围村窑址】

围村窑址位于林城镇泥垟村下墅围村，席枝春宅后小山坡（东坡）竹林内，东侧为农田水网。面积约200平方米，海拔13米。属商周印纹硬陶窑址。

围村窑址

窑址所在山坡坡度为10°，距平地高5米左右。因后期耕作，地面散见大量陶片。初步勘探地层剖面中发现陶片堆积层与窑汗、较多红烧土，堆积厚度不清，未发现明确窑床。采集陶片质地坚硬，纹饰丰富，有回纹、曲折纹、组合纹、云雷纹、方格纹、叶脉纹等。器形以罐、坛、瓮为主。据当地村民回忆，在平时垦荒耕作中发现有很多陶片堆积。

四、汉六朝遗址

【城山遗址及石刻】

城山古城遗址位于和平镇和平村官庄自然村城山山顶，海拔265.5米，面积12 万平方米。为东汉末年（东吴政权建立前期）乌程豪强严白虎退居城山与孙策部相拒修筑的城池。

城山古城遗址，坐南朝北，南高北低，呈不规则葫芦状。土城内外两层，外层依山外围而建，内缓外陡，即外侧部分地方几乎与山地成直角状。总长约1400米，残高2～6米，顶宽1～1.5米，底宽5～10 米不等，为梯形状山土堆积而成，保存完好。内层长约400米，残高2～3米不等，顶宽1～1.5米，

浙江省文物保护单位——城山遗址及石刻(许要武 摄)

底宽5~7米不等,结构形状与外层相同,由于后期寺院建设,内层土城墙残损严重。城池中保存有城门、蓄水池、弩台、烽楼、走马埒、擂鼓墩、滚石、演兵场等部分军事工事遗迹。其中,在城池正北土城墙中间设有城门,呈梯形状,上口宽10.5米,下口宽4米,高3.5米,底部尚保存有石砌排水结构。城门南侧有一面积1000平方米,深达3米的水池,为当时水攻防御体系。在古城池内,即在城池正北侧保存有150平方米擂鼓墩一座,150平方米点将台一座。在土城墙正北外450米处山脊上有残高不到一米烽楼一座,面积260平方米。在北山脚300米处有校兵场,擂鼓墩、亮甲山等古代军事遗迹。在古城遗址中,由于20世纪70年代垦荒种菜,曾发现汉代晚期陶器等标本。在土城墙断面上仅发现春秋战国时期印纹陶片,如方格纹,叶脉纹等。在北大门大厅屋滚石遗址下山坡上有大量山上滚下的石块。

古城遗址中心有始建于南朝宋文帝元嘉元年(424年)寺庙一座。保存建筑为清代中晚期,坐南朝北,平面呈长方形,设前殿、正殿、配殿,面积465 平方米。红墙黛瓦,砖木结构。前殿、正殿为三开间,抬梁式;配殿为七间,抬梁、穿斗混合式。寺庙正殿东侧有三座清代舍利塔,前殿前为35平方米的放生池。距古城遗址北侧山麓300米处,凸起的三块巨石上雕凿有元代浅浮雕佛像十尊,面积400平方米。

1983年3月12日,城山教寺被公布为长兴县文物保护单位。2005年3月,城山古城遗址被公布为浙江省文物保护单位。

【长岭山窑址】

长岭山窑址位于龙山街道高山岭村白莲冲自然村鲤鱼山(公墓)南坡,三面环山,面积2000平方米。为东汉晚期民窑。

长兴县文物保护单位——长岭山窑址

窑址剖面清晰,中心保护尚好,堆积厚约0.6米,坡度15度左右。周边被现代墓葬叠压,未经发掘的窑床体量不清。窑址上方及周边边缘地带均植被茂盛。采集出土器物有大量釉陶罐、锺、瓿、坛、盆、碟、盏和支座、匣钵、垫圈等窑具。纹饰有窗格纹、斜方格纹、钱币纹、填线菱形纹。

该窑址堆积丰富，具有较高的考古研究价值。1983年3月12日，被公布为长兴县文物保护单位。

【月亮山窑址】

长兴县文物保护单位——月亮山窑址

月亮山窑址位于夹浦镇月明村白漾荡自然村东侧，月亮山南侧，西至新长铁路150米。为东汉早期民窑。

2008年5月6日，“三普”中发现。现存窑址呈椭圆形状，东西残长14.5米，南北残宽12米，残高2.6米。西北侧裸露大量的陶器残片，主要器型为罐、窑具、盆、壶等器物残片以及红烧土。器物纹饰有菱形纹、弦纹、水波纹、方格填线纹等。遗址残留的大量器物器型较大，胎体较厚，烧制温度不高，胎质疏松，呈土红色，少量陶器发现青灰色釉。

该窑址保存较好，堆积丰富，从采集器物标本看具有较高的考古研究价值。2010年1月12日，被公布为长兴县文物保护单位。

五、唐宋以后遗址

【九龙山窑址】

浙江省文物保护单位——九龙山窑址

九龙山窑址位于水口乡顾渚村石马头自然村九龙山东北侧山坡的竹林中。东为九龙山古道，北为山涧，面积2000平方米。为唐宋瓷器窑址。

2008年6月，“三普”中发现。窑址包括4座龙窑，一处作坊，一个水池和大量残片堆积。窑址周边散落大量红烧土、窑具以及瓷器残片和窑汗。主要器形有碗、盂、钵、盆、盘、碟等，釉色以青白色为主，略有杂质，施釉不及底。器物胎质中密、坚硬。窑具有垫饼、匣钵、垫圈等。窑址西侧200米有一白泥矿，前有一山涧小溪。

该窑址为浙北地区发现的唯一一处烧制白瓷器皿的唐五代古窑址，且与唐宋时期紫笋茶文化密切相关。2011年1月7日，被公布为浙江省文物保护单位。

【方山窑址】

方山窑址位于林城镇方山窑村窑北自然村方山土墩小山坡上。南为长泗平原，北为丘陵岗地。

四周唐宋至明清窑址密布，陶瓷片散满岗地，面积约2600平方米。

窑址所在土墩南北长65米，东西宽40米，高7米，坡度为30度。窑址位于土墩南侧，呈长方形状，属龙窑。窑口残高1.7米，窑床长约39米，宽约7米，南北向。周边堆积遗存丰厚，采集器物有陶、瓷两类。瓷器曾采集到青瓷虎子，陶器有双系陶罐、四系陶壶、高颈短嘴陶执壶、碗、牒、盆、盏等，还有大量的红烧土，窑具仅见少量垫饼。

长兴县文物保护单位——方山窑址

据史料记载，该窑址自唐至民国从未间断烧制。2003年8月10日，被公布为长兴县文物保护单位。

【大干岕遗址】

大干岕宋代古村落遗址位于煤山镇新源村大干岕自然村大干岕内一个窄长的山沟里，西侧为古寺院。面积达5万平方米。

长兴县文物保护单位——大干岕古村落遗址

2008年9月25日，"三普"中发现。整个古村落大致呈不规则长方形，东西长约800米，南北宽约80～120米。南侧有一条蜿蜒的山间小溪，流水长年不断。地表可见连绵不断的卵石构筑墙基掩映在毛竹林之间，且有大量宋元期间砖块散落其中。其中，有四处保存相对完整的单体建筑遗迹，一般为三间两厢，且有围墙、庭院。在遗址核心地块还发现一眼石砌水井，附近有一土地庙。

经省文物考古研究所专家现场考察，确认为一处古村落遗址或古代兵营建筑遗址，具有较高的历史考古研究价值。2010年1月12日，被公布为长兴县文物保护单位。

【横山窑址】

横山窑址地处和平镇横山村姚里自然村金庄石矿码头南侧。四周为田园水网，

横山窑址

面积约800平方米，海拔7米。唐宋时期民窑。

窑床依小山岗而建，相对高度2～5米，坡角约15度。由于周边开矿、建房、修路等建设破坏，窑址地面扰乱严重，可辨砖砌窑床宽4米，长度不明。器物堆积丰富，在土岗顶部及周围散落大量器物残片，以陶罐、盆居多，质地坚硬，胎质较薄，施浅酱釉。

当地自古有烧窑传统，历史悠久，故称“姚（窑）里”村，与横山北侧的“大湾窑址”基本属同一时期。

【乌瞻山遗址】

乌瞻山寺庙遗址位于小浦镇合溪村乌瞻山东侧山岗一开阔的平缓坡地上。总面积约为1万平方米，海拔314米。为宋至明清寺院道观遗址。

乌瞻山遗址

遗址原有建筑依山而建，现存佛（道）教寺庙遗迹多处散落在毛竹林间。主要遗存有：规模宏大的寺庙围墙建筑（含山门），长约150米，最高处高约3米，除山门由青砖砌成，围墙由乱石砌成。30余处寺庙建筑基础，大量的柱础石及礼拜台、伏虎池、烧丹井、淬剑石遗迹。部分僧人墓葬灵塔石构件、杨仲庚墓。遗址最西端有一座保存基本完整的寺庙辅助用房，三开间，泥墙瓦房，门前有一通明代石碑。

据同治《长兴县志》载：“乌瞻山有二岭……旧传有庵三十六所，宋……成都杨仲庚隐于此，岭半有礼拜台、伏虎池、烧丹井、淬剑石及仲庚墓。”

【董家油坊碾房遗址】

董家油坊碾房遗址位于虹星桥镇白水村董家自然村北侧、乌家桥东南25米，周边为农田水网。面积约150平方米。为近现代建筑遗址。

长兴县文物保护单位——董家油坊碾坊遗址

2008年1月15日，“三普”中发现。地面遗存有石质碾槽，由11块弧长不等的石槽拼接而成，其中最长2.83米，最短0.6米。碾槽外径7.33米，内径6.37米，槽深0.19米，质地为花岗岩，保存完好。石碾位于西侧，呈“铁饼”状，直径2米，内径0.2米，完整。碾槽四周为人工构筑高于周边水田0.4～0.5米的台地，且散落一些砖瓦残片。

油坊始建于清后期，其时建有炒房、碾房、榨油房、仓库等，惠及方圆25公里村民。民国初期遇战乱暂停，抗日战争时期又恢复，曾为新四军部队提供过食油，至20世纪50年代中期停止使用，是长兴一处重要的近现代手工业遗产。2010年1月12日，被公布为长兴县文物保护单位。

【吕山侵华日本侵略军炮台工事遗址】

吕山侵华日本侵略军炮台工事遗址位于吕山乡政府办公大楼后山，弁山山脉西南麓余脉——吕山山脉西北端山顶上。泗安塘由西而东从山脚流过，该处东为弁山，西、南、北三面为长泗平原，抗日战争时期为湖州通向泗安的水陆交通要道。自古为军事要地。

长兴县文物保护单位——吕山侵华日本侵略军炮台工事遗址

2008年3月，“三普”时发现抗战时期日本侵略军所建炮台、战壕遗迹。炮台为山顶上一圆形凸起土堆，内凹，最大直径约10米，内径约5米，残高1.2～1.5米，内凹部深0.4～0.6米。地面散落大量砖块。西、南、北三面距炮台约10米、20米处有两层半环形战壕，宽约1.2～1.8米。再往下北坡上有两处环形凹坑工事，直径约2米，两坑间有深壕相连。采集标本有日式三八式步枪子弹弹壳等。据当地村民回忆：抗日战争时期，日本侵略军在吕山顶建有炮台，是拆用民房砖块修筑的。二十世纪五六十年代，当地村民又上山拆除炮台，用砖块建设民房。

【张岭战役遗址】

张岭战役遗址位于泗安镇长潮村张岭山脊上。北连槐坎六都村，东接小浦八都岕的山脊，分布面积约5000平方米，海拔346米。为民国30年(1941年)3月和8月，国民政府军第52师、新编第7师抗击日本侵略者的战场及民国32年(1943年)兴建的抗日阵亡将士陵园遗址。

张岭战役遗址

2009年4月，“三普”中发现。在张岭南北向的山脊上挖有战壕、掩体。战壕残宽0.8～1.2米，深0.6～0.8米，长约30米。在山脊中部较平坦处有一抗日阵亡将士纪念碑亭遗址，遗迹可辨，坐北朝南。碑亭遗址北部有抗日阵亡无名将士墓，数量不详。

长兴县主要商周土墩遗存分布示意图

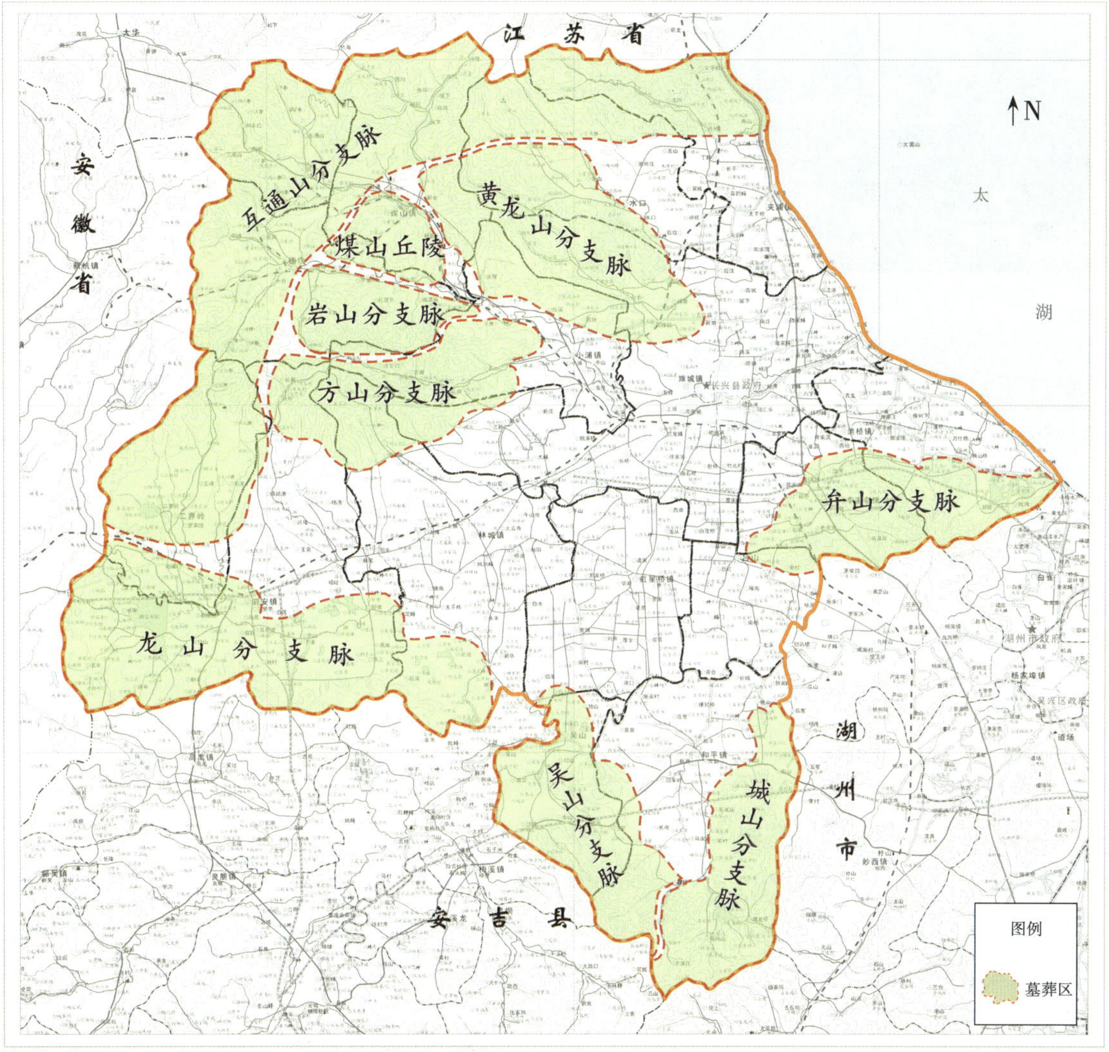

一、先秦土墩墓、石室墓

先秦土墩墓、石室墓是环太湖及宁绍地区吴越文化重要遗存。这种遗存在长兴分布很广，据“三普”实地调查记录，全域登录有编号土墩3000多座。主要分布在弁山、黄龙山、方山、吴山、城山、龙山、互通山等支脉山脊、缓坡、岗地之上。弁山、横山、五峰山、韦山、吕蒙山、城山、灵山、香山、龙山、前城、石狮、六墩、陈墓岭、白阜、午山等土墩墓葬群具有代表性。

【横山土墩墓群】

横山土墩墓群位于洪桥镇碧岩村与弁山村交界方圆6平方公里的扎网山。北接城东平原，东临太湖，西南靠弁山。为西周至秦汉土墩墓遗存。

横山土墩墓葬群

2002年6月，浙江省第三次历史文化遗产普查中发现。该墓葬群呈散点分布，北、东为杨小线公路，西至长兴电厂灰库，南至扎网山山脉与弁山主峰山脉交界处。已认知土墩墓共40座，大部分位于山脊和缓坡上。山脊上以石室土墩为主，平面呈椭圆形和圆形，直径10～18米，残高1.2～3米。部分石室裸露或早期被破坏，可见残件有印纹硬陶罐、瓮、坛，原始瓷豆、盂等。缓坡以下以土墩墓为主，平面呈圆形居多，直径8～15米，残高1.2～2.5米。墓丘保存良好。

该墓葬群位于太湖西南岸，分布密集、数量较多、保存良好、内涵丰富，是太湖流域先民典型葬俗的重要实物见证。2010年1月12日，被公布为长兴县文物保护单位。

【弁山土墩墓葬群】

弁山土墩墓葬群位于李家巷镇之东与洪桥镇之南的弁山山脉各山脊与缓坡上。土墩墓分布相当密集，仅赵家桥一带总长不到5公里的山脊上，就有土墩117座。大多数分布在山脊和山顶的分水线上。在山下远远眺望，土墩隆起明显，民间俗称“烽火墩”。

弁山土墩墓葬群可以分土墩墓和石室土墩墓两类。土墩墓一般平面呈圆形居多，直径8～20米，残高1.5～3.5米，有少量呈椭圆形。石室土墩墓，残高1.2～3米，平面呈圆形和椭圆形，直径10～21米，部分石室裸露或早期被破坏。出土器物主要有原始瓷、印纹硬陶、夹砂陶、泥质陶器，鲜见石器和青铜器。（详见弁山赵家桥商周土墩墓考古发掘）

【韦山土墩墓群】

韦山土墩墓群位于吴山山脉之北，吴山乡韦山村南韦山山岗上，四周群山连绵，最高海拔142米。为西周至汉代古墓葬遗存。

韦山土墩墓葬群

在约75万平方米的山脊、缓坡上分布着大小75座土墩，间距不等，排列无规则。有土墩墓、土墩石室墓两种类型。墓丘以圆形为多，少量为椭圆形。底径10～30米，高0.8～2.2米。分布区内因垦山种茶，部分墓丘封土被扰乱，石室裸露。采集的标本有印纹硬陶片、釉陶片、原始瓷片等。印纹硬陶纹饰有回纹、曲折纹、米筛纹、编织纹、方格纹、麻布纹等。

韦山土墩墓群是长兴范围内古墓葬分布最为密集的区域之一。

【碧岩土墩墓群】

碧岩土墩墓群位于洪桥镇碧岩村碧岩山顶。东临太湖，北为滨湖平原，最高海拔420米。为商周石室土墩墓遗存。

在灌木茂密的山脊上远眺可见高大土墩12座，由碧岩云峰顶沿天际口至南云峰再到锅子顶，东西向不等距散点分布（依次编号为D1—D12）。墓丘呈圆形和椭圆形两种，直径8～25米，高1米至2.7米不等。土墩墓上长满杂草灌木，由于水土流失和后期人为干预，部分石室石块裸露。天际口一座墓丘石室墓门开启，石室坍塌。采集的标本主要有印纹硬陶残件，纹饰包括回纹、曲折纹、编织纹、叶脉纹、方格纹等。墓葬形制和内涵与1983年文物部门实施的弁山赵家桥石室土墩遗存考古发掘成果类同。

【麒麟山土墩墓群】

麒麟山土墩墓群位于苏浙交界的夹浦镇月明村。东临太湖，西为连绵山冈，最高海拔143米。为商周时期土墩墓遗存。

17座土墩墓丘分布于西起人川坞，沿祥子岭、火烧山山脊以东、迭楼湾土墩墓群以西、麒麟主峰山脊上，由西向东依次排列编号为D 1 —D17。因灌木茂密，可见墓丘呈圆形，部分石室裸露。每座间距相隔约50～400米，底径10～22米，高度1.8～3米不等。

周边采集标本有原始瓷片和印纹硬陶片。印纹陶片主要纹饰有回纹、曲折纹、方格纹、米筛纹等。

【棋盘岭土墩墓群】

棋盘岭土墩墓群位于小浦镇高地村棋盘岭北山脊上。南为长泗平原，西为绵绵山岗，海拔50～110米。为西周至汉代古墓葬遗存。

墓丘散点分布在东至长水线，西至双羊芥的3500米长的山脊上，共19座。呈圆形和椭圆形两种，底径10～25米不等，高1～2米之间。部分墓丘石室裸露，周边植被茂盛，长满松树。采集的标本有印纹硬陶片、釉陶片、原始瓷片等。

【乌基墩土墩墓】

乌基墩土墩墓位于小浦镇高地村黄泥山自然村东侧岗地中毛竹林中。北靠黄龙岗，南为合溪港，海拔11米。为春秋时期的石室土墩墓。

土墩呈椭圆形覆斗状，底长31米，宽15米，顶长12米，宽3米，高

乌基墩土墩墓

2.5米。东、西、南三面环水，表土流失严重。墓顶南侧有高1米、宽0.9米、厚0.4米梯形状岩石一块。北侧可见垒石，顶部大石块裸露，地表长满毛竹。

【龙山土墩墓群】

龙山土墩墓群位于长兴与安吉交界的林城镇畎桥村龙山山脊上。东北为长泗平原，海拔10~66米之间。为商周土墩墓遗存。

龙山土墩墓群

在南北向长达2000米的山脊上共分布大小不一的土墩34座。呈圆形和椭圆形二种，底径15~32米，高2~5.6米之间，土墩上大多长满树木或杂草灌木。在山脊中部有一土墩直径达32米，高4.5米，当地村民称为"一亩墩"，为龙山上最大的一座土墩墓。距"一亩墩"50米有一座椭圆形石室古墓葬，长25米，宽15米，高5.6米，呈覆斗状，早期被盗。该墓室长12米，底宽0.85米，高2.2米，纵截面呈三角形，墓室石室露出。部分土墩周围有抗日战争时期挖掘的战壕。采集标本有印纹硬陶片、原始瓷片，印纹陶纹饰以回纹、曲折纹、米筛纹、编织纹和方格纹等。

在土墩墓葬群的东侧分布有高门楼、老坟墩、牌坊、凤凰墩等多处商周时期古文化遗址和荆竹关、牌坊沟商周窑址。

【五峰山土墩墓群】

五峰山土墩墓群位于雉城镇古城街道五峰村五峰山上。东临雉城城区，南为长兴港，西北为连绵山冈，山脊海拔32米。为两周至东汉土墩墓遗存。

土墩墓丘沿东西走向的山岗散点分布于岗脊或南坡，间距不等，排列无规则，由东至西依次编号为D1—D12。山脊上墓丘大部分呈圆形，山坡上墓丘部分呈椭圆形。由于水土流失和后期人为干预，墓丘一般直径10～30米，高1.8～3.5米。

在土墩墓葬群西侧300米为已发掘的鼻子山越国贵族大墓，D3所在位置还为宋、元时期“长兴州东岳行宫”遗址。

【金鸡岭土墩墓群】

金鸡岭土墩墓群位于雉城镇白阜村北侧山脊上。东为金鸡岭，南为陈街头，西为太乙殿，北为方一村（八都岕），海拔25～77米之间。为商周土墩墓遗存。

墓丘大小不一，散点分布于山脊缓坡之上，共35座。以圆形为主，少量为椭圆形。底径10～20米，高0.8～2米。部分墓丘封土流失严重，石室裸露。有的墓丘周边挖有抗日战争时期战壕，四周植被茂密。采集标本有印纹硬陶片、原始瓷片。印纹陶纹饰有回纹、曲折纹、米筛纹、编织纹和填线方格纹等。

【白阜土墩墓群】

白阜土墩墓群位于雉城镇白阜村西埠自然村，“五八”线和排旗岭隧道以西，山岭以南，南与下北厂接界，海拔28至152米。为商周至汉代土墩墓葬遗存。

在面积达2万平方米的扇形岗地上散点分布50座土墩。各墓丘呈圆形和椭圆形，底径10～20米之间，高0.4～4米不等。部分墓葬地表被开垦种粮食植物或苗木，个别留有盗洞。靠山边有的土墩石室裸露，采集标本有印纹硬陶片、原始瓷片和釉陶残片。印纹陶纹饰以回纹、曲折纹、米筛纹、编织纹、麻布纹为主。

【强家土墩墓群】

强家土墩墓群位于林城镇午山岗村强家自然村东侧，属低丘岗地，四周为长泗平原。

土墩分布于环里线公路以东、山脊公路以西，南至塘上冲自然村岗顶或岗坡上。面积约4.8万平方米，共13座墓丘，分布排序无规则。墓丘大多呈圆形（其中2座略呈椭圆形），底径12～30米，墩高1～2.2米之间。在岗地顶部一座形制最大，底径30米，高1.5米。少数墓丘因公路建设残损，部分墓丘因现代墓以及农耕，封土局部被扰乱。从历年午山岗类似墓葬考古调查分析，该墓葬群应为西周至汉代土墩墓。

【菖蒲桥东土墩墓群】

菖蒲桥东土墩墓群位于林城镇阳光村菖蒲桥自然村黄泥土岗地上。南为长泗平原，北为山岗，海拔31米。为西周至汉代时期墓葬遗存。

16座大小不一的墓丘（依次编号为D1—D16）沿南北走向的低丘、岗地呈不规则分布，集中于村庄周围一带，分布面积4.5万平方米。墓丘多呈圆形，底径12～30米，高0.8～2.8米。其中，D15较大，底径30米，残高0.8米。多数土墩墓因村民建房或生产而遭破坏或扰乱。在D3地面采集到原始瓷、黑皮陶残片等标本。当地村民在日常生产劳动中采集的器物有原始瓷豆、原始瓷碗、印纹硬陶罐及高温釉陶罐等。

【鸡笼山土墩墓群】

鸡笼山土墩墓群位于和平镇马家边村南侧鸡笼山，属与安吉县交界的三山山脉北麓。四周山岗叠峦起伏，海拔最高141米。为东周石室土墩墓遗存。

鸡笼山土墩墓群

土墩墓沿南北走向山岗散布于山脊或阳坡上，从远处眺望，可见岗脊上呈馒头状的土包（依次编号为D1-D17），分布面积约6万平方米，排列无规则。墓丘呈圆形，底径10～30米之间，高1.2～3米不等；其中D13形制最大，底径30米，高2.2米，处于山岗制高点，当地村民俗称“炮台”。域内因全部垦山种茶，致使墓葬封土扰乱严重，失去植被保护，水土流失较多。D1、D12等封土尽失，墓室石块裸露。采集标本有印纹硬陶片，主要纹饰为回纹、曲折纹、编织纹、方格纹等。

【金鸡群墩土墩墓】

金鸡群墩土墩墓位于林城镇连心村路东自然村一片起伏的黄泥土岗地上。北为岩山山脉，南为长泗平原，海拔35米。为西周至汉代土墩墓遗存。

土墩墓丘散点分布于岗脊与缓坡上（编号为D1—D12）。大多数土墩呈圆形，少数为椭圆形，因后期耕作及水土流失，有的墓丘受损较严重，石室裸露。墓丘大小不一，直径12～35米，高1～6米不等。其中D7最大，呈椭圆形，高6米，长35米，宽25米，土墩顶上中心塌陷，有盗洞。

【磨盘山大墓】

磨盘山大墓

磨盘山大墓位于龙山街道玄坛庙居委会杨家桥自然村磨盘山东北侧山脚下，四周为低矮丘陵。墩顶海拔10米。

墓丘呈椭圆形覆斗状，最长处达65米，最宽处42米，相对最高可达8米。2009年4月，“三普”中发现墓葬东北侧因取土形成的剖面，夯土层十分规整，每层约0.15～0.2米，封土厚2.1～2.7米，且叠压在杨家桥遗址的商周遗址之上。土墩上方植被茂盛。

该墓葬剖面清晰，夯土层分明，经浙江省文物考古研究所2009年7月勘探，初步判断为东周或汉代贵族大墓。

【红灯山土墩墓群】

红灯山土墩墓群位于龙山街道渚山村夹山自然村红灯山。西南丘陵岗地连绵，东北为平原水网，海拔44米。

土墩墓丘共4座，分布于东起陈墓岭山脊，西至山下坞，北与水口乡水口村交界，面积2.5万平方米的山岗上。其中3座分别位于南北向红灯山山脊上，最北侧一座呈长方形覆斗状，底长25米、宽16米、高2.4米。其余呈圆形，底径12～18米，高1.2～3.5米之间。

从2006年6月文物部门在墓葬群南侧50米对陈墓岭西周土墩墓进行抢救性考古发掘信息来看，该墓葬群应为西周土墩墓遗存。

【陈墓岭土墩墓群】

陈墓岭土墩墓群位于水口乡后坟村湖林山自然村前陈墓岭山脊上。东为平原水网，西为连绵山岗，海拔31米。为两周至汉代土墩墓遗存。

土墩墓丘东起湖林山自然村，西至陈墓岭长水公路过境处，沿山脊或南北两侧岗坡分布(依次编号为D1—D18)，分布面积13万平方米。墓丘大致呈圆形和椭圆形两类。由于后期耕作，水土流失等因素，部分墓丘表面残损，底径10～25米不等，高1.2～2.8米之间。其中，D9—D18位于西侧山脊，较密集。

据2006年6月长水公路改建工程同类形制墓葬考古清理发现，该墓葬群为西周至汉代遗存。

【荆竹关土墩墓群】

荆竹关土墩墓群位于林城镇石英村荆竹关自然村南侧，龙山山脊北坡，东北为长泗平原，海拔15—56米。为西周至汉代土墩墓遗存。

墓丘散点分布在山岗缓坡与岗脊上(由东向西依次编号为D1—D50)，分布面积为16万平方米。墓丘多呈圆形，底径7～12米，高0.3～1.6米不等。因岗地垦荒种茶，后期干预和水土流失严重，部分土墩石室裸露，D6、D7等土墩已不明显。西侧土墩周边可见大量汉砖及少量印纹硬陶陶片。印纹陶片主要纹饰为回纹、曲折纹、组合纹、方格纹等。

域内有荆竹关春秋战国时期印纹硬陶窑址。

【上窑头土墩墓群】

上窑头土墩墓群位于林城镇方山窑村方中自然村上窑头黄泥土岗地上。北为岩山山脉，南为长泗平原，域内有大量唐宋时期窑址，海拔32米。属西周至汉代土墩墓遗存。

墓丘散点分布于南距宣杭铁路1公里，西至连心村路东自然村交界处的岗地上(依次编号为D1—D56)。各土墩墓丘大部分呈圆形，由于后期耕作和水土流失，墓丘都有不同程度受损。直径约8～22米之间，高0.5～3.5米不等。其中，D20直径20米，高3.5米。采集的标本有印纹硬陶片、原始瓷残件、釉陶残件及汉砖。

【凤凰基土墩墓群】

凤凰基土墩墓群位于水口乡水口村竹园自然村凤凰基山南坡地带，海拔32米。为西周至汉代土墩墓遗存。

墓丘东起凤凰基水库向西500米，南起王家庄—闵家厂公路至凤凰基丘陵岗地，沿岗脊分布于面积18万平方米的范围内，排列无规则(依次编号为D1—D7)。墓丘多为圆形，底径12～25米，高1～2.4米。其中D2、D3、D5残损；D7体积较大，底径25米，高2.4米。采集标本为高温釉陶残件和印纹硬陶残件。地面种植有毛竹和杨梅。

二、汉六朝墓葬

【西峰坝画像石墓】

西峰坝画像石墓位于龙山街道西峰坝村小娜山东南侧，北为合溪港，东靠西峰坝居委会办公楼，面积100平方米。为东汉画像石墓。

浙江省文物保护单位——西峰坝画像石东汉墓

西峰坝画像石东汉墓（画像石）

2006年6月，该墓葬因农民取土时发现。石室平面呈长方形，藻井顶，大青石板重叠砌制。由墓道、前室、后室组成。前室南侧有耳室，门楣刻青龙白虎，门框刻青龙、白虎、朱雀、鹿等浮雕图案。因早期被盗，文物部门对古墓葬清理时仅出土陶灶、陶俑、陶盆、玉璧（残）、铜器、五铢钱等器物。

该墓葬形制具有典型北方文化风格，在太湖流域较为罕见。2011年1月7日，被公布为浙江省文物保护单位。

【枣树湾土墩墓群】

枣树湾土墩墓群位于泗安镇庆丰村枣树湾自然村，这里岗地连绵，秦时为鄣郡属地。为汉代墓葬遗存。

土墩墓丘共31座，散点分布于东西走向面积约9万平方米的黄泥岗上。一座为椭圆形，其余均为圆形。底径8～35米，高0.8～4米。其中，2座形制高大，一座底径35米，高3.5米；另一座直径25米，高4米。该墓葬群有10座墓葬发现盗洞，洞边发现汉代器物残片，以釉陶鼎、罐、壶、瓿为主。部分墓葬被后期建房修路破坏。

【十里头土墩墓群】

十里头土墩墓群位于泗安镇庆丰村十里头自然村十里头山岗上，四周岗地连绵，海拔31米。为汉代土墩墓遗存。

十里头土墩墓群

墓丘沿南北向村公路西侧呈南北向散点分布，由北向南依次编号为D1—D33。大多为圆形，少数为椭圆形。由于后期开荒种地、土地平整、水土流失等因素，底径10~20米，高0.8~3米不等。其中，部分墓丘发现有盗洞，洞旁有高温釉陶残件和青铜器残片，主要器形为壶、罍、瓿、罐、洗等。

【后城土墩墓群】

后城土墩墓群位于洪桥镇碧岩村，南为碧岩山脉，北为图影水网，海拔32米。以汉代土墩墓遗存为主。

后城土墩墓群

墓丘散点分布于申苏浙皖高速公路以北，东至村公路（通碧岩景区），西至山脚，北至碧岩村委会办公室，地表为一大片竹林（依次编号为D1—D54）。大多为圆形，因后期耕作和水土流失，大部分墓丘均有不同程度受损。尤其是部分砖室墓发现有盗洞，汉砖散落。墓丘直径8~35米之间，高0.5~3.5米不等。采集标本有汉砖、高温釉陶残件和少量印纹硬陶片等。

2006年，南侧兴建高速公路时，文物部门进行抢救性考古发掘，曾在同类型土墩中发现多处东周石室墓和汉代砖室墓。

【沉其岭土墩墓群】

沉其岭又名沉麒麟，土墩墓群位于水口乡水口村沉其岭自然村的南部、中部一带。为丘陵间的一片谷地，海拔14米。为汉代土墩墓遗存。

墓丘一直向北至村道公路呈散点分布（依次编号为D1—D9）。墓群区间有民宅和毛竹、茶园、庄稼地等。大部分呈圆形，少量为椭圆形。因水土流失和受后期人为干预，绝大部分有不同程度受损。底径8~20米，高1.2~3米不等。其中，位于王焕泉宅南侧D1最大，直径达20米、高3米。从周边同类墓葬出土器物来看，以高温釉陶为主，为汉代遗存。少量土墩有汉墓与两周墓葬叠压现象。

【谢安墓】

谢安墓位于林城镇太傅村太傅庙自然村北侧岗地三鸦岗，东距长天线公路10米。

长兴县文物保护单位——谢安墓

谢安墓坐南朝北，墓丘呈圆形，底径7米，高1.5米，封土上植有松柏，长满杂草。墓前碑刻两通，一通字迹漫漶，为嘉庆年间所刻；一通为1956年由太傅乡人民政府立的“谢安墓碑记”。正北面20米为太傅庙，东北侧植有两棵古树，一棵为1300多年树龄的黄连木，一棵为600余年树龄的朴树。1997年9月1日，被公布为长兴县文物保护单位。

谢安(1320—1385年)，号安石，我国历史上著名的东晋政治家，官至太傅，是著名的“淝水之战”的指挥者。原墓葬位于南京梅山，公元579年陈宣帝二儿子陈叔陵为葬母被掘。后由其后裔，时任长城县令谢夷吾移柩迁葬于该地。唐会昌年间尚有墓碑、墓柱等，宋至清代地方州府及民间曾多次重修、立碑，20世纪60年代被毁坏。

【九女冢】

九女冢，又称“九女墩”。位于小浦镇中山村九女墩自然村，西距新长铁路150米，南距长兴港约800米，为突兀于农田区的呈圆形的土墩，面积9000平方米。

长兴县文物保护单位——九女冢

相传，时有媪生九女无子者，翁骂曰：“生女不生男，死谁葬我。”后九女皆适大家，感父嘱，鸠材厚葬。黄巢时发其巅。有穴可缒而下，见屋一区，壁间隐隐若有碑刻图画。1971年，修建水利时，从中挖出青石板数吨。1981年，附近农民从墓穴中取出汉砖，建屋三间，砖上印有“万岁不败”“坚牢”铭文。2008年，“三普”现场勘探发现该墓建于台地，墓室早期被盗，加上村民长期建房居住，墓葬残损严重，地表汉砖散落。南侧画像石墓穴顶部盖石滑落，内部石室扰乱，两处石刻被破坏。

九女冢，是浙江省为数不多的画像石墓之一。2003年8月10日，被公布为长兴县文物保护单位。

三、唐宋以后墓葬

【章惇墓】

章惇墓位于水口乡顾渚村石马头自然村周家山东坡。分布面积800平方米。

墓葬早期被盗，墓丘及垣墉因水土流失和农耕等因素，迹象较模糊，仅在地表发现少量宋砖、瓷片；在墓丘东侧神道上尚存石像生、石翁仲4尊，其中石马通长1.5米、高1.3米，石翁仲通高2米、宽0.75米，石羊2只，通高1.1米、宽0.9米。该墓原为竖穴深坑双室棺椁墓，1995年被盗掘，发现穴内一块石碑仅刻有“章惇”二字，出土一副完整棺木，后回填。2010年1月12日，被公布为长兴县文物保护单位。

章惇(1035—1105年)，字子厚，仁宗嘉祐四年(1059年)进士，神宗时出知湖州，哲宗起为尚书左仆射兼门下侍郎，晚年被贬至湖州。

长兴县文物保护单位——章惇墓（石翁仲）

长兴县文物保护单位——章惇墓（石像生）

【韩彦直墓】

韩彦直墓位于二界岭乡云峰村邱家村自然村白杨岕南侧岗地上。面积1000平方米。

整个墓区呈东北—西南向，东西宽约25米，南北长约50米，北高南低，呈梯级状。墓丘因多次被盗受损，地面可见宋砖铺设。神道早期受损，2009年经文物部门修复，两侧由北向南依次列有石翁仲2尊（残），石马2尊（残），石羊2尊（残）。最南端有石碑1通（断成2段，碑文漫漶不清），碑座1件（残），牌坊石构件1件。1983年3月12日，被公布为长兴县文物保护单位。

长兴县文物保护单位——韩彦直墓（石翁仲）

灵山宋代石像生

韩彦直，南宋著名抗金将领韩世忠长子，绍兴十八年进士，官至龙图阁学士，提举万寿观，封蕲春郡公，撰《永嘉橘录》。据《咸安韩氏宗谱》，韩氏后代迁居白岘乡水曲岕一带。

【顾氏墓葬群】

顾氏墓葬群位于龙山街道高山岭村灵山山麓东侧。

1975年，当地村民曾在灵山山麓东侧缓坡掘出一座双室砖室墓，出土明代南京刑部尚书顾应祥墓志一合。墓葬前神道保存有天禄、石羊、石马、石翁仲。周

2012年4月，石泉吴氏家族墓出土的哥窑贯耳瓶

边散落少量牌坊石构件。据《顾氏宗谱》记载，综合2003年第三次浙江省历史文化遗产普查、2008年“三普”认定，此处为顾应祥及其家族墓地。

【石泉吴氏墓群】

石泉吴氏墓群位于李家巷镇石泉村南，吕山北麓。为南朝至明代古墓葬遗存。

1983年，第二次全国文物普查中发现。该墓葬群散落在木龙村林场山岗上，共十多座。墓丘直径10～6米不等，高0.7～1.3米不一。地表杂树丛生，部分砖块散落。原神道上有石像生和雕刻精致的石凉亭，二十世纪六七十年代被毁。墓穴未见受损迹象。2004年4月，明吴巢松墓右侧砖室墓曾出土哥窑贯耳瓶、三足炉等器瓷。

据《石泉吴氏宗谱》载，系南朝梁代驸马都尉吴僧永与明代文学家吴均及其后裔墓地。

【徐阶墓】

徐阶墓位于和平镇东山村东山西麓缓坡，海拔20米，面积1000多平方米。

2007年9月，东山角徐阶墓碑座

墓丘依山而建，坐东朝西，直径约10米，高1.2米。二十世纪六七十年代，因村民兴建水利工程等原因，墓葬周边石构件被拆，碑刻受毁。墓室裸露，砖砌单室，石盖板。四周杂草丛生，墓丘前有一池塘，池塘南侧散落部分残碑、碑座等。

徐阶（1503—1583年），上海松江华亭人，明代内阁首辅，生前写下“好志华亭徐仲子，厌离乡土葬湖州”。

东山角徐阶墓

一、银器窖藏

【下莘桥唐代银器窖藏】

下莘桥唐代银器窖藏位于原下箬公社下莘桥桥南东侧长兴港河堤边。

1975年12月，在开挖长兴港工程（原箬溪港）中，便民桥公社许家村大队第六生产队民工，在下箬公社下莘桥桥南东侧河堤边离地表1.5米深处发现一个竹编筐子，里面装有一批银器。经县博物馆专业人员组织清理，共出土银质文物100多件。其中包括：摩羯纹银杯、五曲莲花瓣银杯、摩羯纹银则、鱼云水纹银簪、银钏、银凤钗、银箸、四曲瓣椭圆形长柄银勺、船形银锭等。是太湖流域较为罕见的出土银器窖藏文物。

【罗家地宋代银器窖藏】

罗家地宋代银器窖藏位于泗安镇罗家地村，原长兴县蚕种厂南侧岗地。

2013年4月5日下午，泗安镇罗家地村村民在罗家地村内原长兴县蚕种厂的地块挖苗木时，距地表80厘米处发现一个没有盖的陶制小缸。在小缸里发现20多件精美的首饰和一个银质的小碗。经县博物馆工作人员勘探、调查、清理，发现为宋代银器窖藏，共21件，主要是首饰。其中，发饰有簪、钗，首饰有项圈、镯，另有一件小碗。发饰胎体很薄，制作精致，图案细腻。

二、瓷器窖藏

【吴家壕宋代瓷器窖藏】

吴家壕宋代瓷器窖藏位于原横山公社小沉渎村吴家壕田畈。

1972年2月，横山公社小沉渎大队干部在小沉渎大队田南队吴家壕田畈挖污泥，发现一处窖藏。

该窖藏在地下1米，由一大陶盆覆盖在上面。盆下有10多件宋（定窑）白釉出筋瓷碗和瓷碟两种器皿，有规则地堆放在一起。经省文物部门专家认定为宋代窖藏，应为北宋末南宋初，为避金兵之难时埋藏。

【朱家白场瓷器窖藏】

朱家白场瓷器窖藏位于雉城街道原人民广场西侧。

1969年，在城市基本建设中，建设单位在雉城公社人民广场西侧（朱家白场）发现明代瓷器窖藏，出土龙泉窑青瓷大盘等一批宋元及明代瓷器。

第二章

地上文物

DISHANG WENWU

第一节 古建筑

一、古道、界碑

1. 古道

据1992年《长兴县志》载："古驿道有长兴至南京，自县城经王垫、悬脚岭入江苏境。清代有三条。东达乌程，西南达安吉，西达广德。"

清同治年间，有大道七条。出县城北门，经雉山、徐家圩桥、康济桥、夹山、水口、董家村至啄木岭入江苏荆溪；出小东门，经金莲桥过曲塘桥、新桥渡、夹浦、北出香山嘴至浮渚岭，入江苏荆溪；出大东门，经仓桥、五里桥、朱砂桥，沿吕山塘至太平桥入乌程；出大东门，经杨湾桥、下箬寺至界桥、新塘，沿太湖至图影入乌程；出南门，经盟门，经盟门桥、虹星桥、和平、山下村、杜岭关入归安；出小西门，经紫金桥、画溪桥、东前桥、大雄寺、昆山岗达泗安镇，西行过踏水桥、大环桥、小环桥、至大界牌岭入安徽广德；出大西门，经南头村、朱砂岭、合溪、槐花磡，至青岘岭入安徽广德。

民国时有大道十一条：县城至斯圻；县城经夹山至啄木岭；县城经夹山至五峰岭；县城经王垫至悬脚岭；县城经王垫至襄王岭；县城经合溪至青岘岭；县城经虹星桥至和平达晓墅；县城至青草坞；县城至新塘；县城至鸿桥；斯圻沿湖至小梅口。

2007年至2009年，"三普"中发现记录，结合2012年长兴古道调查资料认知，长兴古道归纳为十条。

【城山古道】

城山古道位于和平镇城山村官庄自然村，因城山而得名。起于城山北侧，止于城山沟桃源景区，位于清凉禅寺北坡，全程约10公里。原有古道由山石铺设而成，宽约1米，长1000米，2006年，被改建为花岗岩条石路，其他均为泥土路。

城山古道

古道全程穿越城山。途经高田校

兵场、擂鼓墩、亮甲山、元代石刻造像、清凉禅寺(清代舍利石塔以及明清碑刻)、城山古城墙(点将台、陷马坑、水城门、石城墙和弩台、烽楼、走马埒等遗迹)、晋建威将军莫垓将军坟、将军庙、将军坝等古迹。

【飞云古道】

飞云古道因途中有飞云寺而得名。起于煤山大干岕,止于顾渚古茶山,全程约24公里。古道原有鹅卵石铺设,大干岕段相对完整,宽约1.2米。其他残损严重。

飞云古道全程穿越凤亭山、乌头山。沿途经过飞云寺、大干岕古村落遗址、顾渚古茶山等。由于凤亭山有两处风穴,极易形成云雾,登高远眺,竹海、云雾,非常有意境。

飞云古道

贡茶古道——江浙交界的廿三湾茶马古道

【贡茶古道】

贡茶古道因大唐紫笋贡茶运送线路而得名。起于水口乡金山村,止于夹浦镇北川村,全长35公里。以金山村中段与廿三湾、北川村岕底鹅卵石路最为典型。其中,北川村岕底鹅卵石上留有很深的车辙痕。

古道全程穿越阴坞齐头、峙云山。沿途溪水潺潺,翠竹青青。文化古迹甚多,有最高堂摩崖题记、江浙界碑、廿三湾茶马古道、古茶山、境会亭遗址(寺庙)、石砌古井、民国碑刻、民国摩崖等等。唐白居易诗《夜闻贾常州崔湖州茶山境会想羡欢宴因寄此诗》:"遥闻境会茶山夜,珠翠歌钟俱绕身。盘上中分两州界,灯前合作一家春。青娥递舞应争妙,紫笋齐尝各斗新。自叹花时北窗下,蒲黄酒对病眠人。"这首诗反映了当年常州、湖州两地刺史在境会亭上同会贡焙,共同督造贡茶的史实。

【回龙古道】

回龙古道因回龙山而得名。起于小浦光耀村,止于水口寿圣寺,全程约35公里。以九龙岭、石马头鹅卵石古道保存较为完好。

全程穿越回龙山水库、回龙山、杨坞岭、江排头。途经合溪洞遗址、光耀窑址、回龙寺、古石墙、古石洞、岳飞练兵场、九龙山窑址、寿圣寺等文化古迹。

回龙古道——九龙山古道

【六八古道】

六八古道因位于六都岕和八都岕之间而得名。起于槐坎六都岕，止于小浦八都岕。全程长20公里。六都岕段原有鹅卵石古道几乎全部损毁，现为泥土路。八都岕底至岩山顶鹅卵石古道保存较好，尤其以上段更为典型。

六八古道全程穿越岩山，途经银杏长廊、四方堂、振天寺等文化古迹。登上岩山山顶可俯瞰周边群山，可观古银杏长廊（八都岕）全貌。

六八古道所穿越的岩山，海拔525.2米，周围3平方公里。传说吴王阖闾时，曾射白鹿于此，又名白鹿山。陈武帝钓台在山下。唐武德五年（622年）张硕立岩州于长城岩山下。

六八古道——岩山古道

【三州古道】

因位于浙皖交界的三州山而得名。起于白岘茅山村三州山自然村，止于煤山罗岕，全长35公里。古道在两端现可见鹅卵石铺设路面，以襄王岭段和茅山古村落最为典型，其余均为泥土路。

三州古道全程穿越茅山、三州山、襄王岭、太华山，途经新四军后方医院、茅山古村落、“革命泉”、“一脚踏三省”山界、襄王庙、太华古镇、九峰山等文化古迹、革命旧址。

三州古道所途经的三州山，海拔高程521.9米，古代为浙江湖州、江苏常州、安徽广德州的交界点，“鸡鸣三省”，故名三州山。途经的襄王岭，海拔300多米，岭上建有一座纪念襄王的庙宇，为江浙两省的分界线。

【乌龙古道】

乌龙古道因方山乌龙寺而得名。起于八都岕潘家村，止于八都岕柏家村，全程约30公里。鹅卵石铺设路面以周吴岕至张岭段保存较为完好。

三州古道——襄王岭驿道

乌龙古道——张岭古道

乌龙古道全程穿越龙王岕、方山、林城周吴岕、张岭、柏家村。途经乌龙寺、龙泉寺、周吴岕古建筑群、抗战纪念碑、紫笋茶园、紫砂泉、天泉、银杏长廊等文化古迹和景观。

【乌石古道】

乌石古道因古道有乌石浪奇观而得名。起于煤山尚儒村，止于煤山五通山村，全程约30公里。仅尚儒村、庄头尚保存部分鹅卵石铺设路面，其他以泥土路为主。

乌石古道——煤山悬脚岭古驿道

乌石古道全程穿越悬脚岭、白猫山、五通山、洞山，途经乌石浪奇观、宜兴竹海、洞山风景区、岕茶茶园、新四军《苏南报》社编辑部和《苏南报》社旧址等文化古迹和革命旧址。

乌石古道所途经的洞山，海拔399米，是未开发的风景区，由暗仙人洞、亮仙人洞、朝天洞、六眼神龟洞(水洞)组成喀斯特溶洞群。传说汉代刘秀太子栖居洞山，课童艺茶，为浙江历史上种茶最早的地方。唐代“茶仙”玉川子卢仝以洞为府，学汉王艺茶，著《七碗茶歌》。明代周高起著《洞山岕茶系》，三处记载了罗岕茶进贡事宜。

【碧岩古道】

碧岩古道因途中有碧岩禅寺而得名。东起太湖图影碧岩寺，西止李家巷龙华寺，全程15公里。因“四大名山”改造，东段原有山石构筑台级已被规整花岗岩替换，仅存路边七星石、玉蟹潭、龙石嘴等遗迹。中段尚有少量原始山石古道保存。西段，即云峰顶以西均为原始土路。

碧岩古道——上碧岩古道

碧岩古道全程穿越弁山，最高海拔高521.5米，为东天目余脉。登云峰顶还可望见整个图影湿地景区、弁山风力发电站以及太湖。沿途古迹众多，有碧岩禅寺、七星石、玉蟹潭、龙石嘴、摩崖石刻“清空世界”及“寒泉”、龙华寺、项王走马埒、饮马池、系马木、磨剑石、石棚屋等。若遇晴日登云峰顶，眺望三万六千顷太湖，雄浑苍茫，如在膝前；东西七十二溇港，迤逦远去，隐约可见。宋苏轼有诗称：“具区(太湖别名)吞灭三州界，浩浩荡荡纳千派。今朝偶上法华巅，纵观如觉人寰隘。”

碧岩古道——七星石

碧岩古道——玉蟹潭

【霞幕古道】

霞幕古道因古道位于霞幕山而得名。起于和平基隆坞，止于吴兴妙西镇稍康古道，全程约15公里。鹅卵石铺设古道以妙西段及山顶较为完整，长兴段大部分已为公路。全程穿越霞幕山，途经霞幕泉、天湖庵遗址、贞女石碑、云林禅寺、中韩友谊亭、金灵千佛塔、万寿亭、稍康古道等。

霞幕古道起点霞幕山为天目山支脉，分属吴兴区和长兴县，明崇祯志载："由高径崎岖上登，可见太湖，群山皆在下，每有云霞复幕"，故名。

元时，石屋清珙到霞幕山，在山顶天湖结庵30余年。惠宗至正七年（1347年），高丽国的太古普愚慕名前来湖州参谒石屋清珙。其后，太古禅师带走石屋授予的"蒙授正印，传衣法信"袈裟禅杖，成为契诣付法嗣临济宗二十世的高丽国第一位祖师。因此，霞幕山被奉为朝鲜半岛临济宗的祖庭。

2. 界碑

【苏浙界碑】

苏浙界碑位于夹浦镇父子岭村父句上自然村北部，与江苏宜兴丁蜀镇交界，104国道东侧，东临太湖。

界碑坐北朝南，南侧2米处有104国道1310公路里程碑。碑高6.7米，底座两边分别为3.2米、1.87米，呈梯形方柱状，东侧有4级台阶。由不规则的石块砌筑而成，大部分为当地山石。碑南面阴刻"江苏"二字，背北面阴刻"浙江"二字。

该界碑初建于民国初期，中华人民共和国成立后曾补修，用水泥嵌缝。

苏浙界碑

【浙皖界碑】

浙皖界碑位于泗安镇大东村石头冲自然村与广德县桃州镇界牌村交界处，当地村民俗称界牌。

界碑呈圆柱体宝塔状，下大上小，底座直径2米，高5.4米，圆形底座直径4.5米。鹅卵石砌制，水泥嵌缝。界碑南侧阴刻“安徽”，北侧阴刻“浙江”。

界碑始建于民国，中华人民共和国成立后曾补修。泗安水库修建后，318国道改道，界碑被荒弃。

二、桥梁

1. 石拱桥

【包福桥】

包福桥位于林城镇桥南村包家村自然村村中水塘南侧。始建于明成化年间。

长兴县文物保护单位——包福桥

单孔石拱桥，东西向，横联分节并列拱券。桥总长7.85米，宽2米。立面呈梯形状，由东西两侧各8级石板台阶加中段平直桥面构成；桥面南北两侧以长石板砌置，其间铺以石板。桥心石雕有“鲤鱼跳龙门”图案。桥栏原有栏板，已失。两桥台基础以石灰、明矾、糯米、碎石夯筑而成。东侧桥台上题刻：“明成化□□年包士公仝妻姚氏起建”“大清乾隆五十八年十二月”字堂。桥台北侧刻楹联，字迹不可辨。石材以花岗岩、太湖石为主，兼有少量武康石。

2010年1月11日，被公布为长兴县文物保护单位。

【锁界桥】

锁界桥位于洪桥镇小沉渎村宅里自然村太湖大堤西侧的内河上，始建于明万历年间。

长兴县文物保护单位——锁界桥

单孔石拱桥，东西向，横联分节并列拱券。桥总长20米，宽2米。立面呈梯形状，由东西两侧各15级台阶加中段平直桥面构成。桥心石上雕有太极图案。桥面上有石质栏板，南北两侧栏板间各有6根望柱。桥额“锁界桥”。南北两侧均刻楹联一副，桥南侧：“锁南北以成梁山湖竞胜，界东西而作砥苕箬交通”；桥北侧：“不假丹青远瞩近瞻胥是画，非关色相欸声德颂咏诸诗”。西桥台北侧嵌有记事石刻一方。

该桥石刻记述建筑修缮沿革清晰，重建于民国3年（1914年）。2003年8月10日，被公布为长兴县文物保护单位。

长兴县文物保护单位——清仙桥

【清仙桥】

清仙桥位于夹浦镇环沉村环沉自然村。清晚期建筑。

单孔石拱桥，东西向，横联分节并列拱券。桥总长20.3米，宽2.35米，径跨8.25米，矢高4.8米。立面呈梯形状，由两侧各22级石板台阶加中段平直桥面构成。桥心石刻有风轮形图案。有石护栏，高0.5米，厚0.2米；护栏间设8根莲花形望柱；护栏东、西两端雕成卷云状。桥面、拱券砌石为米黄色花岗岩，桥台外表砌灰白色太湖石。桥额"清仙桥"，楷书，未见年款。

2003年8月10日，被公布为长兴县文物保护单位。

【小乌桥】

小乌桥位于夹浦镇夹浦村小乌桥自然村，跨小乌桥港与西侧兴隆桥相距50米。清晚期建筑。

单孔石拱桥，东西向，横联分节并列拱券。桥总长20.46米，宽3.18米，径跨7.75米，矢高5.29米。立面呈梯形状，由东、西两侧各17级石板台阶加中段平直桥面构成。桥心石刻有风轮形图案。"吴王靠"式桥栏，东西两侧各有两尊石雕狮子。石狮，圆雕，扭头相对，伏于地面。桥台侧面有四个凸出的石雕吸水兽，雕工精美。桥额"乌桥"（当地人俗称"小乌桥"），阳刻，楷书，未见年款。南北两侧均刻楹联一副。南侧："人杰地灵，双落彩虹翔右翼；山明水秀，半弯新月锁环溪。"北侧："合浦环流，四通八达称小小；分支双港，扁舟归处唱乌乌。"米黄色花岗岩石质。

2003年8月10日，被公布为长兴县文物保护单位。

长兴县文物保护单位——小乌桥

【兴隆桥】

兴隆桥，又名大乌桥，夹浦桥。位于夹浦镇夹浦村老街东，横跨夹浦港，连接桥东、桥西两个自然村，北接太湖。重建于清嘉庆年间。

长兴县文物保护单位——兴隆桥

三孔石拱桥，东西向，分节横联并列拱券。桥总长32.8米，宽3.46米，矢高4.6米，中孔净跨8.88米，次孔跨度为5.93米。桥面侧立面呈八字形，中孔桥面较短，长3.4米，两侧落坡较长，各有20级台阶，每级台阶由两排石板铺设。桥栏整体厚重结实，为"吴王靠"，望柱刻有石狮造像。桥额阳刻"兴隆桥"，正楷，款为"嘉庆庚申（1817年）仲冬重建"。南北两侧均刻楹联一副，南侧："邻阳羡而通渠灵长永镇，对洞庭而作锁利涉有功。"北侧："水咽鳌峰回抱夹呈明镜，矼联乌翼飞填齐落彩虹。"石材以花岗岩、太湖石为主，兼有少量武康石。

该桥是长兴县域保存的唯一一座三孔石拱桥。1983年3月12日，被公布为长兴县文物保护单位。

【德盛桥】

德盛桥位于夹浦镇喜鹊斗村喜鹊斗自然村西，横跨鼎嘉桥港。清晚期建筑。

单孔石拱桥，东西向，分节横联并列拱券。桥总长18.1米，宽2.74米，矢高4.1米，孔径6.32米，桥面长2.21米。立面呈梯形状，由中段正方形平直桥面加两侧各15级台阶构成。金刚墙由规整条石错缝砌筑。桥心石阳刻"风轮"图案，外径0.56米。桥南北两侧均刻楹联，可辨文字"安吉万姓作津梁""鹊鼎双溪为锁钥"等。阳刻行楷。石材由花岗岩与太湖石混用，

长兴县文物保护单位——德盛桥（胡秋凉　摄）

2010年1月11日，被公布为长兴县文物保护单位。

【浣东桥】

浣东桥位于夹浦镇太平桥村下无胥自然村。始建于民国3年（1914年）。

单孔石拱桥，南北向，横联分节并列拱券。桥总长16.09米，宽2.55米，高4.8米，径跨6.1米。立面呈梯形状，由中段正方形平直桥面加两侧各18级台阶构成。桥心石阳刻有圆形图案。桥额"浣东桥"，楷书。桥北西侧，有一"重建浣东桥碑"碑，平卧，正面朝上，碑文内容记述修桥事宜，款为"大民国甲寅（1914年）冬月"。东西两侧均刻楹联一副，东侧："楚水吴江凭利济，浙轮苏马庆安排。"西侧："容纲龙泉流冀北，安排雁齿在浣东。"花岗岩石质，用材规整。

长兴县文物保护单位——浣东桥

2010年1月11日，被公布为长兴县文物保护单位。

【鼎嘉桥】

鼎嘉桥位于夹浦镇丁新村杨名基自然村和大墙门自然村交界处，跨光竹涧。重建于清嘉庆八年(1803年)。

长兴县文物保护单位——鼎家桥

单孔石拱桥，东西向，横联分节并列拱券。桥总长18.5米，宽(最窄)1.75米，宽(最宽)3.2米，中孔径跨9.5米。立面呈梯形状，两侧各有18级台阶，桥面南北两侧以长石板铺成，桥心石刻有圆形图案。桥额“鼎嘉桥”，楷书。桥南北侧有明、清建桥修桥题刻。东桥台南侧嵌有题刻一方，记述修桥事宜，款为“大清嘉庆八年”。用材杂乱，桥身砌石可见紫色武康石、灰白色太湖石、米黄色花岗岩等。

桥志铭：唐陆龟蒙隐居横玉山，建此桥，后圮。明初臧仲和鼎新之，更今名。嘉靖年间臧应璧独力修之，万历二十四年(1596年)，臧懋循合捐重修。

1983年3月12日，被公布为长兴县文物保护单位。

【太平村太平桥】

太平桥位于二界岭乡太平村太平自然村北侧，跨木谷山前小溪。建于清道光三年(1823年)。

长兴县文物保护单位——太平村太平桥

单孔石拱桥，东西向，横联分节并列拱券。桥总长16米，桥宽2.2～2.82米，径跨7.4米，矢高4.2米。桥面平直，南北两侧由长石板连接，中间铺设横向条石，平面两侧略呈喇叭形。桥心石有风轮形图案。桥额阳刻“太平桥”，楷书，款为道光三年。金刚墙为大块石头砌置，外形规整。石质较杂，既有武康石，又有太湖石、花岗岩。

2010年1月11日，被公布为长兴县文物保护单位。

【大路桥】

大路桥位于槐坎乡抛渎岗村抛渎岗自然村，横跨村中小溪。始建于清晚期，重建于民国11年(1922年)。

单孔石拱桥，东西向，横联分节并列拱券。桥总长9.45米，宽2.9米，径跨6.9米，矢高2.6米。立面呈梯形状，两侧各有8级台阶。桥额“大路桥”，楷书；北侧款“壬戌年立”，南侧款“民国十一年重建”。桥主体米黄色花岗岩石质，桥台用不规则乱石砌置。

大路桥是长兴县保存的唯一一座位于山区溪涧上的规整条石石拱桥。2003年8月10日，被公布为长兴县文物保护单位。

长兴县文物保护单位——大路桥

【生圣桥】

生圣桥，又名新胜桥。位于龙山街道霞城村童庄殿自然村西侧，跨殿前河。重建于清嘉庆二十一年(1816年)。

单孔石拱桥，东西向，横联分节并列拱券。桥总长18.5米，中央宽2.5米，径跨6.4米，矢高2.4米。桥面中间窄，两侧宽呈喇叭状。未发现桥名，在拱券下刻有2方莲纹字堂，字迹模糊不清。南北两侧各有一副楹联。"三普"时发现主体保存完好，桥面浇有水泥，两边增设铁护栏。

2010年1月11日，被公布为长兴县文物保护单位。

【光阳桥】

光阳桥，又名高漾桥。位于县经济开发区陆家圩村三河圩自然村，跨东塘漾。建于清光绪十一年(1885年)。

单孔石拱桥，南北向，横联分节并列拱券。桥总长30米，桥面宽3.66米，拱顶宽2.88米，单孔径跨9.97米，矢高6米。立面呈梯形状，平面呈喇叭形，两侧各18级台阶。桥心石边长0.82米，上有圆形卷云纹图案，直径0.74米。未见桥名题刻，桥栏板上有"清光绪十一年"款。南北两侧均刻楹联一对，东侧一副楹联是"碧浪平堤向太湖东去，玉栏倒影看若水西来"。西侧楹联是"夹岸跨长虹民歌利涉，中流飞画鹢人庆安澜"。

桥北有一同年代凉亭，为歇山顶砖木石结构。呈回字形，外边长5.45米，里边长3米；外侧柱高2.1米，内柱高2.80米。

桥与凉亭均保存较好，桥亭相连，长兴仅存此一例。1983年3月12日，被公布为长兴县文物保护单位。

长兴县文物保护单位——生圣桥

长兴县文物保护单位——光阳桥

【永丰桥】

长兴县文物保护单位——永丰桥

永丰桥位于李家巷镇石泉村石泉自然村，跨村前小溪。重建于清嘉庆年间。

单孔石拱桥，南北向，横联分节并列拱券。米黄色花岗岩石质，桥面由中段平直桥面加南北两侧各8级石板台阶构成。桥总长11.8米，宽2.45米，通高3.9米，径跨5米。桥额刻“永丰桥”，楷书。桥面有石板护栏，高0.43米。护拦间设4根望柱。桥台由规整条石砌成，其东西两侧各镌有对联。桥东侧楹联：“□明彩鷁迎斜□，柳暗青龙泊晓烟”；桥西侧：“九曲环流同箬水，美桥对起冠蒙山。”

该桥保存良好，为石泉吴氏名人文化重要组成部分。

2. 石梁桥

【中和桥】

中和桥又称“藤桥”，位于和平镇便民桥村许家自然村南侧，跨藤桥港。清中后期建筑。

石梁桥，南北向，四墩三孔，花岗岩石质。总长9.36米，宽1.85米，通高3.5米，中孔净跨3.7米。立面呈微八字形，中孔平直，3孔桥面均由3块石梁平铺而成，2桥墩分别用3根石柱并列构成，无桥栏。

该桥面、桥墩大部已被藤树牢牢缠绕，故称“藤桥”。桥额文字漫漶，无法辨认，保存基本完整。2010年1月11日，被公布为长兴县文物保护单位。

【畎　桥】

畎桥位于林城镇畎桥村老街道上，横跨畎桥港。该港北通泗安塘，南接小溪口西苕溪。元代建筑，重建于清乾隆六十年(1795年)。

长兴县文物保护单位——中和桥

长兴县文物保护单位——畎桥

立柱式平板石梁桥，东西向，八墩七孔。总长34米，宽2.05米，中孔净跨5.2米。桥面略成弧形，由七段构成，每段由3～4块长石梁并排平铺而成。桥面两侧有石板护栏，间以望柱，望柱顶部为莲花形。每个桥墩由4根石柱并列构成。正桥桥墩桥梁两端雕凿吸水兽。桥额“重建献桥”，楷书；款“同治九年（1870年）”。桥墩石梁上可见有字堂，铭文漫漶不清。材质以花岗岩为主，兼有少数武康石。

据1992版《长兴县志》载：“该桥始建于清乾隆六十年，清同治九年春重修，1986年县文物部门对东侧桥墩进行加固修缮”。民间有“一座桥一亩田一只犬”而得桥名的传说。1983年3月12日，被公布为长兴县文物保护单位。

【鸿　桥】

鸿桥位于洪桥镇洪桥自然村（洪桥老街西侧），跨洪桥港。民国21年（1932年）重建。

立柱式平板石梁桥，四墩三孔，东西向。总长25.8米，宽2.7米。桥面分三段，中段略凸；每段由5块长形石板平铺而成，有石板护栏。每个桥墩由5根石柱并列构成。桥面东堍有8级台阶，西堍有12级台阶。桥额“重建鸿桥”；除西侧桥台石材为紫色武康石，其余石材为米黄色花岗岩。

该桥用材粗犷，立面独特。2010年1月11日，被公布为长兴县文物保护单位。

长兴县文物保护单位——鸿桥

【六河桥】

六河桥位于洪桥镇南阳村北塘自然村西北，北接雉城镇新塘村陈家浜自然村，横跨杨家浦港。民国早期建筑。

立柱式平板石梁桥，六墩五孔，南北向，花岗岩石质。总长41.2米，桥面长29.2米，宽2.68米 ，中孔净跨5.4米。桥面立面呈微折边形状，中孔桥面平直；5孔桥面各用5块石梁并铺而成，石板桥栏；桥墩由3～5根石柱并列构筑；两堍金刚墙由规整块石错缝砌筑。无桥额、年款题刻。

该桥跨度长，桥面宽，建筑厚重大气。2010年1月11日，被公布为长兴县文物保护单位。

长兴县文物保护单位——六河桥

【高宁塘桥】

高宁塘桥位于洪桥镇金星村圩角自然村西，西连雉城镇新塘村，横跨外港。民国二十六年(1937年)重建。

长兴县文物保护单位——高宁塘桥

立柱式平板石梁桥，六墩五孔，东西向，花岗岩石质。总长22.26米，宽2.56米，中孔净跨6.05米。桥面侧立面呈略微折边形，中孔桥面平直。桥面分别由5块石梁并铺而成，桥墩则均用5根石柱并列构筑，金刚墙由规整条石错缝砌筑。桥心镌“风轮”图案，桥额“重建高宁塘桥”，行楷，款“民国26年(1937年)”“里人公建”。南北两侧均刻楹联一副，南侧：“胜地据湖滨东达吴兴西至长邑，扁舟过桥下北流苏境南接杭塘。”北侧：“桥体高深两畔距离直径约长十丈，地方宁静四围村落居民几近千家。”

该桥用料规整厚实。2010年1月11日，被公布为长兴县文物保护单位。

【三登桥】

三登桥位于雉城镇曹家桥村北杨自然村西，跨吴家潭港。始建于宋嘉定十六年(1223年)，重建于民国十四年(1925年)。

长兴县文物保护单位——三登桥

立柱式平板石梁桥，四墩三孔，东西向。总长9.57米，宽1.74米，通高3.12米，中孔净跨3.8米。立面呈微弧形，3孔桥面分别由2块石梁并铺而成。桥额阳刻“三登桥”，楷书，年款“民国乙丑年三月重建”。材质有2种，桥面6块石梁及桥墩2块石柱为武康石，2块桥墩石柱为花岗岩质。该桥历史上是吕山至南石桥的主要通道。

东侧桥墩石梁上刻有字堂，有南宋嘉定十六年(1223年)纪年。后期曾多次修建。2010年1月11日，被公布为长兴县文物保护单位。

【南畲塘桥】

南畲塘桥位于夹浦镇红旗村韩家圩自然村东侧，横跨南浔漾。建于民国七年(1918年)。

立柱式平板石梁桥，四墩三孔，东西向，花岗岩石质。总长26.9米，宽2.19米，径跨17.8米，中孔净跨6.3米。立面呈微八字形，每孔桥面均由4块石梁平铺而成；两侧石护栏，高0.5米，厚0.2米。桥墩则由4根石柱并列构成。桥心有“风轮”浮雕，桥额阳刻楷书“南畲塘桥”，款“民国七年”。南北两侧均刻楹联一副，南侧：“图砙功成公案首推韩家圩，宅民有赖嘉名不让蒋婆桥。”北侧：“雁齿庆安排南作环溪锁钥，弯月映虹霓西为太湖封疆。”

该桥建筑用材硕大。2010年1月11日，被公布为长兴县文物保护单位。

长兴县文物保护单位——南畲塘桥

【蒋埠桥】

蒋埠桥又名蒋婆桥，位于夹浦镇红旗村蒋埠桥自然村。重建于民国三年（1914年）。

立柱式平板石梁桥，四墩三孔，南北向，花岗岩石质。总长13.48米，宽2.23米，高3.62米，中孔径跨5.36米。桥面分三段，中段略凸。每段桥面由3块长石板中间嵌以多块南北向短石板构成。桥额“蒋埠桥”，楷书，款为“民国三年春日重建”。有石质栏板，高0.42米；中段栏板东西两侧面均刻桥额“流芳桥”，款为“民国叁年”。两侧护栏间各设4根望柱，其中中段桥面上4根望柱顶部为圆雕狮子，形态生动。每个桥墩由4根长石柱并列构成，桥台为条石错位砌置，其上各有多级台阶（有水泥覆盖）。东西两侧各镌刻楹联一对，东侧：“流芳旧署蒋埠相得益彰鸠工济美，行义远追桓氏於今为烈虹彩增辉。”西侧“水渠北注具区冰心千古清流鉴，津路东通沉渎砥道重新介石贞。”

该桥桥面望柱石雕精美，年款清楚。2003年8月10日，被公布为长兴县文物保护单位。

长兴县文物保护单位——蒋埠桥

蒋埠桥望柱上石狮子

【圣堂桥】

圣堂桥位于虹星桥镇西南村钱家自然村北侧，横跨圣堂港。重建于光绪二十一年(1895年)。

立柱式平板石梁桥，为四墩三孔，东西向。总长8.16米，宽0.9米，中孔径跨3.6米，高2.93米。三孔桥面各由一块典型宋元时期桥梁石材紫色武康石石梁铺设，侧立面呈微弧形。桥墩则由后期花岗岩石柱竖构。桥额阳刻“圣堂桥”，楷书，款“光绪二十一年”。

在桥额一侧可见一个阴刻漶漫不清的“桥”字，为早期桥梁构件。2010年1月11日，被公布为长兴县文物保护单位。

长兴县文物保护单位——圣堂桥

【唐翁桥】

唐翁桥位于水口乡徐旺村王家自然村西侧，跨王家村浜。重修于清同治十三年(1874年)。

立柱式平板石梁桥，四墩三孔，南北向，桥长11米，宽1.36米，高1.6米，径跨2.56米。紫红色武康石石质。桥面分三段，呈微弧形。每段桥面由2块长石梁并铺而成。桥面东侧有桥额“唐翁桥”，楷书；款为“同治十三年”“重建”。题刻外侧雕有精美的兽面纹图案。

该桥始建于宋代，是长兴为数不多保存较好的宋元石梁桥。2010年1月11日，被公布为长兴县文物保护单位。

【接香塘桥】

接香塘桥位于水口乡后坟村后坟自然村。建于清光绪十五年(1889年)。

立柱式平板石梁桥，单孔，东南—西北向，米黄色花岗岩石质。总长5.57米，宽2.3米，高2.65米，中孔径跨4.8米。桥面由三块长石梁中间嵌以短石板构成；石板护栏，高0.42米，望柱4根。桥额“接香塘桥”，楷书，款“光绪十五年”。两侧桥台条石错位砌置，其上各有9级石板台阶。

2010年1月11日，被公布为长兴县文物保护单位。

长兴县文物保护单位——唐翁桥

长兴县文物保护单位——接香塘桥

3. 其他

【盛家桥】

盛家桥位于雉城镇开发区五里桥居委会冯家墩自然村南面，长湖申港与南塘港交汇处东侧，跨南塘港。建于1957年。

长兴县文物保护单位——盛家桥

单孔木梁桥，南北向。总长12.6米，宽2.4米，高5.4米。该桥梁由4根粗大杉木并列搭接而成，桥面横铺木板，桥背两端下侧分别由4根木柱支撑。金刚墙由规整花岗岩块石砌筑，略内收。桥堍两端各有15步台阶拾级而上。金刚墙部分石构件上有类似牌坊上楹联题刻。2009年6月，“三普”时根据村民回忆，该桥建于1957年，其金刚墙的石构件主要从该村一处贞节牌坊拆迁而来。

该桥是长兴县境内唯一保存较完整的一座木梁桥。2010年1月11日，被公布为长兴县文物保护单位。

【上泗安古桥群】

上泗安古桥群位于泗安镇上泗安村，由广安桥、太平高桥、上泗安码头遗址、寿星桥组成，建于清晚期至民国初期。

上泗安古桥群——广安桥（踏水桥）

上泗安古桥群——重建寿星桥

上泗安古桥群——太平高桥

【横山桥】

横山桥位于洪桥镇横山桥村横山街道横山港上，南为弁山山脉，跨横山港，周边为农田水网。

横山桥

单孔石拱桥，南北向。桥长32.4米，桥高10米，宽2.95米，径跨15米，护栏高0.48米。桥身除拱券为规整条石外，其余用山石砌筑。桥面由南北两侧水泥台阶加中段平直水泥桥面构成。有护栏(中段为石板，其余为水泥板)。南侧台阶43级，北侧18级，再转向东19级，桥南侧桥台中部有一可供人通行圆形桥洞，径跨2.67米。

该桥抗日战争时因战火被毁，1963年重建，跨径大，构筑独特。

【高大圩砖拱桥】

高大圩砖拱桥又名“新桥”，位于洪桥镇横山桥村高大圩自然村，东连西仁自然村，横跨高大圩内港。

高大圩砖拱桥

单孔砖拱桥，东西向。总长12.5米，宽1.95米，净跨11.96米，矢高3.3米。桥面侧立面呈扇形状，由青砖水泥砌筑而成。青砖规格0.23×0.12×0.05米。桥背由13根钢筋加固支撑。桥额刻“新桥1967年5月”。两堍桥墩均用石块砌筑而成。

2008年4月，“三普”中发现。该桥是长兴县发现的唯一一座保存完整的青砖拱桥。

三、寺院 塔幢

【孔 庙】

孔庙位于雉城街道人民广场东侧。由尚存的大成殿、明伦堂与碑廊组成。大成殿、明伦堂建筑面积547平方米，为明清时期典型孔庙风格建筑。

孔庙，又称学官、县学、庙学。始建于北宋宝元二年(1039年)，庙址在县城东门外。建炎中，被金兵焚毁。南宋绍兴十年(1140年)，县令黄伟复建于治所之东太平桥。明嘉靖九年(1530年)以县学偏于东隅，迁建于治所之西，箬溪之北，即现址。嘉靖年告成，隆庆、万历年间扩大完善。清乾隆九年(1744年)曾重建。大成殿又称孔圣殿，系孔庙内主要单体建筑，为祭祀孔子的场所。解放后，尤其是“文化大革命”以后，棂星门、泮池、东西两庑、藏经楼先后被拆。2007年9月“三普”载：孔庙坐北朝南，大成殿、明伦堂位于同一中轴线上，前后相距37.5米。各3开间、面阔11.4米，进深分别为16.8米和15.1米。大成殿为歇山顶双层重檐式结构、11檩4柱5架梁。后墙墙基镶嵌石刻3通，分别为“万世之师”碑(孔子像)、“至圣先师孔子赞并序”碑和字迹模糊可见纪年的“康熙十五年”碑。周围原有修廊，民国时期，修中山公园时，将修廊围筑殿内，开启部分玻璃窗户。殿前有台阶。屋面为泥脊瓦当，屋脊阳面书写“竣极于天”，阴面有“文光射斗”各四个大字。明伦堂建于明嘉靖九年(1530年)，硬山顶、抬梁式梁架，石础为宋代明伦堂原建筑构件。

孔庙原保存有历史碑刻19通，“文化大革命”期间或受损或搬移或埋入地下。2010年县博物馆兴建孔庙碑廊，将易地保护和地下发掘出土的碑刻重新集中，按照原有规制，分别在大成殿、明伦堂及围墙中陈列。其中包括明嘉靖四年(1525年)陈凤梧书“孔子赞”，明嘉靖九年(1530年)“御制正孔子祀典记”“御制正孔子祀典申记”“圣谕”，嘉靖三十八年(1559年)姚一元撰徐中行书臧继芳篆额“长兴县新置学田记”，隆庆六年(1572年)徐中行撰臧懋循书“长兴县新修儒学记”，万历二十四年(1596年)丁元荐撰冯伟篆额钱中伟书“长兴县重修儒学记”，乾隆三十二年(1767年)知县方伯撰文“长兴县儒学记”等。

1983年3月12日，被公布为长兴县文物保护单位。2011年1月7日，被公布为浙江省文物保护单位。

浙江省文物保护单位——孔庙(大成殿)

【钟　楼】

钟楼位于雉城镇古城街道米行弄小区人民路与解放路交叉口东南侧。明代建筑。

坐北朝南，平面呈四方形、立面呈塔状的单体建筑，歇山顶，重檐式三层砖木结构，飞檐画甍，线角垂铃。通高15.30米，通阔、进深均7.2米。旧县志载："钟楼系大雄教寺的组成部分。"大雄教寺原名报德寺，南朝陈文帝于天嘉元年（560年）为其太妃所建，寺址在城西1里。明初耿炳文筑城开壕，需经大雄寺地基过，于洪武二年（1369年）迁建城东南隅，寺左建钟楼，高凡三层。

钟楼卷顶门洞，两闩石品门左右分开。门洞上方有斗大的"钟楼"二字，正书，字体凸出。第三层中央悬大型铜钟一口，通高2.5米，口径1.12米，厚0.1米，重达2000公斤；口沿呈八瓣莲花形，钟体铸纹饰，顶端有一圈莲瓣纹。钟身上下各有一周股方，上下股方间三道双箍凸弦纹。上股方内饰八卦图案，下股方内铸制铭文："洪武七年（1374年）甲寅二月三日吉时铸造，长兴知县萧洵、守御千户所官刘显""监工儒士华清，耆宿徐文、闻达、卢享""十方施财、军民善信、佛光普照、福寿同臻""杭州府富阳何均用、何子范铸造""大雄寺住持僧惟演，募缘僧如渊"。钟钮为双龙兽钮，龙通体鳞甲，龙首角翘须，龙身躬曲向上，呈张牙舞爪、仰首吼叫之状。此钟铸造规整，造型精美，形体宏浑，仿唐宋风格，是将铸造、声学、力学、书法融为一体的范例。

钟楼是长兴县城仅存的二处明代古建筑之一，1983年3月12日，被公布为长兴县文物保护单位。

长兴县文物保护单位——钟楼（铜钟）

长兴县文物保护单位——钟楼

【石泉明代牌坊（含高湾高公墓牌坊、石山桥贞节牌坊、吴琉故居牌坊）】

高湾明代高公墓牌坊位于李家巷镇石泉村高湾自然村，南方水泥有限公司东侧100米山坡上。牌坊坐东朝西，位于墓葬前方。汉白玉石质，残宽2.43米，残高5.4米，仅存明柱和额枋花板。柱体截面呈六方体，柱首阳刻祥云双鹤，额枋刻丹凤朝阳，花板刻双狮戏绣球，中间刻有“明鹤峰高公之墓”，款为“明嘉靖乙巳冬”，牌坊下方还存有原位于牌坊上方的卷棚残件，雕工细腻。牌坊周边灌木丛生，植被茂盛。据《高湾高氏族谱》载，墓主为高悌（1501—1555年），号鹤峰。

长兴县文物保护单位——石泉明代牌坊（石山桥贞节牌坊）

石山桥贞节牌坊位于李家巷镇石泉村石山桥自然村北石山桥南塆，即小箬溪港滩。牌坊坐南朝北，三开间，花岗岩质。总宽6.2米，明柱高3.6米，次柱2.3米，每根石柱呈长方体，截面均为0.35×0.35米。明柱阴刻楹联，上联为“渤海源长清澈口”，下联为“槐荫根茂节参天”，楷书；额枋、花板浮雕镌刻龙狮、麒麟等图案，工艺精美细腻。未发现年款题刻。当地村民回忆：该牌坊为明代“高世文之妻王氏”贞节牌坊。

吴琉故居牌坊位于李家巷镇石泉村石泉自然村管金泉宅南侧，现存牌坊石柱2根，间距3.18米，残高5.65米，石柱断面呈八角形，青灰色石灰石；石柱柱础长1.48米，宽1.38米，由2块石板拼成。在牌坊东侧河塘两处河埠台有牌坊抱鼓石2件；且有较多石雕残件散落于周边。

据《石泉吴氏家谱》载：“该牌坊建于明代，系当地吴氏族人吴琉所建。”吴琉，系长兴县历史名人，《长兴县志》（1992年版）载：“吴琉，生卒年不详……系梁驸马都尉吴僧永裔孙……著作甚富，有《史类》六百卷、《经世文编》三十卷……”

2010年1月11日，石泉明代牌坊被公布为长兴县文物保护单位。

长兴县文物保护单位——石泉明代牌坊（高湾村高公墓牌坊）

长兴县文物保护单位——石泉吴宅牌坊（吴琉故居牌坊）

四、井泉

【圣　井】

“圣井”位于太湖街道杨湾居委会杨湾自然村天居寺前广场。为砖砌圆筒形水井。

浙江省文物保护单位——“圣井”

井深6.8米，口径0.37米，腹径2米，底径1.9米。井圈口为凝灰石雕凿而成，口沿内敛。井圈下有小瓦构筑，小瓦下部为原井口，由四块青石砌成呈四边形，边长0.47米。井腹至底部均由青砖错位砌制，规格0.32×0.21×0.06米，上有钱币纹等纹饰。井底为自然砂土层，井泉常年不枯。

据史料载，下箬寺，原名广惠寺，为南朝陈武帝(陈霸先)故宅。明洪武二十四年(1391年)，改为下箬寺(院)。据宋嘉泰《吴兴志》载：“广惠院，原有井五口，其中一口为西晋永嘉中陈氏远祖所穿，高祖初生，井泉涌出，家人汲以浴之，今谓之圣井。余四井，亦陈氏所凿。”明隆庆元年十月十日(1567年)，长兴知县归有光撰文、县丞吴承恩书《圣井铭并叙》碑立于井侧。

2003年8月10日，被公布为长兴县文物保护单位；2011年1月7日，被公布为浙江省文物保护单位。

【金沙泉】

金沙泉位于水口乡顾渚村三涧荡自然村，四面环山，海拔90米。西侧500米为大唐贡茶院遗址。

泉眼四周为砂石地，长年泉涌不涸，水质清澈。天然泉池经人工砌筑呈喇叭状。卵石砌堤坝，高1.3米，泉池最宽处8米，泉水深0.2～0.4米。泉池中央人工堆筑的假山上立碑一块，阴刻楷书“金沙泉”，款“甲子仲春”。

据史料记载：“金沙泉曾为唐代贡泉，为煮茶良水，用银瓶装，运往京城上贡。”《茶经》载：“明月峡畔，碧泉涌沙，灿如金星，名曰金沙泉，列为贡泉。”

【碧岩寺泉】

碧岩寺泉位于弁山主峰东侧山腰，洪桥镇碧岩村上碧岩寺南侧，海拔304米。

该泉眼位于岩石之间，长年不断。天然泉池经后人修筑呈长方形，面积20平方米，池内泉水深处0.6米，蓄水较少，池中采集数枚“无尾螺”，现系佛教圣地碧岩寺“放生池”。其上方山岗俗称“龙脊”，下侧有“龙嘴”，尚佛者远道赶来敬奉，相关流传的民间故事甚多，为远近闻名的人文景观。

五、民宅

【大夰口吴宅】

大夰口吴宅位于小浦镇大夰口村大夰口自然村，占地面积560平方米。清晚期民宅。

吴宅坐西朝东，粉墙黛瓦，砖木结构。总进深13米，面阔20米。主体两进各五开间，硬山顶，二层楼，有门廊，带卷棚。第一进明间抬梁式，次间、梢间穿斗式，六柱九檩；第二进带两厢，明间抬梁穿斗混合式，六柱九檩。前廊及第一进抬梁梁构上均雕刻有戏剧人物、花卉、吉祥图案等。主体建筑南、东两侧各有一侧房，南侧房9间，东侧房6间，均为硬山顶，穿斗式，用材较小。第一进与东侧房南有一门楼相连，建筑高大，屋脊有辅鸡，南侧青砖阳刻“承先启后”、缠枝花草，北侧青砖阳刻“履泰丰升”、三国戏剧人物及缠枝花草等。

长兴县文物保护单位——大齐口吴宅

大齐口吴宅门楼

东侧有一民国时期砖木建筑（小姐楼）与东侧房相连，三开间带厢房，二层楼，面阔11米，进深12米。

吴氏与吴昌硕同属一门，相传民国早期吴昌硕曾到此留下墨宝。房屋整体构架保存良好。2003年8月10日，被公布为长兴县文物保护单位。

【西湾里王思高宅】

庄里王思高宅位于和平镇庄里村西湾里自然村9号，占地面积285平方米。为清中期徽派建筑风格民宅。

王思高宅坐西朝东，粉墙黛瓦，砖木结构。2007年10月，“三普”时发现为前后二进各三开间带厢房的合院建筑。面阔12.1米，进深24.35米。两侧为高大马头墙，硬山顶，蝴蝶瓦屋面，铺望砖，穿斗式梁架。青砖地坪，天井为青石铺地。建筑格局较特别，没有正门，仅在两进走廊开启左右相连的边门。部分木构件见少量缠枝花卉雕刻。

王思高宅原建筑体量较大，在其左右两侧可见较大建筑基础，后因战争及人为因素被拆除。

长兴县文物保护单位——西湾里王思高宅

该宅现存部分相对完整，高大马头墙长兴县少见。2010年1月11日，公布为长兴县文物保护单位。

【南俞钱宅】

长兴县文物保护单位——南俞钱宅

南俞钱宅门楼

南俞钱宅位于小浦镇潘礼南村南俞自然村，占地面积1400多平方米。为清晚期徽派建筑风格民宅。

钱宅坐北朝南，粉墙黛瓦，砖木结构，前后三进5开间两厢房加东路附屋12间，共33间。正立面为一字形马头墙，内八字门楼，天井卵石铺地。第一进明间穿斗式，6柱9檩；明间正面上部有网格装饰；次、梢间2层楼，有门廊，带两厢（西厢已毁），地砖铺地。第二进内八字门楼（后期改动），天井卵石铺地。明间穿斗式，6柱10檩；明间正面板壁为窗格状，制作精美；地砖铺面。梁上有一匾额“衣锦堂”，款“光绪辛丑年仲冬月”“宜兴庐庆钤书”。第三进内八字门楼砖雕缠枝花卉，刻“芝兰玉树”4字，天井卵石铺地；明间穿斗式，7柱11檩，用材较好，无雕饰，三合土地面。各进围墙上部有墨绘三国人物。附屋有廊与正屋相连，穿斗式梁架，三合土地面，用材较小。

该宅规模较大，是长兴县保存下来的较好清代古建筑之一。2003年8月10日，被公布为长兴县文物保护单位。

大公斗陈宅

【大公㪷陈宅】

大公㪷陈宅位于洪桥镇图影村大公㪷自然村。东临太湖，南依弁山山脉，四周水网密布。占地面积436平方米，清晚期徽派建筑风格民宅。

陈宅坐北朝南，粉墙黛瓦，砖木结构。硬山顶，四周有高达7米的马头墙。面阔24米，进深18.2米。6开间，两层，第一进带两厢。正屋抬梁、穿斗式混用，五柱七檩，用材一般。第二进与第一进间隔有狭长东西向天井。该宅东墙嵌有一狮形镇宅石刻，上刻“狮王镇宅”“泰山石敢当”。

【大公圩施宅】

大公圩施宅位于洪桥镇图影村大公圩自然村中心位置。东临太湖，四周为水网农田。占地面积409平方米，清晚期徽派建筑风格民宅。

大公圩施宅

施宅坐北朝南，粉墙黛瓦，砖木结构。前后三进、3开间各带2侧厢加门楼的合院式建筑。硬山顶，二层楼房，当地俗称“走马楼”。面宽11.5米，纵深35.06米。第一进明间抬梁式结构，第二进、第三进明次间均为混合式结构。

该宅建筑考究，布局规整，用材粗大，四周有高大马头墙，系太湖西南岸临湖民宅中典型建筑。

【西湾里王宅】

西湾里王宅位于和平镇庄里村西湾里自然村50号，四周为农田水网。占地面积204平方米，为清晚期徽派建筑风格民宅。

西湾里王宅门楼

王宅坐北朝南，粉墙黛瓦马头墙，硬山

顶，砖木结构。三开间二厢房加外八字门楼，面阔11.7米，进深17.6米。门楼上砖雕戏剧人物、动物花草及书法，内容丰富。正厅抬梁做工考究，木刻精湛，明间后有卷棚。室内地坪为方砖铺设。

【杨林涧蒋宅】

杨林涧蒋宅位于小浦镇方一村杨林涧自然村，占地面积约600平方米。清中期至民国民宅。

蒋宅坐北朝南，粉墙黛瓦，硬山顶，砖木结构。前后三进，拾阶而上，面阔22米。第一进进深9.55米，7开间，中间一间为过廊。过廊5柱7檩，梁柱用材规整，雕饰缠枝花卉，中部有格栅装饰；过廊东西两侧各3间，皆为抬梁式，五架梁带前后单步，北侧带门廊。第二进仅存内八字门楼，形制高大，砖雕精美。门楼南侧上有4层砖雕，上刻“耕读传家”，行书；门楼北侧上有6层砖雕，上刻“芝兰玉树”，楷书，另有梅花喜鹊、人物故事等，图案精美繁复。第三进为民国初期建筑，进深16米，门楼损毁严重。正屋5开间，明间穿斗式，7柱11檩，板壁基本完整。方砖铺地，南侧有门廊。

杨林涧蒋宅门楼

【杨林涧王宅】

杨林涧王宅位于小浦镇方一村杨林涧自然村，占地面积230平方米。属清晚期民宅。

王宅坐西朝东，粉墙黛瓦，硬山顶，砖木结构，五开间带两厢。面阔14.8米，进深15.5米。一字墙，内八字门楼。门楼砖雕精美，有花卉、人物故事，外侧刻“竹苞松茂”，内侧刻“俾尔戬穀”。天井卵石铺地。正屋明间抬梁式，五架梁带前双单步后三单步。梁枋上雕饰精美，用材较好。次、梢间穿斗式，8柱11檩，梢间11柱11檩；带门廊，左厢房已毁，右厢房残损严重。

【宋西宋宅】

宋西宋宅位于虹星桥镇宋高村宋西自然村，四周农田水网，占地面积375平方米。清晚期民宅。

杨林涧王宅

西皋宋宅

宋宅坐北朝南，粉墙黛瓦，硬山顶，砖木结构。3间两进（原共4进，现存第二、三进）。面阔10.83米，总进深17.43米。第二进明间五架梁带前双单步后单步双步，有门廊，上部有卷棚（已毁）；次间穿斗式，7柱9檩；梁架用材粗大规整，梁枋上有精美缠枝花卉雕饰；地面为0.41×0.41米方砖铺地。第三进内八字门楼，门框由4块条石砌成，上部砖雕“芝兰玉树”，行书。正屋两层，明间穿斗式，6柱8檩；次间8柱8檩；带前下檐，有卷棚，两厢。

【下王家王宅】

下王家王宅位于和平镇周坞山村下王家自然村21号，这里背靠周坞山，占地面积1010平方米。为清晚期民宅。

和平周坞山村下王家王宅

王宅坐西朝东，粉墙黛瓦，砖木泥石结构。其布局为：沿中轴线由前后2进5开间组成2个天井的合院式建筑。在北侧另有披屋8间与正屋相连，并又由3个天井组成相对独立的院落。南侧建有不对称的偏屋2幢。总面阔36.5米，纵深27.5米。建筑整体特征俗称“走马楼”式结构，采用硬山顶、内八字门楼、混合式梁架、卵石铺地等做法，梁枋木雕精致；山墙除局部砖砌外，大部分为泥土夯筑的打板墙，颇具地方特色。据王氏后裔记述，该宅为先祖王宝元于清代后期建造。

【金墩桥杨宅】

金墩桥杨宅位于和平镇横山村金墩桥自然村，占地面积120平方米。清晚期民宅。

金墩桥杨宅

杨宅坐北朝南，粉墙黛瓦，硬山顶，砖木结构。三开间两厢，面阔10.6米，进深11.8米。一字墙，内八字花门楼，门楼上雕有三国人物故事，中心有木刻“物爱心臧”四字。正屋明间抬梁式，次间穿斗式，梁枋上雕有精美图案。

【石家坞周宅】

石家坞周宅位于和平镇周坞山村石家坞自然村，占地面积150平方米。清晚期民宅。

周宅坐西朝东，粉墙黛瓦，砖木结构，硬山顶。原两进，现存一进。3间两厢，两层，一字墙。面阔14.4米，进深10.8米。明间抬梁式，次间穿斗式，梁枋上雕有缠枝花卉、凤采牡丹等。三合土地面。

【南淙韦商臣故宅】

韦商臣故宅位于吴山乡南淙村南淙自然村，西苕溪南岸，四周为农田水网，占地面积502平方米。为清中期徽派建筑风格民宅。

南淙韦商臣故居

韦商臣故宅原三间四进，现存三进。坐北朝南，粉墙黛瓦，砖木结构，硬山顶，四面高墙。第一进已毁。第二进：内八字门楼，砖雕楷书“惟德馨”三字，木质门框，天井用鹅卵石铺地。正屋及两厢皆两层。穿斗式梁架，用材一般，无雕饰。原地面用0.3×0.3米方砖铺地，现仅明间尚存。第三进：原内八字门楼已毁，穿斗式梁架，天井用鹅卵石铺地，其余与第二进同。第四进内八字门楼，上部已毁，穿斗式梁架，明间枋上有缠枝花纹，三合土地面。东侧有侧屋一路，现仅存与第三、四进所对应，皆为穿斗式，二层。侧屋的建筑时间略晚于主体建筑。

据当地村民相传该宅为长兴明代名人韦商臣后人所建。韦商臣，嘉靖二年(1523)进士。

【南淙韦宅】

南淙韦宅位于吴山乡南淙村南淙自然村韦商臣故居西侧，北临西苕溪，占地面积240平方米。为清晚期民宅。

韦宅原三进，现存第一、二进。坐北朝南，粉墙黛瓦，砖木结构，硬山顶，四面高墙。3开间，两层，内八字门楼，简洁朴素。面阔11.5米，总进深20.8米。穿斗式梁架，用材简朴。三合土地面，天井为鹅卵石铺地。

【贺家武宅】

贺家武宅位于林城镇新华村贺家自然村，四周农田水网，占地面积203平方米，为清晚期徽派建筑风格民宅。

贺家武宅

武宅坐北朝南，粉墙黛瓦，砖木结构，硬山顶，四面高墙。3开间，两进（原三进）。面阔11.2米，进深18.2米。一字墙。内八字花门楼，外门额上砖雕“耕读传家”，楷书；内门额上刻“和气致祥”，行书。第一进，明间抬梁式，三间贯通，用材硕大，梁枋上雕有花卉。第二进，两层，带两厢；内八字花门楼，上部木构件雕有花卉纹饰。

贺家为当地武术世家，相传北少林俗家弟子回家在此建房，该地遂成为长兴武术的发源地之一。

【沈村李宅】

沈村李宅位于林城镇天平桥村沈村自然村，四周为农田水网，占地面积132.5平方米。为清晚期民宅。

沈宅坐北朝南，粉墙黛瓦，硬山顶，砖木结构。3间2厢带外八字门楼的合院式建筑，面阔10.6米，进深12.5米。穿斗式梁架，内墙均用木板，走廊两边开侧门。明间0.4×0.4米规格地砖铺面。

门楼外框为花岗岩条石，内为砖雕。砖雕内容丰富，有人物、花卉、吉祥图案，中间阳刻“物爱心臧”四字。

【周吴岕周宅】

周吴岕周宅位于林城镇周吴岕村黄坞里自然村，四面环山，海拔176米，占地面积1125平方米。清晚期徽派风格民宅。

周宅坐南朝北，粉墙黛瓦，砖木泥石结构，硬山顶，四面高墙。两进，五开间，一字墙，内八字门楼。面阔42.28米，进深26.6米。第一进除明间外皆二层楼带两厢，有门廊。明间穿斗式，6柱9檩，用材一般，无雕饰，天井卵石铺地。第二进内八字门楼，天井卵石铺地，正屋及两厢皆二层楼，正屋各间穿斗式，有门廊。正屋四周为夯土泥墙，夯土层每层以碎石块隔开。墙脚约60厘米为乱石砌置。正屋东西两侧各有侧屋7间，带门廊。据房东讲述该宅于1889年由周安生始建。

周吴岕周宅

【周吴岕吴宅】

周吴岕吴宅

周吴岕吴宅位于林城镇周吴岕村吴家头自然村南，四周环山，海拔179米，占地面积1248平方米。为清晚期徽派风格民宅。

吴宅坐北朝南，粉墙黛瓦，砖木泥石结构，硬山顶，四面高墙。前后3进，分别由2个天井组成的合院式建筑，在中轴线东侧另建厢房，总面阔45.45米，纵深27米。第一进、第二进基本完整，混合式梁架，第三进仅剩堂厅。门楼及厢房的部分墙体使用泥土打板墙建筑，外八字门楼砖雕完整，有人物、花卉，并刻行书“竹苞松茂”四字。

【南敖敖宅】

南敖敖宅位于吕山乡南杨村南敖自然村中心地带，四周为农田水网，占地面积460平方米。为清中期徽派建筑风格民宅。

敖宅坐北朝南，粉墙黛瓦，砖木结构，硬山顶，马头墙。前后3进带2厢合院式建筑，面阔11米，纵深30.8米。第一进建筑考究，前檐带下檐，明间抬梁式梁架，用卷棚，雀替、腰枋及垂帘柱雕刻精致。第二进、第三进穿斗式梁架，三合土地面。该民居始建于清中期，后期改动较大。1958年曾作吕山公社食堂使用。

南敖敖宅

【屠家浜杨宅】

屠家浜杨宅位于洪桥镇洪桥村屠家浜自然村，四周为农田水网，占地面积262平方米。清晚期民宅。

杨宅坐北朝南，粉墙黛瓦，砖木结构，硬山顶。前后2进3开间2厢房带一外八字门楼的合院式布局，面阔13.67米，纵深24.10米。第一进抬梁穿斗混合式梁架，明间8檩6柱；第二进正屋2开间，东侧厢已拆，明间9檩5柱。室内0.18×0.18米小方砖铺地。

【潼桥周宅】

潼桥周宅位于洪桥镇潼桥村潼桥自然村，东临太湖，占地面积192平方米。清晚期民宅。

潼桥周宅（胡秋凉 摄）

周宅现存两进（原五进）三开间，坐北朝南，粉墙黛瓦，砖木结构。面阔12米，进深16米。正门门框由4块花岗岩条石构成。第一进为门厅，明间为过廊，东侧次间为新建，西侧次间为穿斗式梁架。第二进3间带两厢，有门廊，明间抬梁式，五架梁带前单步后双步，梁柱用材粗大，梁枋上有繁缛精美的缠枝花卉雕饰。屋面有望砖。明间地面为0.5×0.5米地砖铺装，其余为三合土地面。

【沈家坝沈宅】

沈家坝沈宅位于洪桥镇中道村沈家坝自然村，东临太湖，占地面积209平方米。清晚期民宅。

沈宅坐北朝南，粉墙黛瓦，砖木结构。6间4厢，一字高墙，面阔20.36米，进深10.26米。一字墙开4处门。全宅内部分为独立的两部分，每部分3间两厢，明间梁架混合式，5柱7檩；次间穿斗式，7柱7檩。有望砖，三合土地面。

【范仕桥范宅】

范仕桥范宅位于洪桥镇万仕桥村范仕桥自然村，四周为农田水网，占地面积315平方米。清晚期民宅。

沈家坝沈宅

范仕桥范宅（何炜 摄）

范宅坐南朝北，粉墙黛瓦，砖木结构。原有四进，现存两进，各两厢。面阔11米，进深28.66米。第一进3间，明间抬梁式，次间穿斗式；第二进3间，穿斗式梁架，屋面望砖铺底，三合土地面。门楼砖木结构，素面，在两侧砖雕卯钉处发现顺治通宝、乾隆通宝钱币。民国初期曾进行维修，因而门楼粉刷为民国风格。

【北墙门钦宅】

北墙门钦宅位于洪桥镇小沉渎村北墙门自然村，东临太湖，占地面积523平方米。为清中晚期徽派建筑风格民宅。

北墙门钦宅

钦宅坐北朝南，粉墙黛瓦，砖木结构，硬山顶，马头墙。“三普”时仅存三进(原五进，第四、五进已毁)。面阔13.16米，进深39.7米。第一进为门厅，五小间，明间为抬梁式，五架梁带前后单步。第二进门楼高大，内、外八字，砖雕有精美的戏剧人物、花卉，南面刻“燕鹊徵祥”，北面刻“笃实辉光”；正屋三间，明间抬梁式，五架梁带前后双单步，檩、柱用材粗大，梁枋上雕饰缠枝花卉；次间为抬梁式穿斗式混用，7柱9檩。第三进内八字门楼，正屋三间，两层，带前下檐，明间为抬梁式穿斗式混用，5柱7檩，梁枋有雕饰。

【朱家渎朱宅】

朱家渎朱宅位于雉城镇大坍村朱家渎自然村，四周为农田，占地面积240平方米。为清晚期民宅。

朱宅坐北朝南，粉墙黛瓦，砖木结构，硬山顶。6开间二层楼，面阔24米，进深10米。穿斗式梁架，廊沿较宽，廊柱7根。根据当地村民回忆，该宅原建筑规模很大，布局规整。现存的6开间民居在长兴县极少见，富有地方特色。

【南头徐宅】

南头徐宅位于雉城镇大坍村南头自然村，四周为农田，占地面积1260平方米。为清晚期徽派建筑风格民宅。

徐宅坐北朝南，粉墙黛瓦，砖木结构，硬山顶，马头墙，徽派风格。整体格局由4幢相对独立的合院式建筑组成一个大的院落，平面规整，总面阔39.9米，总进深31.6米；其中东路为3进5开间，兼偏房10间，西侧现存2进2开间，均为硬山顶穿斗结构，用料、工艺一般。

根据房东回忆，原有建筑均有内廊相连，共70余间；20世纪50年代曾作白阜乡公所及大食堂使用。

【柏家村柏宅】

柏家村柏宅位于雉城镇南石桥村柏家自然村，四周为农田，占地面积134平方米。为清晚期徽

柏家村柏宅

童家村沈宅

派建筑风格民宅。

柏宅坐北朝南，粉墙黛瓦，砖木结构，硬山顶，马头墙。为3开间2厢房带门楼的合院式建筑。面阔11.86米，进深11.3米。混合式梁架，七柱八檩。三合土地面。

【童家村沈宅】

童家村沈宅位于雉城镇包桥村童家村自然村，四面为农田水网，占地面积1167平方米。为清晚期徽派建筑风格民宅。

沈宅坐北朝南，粉墙黛瓦，砖木结构，硬山顶，马头墙。前后5进，每进均为5间2厢加门楼的合院式建筑，其中第2进已拆毁，第3进仅剩两间半（西侧已毁）。面阔18.6米，总进深62.76米。穿斗抬梁混合式梁架。

【塘渚钱宅】

塘渚钱宅位于小浦镇小浦村塘渚自然村，三面环山，海拔45米，占地面积207平方米。为清中晚期徽派建筑风格民宅。

塘渚钱宅

钱宅坐北朝南，粉墙黛瓦，砖木结构，硬山顶，马头墙。两进3开间，面阔11.34米，总进深18.23米。平面呈回字形，正屋及两厢皆2层楼（走马楼）。第一进明间穿斗式，5柱8檩；其内部改造较大。中间天井中有一水池，3.87×2.1×0.39米。第二进正屋明间穿斗式，6柱8檩。据当地村民回忆，该宅曾为一更大建筑群的组成部分，无正门，在东、西两侧各有侧门。

【塘渚俞宅】

塘渚俞宅位于小浦镇小浦村塘渚自然村，海拔26米，占地面积526平方米。为清晚期徽派建筑风格民宅。

俞宅坐北朝南，粉墙黛瓦，砖木结构，硬山顶，马头墙。三进3开间，面阔21.5米，总进深24.5米。第一进明间抬梁式，五架梁带前后双单步，梁枋上有雕饰，有门廊，三合土地面。第二进内八字门楼，穿斗式梁架，8柱8檩，有门廊。西侧有6间侧屋，带门廊，有过廊与正屋第二进相连。

塘渚俞宅

【礼家村张宅】

礼家村张宅位于小浦镇潘礼南村礼家，四周银杏参天，海拔77米，占地面积256平方米。为民国初期民宅。

张宅坐北朝南，泥墙黛瓦，木构梁架，硬山顶，马头墙。5开间带两厢，二层楼，一字墙，面阔18.6米，总进深13.8米。内八字门楼，砖雕鹤、凤、灵芝、花卉等，外侧刻“芝兰竞秀”，内侧刻“诗礼传家”。天井卵石铺地。穿斗式梁架，明间7柱9檩，次、梢间9柱9檩。有门廊，带前下檐，其卷棚顶下梁枋有精美雕饰；牛腿为人物造型，生动自然。三合土铺地。

礼家村张宅

潘家村吴宅

【潘家村吴宅】

潘家村吴宅位于小浦镇潘礼南村潘家村，周边古银杏茂密，海拔85米，面积601平方米。为清晚期徽派建筑风格民宅。

吴宅坐北朝南，粉墙黛瓦，砖木结构，硬山顶，马头墙。共3进，面阔19.4米，进深31米。第一进为门厅，7开间，中间为过廊，2层楼；两侧各3间，抬梁式梁架，五架梁带前后单步，3间贯通。第二进5开间，2层楼，明间穿斗式，次、梢间穿斗式梁架，6柱8檩，有门廊，带两厢。第三进内八字门楼，5开间，穿斗式梁架，6柱8檩，有门廊，带两厢，正屋及两厢皆2层楼。

该宅民国初期曾用做小学校舍使用。

【许家村许宅】

许家村许宅位于小浦镇方岩村许家村自然村，周边古银杏茂密，海拔77米，占地面积1355平方米。为清晚期徽派建筑风格民宅。

许家村许宅

许宅坐北朝南，粉墙黛瓦，砖木结构，硬山顶，马头墙。三进5开间，一字墙；内、外八字门楼，较简朴；门外有照壁。面阔37米，总进深36.6米。各进结构基本相同，穿斗式梁架，6柱9檩，除明间外皆2层楼，有门廊，带两厢。两侧各有侧屋7间，穿斗式梁架，用材较小。

【许家村许祥如宅】

许家村许祥如宅位于小浦镇方岩村许家村自然村，周边古银杏茂密，海拔121米，占地面积693平方米。为清晚期徽派建筑风格民宅。

许宅坐北朝南，粉墙黛瓦，砖木结构，硬山顶，马头墙。两进，5开间，穿斗式梁架。面阔28.3米，进深24.5米。内八字门楼，门楼前15米有一照壁。第一进6柱9檩；次间、梢间皆两层楼，有门廊，带两厢。第二进8柱9檩；次间、梢间皆两层楼；有门廊；两厢已毁。东侧有侧屋7间，由两个过廊与正屋连接。

【柏家村柏宅】

柏家村柏宅位于小浦镇大岕口柏家村，周边古银杏茂密，海拔200米，占地面积207平方米。清晚期徽派建筑风格民宅。

柏宅坐南朝北，粉墙黛瓦，砖木结构，硬山顶，马头墙。5开间带两厢，一字墙，内八字门楼。面阔17.6米，总进深11.8米。门楼外侧刻“承先启后”，内侧刻“彝伦攸叙”。正屋明间穿斗式，6柱9檩，2层楼。有门廊，带两厢。

柏家村柏宅

【车渚里马宅】

车渚里马宅位于龙山街道渚山村车渚里自然村，海拔12米，占地面积173平方米。清早期民宅。

马宅坐北朝南，粉墙黛瓦，砖木结构，硬山顶，内八字门楼。三开间，两厢房带门廊，总面阔13.7米，进深12.6米。明间抬梁穿斗混合式，7柱9檩，次间为二层楼，穿斗式梁架。室内三合土铺地。该宅梁上悬挂有“顺治通宝”钱币。

渚山村车渚里马宅

【霞城李宅】

霞城李宅位于龙山街道霞城村霞城自然村祠堂角，四周农田水网，占地面积215平方米。清晚期民宅。

李宅，又称“老厅屋”，为李氏家族“协和堂”所属建筑。坐北朝南，粉墙黛瓦，砖木结构，硬山顶。原为二进3开间回廊合院式建筑，面阔11.6米，总进深18.5米。第一进明间抬梁式、第二进为混合式梁架。第一进建筑考究，屋面较缓，五架梁雕刻云纹缠枝花卉，穿枋刻有戏剧人物，金柱及廊柱用麻刀灰保护。三合土铺地。

【麻园里司宅】

麻园里司宅位于煤山镇新民村麻园里自然村，海拔134米，占地面积255平方米。为清晚期徽派建筑风格民宅。

司宅坐南朝北，粉墙黛瓦，砖木结构，硬山顶，马头墙。5开间带两厢，一字墙。面阔18.55米，总进深13.72米。正屋明间7柱9檩，抬梁穿斗式混用，两层带前下檐。卷棚顶，上有精美雕饰。东、西各有侧屋，西侧屋残存3间一厢；东侧屋5间两厢，皆两层。侧屋明间为抬梁式。

【园门宗罗宅】

园门宗罗宅位于白岘乡罗岕村园门宗自然村，海拔179米，占地面积472平方米。为清晚期徽派建筑风格民宅。

罗宅坐东朝西，二进，粉墙黛瓦，砖木结构，硬山顶，马头墙。进深17.1米，面阔27.6米。门厅为一面坡屋顶，3间，中间为过廊，天井卵石铺地。正屋5间两厢二层楼，带前下檐。穿斗式梁架，明间7柱9檩，用材一般，梁枋无雕饰。正屋方砖铺地。

【茶窠地韩宅】

茶窠地韩宅位于槐坎乡祠山村茶窠地自然村，海拔109米，面积295平方米。为清晚期徽派建筑风格民宅。

韩宅坐北朝南，粉墙黛瓦，砖木结构，硬山顶，马头墙。5开间带两厢二层楼，一字墙。面阔22米，进深13.4米。内八字门楼，天井卵石铺地。穿斗式梁架，7柱9檩；梁枋无雕饰。三合土铺地。

茶窠地韩宅

【礼贤岕周宅】

礼贤岕周宅位于槐坎乡礼岕村礼贤岕自然村，海拔60米，面积835平方米。为清晚期徽派建筑风格民宅。

周宅坐北朝南，粉墙黛瓦，砖木结构，硬山顶，马头墙。两进5开间各带两厢，二层楼，一字墙。面阔29.6米，进深28.2米。内八字门楼，门楼内侧刻"耕读传家"，楷书。天井卵石铺地。第一进穿斗式梁架，6柱9檩；有门廊，三合土铺地。第二进穿斗式梁架，6柱8檩。东侧有侧屋9间。

礼贤岕周宅

【西岕王宅】

西岕王宅位于槐坎乡六都村西岕自然村，周边民居密布，海拔90米，占地面积461平方米。为清晚期徽派建筑风格民宅。

王宅坐西北朝东南，粉墙黛瓦，砖木结构，硬山顶，马头墙。两进5开间带两厢，二层楼，一字墙。面阔18.3米，进深25.2米。内八字门楼。第一进明间抬梁式，五架梁带前后双单步；有前、后门廊，卷棚顶；次间穿斗式，7柱9檩；明、次间三间贯通；梁枋上有精美的戏剧人物雕饰；三合土铺地。第二进天井卵石铺地，天井四周的第一、二进正屋及第二进厢房皆带前下檐。正屋明间穿斗式，6

西岕王宅

柱8檩,有门廊。

【礼贤芥于宅】

礼贤芥于宅位于槐坎乡礼芥村礼贤芥自然村,海拔79米,占地面积172平方米。为清晚期徽派建筑风格民宅。

于宅坐北朝南,粉墙黛瓦,砖木结构,硬山顶,马头墙。三开间两厢房一门厅,二层楼。面阔11.3米,进深15.2米。混合式梁架,明间6柱9檩。门楼前阳刻“克昌厥后”文字,明间与次间之间用木板隔墙,具有较典型的地方特色。

该宅1958年曾作为长兴二中(即煤山中学)学生住所,1964年曾作大队办公室使用。

【西芥王家门王宅】

西芥王家门王宅位于槐坎乡六都村西芥自然村王家门,海拔99米,占地面积556平方米。为清晚期徽派建筑风格民宅。

王宅坐北朝南,粉墙黛瓦,砖木结构,硬山顶,马头墙。内外八字门楼,一字墙。总面阔36米,总进深15.45米。正厅九开间,中间三间带卷棚,混合式梁架,二层楼,带前下檐。东侧厢房三间,二层楼,有侧门,带前下檐,西侧厢房已毁。东侧厢房最南端一间突出于一字墙外,室内三合土铺地。门楼高大,上有毛主席语录。

1945年新四军苏浙军区三纵队七支队曾于此宅居住,现门上还保留有当年的弹孔。

【李家村李宅】

李家村李宅位于泗安镇长中村李家自然村,四周民宅密布,海拔75米,占地面积283平方米。为清晚期徽派建筑风格民宅。

李宅坐北朝南,粉墙黛瓦,砖木结构,硬山顶,马头墙。内八字门楼,五开间带二厢二层楼。面阔21.5米,总进深13.2米。厢房南侧带高大马头墙,该宅呈不对称布局,西侧第二间为明间,对门楼。

【殷家湾周宅】

殷家湾周宅位于雉城镇祥符圩村殷家湾自然村,四周为农田,占地面积575平方米。为清同治至民国民宅。

周宅坐北朝南,粉墙黛瓦,砖木结构,硬山顶,马头墙。由于建于不同年代,现存格局分别由前后2进、各3开间带双厢房组成的4个相对独立的院落,总面阔23米,进深25米。穿斗式梁架,三合土地面。据住户介绍,后期建筑按原有建筑规格及样式连接建于东侧。在西侧前厅梁上发现的“屋八字”上确切年代为“同治十三年(1874年)十二月初一卯时”,钉在东侧后厅梁上的“屋八字”为“民国三十二年(1943年)十一月初三辰时上梁”。证明前后时间跨度近70年。宅内有3处佛龛。

【下前钱宅】

下前钱宅位于虹星桥镇谭家村下前自然村正中北侧,四周为农田水网,占地面积117平方米。清晚期民宅。

钱宅坐北朝南,粉墙黛瓦,砖木结构,硬山顶。三开间,面阔12.37米,进深9.46米。穿斗式梁架,8柱8檩,带前下檐。原为二层楼,曾于咸丰六年(1856年)重修。明间梁架上部木板及二层楼板都已于太平天国运动时拆掉。三合土地面。

【南俞钱和彬宅】

南俞钱和彬宅位于小浦镇潘礼南村南俞自然村，门前银杏参天，海拔70米，占地面积1004平方米。为民国初期民宅。

钱宅坐北朝南，粉墙黛瓦，泥木结构，硬山顶，马头墙。两进各五开间，东西两侧各有侧屋七间，总进深24.26米，总面阔41.4米。内八字门楼，一字墙。第一进，厢房南侧有高大马头墙。二进均为抬梁穿斗混合式梁架，明间6柱9檩，梢间8柱9檩，有门廊。屋内三合土地面，天井鹅卵石铺地。

六、宗祠

【白溪朱氏宗祠】

白溪朱氏宗祠位于雉城镇白溪村东白溪自然村。始建于明代崇祯年间，为隐士朱升所建。初为画庄，清顺治八年(1651年)后改为朱氏祠堂，随后在主体建筑旁新建辅助用房。中华人民共和国成立后曾被改作粮库。占地面积1265平方米。

浙江省文物保护单位——白溪朱氏宗祠

2002年6月，浙江省第三次历史文化遗产普查登录，白溪朱氏宗祠是一座结构规范的宗祠建筑，在中轴线上从南到北分别布置门厅、东西厢、正厅和披屋；在中轴线的东侧有一个前后三进组成的院落，西侧有边屋一棟。均为单层硬山顶，粉墙黛瓦，除正厅为明末风格外，其余均为中晚清式样。门厅五开间，面阔18米、进深8米，前檐下用斗拱。东西两厢各为三开间，抬梁、穿斗式混合梁架，面阔9.5米、进深12米，设前檐廊。正厅为三开间，抬梁式梁架，为内四界前后双单步，前檐单步做成船篷杆，次间梁架用中柱，面阔15米，其中明间宽6米、进深16米。披屋三单步檐式，通阔11米、宽8米。东院前后厅为三开间，梁架为明间抬梁式，次间穿斗式，构架为内四界前后双单步，通阔11米、进深7.2米。两侧边屋室西厢东五开间，面通阔20米、进深6.8米，梁架结构与东院厅堂相同。

在正门堂梢屋西壁后墙角各镌石碑一方，左为嘉庆二十三年(1818年)关于朱氏祠堂筹备之事碑，高1.05米、宽0.48米；右边为道光八年(1828年)关于朱氏族人禁忌公约碑，高1.17米、宽0.45米。

朱氏宗祠是浙北地区保存完整、面积较大、内涵丰富的一处明清宗祠建筑。2003年8月10日，被公布为长兴县文物保护单位。2005年3月16日，被公布为浙江省文物保护单位。

南淙宗氏祠堂

【宗氏祠堂】

宗氏祠堂位于吴山乡南淙村南淙自然村，北临西苕溪。建于清晚期，解放后曾办过长安小学。占地面积234平方米。

祠堂坐北朝南，徽派风格。前后两进三开间，粉墙黛瓦，硬山顶，马头墙，砖木结构。面阔14米，进深16.7米。第一进门厅用材较小，穿斗式梁架。第二进有门廊，卷棚顶；明间抬梁式，次间穿斗式，屋面有望砖。用材硕大，梁枋上雕有缠枝花卉、人物故事等。

七、凉亭

【耕耘亭】

见“光阳桥”词条。

【周家凉亭】

周家凉亭位于虹星桥镇郑家村南庄自然村东北侧500米处，占地面积35平方米。为清中期古建筑。

2002年5月，浙江省第三次历史文化遗产普查时登录。该凉亭坐北朝南，平面呈回字形，石木瓦结构，8方16柱，歇山顶，抬梁式，南北五架梁，蝴蝶瓦屋面。东西长6.33米，南北宽5.35米。柱子后期多次修缮，原有石柱八根，石柱边长0.25米，高2.25米；木柱四根，水泥柱四根。南北两侧有过廊。亭子西侧连周家桥，两墩三孔，桥已于2006年因道路拓宽被拆。

2010年1月11日，被公布为长兴县文物保护单位。

长兴县文物保护单位——周家凉亭

【毛场里凉亭】

毛场里贞节凉亭位于小浦镇小浦村毛场里自然村，占地面积25平方米。为清中期古建筑。

2008年“三普”中发现。该凉亭坐北朝南，平面呈回字形，石木瓦结构。四方八柱，

长兴县文物保护单位——毛场里凉亭

歇山顶，抬梁式梁架，蝴蝶瓦屋面。内边长3.8米，外边长6.4米。石柱边长0.34米，高3.75米。正面石柱上刻楹联两幅，“贞寿门题荷宠褒，怀清中峙全高第”“心贞铁石立万世纲常，志洁冰霜成三从事业”。上部石质梁枋上有多处题刻，“松柏同春”“贞节可风”“节标青史”“皇清国学生张□之室□孺人”“大清道光廿九年冬三院会奏、钦旌、节孝、咸丰元年春月吉日建”等。

该凉亭为贞节牌坊式凉亭，太湖流域十分少见。2010年1月11日，被公布为长兴县文物保护单位。

长兴县文物保护单位——碧岩凉亭

【碧岩凉亭】

碧岩凉亭位于洪桥镇碧岩村王家浜自然村，通往碧岩寺古道的路旁。南为弁山群山，北为图影湿地。

凉亭呈东西向，歇山顶，四方形，石木瓦结构。占地边长3.95米，面积16平方米。4根石柱为花岗岩，米黄色，0.29×0.31×2.46米。顶部木瓦结构，屋顶铺蝴蝶瓦，有望砖。东西五架梁两副，分别为东西5檩，南北2檩。东侧两根石柱上有阳刻题刻：“中华民国拾贰年(1923年)岁次癸亥三月”(北)，“吴兴眠佛寺街沈门陆氏仝子乃煌康建立”(南)。

【大德桥凉亭】

大德桥凉亭位于吕山乡坍门村北大德桥南侧，即泗安港南堤，四周为平原水网。

2008年3月“三普”中发现。凉亭仅存6根石柱，平面呈长方形，南北长5.2米，东西宽3.9米，其中2根中柱地面以上高2.5米，4根角柱高2米，石柱顶部卯榫仍在，镌刻花纹及文字，字迹模糊，无法辨认。花岗岩质。

大德桥原为石梁桥，与凉亭相连，为泗安塘两岸人口密集区的交通要道，20世纪60年代河道疏浚时大德桥被拆毁重建为钢构水泥桥。凉亭因年久失修顶部坍塌。根据当地桥梁建筑等相关信息，应为明代建筑遗存。

【峁家坟凉亭】

峁家坟凉亭位于洪桥镇弁山村范湾自然村，扎网山西南侧山脚下。

凉亭坐东朝西，仅存四根方形石柱，各柱2.75×0.25×0.25米。正面两根石柱上刻楹联一副：“翼然垂势

大德桥凉亭

翩若凌空岭叠层层千树翠，路异羊肠亭同鸟口阑遮面面万花红”。款：“吴兴周晴岚高玉莲同建（南柱），甲戌季秋之吉（北柱）”。题刻皆阴刻，楷书，字径10×10厘米。其顶部建筑已于20世纪60年代拆毁。

该凉亭建于进山鹅卵石古道边（山上原有龙岩寺），为往来游人、香客歇脚休憩之所。

茆家坟凉亭

八、水利设施

【五里渡斗门群】

五里渡斗门群由下潘斗门、下潘东斗门、西斗门和罗家斗门组成。为清晚期水利建设遗存。

下潘斗门位于泗安镇五里渡村下潘滩自然村。该斗门为涵洞式，南北向，北通泗安港老鸦塘段，南连官庄斗。两端开口处各设一道闸门。斗门长约25米，高1.15米，宽0.8米；斗门至路面约有3.5米夯土层。斗门四壁均由规整条石砌置；闸门槽宽8厘米，深4厘米。斗门北端出口处上部横置石板外侧面上阴刻“道光十年重修”，内侧面阴刻“雍正伍年岁在丁未”；题刻均为楷书，字迹清晰。

下潘东斗门位于泗安镇五里渡村下潘滩自然村，下潘斗门东侧。该斗门为涵洞式，南北向，两端开口处各设一道闸门。斗门长约22米，高1.29米，宽0.46米；斗门上叠压有约3.5米高的夯土层。斗门四壁均由规整条石砌置；闸门石高1.65米，闸门槽宽6厘米，深3.5厘米。

西斗门位于泗安镇五里渡村西斗门自然村，下潘东斗门东侧。该斗门为闸门式，南北向，南连北山斗，北通泗安塘，其北端入口部为喇叭形。该斗门高4.5米，宽2.1米。整个斗门全由规整条石砌成；其安放闸门的“金口槽”凿于高4.5米、宽0.55米的两整块石梁上。斗门上部距顶端0.8米

浙江省文物保护单位——五里渡斗门

浙江省文物保护单位——五里渡斗门闸口

处横置两块石板，作站立平台以安放闸门木板之用。㙦门顶上设东西向石梁4块，形成石梁桥，为当年管埭至泗安的交通通道。

罗家㙦门位于泗安镇塔上村罗家㙦自然村。该㙦门为涵洞式，东西向，由规整条石砌置，㙦堤砌石及填土高2.3米。整个㙦门长6.5米，宽1.55米，高2米。在东西两端各设一处闸门。该㙦门两侧砌石嵌有记述明清时修筑㙦门的三方石刻。

㙦门是长兴水乡㙦区特有的水利设施。该㙦门建筑年代为清中期至民国初，是迄今长兴保存最为完整古代水利设计之㙦门群。2011年1月7日，被公布为浙江省文物保护单位。

【畎桥大㙦门】

畎桥大㙦门位于林城镇畎桥村畎桥自然村北部畎桥港堤坝上，北与石英村交界，海拔5米。为民国早期水利设施遗存。

㙦门总长17米，宽6.8米。两侧平面呈喇叭状，均由长方形条石砌制而成。内口净宽3.05米，高3.7米，内壁各凿2条0.12×0.08米俗称“金口槽”的凹槽，材质均为花岗岩。闸门原为木制，现已遗失。㙦门表面加铺石板、石子作道路使用。

畎桥大㙦门

【牧安㙦北㙦门】

牧安㙦北㙦门位于和平镇长城村徐家㙦门自然村北侧西苕溪大堤上。四周为农田水网，海拔3米。为清代晚期水利建设遗存。

㙦门总长18米，宽10米，水面以上净高4米，面积160平方米。㙦门口为东西向，内口净宽2米，西侧3.5米处凿金口槽2条；两侧护坎平面呈外八字开口，用规整条石错缝砌置；㙦门横架石梁现作大堤道路过桥使用。石质均为花岗岩。该㙦门建于清代晚期，20世纪60年代重修。

牧安㙦北㙦门

【大㙦㙦门】

大㙦㙦门位于雉城镇大㙦村㙦门自然村，四周为农田水网。东连白阜港（接长兴港），西通大㙦内河，海拔5米，为清晚期水利建设遗存。

㙦门为闸门式，东西向，条石砌置，平面呈“凹”形、宽2.7米，高3.4米。设闸门两道，位于整个㙦门的东侧，两闸相距0.26米。安放闸门的凹槽（金口槽）由整块条石凿成，金口槽宽0.15米，深0.12

米。闸门在拦洪、蓄水时启用，由多块木板嵌入金口槽叠加而成，两道闸门间以泥土夯实。㘰门上有一护栏石，刻有“平安如意”等字（其余漫漶不清）。

大㘰㘰门

【下吴㘰门】

下吴㘰门位于和平镇狄家㘰村下吴自然村北侧、西苕溪南堤。周边为农田水网，海拔5米。为清晚期水利建设遗存。

㘰门总长16米，宽6.4米，净高2.3米，建筑面积102平方米。㘰门口平面呈“八字形”，南北向，内壁净宽1.67米，均由规整花岗岩石错缝砌制。因后期西苕溪拓宽加固大堤，在㘰门外侧旁建水泥制电动闸门。在嵌入㘰门上部的一方石碑上，有题刻“光绪廿四年春”等字样，记载下吴㘰门工程事宜。

【独山㘰西㘰门】

独山㘰西㘰门位于吴山乡小溪口村㘰门自然村西侧，紧靠长安港。海拔5米，四周为农田水网。清晚期水利建设遗存。

㘰门依㘰堤而建，长11.5米，宽9米，水面以上高2.2米。由于㘰门西侧㘰堤加宽，局部建筑已被泥土掩埋。㘰门均由规整花岗岩块石砌筑，东西向，内口平面呈外八字形。其内壁、横梁、金口槽建筑较考究，有题刻模糊不清。在东侧40米处有土地庙，立石像生一尊，当地称“石麻子”，相传系纪念该㘰门的始建者。

下吴㘰门（毛波 摄）

独山㘰西㘰门（胡秋凉 摄）

【狐腋闸口】

狐腋闸口位于雉城镇新塘村范家坟自然村东侧水渠上，北为长兴港，东距太湖1500米，四周为农田水网。建于1935年。

雉城狐腋闸口

该闸口南北向，米黄色花岗岩石质。南北两侧各设一组闸口，每组又设两层水闸，共四层闸门。每组的闸门槽凿于一对相向的长条石上，便于闸门启闭，用时木板封护。水闸长2.4米，宽2.7米，高1.6米。在两组闸门之间有两块并排石梁连接成桥，用于日常行走。石梁两侧面均阳刻“狐腋闸口”，款“乙亥建造”。

该闸口兼备防洪、灌溉、交通功能，保存完好，题刻清晰。

第二节

造像 题记 碑碣 石窟

一、造像

【城山石刻造像】

城山石刻造像位于和平镇城山村城山北坡，距城山顶百米的山道西侧，为元代石刻造像。

三块突兀的巨石上勾线浅浮雕刻10尊石刻造像，与佛教有关。一佛二弟子像——南无阿弥陀佛、观音、大势至；一佛二菩萨——毗卢舍那、文殊、普贤(高0.85米、宽1.3米)。前方另一竖石雕凿有一石灯碗(碗径0.18米、高0.18米、壁厚0.02米)。三尊主佛——过去佛、现在佛、未来佛(高0.7米、宽1.87米)。

1983年8月10日，城山石刻造像作为城山教寺的组成部分，被公布为长兴县文物保护单位。

城山石刻造像

【大俞石刻造像】

大俞石刻造像位于林城镇新华村大俞自然村陈照德宅东北角道路边，四周为水网农田，东距俞埯㘰堤坝70米。

造像雕凿于一块长方体的太湖石上，坐北朝南，地面以上高1.15米，宽0.65米，厚0.18米。冕冠礼服，面容端详，左手捏佛珠，人像顶部及左右两侧刻云纹，形象逼真。

在造像东侧5米地面尚存较清晰的墓葬弧形垣墉，由规整太湖石建造，周围还散落大量石刻构件。据居住该村的俞氏村民介绍，石刻造像属墓葬附属物。墓主人为其祖先，曾做朝廷大官，人称“俞天官”，墓葬规格高，墓前有石马等，后被毁。

大俞石刻造像

【章湾㘰石刻造像】

章湾㘰石刻造像位于吕山乡杨吴村章湾㘰自然村西浜头西侧河滩上。四周为密集水网，海拔2.5米。

石刻为圆雕造像，白色大理石石质，面朝东北，像身倾斜35度埋于泥土中。地面以上高0.88米，胸宽0.54米，头部长0.39米。宝塔形冠，脸部轮廓较分明，由于岁月剥蚀五官模糊，可见口部较深。据当地村民口口相传，该石刻造像系别处迁移而来，为明代治水神像。

章湾㘰石刻造像（毛波 摄）

二、题记

【顾渚贡茶院遗址及摩崖】

顾渚贡茶院遗址及摩崖位于水口乡顾渚山间。其中有顾渚山虎头岩后，始建于唐贞元十七年(801年)的贡茶院(含吉祥寺)遗址一处；悬臼芥霸王潭唐宋摩崖题记三方，含唐湖州刺史杨汉公开成四年(839年)题记，宋汪藻等绍兴戊午(1138年)题记，宋会稽韩允寅绍兴壬午(1162年)题记；斫射芥老鸦窝唐代摩崖题记三方，含唐湖州刺史张文规癸亥年(843年)题名及五公泉诗，唐湖州刺史裴汶元和八年(813年)题记；西顾山最高堂唐代摩崖题记三方，含唐湖州刺史袁高兴元甲子(784年)题记，唐湖州刺史于頔贞元八年(792年)题记，唐湖州刺史、著名文学家、诗人杜牧大中五年(851年)题记。

贡茶院(含吉祥寺)遗址，海拔250米，面积10800平方米。北靠顾渚山，两侧为坡岭，势如交椅。遗址坐西朝东，偏北，左侧为山沟，山泉终年不断。经局部勘探，原建筑基石依稀可辨，整个遗址为三个约60×180米呈梯级状平面。据宋嘉泰《吴兴志》载："至贞元十七年，刺史李词以院宇隘陋，造寺一所，移武康吉祥额置焉。以东廊三十间为贡茶院，两行置茶碓，又焙百余所，工匠千余人，引顾渚泉亘其间，烹蒸涤濯，皆用久，非此水不能制也"。清《浙江通志》载："长兴顾渚明月峡，茶生其间，唐有贡焙院，院侧有清风楼。""贡茶院，旁有金沙泉，甚美。"

全国重点文物保护单位——顾渚贡茶院遗址及摩崖(贡茶院遗址)

全国重点文物保护单位——顾渚贡茶院遗址及摩崖（最高堂唐代摩崖题记）

全国重点文物保护单位——顾渚贡茶院遗址及摩崖（霸王潭摩崖题记）

全国重点文物保护单位——顾渚贡茶院遗址及摩崖（老鸦窝摩崖题记）

全国重点文物保护单位——顾渚贡茶院遗址及摩崖（老鸦窝摩崖题记——张文规题名）

顾渚摩崖，分别位于顾渚山北侧的悬臼岕，西侧的斫射岕和东侧的西顾山。该区域为志留系中上统畈村群地层，石质为司山砂质页岩，粉、细砂岩构成，由于历经上千年，存在部分自然残损和石刻字迹模糊等情况。

悬臼岕摩崖题记三方，海拔225米，面积约2000平方米。位于山沟左边石壁上，石刻下方山泉终年不断。

①杨汉公题记，位于悬臼岕（明月峡）距霸王潭下方左侧2.5米悬崖上，距地面1.5米，正书、字径5.5×5厘米，幅60×50厘米。全文为"湖州刺史杨汉公前试太子通事舍人崔待章军事衙推马祝州衙推康从礼乡贡进士郑口乡贡进士贾口开成四年二月十五日同游进士杨知本进士杨知范进士杨知俭从行"。

全国重点文物保护单位——顾渚贡茶院遗址及摩崖（霸王潭摩崖题记——汪藻题记）

②汪藻等题记，位于悬臼岕霸王潭上方沿石阶而上30米岩头上，石刻平面与地面呈25度角。隶书，字径7×7厘米，幅65×85厘米。全文为“龙图阁直学士前知湖州口口汪藻新知无为军括苍鲍迁祖知长兴县安肃张琮前歙县丞汝阳孟处义前监南岳吴兴刘唐稽绍兴戊午中春来游右承务郎汪悟汪恪从行口口徐口刻字口明口口口口”。

③韩允寅等题记，位于悬臼岕霸王潭下方左侧25米悬崖上，距地面85厘米。正书，字径11×12厘米，幅68×47厘米。全文为“会稽韩允寅武林钱孜桐江方释之携男迅绾以绍兴壬午年三月辛酉来”。

斫射岕老鸦窝摩崖题记三方，海拔131米，直径约10米，面积约100平方米，石刻下方原系山沟冲积水潭，深丈余，直径约10米。

①张文规题名，位于斫射岕老鸦窝路旁12米，且低于现路面0.5米岩石上（此处原为五公泉，潭深一丈），正书，字径7×8厘米，幅25×50厘米。全文为“河东张文规癸亥年三月四日”。

②张文规题五公泉诗，位于张文规题名上方85厘米一块凸起的岩石上。正书，字径4×5厘米，幅50×55厘米，字迹较模糊。全文为“一雉叫烟草口崖皆茗聚仙界云鹤远余至口石空口口水声裹寄复山口中口余追蔚口落口今口口然出山去口口佳口口春十一日”。

③裴汶等题记，位于斫射岕老鸦窝路旁10米处山脚岩石上。正书，字径7×7厘米，5×5厘米不等，幅40×110厘米。全文为“湖州刺史裴汶河东蒋迅河东裴宝方元和八年二月廿三日同游”。

西顾山最高堂摩崖题记三方，海拔120米，面积约50平方米，位于金山村，白羊山西南半山腰岩壁上，周边绿林成荫。

①袁高题记，位于岩石左上方。隶书，字径12×10厘米，幅120×35厘米。全文为“大唐州湖州刺史臣袁高奉诏修茶贡讫至口山最高堂赋茶山诗兴元甲子岁三月春十日”。

顾渚贡茶院遗址及部分石构件

②于頔题记，位于袁高题名下方。正书，字径6×4.5厘米，幅90×34厘米。全文为“使持节湖州诸军事刺史臣于頔遵奉诏命诸顾渚茶院修贡茶毕登西顾山最高堂汲岩泉口口茶口口观前刺史袁公留题口刻茶山诗于石大唐贞元八年岁在壬申

春三月口口”。

③杜牧题诗，位于袁高题名右下方。正书，字径4×4厘米，幅60×33厘米。部分文字已难于辨认。全文为“口口口口口口口为大中五年刺史樊川杜牧奉贡讫事口口春口休来口口口口口口口口口口口中口口时池一枝口口攀丛口口口口口口口口香感口口”。

1983年3月12日，被公布为长兴县文物保护单位。1997年8月29日，被公布为浙江省文物保护单位。2006年5月25日，顾渚贡茶院遗址及摩崖被国务院作为石窟及石刻类公布为第五批全国重点文物保护单位。

【碧岩摩崖题记】

碧岩摩崖题记位于洪桥镇碧岩村弁山东麓碧岩山山腰小道旁，海拔302米。石刻周围山崖陡峭，植被茂盛。山泉从峭壁下泄形成瀑布，长年不断。

碧岩摩崖——寒泉

碧岩石刻题记——清空世界

“清空世界”题记刻于瀑布前路边一块长2.5米，宽1.25米，高1.54米的岩石南侧。“清空世界”阴刻、两列各两字、行书、字径0.33×0.26米。无款。据载为宋代题刻，亦传为苏东坡题记，存疑。

“清空世界”题记西15米悬崖上刻“寒泉”二字，字径0.54×0.39米，阴刻，行书，题款“应雷”，无年款。

【龙潭岕宋代石刻题记】

龙潭岕石刻题记位于小浦镇潘礼南村龙潭山半山腰上石屋内，海拔78米。

石刻刻于一半圆形石屋内侧岩石上，岩石整体呈长方体。这里长年阴湿，屋前原有一眼泉水。题记上方为一荷叶图案，高0.2米，最宽0.36米，阴刻，图案清晰细腻。图案下方及两侧阴刻有文字 ，字径5×4厘米，字迹大部分已模糊不清，仅有年款数字可辨。其中，有“淳祐八年（1248年）五月四日”字样。

龙潭岕宋代石刻题记

三、碑碣

【法海禅寺碑】

法海禅寺碑位于和平镇吴村村别家里自然村法海禅寺进口处。

长兴县文物保护单位——法海禅寺碑

2007年10月，“三普”登录载：该碑形制甚大，螭首，赑屃碑趺。螭首1.06×0.91米，碑身2.19×0.91米，碑厚0.21米。赑屃残长约1.8米，宽0.96米，高0.56米。赑屃头部已断，置于碑侧。因长期倒伏于水库淤泥中，碑文无法辨认。据县博物馆资料载，碑额为“敕赐法海禅寺之记”，篆书；碑文有“道深撰文程洛篆额大明成化二年四月八日织染局中贵官钱公能立”等字。同治《长兴县志·碑刻》载：“敕赐法海禅寺碑记，明僧道深成化二年撰。”

碑的南侧约20米处另有一赑屃碑趺，赑屃残长1.38米，宽0.96米。其背上榫槽0.52×0.21×0.21米，碑身无存。

法海禅寺碑为修建法海禅寺纪事之碑，其北侧即为原法海禅寺遗址。1983年3月12日，被公布为长兴县文物保护单位。

【下箬寺碑刻】

下箬寺碑刻位于雉城镇开发区杨湾居委会杨湾自然村下箬寺内。立于“圣井”旁。

下箬寺碑刻

2009年3月，“三普”中登录，碑刻共5通，正面均朝南，呈一字形整齐排列。分别为清代康熙年间《广惠禅寺记》碑、清《下箬寺基地奉宪断结勒石永禁》碑、《禁忌禅碑》碑及2通字迹模糊的碑刻。根据可辨的碑文及历史沿革，该5通碑刻均为下箬寺有关的记事碑。20世纪50年代在此改建粮库时，由下箬乡人民政府将5通碑刻搬迁至此，80年代又树立至“圣井”旁。

长兴县第三次全国文物普查石刻类名录

表 2-1

名称	地址	简介	时代
茅山石龛	白岘乡三州山村茅山自然村	石龛为灰白色太湖石石质。高1.8米，宽0.95米。由三块石板构成，上部石构件上雕饰5幅吉祥图案	清
“石昌将军”石刻	白岘乡三州山村茅山自然村	高0.72米，宽0.3米，厚0.16米。由上而下刻“石昌将军”4字，繁体，楷书，米黄色石质	清
石马冲明代石像生	二界岭乡东村村石马冲自然村	石碑座、石马、石翁仲3件。碑座残高0.9米，长1.7米，宽1.2米。石马马头、屁股残损，石翁仲头部残。墓主为明代永乐间户部侍郎严奇良	明
保顺碑	古城街道上杨居委会上杨自然村	正面朝南，地面以上高0.89米，宽0.52米，厚0.13米。该碑为王家庙香客捐款置田纪事碑，太湖石质	民国
“长兴县知事公署第十八号”碑	古城街道上杨居委会上杨自然村北	正面朝东，地面以上高0.66米，宽0.36米，厚0.13米，太湖石质。碑文共9列，字径0.03米，行楷	民国
石马山石像生	和平镇东山村城山沟水库东南石马山阳坡	现存有石马、石羊、石犬各一，皆有不同程度残缺。石马(残)：0.45×1.32×0.86米；石羊(残)：0.46×1.32×1.07米	宋
松月庙碑刻	和平镇马家边村半山岗自然村	高0.96米，宽0.55米，青石石质。碑额阳刻楷书“太平天国”，镌太极图案	清
法海禅寺碑记	和平镇吴村别家里自然村	碑高0.89米，宽0.58米，厚0.15米。碑额“百世流芳”，碑文皆阴刻，楷书，多处漫涣不清	民国
秀岩寺碑刻	洪桥镇弁山村秀岩寺内	坐西朝东，碑刻地面以上高1.26米，宽0.49米，厚0.19米，碑文“重建秀岩寺记”	清
陈家埭石刻	洪桥镇陈家埭村陈家埭自然村内陈志泉屋北	坐西朝东，地面以上高1.04米，宽0.40米，厚0.17米，青石石质。行楷，内容为与筑路相关的记事碑	清
石牌头路碑	洪桥镇东王村石牌头自然村	坐西朝东，通高1.19米，宽0.63米，厚0.27米，太湖石石质；正面阴刻线框，框内楷书“石碑头”3个大字	清
庙前浜石刻	洪桥镇太湖村高村自然村西村小桥	石刻长3.6米，宽0.32米，厚0.27米，现存7个行楷阳刻文字“节著弁峰千古峙”，原为牌坊构件	清
“江深渡碑记”碑	洪桥镇橡树下村	高1.28米，宽0.66米，厚0.2米	清
“新建尚义碑记”碑	洪桥镇橡树下村七兜里自然村观音堂庙内	通高1.58米，宽0.8米，厚0.17米，碑额“新建尚义碑记”，篆体，字径为0.12×0.1米，碑文共20列，行楷	清
“普济庵记”碑	虹星桥镇观音村殷家湾自然村	坐北朝南，高1.3米，宽0.53米，厚0.45米，青石石质，碑面阴刻正楷寺庙纪事碑文，字径2×2厘米	清
“姜春年女科”石碑	虹星桥镇河桥村坍门自然村	四通，高1.1米，宽0.36米，厚0.12米，碑身正面阳刻正楷“老四房姜春年女科”字样	清
黄公庙石刻	虹星桥镇后羊村黄盖桥自然村	两块石碑。“重修黄干碑记”碑残高0.77米，宽0.63米，厚0.15米，字迹模糊，可辨文字极少。“清泉乡”碑高0.67米，宽0.43米，厚0.15米，太湖石石质	清

续表

名称	地址	简介	时代
“世守勿替”碑	虹星桥镇厚全村朱庄自然村	高1.25米，宽0.5米。碑额上篆体“世守勿替”四字，字径0.7×0.6米，楷书，为朱庄庙记事	清
“遵依藩宪批定分沌碑记”碑	虹星桥镇郑家村南庄自然村	南北向横卧于鼎福根院内，高1.6米，宽0.65米，厚0.18米，阴刻正楷24列字，正文字径1.2×1.2厘米。大理石石质	清
“张氏永禁碑记”碑	槐坎乡祠山村花墙自然村	高0.8米，宽0.53米。碑文为楷书，正文字径1.5×1.2厘米	清
“永禁碑记”碑	槐坎乡东风村曹家自然村	高1.16米，宽0.65米，厚0.17米。正面刻一周云纹。紫红色石质	清
同人桥石刻	槐坎乡六都村西芥自然村	正面朝南，通高1米，宽0.63米，厚0.15米	清
吴城无字碑	夹浦镇吴城村村委办公楼南侧	长2.9米，宽1.4米，厚0.3米。碑上无刻字。花岗岩石质	未定
下龙湾石刻	夹浦镇吴城村解元自然村下龙湾	一通长2.08米、宽0.6米，花岗岩质；另一通太湖石石质，长1.2米、宽0.4米，石碑正中可见模糊字迹	清
寺桥石刻	夹浦镇西蒋村皋塘寺自然村	宽0.41米，长1.4米，厚0.15米，有字刻框，宽0.21，长0.58米，字体直径3×2.5厘米，上部与下部均有石刻图案	清
社产碑	夹浦镇西蒋村计家自然村	坐东朝西。高0.68米，宽0.38米，厚0.16米。阴刻。碑额“社产碑”，篆书，碑文简述新置社产之事及捐助人姓名、金额	清
五泾桥石刻	夹浦镇喜鹊圩村喜鹊圩自然村	共2处，均为武康石石质。雕有狮子、宝珠、祥云、仙鹤以及门扇闭合状等精美图案	明
“平湖侯祠记”碑	夹浦镇香山村金村自然村	通长1.7米，宽1.07米，厚0.36米。太湖石石质，因字迹漫漶，可辨“平湖侯祠□记”字样	清
许家桥石刻造像	开发区街道办事处陆汇头居委会许家桥自然村	高0.64米，宽0.28米。手握剑于胸前，风化严重，轮廓模糊	清
钱氏宗祠碑	开发区街道办事处王浜头居委会钱家湾自然村	长0.80米，宽0.3米，青灰色石质。楷书，为修建宗祠事宜及族规、祠规	清
灵山石翁仲	开发区杨湾居委会杨湾自然村下箬寺内	石翁仲正面朝东，通高2.76米，胸宽1.08米，太湖石石质。正面高髻长须，双掌合拢，束腰带	明
龙华寺碑刻	李家巷镇李家巷村龙华寺内	3通，北侧一通高1.87米，厚0.22米，宽0.84米，字迹风化严重。中间一通为“助田碑”，款为“乾隆五十五年”。南侧一通为“舍田碑记”，款为“乾隆二十年”	清
明故承事郎静修吴公墓志铭	李家巷镇石泉村石泉自然村	正方形，边长0.64米，厚0.12米，字径1×1厘米，楷书	明

续表

名称	地址	简介	时代
东坝抖门石刻	李家巷镇西坝村东坝自然村	碑长0.66米,高0.32米,款为“民国十二年”	民国
“重建大云寺记”碑及石构件	林城镇大云寺村大云寺	残高0.96米,宽0.84米,厚0.2米;碑额及碑身下部缺;碑身正面两侧刻缠枝花卉;刻字部分模糊	唐、清
广福庵碑	林城镇大云寺村龙潭自然村杨家庙内	正面朝南,通高1.24米,宽0.64米,厚0.18米。碑额可辨“广福庵”,碑文14列,阴刻小楷	清
熊氏宗祠碑	林城镇畎桥村碑坊自然村芝山村公墓内	高1.19米,宽0.71米,厚0.16米,乳白大理石石质,为“熊氏宗祠碑记”	清
“为抖塍碑记”碑	林城镇新华村杨家湾自然村杨家富屋前30米处	通长1.2米、宽0.57米、厚0.12米,大理石质地。碑题“为抖塍碑口”,共16列,行楷,字迹清晰规整,系有关抖堤管理之记事碑	清
灵山宋代石像生	龙山街道高山岭村林山自然村	6尊,东西向,依次为石马、石羊、石虎各一对,相向排列。部分残缺	宋
顾应祥墓石像生	龙山街道高山岭林村山自然村	石像生6尊,散落在约800平方米的林地、田间	明
留下墓志	龙山街道留下村留下自然村	长0.73米,宽0.49米,字径2×1.6厘米,共有15行。介绍李浩生平。青灰色石质	民国
“重建童庄李侯庙记”碑	龙山街道霞城村童庄殿自然村	高1.48米,宽0.9米,厚0.22米。顶部呈圆弧形。碑额篆书,字径9×6厘米;正文楷书,字径2×1.5厘米	明
“顾渚金沙泉”石刻	水口乡顾渚村顾渚山庄内	残高1.5米,宽0.25米,厚0.32米。上部为圆雕蹲坐狮子,米黄色花岗岩石质	清
“禁止庙潭淘花生碑”碑	水口乡顾渚村王塔自然村	青石,通高1.85米,碑身长1.1米,宽0.62米,厚0.19米。碑文12列,为保护水质,禁止村民在上游水潭中淘洗花生等记事	清
双联祠山庙碑刻	泗安镇双联村长联自然村施云龙宅南	三通。第一通残损严重,残宽0.7米,残长0.75米,字迹尚存;第二通长1.63米,宽0.79米,字迹已全部风化;第三通宽0.78米,残长0.97米	清
“泗安镇乡徼公署碑记第二”碑	泗安镇双联村艺术幼儿园西围墙下	高1.36米,宽0.77米,厚0.2米。正面下部一角有损。碑文记载方山、谢公二区距县治较远,征纳赋税不变,于是在泗安镇修建“乡徼公署”“民甚便焉”	清
“禁棚民开垦”碑	泗安镇双联村艺术幼儿园西围墙下	高1.4米,宽0.75米,厚0.2米,字径3×3.5厘米。碑文为长兴县县令告示	清
“奉宪禁止殷户作地保庄长碑记”碑	泗安镇双联村艺术幼儿园西围墙下	高1.75米,宽0.72米,厚0.23米。碑额“奉宪禁止殷户作地保庄长碑记”。碑文为禁止杭嘉湖三府属州县以殷户充地保庄长事宜	清

续表

名称	地址	简介	时代
永法庵碑记	泗安镇新丰村娘娘庙自然村内	现被埋入村主道路路面下0.10米处，青石，正面朝上，分别为1.25米长、0.58米宽、0.2米厚，碑额“永法庵碑记”，阴刻楷体	清
抗日阵亡无名志士墓碑	泗安镇新联村荆竹潭自然村凤凰山村公墓	正面朝东，高0.46米，宽0.2米。青色砂岩石，碑文阴刻，行楷	民国
头天门庙碑刻	泗安镇新联村杨家自然村头天门庙	3通。东侧2通为：乾隆五十五年立百姓资助建庙记事碑，光绪二十七年的“客等重建碑”，均为青石。西侧1通为光绪三十年的“兰盆会”碑，凝灰石	清
安乐桥碑	泗安镇玉泉村芝林自然村	灰白色太湖石质，碑长1.3米，宽0.6米，磨损严重，大多文字模糊无法辨认	清
启建安乐桥碑	泗安镇玉泉村芝灵自然村	碑刻长1.2 米，宽0.61米，厚0.13米，上写建桥时捐钱者姓名及所捐钱物	清
竹桥巷墓碑	西太湖管委会碧岩村竹桥巷自然村	长1.15米，宽0.68米，厚0.23米，阴刻“明故颍州郡居士布泉陈公墓”，楷书	明
蒋家墩石刻	西太湖管委会陈湾村蒋家墩自然村北	长2.3米、宽0.18米、厚0.2米，上刻楹联，行楷。花岗岩石质	清
李家荡石刻	西太湖管委会图影村李家荡自然村沈根林屋	11通。11通碑刻规格不一、石质各异，6通为墓主碑，5通为墓地界碑，均阴刻楷字	民国
南城碑刻	西太湖管委会图影村南城自然村	长1.26米，宽0.6米，上刻“奕叶联□”	清
图影碑刻	西太湖管委会图影村图影自然村	2通。一通长0.98米，宽0.42米，厚0.23米，款为“崇祯八年二月”。另一通“重建三元殿碑记”，长1.01米，宽0.37米，厚0.16米	清
王家荡石刻造像	西太湖管委会图影村王家荡自然村	造像图案为正面阴刻神兽，似狮状，蹲坐，表情夸张，额头依稀可见阴刻“王”字	清
东墙门石刻	西太湖管委会小沉渎村东墙门自然村	长1.5米，宽0.74米，厚0.18米，碑额较模糊，篆书；碑文小楷，27列	清
杭悦斗石刻造像	西太湖管委会小沉渎村杭悦斗自然村	高0.58米，宽0.22米，厚0.12米，正面阳刻抽象似狮子人头像，花岗岩石质	清
强家浜石刻造像	西太湖管委会小沉渎村强家浜自然村	高0.61米，最宽处0.24米，厚0.19米。依稀可见脸部平面阴刻线条轮廓	清
宅里石佛	西太湖管委会小沉渎村宅里自然村北	2尊石佛，太湖石。一尊高0.68米，底座长0.48米、宽0.28米，另一尊高0.68米，底座长0.41米、宽0.28米	清
太乙殿石碑	小浦镇方一村杨林涧自然村凤凰山	2通，一为“太乙殿碑”，高1.1米，宽0.42米，厚0.18米。一为“重建太乙殿济远坛碑记”，高1.1米，宽0.55米，厚0.18米。太湖石石质	清

续表

名称	地址	简介	时代
方一抗日烈士纪念碑	小浦镇方一村杨林涧自然村彭鳍岭太乙殿	残高0.5米,宽0.29米,厚0.27米。碑刻上仅见"抗日阵亡□□纪念碑之□"字样,阴刻	民国
"重修灵应观记"碑	小浦镇箬岕村乌龟山山顶	高1.35米,宽0.63米,厚0.15米。记述山上灵应观修建沿革	清
竹桥头禁碑	小浦镇五庄村竹桥头自然村	长1.34米,厚度0.16米,宽度0.52米,碑额"禁碑"落款为"道光二十六年桂月"	清
西埠石刻	雉城镇白阜村西埠自然村	长1.2米、宽0.6米,其余被墙基盖住,青石,碑名不清,碑文仅见10列文字,楷书	清
明皇庙碑	雉城镇沉渎村石仙港自然村明皇庙内	高1.17米,宽0.56米,厚0.19米。碑额"明皇庙碑",双线雕刻,楷书。记述修庙事宜。太湖石石质	清
潘家浜石刻造像	雉城镇彭城村潘家浜自然村11号宅西南墙角	高0.6米,宽0.25米,厚0.18米。太湖石石质。兽面,圆眼,露牙,蹲坐,前脚抓地	清
"禁私佃官灞碑记"碑	雉城镇祥符圩村亭子头自然村	高1.45米,宽0.67米。碑额"官灞碑记",篆书。正文楷书,共17行,457字	清
"建造逃牛岭观音殿庙碑记"	二界岭乡云峰村	长1.28米,宽0.65米,款"光绪十七年"	清
禁赌碑	雉城镇八字桥村张家荡自然村	长0.9米,宽0.44米,仅存禁赌碑3字	清
庄前元宝石	开发区扬湾新村庄前自然村	长1.3米,高0.43米,厚0.48米。太湖石石质	明
仙山土地庙石雕佛像头	泗安镇仙山村庙西沟自然村	石雕佛头轮廓基本完整,风化模糊。太湖石石质	明
庄桥元宝石	和平镇长岗村应桥自然村	长1.3米,高0.4米,元宝型。太湖石石质	清

四、石窟

【狮子山石观音石窟造像】

狮子山石观音造像位于泗安镇塔上村椅子自然村狮子山顶北侧,海拔53米。

造像依山岩形势在石壁上凿成一石窟,高2.44米,宽2.68米。内凿一尊深浮雕石观音造像,坐南朝北,莲台坐,高2.2米,距地面1.77米。

在造像侧有两通残碑,碑上模糊可辨"乾隆"二字。

第三节 近现代重要史迹及代表性建筑

一、革命史迹

【长兴新四军苏浙军区旧址】

新四军苏浙军区旧址是以新四军苏浙军区司令部旧址为中心，星状分布在苏浙皖三省交界的槐坎乡和白岘乡绵延山区之中。这里东临太湖，西枕天目，重山叠嶂，地势隐蔽，自古有“江浙门户”之称，为兵家必争之地。抗战后期，被誉为“江南小延安”。

2001年6月25日，新四军苏浙军区司令部、粟裕宿舍及办公室、新四军苏浙军区一纵队司令部、新四军苏浙公学、方司令谭司令北山园住所、新四军兵工厂、中共长兴县委、长兴县抗日民主政府、新四军后方医院疗养所、新四军鞋子厂、苏南区行政公署、新四军被服厂、新四军修枪所、新四军《苏南报》社、新四军苏浙军区报社编辑部共15幢建筑作为新四军苏浙军区旧址被国务院公布为全国重点文物保护单位。

新四军苏浙军区一纵队司令部旧址位于槐坎乡新槐村温塘自然村。旧址原系清咸丰年间王氏大户民宅，徽派建筑。坐北朝南，硬山顶，粉墙黛瓦。砖木结构，二层楼。正屋设一字墙门楼，以前堂后寝的传统格局，按中轴线及东西两组，纵深两进排列，占地面积1276.69平方米，计有大小房间46间。第一进明间抬梁式梁架，梁枋雕刻戏剧人物、花卉虫草图案。苏浙军区成立后，苏浙军区一纵队（原十六旅改编）司令部就设立在这里，当时内设作战科、机要科、特务连等，司令员王必成在

全国重点文物保护单位——新四军苏浙军区旧址（温塘新四军苏浙军区一纵队司令部旧址）（许要武 摄）

第二进厢房住宿和办公。

新四军苏浙军区司令部旧址位于槐坎乡仰峰村。原为清代光绪年间沈氏民宅，徽派建筑。坐西朝东，硬山顶，粉墙黛瓦。砖木结构，二层楼。正屋为三进五间两厢房，西面有十一间侧屋。占地面积1129.69平方米。民国32年(1943年)秋，新四军六师十六旅在王必成率领下挺进长兴，旅部曾在此驻扎。民国34年(1945年)1月13日新四军苏浙军区成立，军区司令部设于此，粟裕在第三进二楼办公和居住。同时，内设参谋处、秘书科、机要科、作战科、卫生队等。同时，房东沈家及长工侯阿苟也住于此。

全国重点文物保护单位——新四军苏浙军区旧址(仰峰新四军苏浙军区司令部旧址)(许要武 摄)

新四军苏浙公学旧址位于槐坎乡十月村台基自然村。旧址原为清末张氏民宅，徽派建筑。坐北朝南，硬山顶，粉墙黛瓦。为五开间两厢房外加一字墙的砖木结构楼房，穿斗式梁架。内院四面高墙，斜八字门楼。占地面积633.68平方米。民国34年(1945年)2月10日，新四军苏浙军区在此创办苏浙公学。粟裕任校长，江渭清、骆耕漠任副校长，周林、张日清、吴肃任教育长。直至新四军北撤前，一共培养学员1200余名。内外一字墙留有当年书写的

全国重点文物保护单位——新四军苏浙军区旧址(台基村新四军苏浙公学旧址)

墙头标语:“革命熔炉”“这里没有黄埔军官,只有身经百战的老战士;这里没有学士博士,只有宝贵经验的革命者”和“遵守纪律、自动自治、团结互助的学风;学用一致、实事求是、埋头苦干的精神”。

苏浙公学旧址墙头保存的“革命熔炉”标语(县纪念馆 供稿)

中共长兴县委旧址位于槐坎乡新槐村桥下自然村。旧址原系民国初期吕氏民宅,徽派建筑。坐西朝东,硬山顶,粉墙黛瓦。前后二进五开间两厢房,砖木结构楼房,穿斗式梁架。占地面积529.68平方米。民国33年(1944年)2月至10月,中共长兴县委设立于此,内设组织部、宣传部。县委书记刘烈人、周利人、夏如爱先后在该处居住。外墙留有抗战时浙江省第十四施教团书写的墙头标语“抱定牺牲决心,争取民族自由解放”。

全国重点文物保护单位——新四军苏浙军区旧址(桥下中共长兴县委旧址)

长兴县抗日民主政府旧址位于槐坎乡新槐村桥下自然村。旧址原系清末王氏民宅,徽派建筑。坐西朝东,硬山顶,粉墙黛瓦。正屋为三进五开间带二厢房砖木结构楼房,南北两侧分别有九间和五间侧屋。东北侧有残高3.8米,边长4米方形泥墙炮台一座。占地面积1327.47平方米。民国33年(1944年)至民国34年(1945年),长兴县抗日民主政府设立于此,内设秘书室、军事科、财经科、文教科、民政科和司法、税务所等。县长陈练升、李焕、刘烈人先后在此居住。

全国重点文物保护单位——新四军苏浙军区旧址(桥下长兴县抗日民主政府旧址)

新四军兵工厂旧址位于槐坎乡新槐村石臼里自然村。旧址为清末杨氏民宅,徽派建筑。坐西朝东,硬山顶,粉墙黛瓦。原为二进砖木结构二层楼房,因20世纪70年代火灾第二进被毁,现保存第一进五开间外加一字墙。明间抬梁式梁架,梁枋及走廊上卷棚木刻精致,上有戏剧人物、

全国重点文物保护单位——新四军苏浙军区旧址（石臼里兵工厂旧址）

全国重点文物保护单位——新四军苏浙军区旧址（粟裕宿舍及办公室旧址）

花卉虫草图案。占地面积349.29平方米。民国33年（1944年）至民国34年（1945年）期间，新四军十六旅及苏浙军区兵工厂设于此。时有翻砂、铸造等车间。迄今天井地面上尚留有当年冶炼痕迹。

粟裕宿舍及办公室旧址位于槐坎乡仰峰村仰峰自然村。旧址建于清代末年，原为土地庙。坐北朝南，硬山顶，粉墙黛瓦，砖木结构。穿斗式梁架，三合土地面。占地面积223.82平方米。左侧原为关帝庙，天井南角仍保留有一棵上百年的桂花树。民国34年（1945年）春，粟裕和家人曾在此短暂居住和办公。

全国重点文物保护单位——新四军苏浙军区旧址（北山园方司令、谭司令住所旧址）

方司令、谭司令北山园住所旧址位于槐坎乡东风村北山园自然村。旧址为清末施氏民宅，徽派建筑。坐北朝南，硬山顶，粉墙黛瓦。原正屋为三进五开间两厢房木结构楼房。二十世纪七八十年代，第一进受损倒塌后被拆。现存第二、三两进带两厢。旧址地基前低后高，建筑拾级而上，占地面积1076.87平方米。民国33年（1944年）至民国34年（1945年）春，新四军六师十六旅四十八团团部驻此，团长刘别生、副团长兼参谋长饶惠谭曾在此居住和办公。

全国重点文物保护单位——新四军苏浙军区旧址（茅山新四军后方医院及疗养所旧址）（许要武 摄）

新四军后方医院疗养所旧址位于白岘乡三州山村茅山自然村。为清末施氏祠堂,徽派建筑。坐北朝南,硬山顶,粉墙黛瓦。前后二进三开间,外加一字墙,穿斗式梁架。青砖高大门楼上方楷书镌刻“施氏宗祠”四个大字。旧址地基前低后高,建筑拾级而上,占地面积382.71平方米。民国33年(1944年)新四军十六旅在此创办后方医院,民国34年(1945年)年初扩大为苏浙军区后方医院及疗养所。在主体建筑右侧围墙上留有抗战时期政工队书写的“老百姓会打仗,才能保住家乡”墙头标语。

全国重点文物保护单位——新四军苏浙军区旧址(尚阳苏南区行政公署旧址)

苏南区行政公署旧址位于白岘乡三州山村尚阳自然村。旧址为民国初期的施氏民宅,门窗带有明显西式风格。坐北朝南,硬山顶,粉墙黛瓦。为三开间两栊梢再加五间直排式的木结构楼房。占地面积346.79平方米。民国34年(1945年)5月苏南区行政公署设此,江渭清、吴仲超在此居住和办公。在主体建筑西北角50米处有一泥墙木构歇山顶凉亭,面积60平方米,为抗战时期苏南区行政公署活动场所。

新四军被服厂旧址位于白岘乡和岕口村横岭岕自然村。旧址为民国初期章氏民宅,徽派建筑。坐南朝北,硬山顶,粉墙黛瓦。为五开间两厢外带一字墙砖木泥石结构二层楼房。占地面积372.33平方米。民国33年(1944年)年初新四军十六旅在此创办被服厂,民国34年(1945年)年初扩大为苏浙军区被服厂,时有生产工人200余名。

新四军修枪所旧址:位于白岘乡和岕口村水曲岕自然村。旧址为清末韩氏(韩世忠后裔)民宅,徽派建筑。坐东朝西,硬山顶,粉墙黛瓦。原为二进三开间两厢房的砖木结构楼房。20世纪90年代第二进年久失修拆毁,现存第一进两厢房外加一字墙门楼。占地面积为187.14平方米。民国33年(1944年)至民国34年(1945年),新四军十六旅和苏浙军区兵工厂和修枪所设于此。

全国重点文物保护单位——新四军苏浙军区旧址(横岭岕新四军被服厂旧址)

全国重点文物保护单位——新四军苏浙军区旧址(水曲岕新四军枪械厂旧址)

新四军鞋子厂旧址位于白岘乡白岘村丁芥自然村。旧址原为清末杨氏民宅，徽派建筑。坐北朝南，硬山顶，粉墙黛瓦。五开间砖木结构楼房，占地面积206.91平方米。民国33年（1944年）至民国34年（1945年），新四军十六旅、苏浙军区部队的鞋子厂设于此。墙头留有“赶走了敌人，才能安居乐业”墙头标语。

全国重点文物保护单位——新四军苏浙军区旧址（丁芥鞋子厂旧址）

新四军《苏南报》社旧址位于白岘乡五通山村缠岭自然村。旧址系清末俞氏民宅，徽派建筑。坐北朝南，硬山顶，粉墙黛瓦。二进五开间二厢房，泥石墙木结构楼房。旧址地基前低后高，建筑拾级而上，占地面积271.56平方米。民国33年（1944年）至民国34年（1945年）9月，中共苏皖区党委机关报《苏南报》（后改为《苏浙日报》）社设立于此。

全国重点文物保护单位——新四军苏浙军区旧址（缠岭新四军苏浙军区报社旧址）

新四军苏浙军区报社编辑部旧址位于白岘乡五通山村庄头自然村。旧址系清末罗氏民宅，徽派建筑。坐北朝南，硬山顶，粉墙黛瓦。为二进三开间带五间侧屋外加一字墙门楼砖木结构楼房。20世纪末，因年久失修房东建房第二进被拆毁。现存第一进与五间侧房，占地面积为534.5平方米。民国33年（1944年）至民国34年（1945年）9月间，新四军创办的《苏南报》和《苏浙日报》编辑部设立于此。《苏南报》社社长欧阳惠林（兼任总编辑）曾在此办公。

全国重点文物保护单位——新四军苏浙军区旧址（庄头苏南报社编辑部旧址）

【新四军苏浙军区政治部旧址】

新四军苏浙军区政治部旧址位于槐坎乡仰峰村仰峰自然村。系清末韩氏（韩世忠后裔，当地俗称韩三房）民宅，徽派建筑。坐北朝南，硬山顶，粉墙黛瓦。为5开间2厢房带门厅的回廊式二层楼，砖木结

长兴县文物保护单位——新四军苏浙军区政治部旧址（仰峰韩家大院）

构，混合式梁架。室内地面小地砖，庭院地面铺石板。总面阔30米，进深17米，建筑面积500平方米。

民国33年（1944年）至民国34年（1945年），新四军苏浙军区政治部设立于此，钟期光、江渭清曾在此办公，现存有政治部会议桌等物品。2003年8月10日，被公布为长兴县文物保护单位。

长兴县文物保护单位——新四军苏浙军区供给部旧址（仰峰曹家大院）

【新四军苏浙军区供给部旧址】

新四军苏浙军区供给部旧址位于槐坎乡仰峰村仰峰自然村，系清末大户曹氏住宅，徽派建筑。坐北朝南，硬山顶，粉墙黛瓦。前后3进，5开间2厢房合院式二层楼布局，穿斗式梁架，三合土地面。面阔19.67米，进深34.43米，建筑面积663平方米。

民国33年（1944年）春新四军六师十六旅进住长兴后，部分部队就借驻在此。民国34年（1945年）1月，新四军苏浙军区成立后，这里曾为后勤保障机构（供给部）所在地。2003年8月10日，被公布为长兴县文物保护单位。

长兴县文物保护单位——中共长兴县委秘密交通站旧址（竹园村徐家）

【中共长兴县委秘密交通站旧址】

中共长兴县委秘密交通站位于雉城镇竹

园村。旧址为民国初期徐氏民宅，徽派建筑。坐北朝南，硬山顶，粉墙黛瓦。原为二进二厢房外带一字墙合院式砖木结构建筑。抗战时期第二进遭日伪拆毁。现存建筑3开间，明、次间皆穿斗式，7柱7檩。面阔12米，进深9.5米。内八字门楼上砖雕楷书“耕读传家”四个大字。

皖南事变后，在中共浙西特委的领导下，中共长兴县县委曾在此办公，并建立秘密交通站，掩护从“皖南事变”中突围出来的新四军战士、地方干部由虹星桥经竹园村至沉渎港，乘船经太湖到太滆。抗战时徐家六兄妹均参加革命。2003年8月10日，被公布为长兴县文物保护单位。

【江南银行兑换所旧址】

新四军苏浙军区银行兑换所旧址位于槐坎乡新槐村温塘自然村，东侧紧邻新四军苏浙军区纪念馆。旧址系清末范氏民宅，徽派建筑。坐北朝南，硬山顶，粉墙黛瓦。抗日战争时期第一进遭日本侵略者烧毁，现仅存门楼与第二进。主体建筑五开间二厢二层楼外加东西两侧各有侧屋3间。正屋抬梁穿斗混合式梁架，7柱9檩，三合土地面，南侧为高大马头墙。总进深13.4米，面阔26.6米，占地面积456平方米。

民国33—34年(1944—1945年)，新四军江南银行下设的银行兑换所曾设立于此。2012年6月1日，被公布为长兴县文物保护单位。

长兴县文物保护单位——新四军江南银行兑换所旧址

二、名人史迹

【粟裕宿舍及办公室旧址】

（略，见长兴新四军苏浙军区旧址词条。）

【长安小学旧址】

长安小学旧址位于吴山乡小溪口村小溪口街道，吴山乡政府西侧，南临西苕溪。

旧址现存大礼堂7间，坐北朝南，面阔25.7米，进深12.1米。硬山顶、砖木结构、单层建筑，青砖清水墙，盖黄瓦。长安小学系原国民党政府要员雷震于民国32年（1943年）筹资建造，新中国成立后一直沿用办学，21世纪初改为吴山乡中心幼儿园。

雷震，吴山乡人，生于1897年，民国15年（1926年）留学日本，民国21年（1932年）至民国35年（1946年）在国民政府担任诸多学术界及政府行政职务，曾任政治协商会议秘书长、行政院政务委员等重要职务。

长安小学旧址

三、其他

【虹溪区第六高级社幼儿园旧址】

虹溪区第六高级社幼儿园旧址位于虹星桥镇港口村麦塔自然村，建于民国初期，初为姚宅，面积130平方米。

旧址坐北朝南，为三开间两厢房带门楼的合院式砖木结构建筑，面阔11.1米，进深11.66米。硬山顶，明间穿斗式梁架，7柱8檩，三合土地面。明间东西两墙上有8幅宣传画，画面较为清晰，色彩鲜艳，人物生动，内容分别为“我会浇水”“我会粉刷”等。东次间内墙上现存五幅壁画，仅能辨认二幅。

长兴县文物保护单位——虹溪区第六高级社幼儿园旧址

虹溪区第六高级社幼儿园旧址墙绘

虹溪区第六高级社幼儿园建于1957年，为长兴现存最早的幼儿园校舍，当时有老师二名，学生七八十名，主要来自东城、港口、厚全三个村。

【狄家圩粮站旧址】

狄家圩粮站旧址坐落于和平镇狄家圩村狄家圩自然村内，面积约1500平方米。四周为农田水网。

旧址坐北朝南，建筑布局为前后2进、各并排2幢，每幢库房8间，东侧建管理用房10间，共有房屋44间。硬山顶、人字梁、砖瓦结构，屋内无隔墙，空间宽大；屋面瓦底均用苇席、石灰封闭；前后墙对称开气窗，墙面水泥石灰粉刷，水泥地坪。

粮站建于1968年，隶属和平粮管所。2000年后停止使用。

狄家圩粮站旧址

【长广煤矿旧址】

长广煤矿旧址位于浙江省长兴县与安徽省广德县交界处的独山镇与煤山镇之间，纵横50多公里。

新槐井煤矿输送带旧址

新槐井井口旧址

新槐煤矿旧址

槐坎葆青煤矿遗址

煤矿始建于1958年8月，是中华人民共和国成立后浙江省重要能源企业，为浙江省四大国有支柱企业之一。由于区域特殊，在广德区域，曾出现“地面安徽管，地下浙江挖”独特局面。二十世纪七八十年代，煤矿进入发展高峰期，矿区达百里，人口6万多人。90年代以后，随着煤炭资源逐步枯竭，矿井相继关闭。2013年8月9日，煤矿最后一个矿井（七矿）闭坑，长达50多年的采矿工作画上一个句号。

长广煤矿在长兴县域内主要矿井有东风矿、青东矿、新槐矿、葆青矿、煤山矿、广兴矿等，井口已全部由钢筋混凝土封护，大部分建筑已拆除，或另作他用。仅以东风、新槐矿区保存的遗迹较丰富。其中有煤矸子山、铁路道口、封闭的井口、绞铁架、仓库、职工寝室、矿区办公室、炸药库、医疗所、食堂、澡堂、商店、礼堂等。

东风炘煤矿旧址

东风炘煤矿住宅区旧址

东风炘煤矿遗址（煤矸子山）

煤山煤矿主井口旧址

广兴煤矿职工食堂旧址

广兴煤矿新矿1号井口旧址

广兴煤矿烟囱

千井湾煤矿旧址

千井湾煤矿铁路遗址

青东煤矿职工宿舍楼旧址

【中共长兴县委旧址】

中共长兴县委旧址位于雉城镇县前街与金陵路交界东北侧。

旧址坐北朝南，硬山顶，砖瓦结构，3层工字楼。通长17间，面阔63米，进深14.5米。建于20世纪50年代，苏式（原苏联）建筑风格建造。至2005年止一直作为长兴县县委办公大楼使用，是全县的政治中心。后为县级机关相关部门办公用房。

20世纪50年代建造的中共长兴县委旧址

【长兴县人民政府旧址】

长兴县人民政府旧址位于雉城镇县前街与人民路交界处北侧。

旧址坐北朝南，前后2幢单体建筑处于同一条中轴线上，各为11开间、面阔均40米，进深分别为12.5米、18.6米。南侧大楼为水泥混凝土结构、4层楼，建于20世纪80年代；北侧大楼为砖瓦结构，硬山顶、2层楼，建于20世纪50年代，苏式（原苏联）工字楼建筑风格。至2005年，旧址为长兴县人民政府办公大楼，是全县的行政中心。后为县民政局、龙山街道办公用房。

20世纪50年代建造的长兴县人民政府旧址

第四节

古镇 古街 古村落

一、古镇

据旧志记载和出土文物证实，在长兴原有故鄣城（城头上）、葛公镇、炉头镇、皋塘镇、合溪镇等，后因政治、经济、军事、交通等原因现湮灭。

【故鄣镇】

宋嘉泰《吴兴志》载："在县西南一百二十里，吴地志云，秦灭楚置鄣郡于此。《旧编》云：今考自西汉初，郡废，立故鄣县，至唐入长城。《太平寰宇记》云：俗号府头是也，今与安吉溪镇北相接，属长兴管，下其皆成良田，尺砖寸瓦无孑遗。《图经》云：秦置鄣郡，汉吴王濞反后，郡废为故鄣县。晋以后，县亦废，今名故鄣城。"据清光绪年间四安镇巡检司朱镇考："长兴县方山区十九庄有村城头上，为故鄣县城。秦为鄣郡，汉孝景（前156年）为故鄣县，隋开皇九年（589年）入绥安，大业九年（613年）筑四安城，故鄣郡之名亦即消失。魏王泰《括地志》云：'故鄣城在长城（今长兴）西南八十里。'长兴城至泗安镇为六十九里，泗安镇至城头上十一里，合计正是八十里。"与《括地志》所述方位、距离相符。20世纪60年代在城头上旧址修建泗安水库时，发现建筑遗迹，曾出土一些秦汉时期文物。2009年3月，"三普"中在凉亭遗址发现秦砖汉瓦残件，在庆丰、五丰、长丰一带发现数以百计秦汉土墩遗存。考古、调查出土和采集秦汉器物有釉陶鼎、罐、瓿、壶、罍及青铜洗、小型编钟等。

【葛公镇】

位于县城西南10公里，今为林城镇方山窑村。前跨谢公渎，西有葛公桥，这里汉至唐宋时期为陶瓷器生产基地。相传葛洪在蒙山（吕山）炼丹，择罐于此。并有"千户烟灶，万户人丁"之说。因在方山脚下，故改名方山窑。抗日战争后，古集镇渐渐消失为村。2002年5月、2008年2月，在第三次浙江省历史文化遗产普查和"三普"中发现：南至318国道，北至三新村，整座岗地遍布古窑址，以南端最密。发现大量红烧土、窑具和陶瓷器残件，出土和采集器物有陶罐、碗、盏、盂、碟、壶、盘，还有少量青瓷器皿。在古镇西，葛公桥虽几经改建，遗迹尚存。

【炉头镇】

位于县城西七里的画溪桥一带，居民业冶，为徐氏聚族，至清末衰落。1976年春，在开挖长兴港时，这里曾出土东汉时期大量铁器及硬陶井圈和陶罐、壶、豆等。2009年5月，长兴港改道工程中，又在画溪桥南发现冶炼作坊遗迹和汉代土墩遗存。出土一批铜块和汉代釉陶罐、瓿、壶、罍等。

【皋塘镇】

位于县城东北三十里，在今夹浦东南皋塘桥村（东临太湖）。元代始设巡检司，清顺治时巡检司撤消。乾隆时镇废。清同治《长兴县志》记为"皋塘桥在县治东北三十里，设巡检司，今废。"元代杨维祯任教的东湖书院设于此。今已无遗存。

【合溪镇】

位于县城西北三十里，今小浦镇合溪村合溪自然村。"宋设酒库，元时罢，改设税务、巡检司，至明俱革"。民国时期上游开办煤矿，光耀生产陶器以及山货出运，均需通过合溪镇销往各地，故集市繁华。抗日战争时期，日本侵略军曾在此修筑碉堡。民国33年（1944年）8月23日，新四军六师十六旅打响长兴战役，炸毁碉堡，一举攻克合溪镇。是时长兴流传"杭村缴大炮，合溪炸碉堡"的民谣。中华人民共和国成立后，该地先后修建了长牛铁路和公路，而靠近铁路、公路和水路的小浦日渐繁荣，取代了合溪镇。

2008年7月，"三普"时尚发现大量古镇遗存，有码头、店铺、古民宅、古桥梁、古涵洞、合溪碉堡遗址、乡公所旧址以及大量陶瓷器残件等。

【雉城镇】

老县城，面积0.84平方公里。旧城唐武德七年（624年），辅公祏"苇土为之"，遗址在古城一带。宋天圣（1027年）重修城门有七，东曰朝宗门，南曰长城门，西曰宜兴门，北曰吉祥门，东南曰迎恩门，西南曰广德门，东北曰茹茹门。元至正十七年（1357年）耿炳文始筑今城。比旧城减小，城垣高三丈，阔二丈八尺五寸，周长九百二十九丈。城门有六：东神武门，南嘉会门，西南承恩门，西长安门，北吉祥门，东北宜春门；内外楼橹水门二所，东曰清河关，通湖州及太湖，西曰大雄关（即西水关），通合溪，上有门亭，沿城浚壕，阔七丈五尺，并引箬溪水分一道。明嘉靖三十六年（1557年），倭寇侵扰沿海，知县黄扆令伐石东山修城，城高五丈，六门新增城楼，二水门护以铁叶。其后在明万历，清康熙、乾隆等时期曾多次修城。民国26年（1937年）11月，日本侵略军侵占县城后，改名治安坊。民国34年（1945年）8月，新四军收复县城，复名雉城镇。1958年后，城墙陆续被拆。

2002年7月考古发现皇家湾水下唐宋遗存，2005年发现老长中先秦木井，2010年7月发现红卫桥宋代木栅栏遗存。2009年5月，"三普"登录文物点有孔庙、钟楼、古城墙、护城河、东鱼巷古建筑群、中共长兴县委旧址、县人民政府旧址等。

【泗安镇】

位于县城西南六十九里，长泗平原西侧。隋大业九年（613年）在泗安镇设鹰扬府，筑有城池，置"长安、吉安、广安、宜安"四门，含有保障长兴、安吉、广德、宜兴安全之意，因而称为四安。后分设"长安镇、吉安镇、广安镇"三镇，再又三镇合一，并有水路可通湖（州）、杭（州）、苏（州）等地，故在四字前加三点水。民国时由"四安"改名泗安。

2009年3月，"三普"时在古镇内发现大量历史遗存。其中有古河道，上泗安码头遗址、老街、石板路、踏水桥、止步桥、寿星桥，头天门、二天门、三天门遗址，双联祠山庙碑刻、公馆基遗址、泗安镇乡徵公署碑记，柴湾老街、柴湾胡氏柴行旧址、沈氏义庄河埠、客运码头旧址等古迹和泗安革命烈士纪念碑等近现代纪念地。

【煤山镇】

位于长兴西北六十里，因盛产煤炭而得名。宋元时，已有乡民土法采煤。明熊明遇《盗贼课》载：“长兴山中有煤矿，可容数百人采凿，矿长亦各豪也。余于部中盗贼脏不满格者，辄墨发矿中为豪佣，俾其朝夕凿空中，而豪之衣食多多益善也。”清同治三年（1864年），吴兴南浔富商周庆云曾在煤山投资办矿。民国元年（1912年），长兴钟仰贻等人集资4000元在煤山四亩墩建井采煤。民国7年（1918年），上海商人刘长荫、刘万青、朱葆三等人集资，在煤山建立长兴煤矿，开采地下煤层，并设煤矿股份、商店，办学校，逐渐发展为集镇。民国11年（1922年），开通长煤小铁路。抗日战争爆发后，矿井被炸，煤矿停产。民国29年（1940年）8月，“长兴县立战时初中学生补习学校”（长兴中学前身）在煤山建立。民国32年（1943年）秋，新四军六师十六旅挺进长兴，以煤山为中心开辟了苏浙皖边抗日根据地，煤山地区成为苏浙皖边抗战的红色根据地。

2008年6月，“三普”中在煤山发现许多历史遗存，其中包括煤矿遗址、煤山老街店面、长兴县立战时初中学生补习学校遗址、小火车铁路遗址等。

和平、虹星桥、林城等古镇，“三普”期间因没有发现相关古迹，史料缺失，遗存未作登录。

二、古街

【水口老街】

水口老街位于水口乡集镇上。东西向，东起古镇桥，西止堂子湾。长85米，现存22家41间店铺，总建筑面积约1200平方米。

商铺始于清末，盛于民国初期。1953—1956年工商业改造时极大部分重建，现基本保持原有风格。砖木结构，门面偏矮偏小。主要有杂货店、布店、理发店、箍桶铺、铁匠铺、药店、米店、面馆等。

水口商贸街

街　道

商　铺

家具店

箍桶店

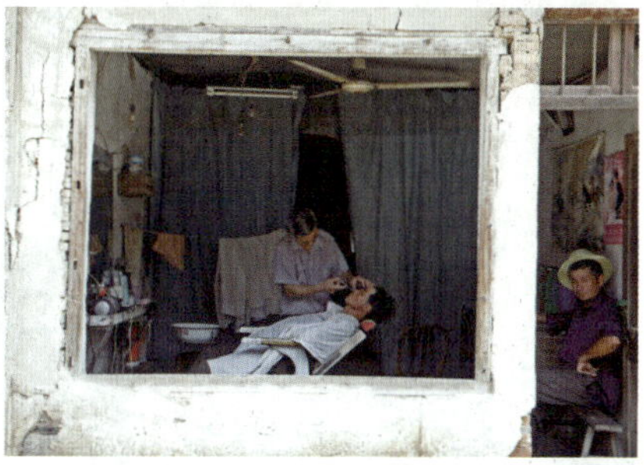

理发店

竹器厂

【白岘老街】

白岘老街位于白岘乡白岘村白岘自然村，占地面积约1500平方米。为清至民国时期乡村老街。

2008年“三普”中发现老街仅存白岘小溪两侧呈丁字形街区，东西总长约50米。以桥西为主，南北相向，粉墙黛瓦，砖木结构，二层木楼。除一个理发店外，其他都改为村民住宅。抗日战争后期新四军六师十六旅四十六团曾驻扎于此。当时，这里开设有杂货店、布店、理发店、箍桶店、米店、小吃店、铁匠铺、豆腐店等，桥东侧还有一座清末所建的祠山庙。

白岘老街

白岘老街门窗

白岘老街理发店

白岘老街门楼

白岘老街梁架林构

白岘老街栏杆

【白阜老街】

白阜老街位于雉城镇白阜村陈街头自然村。西北为丘陵山冈，东南为农田水网。大部分为清末至民国早期建筑。

2009年5月，“三普”中发现老街南北向，全长约60米，沿街老店铺共5处9号。店面东西相向，建筑粉墙黛瓦，硬山顶，砖木结构，体量较小。其中，陈街头19号：面阔9.2米，进深8米，面积73平方米，3开间，二层楼，砖木结构，原为布店。陈街头89、90号：面阔5.5米，进深8.5米，面积45平方米，2开间，二层楼，砖木结构，原为药店。陈街头92、93、95号：面阔11.5米，进深7.5米，面积85平方米，2开间，二层楼，砖木结构，原为百货店。陈街头41、43号：

白阜老街——陈街头

面阔9米，进深8.5米，77平方米，6开间，二层楼，砖木结构，原为铁匠铺、豆腐店。陈街头46号：面阔20.5米，进深5.3米，面积102平方米，6开间，二层楼，砖木结构。

据1983年《长兴地名志》载："白阜是长兴古西湖的一个埠头。相传西湖盛产白鱼，故呼白鱼埠。又因系山区竹木集散地和西湖舟楫的停泊处，故曾名埠头镇。中华人民共和国成立后系白阜乡所在地，集镇日益繁华。20世纪末，撤乡并镇后，集镇功能消退。"

白阜老街——门楼局部

白阜老街——店面

白阜老街——白阜乡公所旧址

【新塘老街】

新塘老街位于太湖与长兴港交叉处，属雉城镇新塘村。东临太湖，南接长兴港。

2008年"三普"中发现老街南北长约80米。店面与民宅相间。其中部（新塘40-1号）店铺南北两幢相连，坐东朝西，南屋五开间，面阔14.5米，进深8.7米。硬山顶，穿斗式梁架。下为店面，上为阁楼。北屋三间，面阔8米，进深7.5米，形制与南屋相同，用材较小。该建筑于清晚期由李氏大户所建，曾租与姚益顺祖父等开店。由北而南为杂货店、席店、面店、饭店、油条烧饼店等，为太湖西南岸临湖仅存的老街店铺。

新塘老街

新塘老街——店铺

新塘老街——新塘渔行

三、古村落

【南蒋古建筑群】

南蒋古民居群位于西苕溪北岸吕山乡胥仓村南蒋自然村。南临西苕溪，四周为农田水网。建于清中晚期至民国初期。

2008年3月，“三普”中登录相对完整的古民居18幢，集中分布于村中心池塘（大鱼池）四周12000平方米以内，属水乡民居群，总建筑面积约2500平方米。其单个建筑布局多为正屋带侧厢的合院式建筑。粉墙黛瓦，硬山顶，砖木结构，抬梁式或穿斗式梁架。

钱培芳宅位于大鱼池西北侧，坐西朝东。4开间，面阔13.8米，进深6.6米，建筑面积98平方米。粉墙黛瓦，硬山顶，砖木结构，穿斗式梁架。室内由竹篾吊顶，三合土地坪。建于清晚期。

南蒋古建筑群

钱海斌宅，坐北朝南，前后二进3开间带2厢的合院式建筑布局。面阔10.22米，纵深19.57米。粉墙黛瓦，硬山顶，砖瓦结构。第一进明次间均抬梁式梁架，第二进为穿斗式梁架，室内地坪为三合土。墙体基础由规整花岗岩错缝3层砌置。建于清晚期。

南蒋钱海斌宅

钱伟明宅，坐北朝南。两进三开间，第一进仅正屋，两层，其两次间向前凸出，使该宅平面呈“凹”形。粉墙黛瓦，硬山顶，砖瓦结构。明间梁架为抬梁、穿斗混合式，次间穿斗式。第二进正屋两层，带两厢。两厢为一面坡屋顶；正屋梁架明间抬梁、穿斗混合式，次间穿斗式。建于民国初期。

南蒋钱如方宅

钱如方宅坐北朝南。三开间带两厢，正屋及厢房皆两层，一字墙，内八字门楼。面阔12.6米，进深11.4米。粉墙黛瓦，硬山顶，砖瓦结构。正屋穿斗式，各间以竹夹泥墙隔开，两厢屋顶皆为一面坡。天井及正屋地面为水泥地面。建于民国初期。

南蒋钱培芳宅、商铺

钱末江宅，坐北朝南。两进三开间。面阔11.5米，进深21.2米。一字墙，内八字高大花门楼，门楼上部砖雕精美。粉墙黛瓦，硬山顶，砖瓦结构。第一进明间抬梁式，次间穿斗式，梁架用材较好，梁枋上雕饰有精美花卉图案；门廊上有卷棚顶。第二进内八字门楼，正屋两层，明、次间皆为穿斗式，8柱8檩，带前下檐，有两厢。建于清晚期。

蒋胜朝宅，坐北朝南。前后三进三开间各带两厢房，面阔12.6米，进深32米。粉墙黛瓦，砖木结构，硬山顶。梁架明间穿斗式，其中门厅次间抬梁式；门厅穿堂与二进相连，其额门枋头木雕人物、缠枝花卉。建于清晚期。

古村落绝大多数村民为钱氏后裔，曾在此开设店铺，办过人民公社大食堂。

梁　架

窗　花

窗　户

木　雕

砖　雕

南蒋钱伟明宅

走廊卷棚

墙　绘

小　弄

【八都岕民居群】

八都岕民居群分布在东西向十公里狭长的小浦镇八都岕(银杏长廊)之间,三面环山。建筑时间主要为清中晚期,少数为民国时期。

2008年,“三普”登记在册古民居共52幢,总建筑面积约1.8万平方米。以徽派风格为主,粉墙黛瓦,硬山顶,马头墙,一般呈三进五间两层带两厢外加一字墙或二进三间外加一字墙院落。其中清代建筑近20处,包括大岕口吴宅、南俞钱宅2处县级文物保护单位,杨林涧蒋宅、杨林涧王宅、礼家村张宅和大岕口关帝庙4处县级文物保护点。部分门楼砖雕细腻,人物、花卉、虫草栩栩如生。

杨林涧蒋宅梁架挂落

杨林涧蒋宅

大岕口吴宅

南俞钱宅

南俞钱宅门楼

柏家村柏宅

杨林涧王宅门楼

许家村许宅(毛波 摄)

柏家村柏金元宅

礼家村张宅木刻牛腿

南俞钱和彬宅

大岕口关帝庙

天井铺装

潘家村吴宅

开元禅寺

【仰峰岕民居群】

仰峰岕民居群位于浙皖交界的槐坎乡仰峰村仰峰岕自然村，三面环山。建筑时间为清中晚期至民国初期。

现存主建筑9幢，总建筑面积约5000平方米。徽派风格，粉墙黛瓦，硬山顶，马头墙，一般呈三进五间两层带两厢外加一字墙院落。其中，包括沈家大院（新四军苏浙军区司令部旧址）、土地庙（粟裕办公室和住所旧址）2幢为全国重点文物保护单位，韩家大院（新四军苏浙军区政治部旧址）、曹家大院（新四军苏浙军区供给部旧址）2幢为县级文物保护单位，另有韩氏宗祠和四幢民宅。

仰峰古民居群（沈家大院）

曹家大院

曹家大院（屋面）

韩家大院

韩解放宅

韩毛苟宅

韩家宗祠门楼

韩云堂宅

村头小店

残损民宅

墙绘、标语

【长城村民居群】

长城民居群位于和平镇长城村，西苕溪南岸。建筑时间为清中晚期至民国初期。

现存古民居20余幢，总建筑面积约2000平方米。徽派风格，粉墙黛瓦，硬山顶，马头墙。民居一般呈三间两厢一字墙院落。其中，县级文物保护点1处。

长城徐家坞徐宅

徐宅梁架

徐宅柱础

【张家坟民居群】

张家坟民居群位于洪桥镇中道村张家坟自然村，东临太湖，北为芦圻港。建筑时间清末至20世纪30年代。

现存传统民居16幢，其中包括宗祠1幢、店铺1路、民宅14幢，总建筑面积约2000平方米。以徽派风格为主，粉墙黛瓦，硬山顶，马头墙，大部分体量较小。一般呈三间两厢一字墙院落，以单层建筑为主。建筑密度大，极大部分一幢紧挨一幢，区间通道、备弄在1.5米以内。店铺位于古村落南侧，坐北朝南，砖木结构，共14间。宗祠位于古村落东北侧，坐北朝南，三开间，抬梁式梁架，用材讲究。

张家坟古建筑群

民 宅

商 铺

张家宗祠

弄 堂

窗 户

壁 龛

庭 院

小广场

【南淙村民居群】

南淙民居群，位于和平镇南淙村南淙自然村，北靠西苕溪。建筑时间为清中期至20世纪初。

现存民居6幢，总建筑面积约1800平方米。徽派风格，粉墙黛瓦，硬山顶，马头墙。其中，韦商臣后裔住宅与宗氏祠堂属县级文物保护点。韦宅为三进五间两层带两厢外加一字墙院落，建筑体量较大，用材讲究，四面高墙，梁枋有精美木雕。宗氏祠堂坐北朝南，前后二进，主体建筑抬梁式梁架，前檐梁枋有精美木雕。其余为一般民居。

南淙韦宅砖雕

南淙韦宅

宗氏祠堂

宗氏祠堂梁架

南淙韦宅

【上泗安古村落】

上泗安古村落位于泗安镇上泗安村。在一条东西走向，长约500米，始于宋元的商贸古街两旁散落着10余处老店铺、老宅，和1处古码头（稻业埠）、4座石梁桥（寿星桥、广安桥、太平高桥、止步桥）及一条石板砌成的古道，3处古牌坊遗址和两处古寺庙。店铺南北相向，开间大小不一，进深较深，一般为两层，砖木结构、粉墙黛瓦，店面体量较小。现存店铺时间为清末至二十世纪初。清末民宅2幢，以徽派风格为主，粉墙黛瓦，硬山顶，马头墙，一般呈三进带两厢外加一字墙院落。总建筑面积约3000平方米。

21世纪初，随着新农村建设和旅游开发，古村落得到了良好保护和开发。

石板路

方升泰商铺旧址

头天门庙宇

“稻业埠”码头

太平高桥

重建寿星桥

广安桥

施氏宗祠(新四军后方医院疗养所旧址)

【茅山古村落】

茅山古村落位于苏浙皖交界的三州山东南侧半山腰上，该地一脚踏三省，属白岘乡三州山村的一个自然村。建筑以清中晚期至民国初期为主。

古建筑群依山而建，以徽派风格为主。一般为三间两厢二层楼，粉墙黛瓦，泥石、砖木结构。现有古建筑20多幢，因许多村民搬至山下建新房，大部分古建筑年久失修业已残损、倒塌，留下大量残墙断壁，分布在近10000平方米的山腰上。建筑之间有卵石古道与外界相连，村内有著名的茅山泉，长年不涸，六棵古树参天。原有村民以施姓为主，村内建有施氏宗祠。

1943年秋至1945年10月，新四军六师十六旅和后来成立的新四军苏浙军区曾在这里创办医务学校、后方医院、疗养所。后方医院后面山坡上，安葬有多名因医治无效牺牲的新四军无名烈士墓。

石墙住宅

保存相对较好的民国时期民宅

民国初期民宅

残损门楼

残损门楼

残存的清晚期门楼

残垣断壁

残垣断壁

残垣断壁

残垣断壁

残垣断壁

残损石刻

古建维修中

第三章

博物馆事业

BOWUGUAN SHIYE

第一节 博物馆 纪念馆

一、长兴县博物馆

长兴县博物馆成立于1976年，原馆址位于解放中路10号，与长兴县文化馆、图书馆三位一体。主要担任全县的文物保护、宣传、研究工作，为全民事业单位，隶属长兴县文化广电新闻出版局。

1989年，搬至雉城镇政府原行政办公大楼三楼办公，并在长兴县文化馆辟有132平方米《长兴文物史迹》展厅。1994年，重新搬回解放中路原址。2000年6月，因旧城改造临时搬至原中共长兴县委党校办公。2001年11月，位于人民广场的长兴县会展中心落成，县博物馆与县文化馆合署办公，拥有一至四层，使用面积4500平方米。2010年1月，又因旧城改造，绿城房产进入，馆室被拆，借住于长兴县档案馆。2011年11月，搬至雉城街道台基路9号，借住在县文化馆三楼，面积约2000平方米。其间，为确保文物藏品安全，1988年至2001年，馆藏珍贵文物分别寄存于长兴县建设银行地下金库和长兴县财政局国库。

长兴县博物馆展厅

2009年5月，国家文物局分别授予县博物馆、县纪念馆为国家三级博物馆

2000年县博物馆核定编制为6人，至2012年在编人员9名，聘请

2002年，位于原人民广场的县会展中心(县博物馆)

人员12名。2000年1月至2003年6月，因馆领导班子人事变动，曾与新四军苏浙军区纪念馆“合二为一”。其间，长兴县博物馆、新四军苏浙军区纪念馆、新四军苏浙军区司令部旧址文物保护管理所及2001年成立的长兴县文物保护管理所，四块牌子一套班子，并成立了中共长兴县博物馆、新四军苏浙军区纪念馆联合党支部。下设办公室、历史保管部、考古文保部、宣教策划部4个部门。2009年5月，县博物馆被国家文物局授予国家三级博物馆。1976年至2013年先后由夏星南(1976年至1988年)、莫国富(1989年至1998年)、张鑫泉(1999年)、梁奕建(2000年至2012年6月)、应征(2012年6月后)担任馆长(负责人)。

二、长兴县新四军苏浙军区纪念馆

长兴县新四军苏浙军区纪念馆位于槐坎乡新槐村温塘自然村，是以新四军苏浙军区一纵队司令部旧址为馆室建立起来的一处集文物保护、宣传、研究为一体的全民事业单位。隶属长兴县文化广电新闻出版局。

1976年1月，县纪念馆正式对外开放、接待观众，并建立“长兴县《新四军苏浙军区司令部》旧址文物保护管理所”隶属县博物馆，与县文化馆、图书馆三位一体。1985年1月，长兴县举办新四军苏浙军区成立40周年纪念活动，江渭清、铁瑛、李广等一批老同志到槐坎革命老区故地重游，缅怀革命先烈。其间根据与

1985年，位于槐坎温塘的新四军苏浙军区纪念馆

2010年，新四军苏浙军区纪念馆

会同志的建议，江渭清为长兴题写了“新四军苏浙军区纪念馆”馆名，县纪念馆由此诞生。1988年，县纪念馆有工作人员2人。1989年9月，县纪念馆列为县文广局直属单位，10月启用“长兴县新四军苏浙军区纪念馆”新印章。同年12月12日，浙江省人民政府重新公布革命旧址名称，统一为“新四军苏浙军区革命旧址（含温塘及仰峰岕沈家大院）”。1994年12月27日，新四军苏浙军区司令部旧址竖立保护标志碑。1995年2月21日，县纪念馆被中共浙江省委、省人民政府命名为首批浙江省爱国主义教育基地。同年，为纪念新四军苏浙军区成立五十周年，兴建“新四军苏浙军区纪念碑”，碑名由全国人大常委会原副委员长叶飞题写。1998年11月4日，纪念馆被浙江省国防教育委员会命名为“浙江省国防教育基地”。2001年6月25日，新四军苏浙军区旧址被国务院公布为第五批全国重点文物保护单位。2005年10月11日，县纪念馆收藏粟裕夫人楚青赠送的粟裕雕像。2009年5月，县纪念馆被中宣部命名为“第四批全国爱国主义教育示范基地”，同月，被国家文物局评为“国家三级博物馆”，11月，被国家国防教育委员会命名为“首批全国国防教育示范基地”。

2012年，县纪念馆有在编职工6人，聘请职工12人。下设办公室、历史研究部、文物保护部、宣教策划部4个部门。1976至2012年，历届馆长（负责人）为雷兴祖、刘九彬、梁奕建、吕伟宏、姜金泉（兼）、赵慧仙。

三、长兴县“金钉子”地质博物馆

长兴县“金钉子”地质博物馆位于煤山镇青塘山南侧的葆青村，2006年10月18日开馆并正式对外开放。隶属长兴县国土资源局。

博物馆建筑面积4000平方米。开辟有展示厅、3D影视厅和旅游产品销售、旅游接待管理等场所。聘请职工52人，设有保管部、接待部、旅游推介部、办公室4个部门。

展览分为“地球奥秘厅”“生命演化厅”“岩矿形成厅”“科普演示厅”“金钉子”展厅以及“长兴古地理厅”六大厅，主要展示“金钉子”相关地质文化知识。即“金钉子”全称为全球性界线层型剖面和点位，是年代地层系与系之间的全球标准。长兴煤山D剖面是地球发展史上最大的断代界线层型。1985年，中国地质大学教授张克信在D剖面27C底发现了牙形石化石，从而确立了该剖面的国际地位。这枚“金钉子”既是二叠系与三叠系的界线，又是古生代和中生代的分界标志，是地质年代中最大的3个断代“金钉子”之一。它的发现，代表着其所在国家地层研究水平的最高科学荣誉。

“金钉子”地质博物馆中最有意义的藏品是一颗被放大的牙形石模型，“这是一枚划地球时代意义的标志性化石，是2.5亿年前古生代与中生代的界限标志，成了各国科学家翻阅的天书，被国际地科联确定为全球最高级别的金钉子。”

四、陈武帝故居陈列馆

陈武帝故居陈列馆位于长兴县开发区杨湾村下箬寺，是依托浙江省文物保护单位“圣井”等陈朝历史文化古迹建立的一座地方名人史迹专题陈列馆，占地面积2200平方米。2010年12月正式对外开放。隶属长兴县文化旅游发展集团有限公司。

陈列馆馆室为仿汉唐干栏式建筑，开辟有“帝乡佛国”主题展厅，面积800平方米，展线200米。分“陈朝风采”“帝乡佛国”“天下陈氏”三大部分。150幅图片，近百件实物，通过声、光、电、多媒体、场景、雕塑、丙烯画等传统与现代科技手段相结合的陈展形式，系统地展示与“陈朝”“陈霸先”“陈氏”三大主体相关历史史迹，是集文物保护、宣传教育、历史研究、旅游休闲为一体的专题性陈列馆。

陈列馆陈列展览设计、布展邀请了浙江大学、南京大学、复旦大学、中国南朝史研究会及浙江省博物馆、浙江省丝绸博物馆、南京博物院等单位专家、学者指导。馆名由全国书协名誉主席，广东省书协原主席陈永正题写，展厅内所有楹联均由全国著名书法家陈永正、陈必武等陈氏后裔书写。2012年荣获浙江省文物局颁发的“浙江省博物馆最佳陈列展览制作奖”。

2010年陈武帝故居陈列馆

第二节 馆藏文物

长兴县文物主要收藏单位有长兴县博物馆、长兴县新四军苏浙军区纪念馆两家。截至2012年，县博物馆馆藏文物1万余件（套），其中登记在册6069件，入总账5669件，分别为石器390件、陶瓷器1087件、玉器94件、青铜器611件、铁器203件、金银器157件、书画400件、古籍670件、契约证件1239件、钱币182件，杂件636件。包含已鉴定属国家珍贵文物609件，计一级24件/套、二级65件/套、三级520件/套。重要藏品有石手镐、木耜、夹砂陶鬶、刻划纹陶纺轮、几何纹青铜钺、仿青铜器原始瓷甬钟、环首铁刀、铜弩机、青白瓷镂空缠枝菊花香薰等。

县纪念馆馆藏文物1059件（套），均属近现代（革命）文物。已鉴定珍贵文物285件，其中一级4件、二级16件、三级265件。重要藏品有中国共产党党证CCP、新四军苏浙军区对日本驻军通牒、石印板和大风厢等。

2012年长兴县博物馆藏一、二级文物一览表

表3-1

序号	名称	质地	时代	尺寸（厘米）	等级
1	南宋青铜镜	铜	南宋	直径11.5，钮径1.2，厚0.3	一级
2	早商双面刃有段石凿	石	早商	长12.6，宽1.9	一级
3	商石戈	石	商	长17.4，宽7.8	一级
4	早商单面刃有段石锛	石	早商	长15.6，宽4	一级
5	商单面刃有段石锛	石	商	长20.3，宽2.7，厚2.6	一级
6	西周青铜剑	铜	西周	长35.8，宽3.2，茎长8.8，首茎2.6	一级
7	西周青铜匕	铜	西周	通长21.6，茎长7，身宽4.2，格长1.3，格宽4.8	一级
8	商叶脉方格纹青铜钺	铜	商	纵20.5，横16.8，内长6.8，内宽4.9	一级
9	西周青铜鼎	铜	西周	高20.5，口径20.8，腹径22	一级
10	六朝四凤青铜提梁匜	铜	六朝	高17，宽29.3，底径15.7	一级
11	西汉铜弩机	铜	西汉	纵17.5，悬刀长7.5，望山长9.7，箭槽长11.5，键长7.6	一级

续表

序号	名称	质地	时代	尺寸(厘米)	等级
12	明铜火铳	铜	明	通长33,前膛长20.8,药室长9.5,内径4,外径5.5	一级
13	汉环首铁刀	铁	汉	通长101.2,宽2.6,环首纵7,横6.4	一级
14	汉铁剑	铁	汉	通长102.6,柄长11.6	一级
15	汉环首铁刀	铁	汉	通长118,宽2.8,柄长22,环首纵6,横4.4	一级
16	汉环首铁刀	铁	汉	长108.6,宽2.9,环首纵5.2,横5	一级
17	汉环首铁刀	铁	汉	通长117,宽2.7,柄长4.1,环首6.6	一级
18	汉环首铁刀	铁	汉	长107,宽2.7,柄长19	一级
19	汉铁戟	铁	汉	通长64,最宽24	一级
20	战国铁铍	铁	战国	长34.8,宽3.6,柄长11	一级
21	马桥文化带鋬陶鸭形器	陶	马桥文化	高12,口径10.7,底径6.6,最大腹径12.5,鋬宽3.9	一级
22	马家浜文化夹砂陶鬶	陶	马家浜文化	高22.5,口径最大7.8,最小6.7,最大腹径16.8,鋬宽4.8	一级
23	马家浜文化夹砂陶鬶	陶	马家浜文化	高20,口径最大9.2,最小7.4,最大腹径14.1,鋬长6.8,宽5.1	一级
24	马家浜文化夹砂陶鬶	陶	马家浜文化	高20,口径最大7.8,最小6.9,最大腹径15.1,鋬长5.7,鋬宽5.7	一级
25	明龙泉窑道泰历史人物故事青瓷碗	瓷	明	高10.2,口径17,腹围17.2,圈足径6.8	二级
26	北宋定窑白釉出筋瓷碗	瓷	北宋	高5.4,口径19.5,底径6.5	二级
27	汉黑陶弦纹双耳罐	陶	汉	高12.6,口径10.2,腹径18.6,底径12	二级
28	春秋三足水波纹硬陶鼎	陶	春秋	高7.8,口径13.8,腹径18.3	二级
29	商绳纹硬陶甑	陶	商	高10.2,口径12.6,腹径11.8	二级
30	周灰陶席纹鬲	陶	周	高12,口径15.3,腹径18.9	二级
31	西周杉叶方格纹陶瓮	陶	西周	高4.5,口径20.7,腹径35.1,底径18	二级
32	西汉双系连珠纹灰陶罐	陶	西汉	高16.8,口径14.4,腹径30,底径18	二级
33	战国陶钵	陶	战国	高3.6,口径15.3,底径6.6	二级
34	春秋方格纹陶罐	陶	春秋	高14.8,口径11.2,底径10.4	二级
35	战国红衣陶豆	陶	战国	高11.4,口径14.4,底径8.1	二级
36	西周组合纹葫芦形硬陶壶	陶	西周	高15,口径8.7,上腹径11.4,下腹径15.6,底径12	二级

续表

序号	名称	质地	时代	尺寸(厘米)	等级
37	早商有段石锛	石	早商	长13,刃部宽8,上端宽7	二级
38	商石凿	石	商	通长19.5,宽2.6,最厚2.6	二级
39	战国斜宽从薄格青铜剑	铜	战国	通长50.7,剑身长41.4,剑首直径3.8	二级
40	西周圆首青铜剑	铜	西周	通长35.2,身长25.8,茎长9.4,剑首直径3.7	二级
41	春秋厚格圆首有箍式青铜剑	铜	春秋	通长34.2,剑身长24.4,剑身最宽3.5,剑格1.3×4.4,剑首径3	二级
42	战国斜宽从薄格青铜剑	铜	战国	通长38.2,剑身长29.6,剑首直径3.3	二级
43	西周云雷纹青铜剑	铜	西周	通长28.1,身长19.5,身最宽3,茎长8.6,首径2.8	二级
44	春秋兽面纹青铜剑	铜	春秋	通长41.3,身长35.2,首径3.5	二级
45	春秋晚期青铜剑	铜	春秋	通长40,身长33.6,身最宽3.4,格3.5×1.4	二级
46	春秋圆茎双箍青铜剑	铜	春秋	通长37,身长30,格纵1.5,横2.7,首径3	二级
47	西周青铜戈	铜	西周	通长27.5,锋长18.1,栏长11.3,胡长10.9	二级
48	战国青铜矛	铜	战国	通长21.2,柄长9.2,叶长12	二级
49	战国宽骹狭刀青铜矛	铜	战国	通长23.8,叶长15.3,叶宽3.4	二级
50	战国“王”字纹青铜矛	铜	战国	通长20.1,叶长12.3,叶最宽3.6,銎口径2.1	二级
51	西周直内两穿青铜戈	铜	西周	通长27.5,内长10,锋最宽4.8,内宽2.5	二级
52	商有阑直内青铜戈	铜	商	通长21.8,锋最宽4.5,内长4.9,内宽3,栏宽5.5	二级
53	春秋圭援短胡青铜戈	铜	春秋	通长23.8,内长6.3,内宽2.9,锋长17.5,胡长9.4,栏长10.4	二级
54	商阔叶刀长骹青铜矛	铜	商	通长23,叶长14.7,叶最宽5.6	二级
55	商阔叶短骹单系青铜矛	铜	商	通长20.3,叶长14.7,叶最宽5.8	二级
56	春秋青铜戈	铜	春秋	通长22,锋长17.1,内长5.3,内宽2.9,胡长11.8,栏长12.9	二级
57	西周叶刃长骹青铜矛	铜	西周	通长18,叶宽3,叶长10.5	二级
58	战国凹口粗骹狭刀青铜矛	铜	战国	通长17.9,叶长12.4,叶最宽3.1,骹口径2.2-1.1	二级
59	战国狭刀长骹青铜矛	铜	战国	通长23.8,矛身长14	二级
60	西周青铜矛	铜	西周	通长19.8,矛身长11.5	二级
61	春秋椭圆形銎三角形刃青铜犁	铜	春秋	銎口长6.6,宽2.2,犁身宽8.8,高6.9	二级

续表

序号	名称	质地	时代	尺寸(厘米)	等级
62	春秋单孔青铜镰	铜	春秋	长12.6,宽4.4	二级
63	战国长方銎弧刃中穿铁锄	铁	战国	高8.1,刃部宽8.6,口径纵6.3,横2	二级
64	战国三角形带穿青铜犁	铜	战国	纵13,横6	二级
65	西周蝉纹弧刀铜斧	铜	西周	长10.3,刃宽3.5	二级
66	唐四曲莲瓣椭圆形长柄银勺	银	唐	通长31.2,柄长25.4,勺口8.8×6.1,勺深3	二级
67	唐鱼龙戏珠纹银匙	银	唐	通长30.2,柄长22.4,匙面长8.4,宽4.4	二级
68	唐鱼龙戏珠纹银匙	银	唐	通长30.2,柄长22.4,匙面纵8.4,横4.4	二级
69	唐鱼龙戏珠纹银匙	银	唐	通长30.2,柄长22.4,匙面长8.4,宽4.4	二级
70	唐鱼龙戏珠纹银匙	银	唐	通长30.2,柄长22.4,匙面长8.4,宽4.4	二级
71	唐鱼龙戏珠纹银匙	银	唐	通长30.2,柄长22.4,匙面长8.4,宽4.4	二级
72	唐双鱼纹银匙	银	唐	通长30.2,柄长21.6,匙面长8.7,宽4.2	二级
73	汉铁矛	铁	汉	通长56.4	二级
74	汉环首铁刀	铁	汉	通长105.5宽2.8柄长18.5	二级
75	汉凹形銎弧刃铁臿	铁	汉	刃宽14.5,高13.5	二级
76	战国凹形銎三角形面铁犁	铁	战国	高21,上段宽13,刃宽19.3	二级
77	西汉三角刃铁镭	铁	西汉	上段宽6,最宽6.3,高6.3	二级
78	西汉方銎双箍单面刃铁钁	铁	西汉	高13.3,最宽5.8,刃部宽5.1	二级
79	汉铁铲	铁	汉	上端宽7.8,刃最宽12.1,高10	二级
80	东晋青釉折沿洗	瓷	东晋	高12.2,口径28,底径14.2	二级
81	春秋米筛纹原始瓷罐	原始瓷	春秋	高13.6,口径12.9,腹径22.5,底径15.4	二级
82	清康熙青花缠枝莲纹将军罐	瓷	清	高59,口径23.3,腹径40,底径25	二级
83	东汉钱币纹双系原始瓷盘口壶	原始瓷	东汉	高42.1,口径17.3,腹径37.2,底径17,颈高9	二级
84	明云龙纹活眼端砚	石	明	长27.4,宽18,厚2.4	二级
85	清云蟹水纹端砚	石	清	长20.4,宽14,厚3.6	二级
86	明葫芦形金耳坠	金	明	高4,最宽3.5	二级
87	明梵文桥形金发簪	金	明	长10,最宽1.5	二级
88	清诸昇竹石图轴	纸	清	155×80	二级
89	清钱松墨梅竹石图轴	纸	清	126×32	二级

新四军苏浙军区纪念馆馆藏一级文物一览表

表3-2

序号	名称	质地	时代	尺寸·重量	级别
1	中国共产党党证CCP	纸	1944年	22厘米×10厘米	一级
2	新四军苏浙军区对日军驻军通牒	纸	1945年	31.2厘米×27厘米	一级
3	新四军十六旅“苏南报社”用的石印板	石	1944年	8.5厘米×5.5厘米	一级
4	新四军苏浙军区兵工厂所用风箱	木	1945年	218厘米×38厘米×50厘米	一级

新四军苏浙军区纪念馆馆藏二级文物一览表

表3-3

序号	名称	质地	时代	尺寸·重量	级别
1	新四军江淮银行“拾圆”抗币	纸	1944年	12.5厘米×6.5厘米	二级
2	新四军江淮银行“拾圆”抗币	纸	1944年	12.5厘米×6.5厘米	二级
3	第6404号新四军臂章	纸	1946年	8.5厘米×5.5厘米	二级
4	新四军十六旅《火线报》第256期	纸	1944年	53厘米×37厘米	二级
5	新四军苏浙军区民生煤铁行账簿（三册）	纸	1945年2月	21厘米×14厘米	二级
6	抗战时期中共七大党章	纸	1945年	12厘米×9厘米	二级
7	中共临时党员证	纸	1947年	24厘米×10.4厘米	二级
8	长兴县总队长李焕写给赵甫廷的扩军证明书	纸	1945年	28厘米×18.5厘米	二级
9	抗战时期长潮乡粮食供给合作社股券	纸	1944年	25厘米×11厘米	二级
10	抗战时期长潮乡粮食供给合作社股券	纸	1944年	25厘米×11厘米	二级
11	抗战时陈烙痕用的公文皮箱	皮	1945年	45厘米×30厘米×22厘米	二级
12	解放战争时期陈瑞洪的临时党员证	纸	1948年	12厘米×8厘米	二级
13	粟裕使用的电话机	皮、铁	新中国成立后	16厘米×18厘米×15厘米	二级
14	“长兴抗日第一枪”农民自卫队用的十二座台铳	铁	1938年	165厘米	二级
15	抗战时期的“长兴县虹溪区公所印”	木	1944年	2.5厘米×2.5厘米×2.2厘米	二级
16	抗战时期的“长兴县合溪区光华乡乡公所图记”	木	1944年	5厘米×5厘米×3厘米	二级

新四军苏浙军区纪念馆藏三级文物一览表

表3-4

序号	名称	质地	时代	尺寸·重量	级别
1	长兴县抗日民主政府合溪区流通券（贰角）	纸	1945年	8厘米×5厘米	三级
2	长兴县抗日民主政府煤山区流通券（贰角）	纸	1945年	8厘米×5厘米	三级
3	新四军江南银行“壹圆”抗币	纸	1945年	10.5厘米×5.5厘米	三级
13	新四军江南银行“伍圆”抗币	纸	1945年	11.5厘米×5.5厘米	三级
14	新四军战士周瑾入伍鉴定表	纸	1945年	18厘米×13.5厘米	三级
15	抗战时期出版的《剧座》第28期	纸	抗日战争时期	37厘米×28厘米	三级
16	抗战时期油印的《青年突击队诗刊·4》	纸	1939年	20厘米×14厘米	三级
17	抗战时期油印的《青年歌声》	纸	1941年	16厘米×11.5厘米	三级
18	《战斗报》社印的宣传手册	纸	1948年	13厘米×10厘米	三级
19	长兴县总队长李焕写给王子廷的扩军证明书	纸	1945年	28厘米×18.5厘米	三级
20	新四军苏浙军区指战员用的《毛泽东选集》	纸	1945年	18厘米×12.5厘米	三级
21	长兴县抗日民主政府文教科出版的《国语》课本（初级第一册）	纸	1945年	14厘米×10厘米	三级
22	新四军苏浙军区《抗战读本》第二册	纸	1945年	14厘米×10厘米	三级
23	新四军苏浙军区《抗战读本》	纸	1945年	14厘米×10厘米	三级
24	长兴县抗日民主政府文教科出版的《冬学读本》	纸	1945年	14厘米×10厘米	三级
25	长兴县抗日民主政府罗岕初级小学校印章	木	1945年	4厘米×4厘米	三级
26	新四军十六旅邵金根烈士印章	骨	1944年	1.1厘米×1.1厘米×2厘米	三级
27	新四军十六旅田志烈士印章	骨	1944年	1厘米×1厘米×2.5厘米	三级
28	新四军十六旅王永进烈士印章	骨	1944年	1.1厘米×1.1厘米×3厘米	三级
29	新四军十六旅再德烈士印章	骨	1944年	0.9厘米×0.9厘米×2.7厘米	三级
30	新四军十六旅于华成烈士印章	骨	1944年	1.1厘米×1.1厘米×2.5厘米	三级
31	苏南行署财经处货物税款收据联及缴查联	纸	1945年	20厘米×14厘米	三级
35	抗战时期苏南区行政公署财经经济处货物税款收据联及缴查联	纸	1945年	20厘米×14厘米	三级
37	抗战时期苏南区行政公署财政经济处饭票“贰市斤”	纸	1944年10月	7厘米×5.5厘米	三级

续表

序号	名称	质地	时代	尺寸·重量	级别
41	抗战时期苏南区行政公署财政经济处饭票“叁市斤”	纸	1945年	6.5厘米×4.5厘米	三级
43	抗战时期苏南区行政公署财政经济处饭票“壹市斤”	纸	1944年	7厘米×5.5厘米	三级
46	抗战时期苏南区行政公署财政经济处饭票“贰市斤”	纸	1944年	7厘米×5.5厘米	三级
51	抗战时期苏南区行政公署财政经济处饭票“贰市斤”	纸	1945年	7厘米×5.5厘米	三级
52	苏南区行署财政经济处领粮证	纸	1945年	13厘米×6.5厘米	三级
54	吴兴县抗日民主政府暂时提粮证	纸	1945年	13厘米×9厘米	三级
62	新四军十六旅“泗安战役”时用的临时粮证	纸	1944年	9.5厘米×7厘米	三级
74	长兴县合溪区粮食合作社钱文江的社员证	纸	1945年	15.5厘米×14.5厘米	三级
75	长兴县合溪区粮食合作社唐富清的社员证	纸	1945年	15.5厘米×14.5厘米	三级
76	新四军苏浙军区指战员用的煤油灯	玻璃	1945年		三级
77	新四军十六旅攻克泗安据点缴获的刺刀	铁	1944年	40厘米×30厘米	三级
78	新四军十六旅攻克泗安据点缴获的刺刀	铁	1944年	40厘米×30厘米	三级
79	新四军苏浙军区四纵队“双林战役”中缴获的军毯	布	1945年	200厘米×150厘米	三级
80	抗战时徐连信烈士遗物——砚台	石	1945年	14厘米×8厘米	三级
81	新四军十六旅后方医院用的手术台	木	1944年	213厘米×90厘米×70厘米	三级
82	新四军苏浙军区地方武装用的土枪	木、铁	1945年	132厘米	三级
83	新四军苏浙军区指战员用的雨伞布袋	布	1945年	55厘米×15厘米	三级
84	新四军苏浙军区地方武装用的大刀	铁	1945年	75厘米×15厘米	三级
85	新四军苏浙军区地方武装用的大刀	铁	1945年	75厘米×15厘米	三级
86	新四军十六旅后方医院消毒用的蒸笼	竹	1944年	56厘米	三级
87	新四军苏浙军区指战员穿的布鞋	布	1945年	27厘米×10厘米	三级
88	新四军苏浙军区指战员用的油壶	瓷	1945年	11厘米×9厘米	三级
89	新四军十六旅机关用过的电话机	铁、皮	1944年	25厘米×11厘米	三级

续表

序号	名称	质地	时代	尺寸·重量	级别
90	新四军十六旅机关用过的电话机	铁、皮	1944年	25厘米×11厘米	三级
91	新四军苏浙军区指战员用的茶叶筒	铁	1945年	16厘米	三级
92	长兴县抗日民主政府水口乡民兵模范队员用的瓷碗	瓷	1945年	17厘米×6厘米	三级
93	新四军苏浙军区鞋子厂赠给群众的鞋底	布	1945年	30厘米×12厘米×1厘米	三级
94	新四军十六旅开办煤矿用的矿灯	铁、玻璃	1944年	30厘米×7厘米	三级
95	新四军苏浙军区部队油印时用的棕刷	棕	1945年	26厘米	三级
96	新四军十六旅张连长遗骸里取出的子弹头	铜	1944年	2.5厘米×0.5厘米	三级
97	粟裕给新四军苏浙军区司令部旧址筹备小组的信	纸	1977年	26厘米×19.5厘米	三级
98	新四军苏浙军区陆松茂烈士遗物——综合本	纸	1945年	13厘米×9厘米	三级
99	新四军苏浙军区一纵一支队机关用的《英华大辞典》	纸	1945年	22.5厘米×17厘米×8厘米	三级
100	新四军苏浙军区一纵一支队机关用的《英华大辞典》	纸	1945年	22.5厘米×17厘米×8厘米	三级
101	新四军十六旅“青岘岭战斗”中群众支前用的水桶	木	1945年	40厘米×33厘米×29厘米	三级
102	新四军苏浙军区部队油印用的蜡纸	纸	1945年	50厘米×30厘米	三级
103	王必成题词——纪念新四军苏浙军区成立四十周年	纸	1984年	190厘米×46厘米	三级
104	叶飞题词——军民团结 无往不胜	纸	1984年12月	178厘米×60厘米	三级
105	江渭清题词——新四军苏浙军区纪念馆	纸	1984年冬	232厘米×60厘米	三级
106	江渭清题词——新四军苏浙军区旧址	纸	1984年冬	240厘米×55厘米	三级
107	钟期光题词——苏浙人民 英勇无敌	纸	1985年	193厘米×65厘米	三级
109	江渭清题词——发扬传统 振兴中华	纸	1985年	174厘米×74厘米	三级
110	新四军苏浙军区开会用的椅子	木	1945年	95厘米×50厘米×50厘米	三级
116	新四军苏浙军区司令员粟裕的办公桌	木	1945年	135厘米×71厘米×80厘米	三级

续表

序号	名称	质地	时代	尺寸·重量	级别
117	新四军十六旅修枪所军民使用的草鞋车	木	1944年	109厘米×51厘米×72厘米	三级
118	新四军苏浙军区阮指导员用过的皮盒	皮	1945年	17厘米×8厘米×9厘米	三级
119	新四军十六旅指战员烧饭用的铁锹	铁	1944年	18厘米×14厘米	三级
120	新四军苏浙军区指战员用的蜡烛台	木	1945年	24厘米×6厘米	三级
121	长兴地方抗日武装民兵吃饭用的碗	瓷	1943年	17厘米×7.5厘米	三级
122	新四军十六旅《苏南报》报社战士的饭碗	瓷	1944年	13厘米×7厘米	三级
123	新四军苏浙军区指战员用的水壶	铝	1945年	17厘米×13厘米	三级
125	群众支援新四军部队用的葫芦瓢	葫芦	1945年	27厘米×20厘米×11厘米	三级
126	新四军苏浙军区指战员用的茶水筒	铁	1945年	40厘米×10厘米	三级
127	抗战时期泗安流通券印刷板壁	木	1945年	200厘米×23厘米	三级
128	长兴县抗日民主政府徐敬第用的钟	铁	1945年	24厘米×15厘米×10厘米	三级
129	新四军苏浙军区指战员使用过的杆秤	铁木、	1945年	75厘米×0.75厘米	三级
130	新四军苏浙军区指战员用的饼干盒	铁	1945年	17厘米×12厘米×12厘米	三级
131	抗战时期胡以潮烈士生前用的“帮忙兄”竹棒	竹	1945年	105厘米	三级
132	新四军十六旅指战员用的米袋	布	1944年	70厘米×20厘米	三级
133	新四军苏浙军区被服厂用的砚台	石	1945年	12厘米×8厘米	三级
134	新四军苏浙军区指战员穿的布裤	布	1945年	80厘米×43厘米	三级
135	新苏军苏浙军区一支队卫生员赠给群众的呢裤	布	1945年	83厘米×55厘米	三级
136	新四军苏浙军区吴琪赠给群众的女式大衣	布	1945年	120厘米×82厘米	三级
137	煤山区政府慰问新四军部队用的慰问袋	布	1945年	22厘米×17厘米	三级
138	煤山区群众捐给钱震宇的锦旗	布	1944年	190厘米×120厘米	三级
139	新四军苏浙军区指挥员用过的小挎包	布	1945年	21厘米×17厘米	三级
140	新四军十六旅战士赠给群众的牙刷	骨	1944年	17厘米×1.5厘米	三级
141	新四军苏浙军区指战员用的马鞍皮带	皮	1945年	120厘米×4厘米	三级
142	新四军苏浙军区指战员用的大竹碗	竹	1945年	15厘米×8厘米	三级

续表

序号	名称	质地	时代	尺寸·重量	级别
143	抗战时陈忠达烈士生前赠给群众的山羊所留下的角	角	1945年	8厘米×2厘米 5厘米×2厘米	三级
144	新四军十六旅机关办公用的油盏灯	瓷	1944年	16厘米×10厘米	三级
146	新四军苏浙军区干部用的公文包	皮	1945年	27厘米×20厘米×5厘米	三级
147	新四军十六旅机缴获的留声机	木、皮、铁	1944年	39厘米×29厘米×19厘米	三级
148	抗战时陈忠达烈士遗物—被面	布	1944年	170厘米×125厘米	三级
149	新四军“力高部队”借米的收据	纸	1945年	13厘米×10厘米	三级
150	吴兴县抗日民主政府仓库收据	纸	1945年	17.5厘米×10.5厘米	三级
151	刘别生烈士生前用过的江苏分县图	纸	1945年	75厘米×50厘米	三级
152	新四军十六旅《苏南报》拥军公约十条	纸	1944年	12厘米×8厘米	三级
153	煤山区人民政府慰问信	纸	1949年	21厘米×19厘米	三级
154	徐洪泉烈士证明书	纸	1949年	18.5厘米×18厘米	三级
155	新四军苏浙军区部队用的江苏省十村庙地图	纸	1945年	60厘米×44厘米	三级
156	新四军十六旅部队用的杭县地图	纸	1944年	54厘米×37厘米	三级
157	新四军苏浙军区形势图	纸	1945年	116厘米×78厘米	三级
158	新四军苏浙军区部队用的江苏省寨桥镇地图	纸	1945年	60厘米×44厘米	三级
159	长兴青岘岭新四军烈士墓出土的印章	石	1944年	1厘米×1厘米	三级
160	解放战争时期的“广德地武”标志	布	1949年	8.5厘米×4.5厘米	三级
161	新四军十六旅煤矿用的“民生煤行”日暂账簿	纸	1944年	24厘米×18厘米	三级
162	新四军十六旅煤矿用的“民生煤行”日暂账簿	纸	1944年	24厘米×18厘米	三级
163	包长春的“中国人民解放军”符号	布	1951年	8厘米×4厘米	三级
164	包长春的“中国人民解放军”符号	布	1949年	8厘米×4厘米	三级
166	新四军苏浙军区“民生煤铁行”流水账簿	纸	1945年	21厘米×14厘米	三级
170	新四军江淮银行“拾圆”抗币	纸	1944年	12.5厘米×6.5厘米	三级
172	浙西抗日根据地群众支前用的驮架	木	1944年	55厘米×50厘米×60厘米	三级
173	新四军苏浙军区政治部颁发的《为了和平民主团结让出江南转至江北进军动员大纲》	纸	1945年	17厘米×12.4厘米	三级
174	新四军苏浙军区“民生煤铁行”账簿	纸	1945年	21厘米×14厘米	三级

续表

序号	名称	质地	时代	尺寸·重量	级别
175	新四军苏浙军区指战员用的竹碗	竹	1945年	10厘米×8厘米	三级
176	新四军苏浙军区指战员用的电话机	铁、皮	1945年	18厘米×8厘米×24厘米	三级
177	抗战时陈克昌烈士遗物《移交总册》	纸	1945年	18厘米×14厘米	三级
178	长潮乡抗日民主政府粮食合作社用的升	竹	1945年	11厘米×16厘米	三级
179	长兴县抗日民主政府支农用的水车	木	1945年	460厘米	三级
180	长兴县抗日民主政府用的石磨	石	194 5年	43厘米	三级
181	粟裕房东侯阿苟为新四军采购军需用的驮架	木	1945年	74厘米×55厘米×67.5厘米	三级
182	抗战时粟裕赠给侯阿苟的四方桌	木	1945年	85厘米×81厘米	三级
183	新四军苏浙军区司令部指战员腌咸菜用的石臼	石	1945年	75厘米	三级
184	新四军苏浙军区司令部指战员舂米用的石臼	石	1945年	78厘米	三级
185	新四军苏浙军区司令部军民磨麦子用的石磨	石	1945年	43厘米	三级
186	“长兴抗日第一枪”缴获的留声机	铁、皮	1938年	32厘米×32厘米×25厘米	三级
187	“长兴抗日第一枪”缴获的唱片	塑料	1938年	20厘米	三级
192	抗战时地下党员冯安琪穿的毛背心	布	1941年	65厘米×45厘米	三级
193	抗战时李益中用的《青年歌声》	纸	1941年	15厘米×10厘米	三级
194	“长兴抗日第一枪”缴获的日式棉胎	棉	1941年	210厘米×130厘米	三级
195	“长兴抗日第一枪”农民自卫队员用的土铳	木、铁	1938年	138厘米	三级
196	解放战争时期陈瑞洪的《供给人员轮训队的鉴定表》	纸	1948年	12厘米×8厘米	三级
197	新四军十六旅修枪所存放工具的工具橱	铁	1944年	92厘米×64厘米×85厘米	三级
198	新四军十六旅修枪所用的木榔头	木	1944年	8厘米×23厘米	三级
199	新四军十六旅指战员用的竹饭盒	竹	1944年	16厘米.0.75千克	三级
200	抗战时根据地人民支前用的驮架	木	1944年	60厘米×54厘米×63.5厘米	三级
201	新四军苏浙军区机要员徐充用的公文包	皮	1945年	18厘米×25厘米×10厘米	三级
202	新四军苏浙军区司令部机要员徐充用的私章	骨	1945年	1.5厘米×4厘米	三级
203	抗战时徐超使用的公文箱	铁	1943年	45厘米×30厘米×28厘米	三级

续表

序号	名称	质地	时代	尺寸·重量	级别
204	抗战时叶藻使用的公文箱	铁	1943年	50厘米×38厘米×36厘米	三级
205	黄祖煌的纪念手册	纸	新中国成立后	16厘米×11.7厘米	三级
206	黄祖煌的学习资料《中央人民政府人民革命军事委员会主席训词》	纸	1952年	18厘米×13厘米	三级
207	黄祖煌的军人登记表	纸	1953年	35厘米×18厘米	三级
208	黄祖煌的“中国人民志愿军”标志符号	纸	抗美援朝时期	8厘米×4厘米	三级
209	黄祖煌的学业证书	纸	1952年	17厘米×11.5厘米	三级
210	新四军苏浙军区无名烈士的血衣	布	1945年	100厘米×60厘米	三级
211	抗日战争时期钱九如的私章	石	1944年	2.3厘米×6厘米×3厘米	三级
212	抗日战争时期单洁使用的皮箱	皮、木	抗日战争时期	55.5厘米×30厘米×15.5厘米	三级
213	“长兴抗日第一枪”农民自卫队使用的大刀	铁	1938年	86厘米×11厘米	三级
214	胡桂才烈士牺牲时穿的裤子	布	1996年	120厘米	三级
215	陆梅根烈士生前的立功证书	纸	1947年	7厘米×10厘米	三级
216	陆梅根烈士生前的入党志愿书	纸	1949年	9厘米×13厘米	三级
217	政府发给吴兴元烈士亲属的“烈属荣府”匾额	木、玻璃、纸	1950年	23厘米×45厘米	三级
218	吴兴元烈士生前穿过的衣服	布	1945年	70厘米×60厘米	三级
219	抗日战争时期长兴地方武装用的“竹叶枪”	铁	抗日战争时期	64厘米×6厘米	三级
220	抗日战争时期长兴地方武装用的红缨枪	铁	抗日战争时期	103厘米×4厘米	三级
221	李守仁烈士生前的抗美援朝军功章	铜	1951年	3厘米	三级
222	章志清烈士生前用的军用水杯	铁	1989年	9.8厘米×9厘米	三级
223	俞炳尧烈士生前穿的军上衣	布	1970年	73厘米	三级
224	卓乃照烈士生前做油漆工用过的工具	胶、木、铁	1994年	（杂件）	三级
225	苏南区行政公署财政经济处饭票壹市斤	纸	1944年	9.7厘米×10.3厘米	三级
226	大义乡乡长贺海法签发的“召集保民大会并上报名单”的通知	纸	1945年	8.6厘米×14.3厘米	三级
227	白阜镇镇公所发的“贺锦新等三人来公所”的通知	纸	1945年	11.5厘米×13.5厘米	三级
228	合溪区区公所文书写给贺锦新的通知	纸	1945年	7.2厘米×20厘米	三级
229	大义乡乡公所收到第九保支粮证的收据	纸	1945年	4.7厘米×12.2厘米	三级

续表

序号	名称	质地	时代	尺寸·重量	级别
230	白阜镇镇长潘震签发的“动员民夫运送军粮”的通知	纸	1945年	9.5厘米×16厘米	三级
231	白阜镇第五保贺锦新借白米的借据	纸	1945年	5.5厘米×12.5厘米	三级
232	白阜镇镇长潘震签发的“保甲长出席乡镇扩大会议”的通知	纸	1945年	11厘米×18.5厘米	三级
233	白阜镇镇长潘震签发的聘书	纸	1945年	8.5厘米×15厘米	三级
234	合溪区区长汤澈签发的“合溪区区公所委任令总第17号”	纸	1945年	14.5厘米×19.5厘米	三级
235	白阜镇镇长潘震签发的“动员民夫军运”的通知	纸	1945年	10.5厘米×20厘米	三级
236	白阜镇镇长助理员代签发的“征派民夫军运”的特遣通知	纸	1945年	8.5厘米×19.5厘米	三级
237	白阜镇镇长潘震签发的“召开征收委员会议”的通知	纸	1945年	9.5厘米×19厘米	三级
238	白阜镇镇公所发的“召开乡镇扩大会议”的通知	纸	1945年	9厘米×19厘米	三级
239	白阜镇镇长潘震签发的“上缴麦粮”的紧急通知	纸	1945年	10.5厘米×19.5厘米	三级
240	白阜镇镇公所发的“征粮送粮”的通知	纸	1945年	7.8厘米×19.3厘米	三级
241	白阜镇镇公所发的“上报参军人数”的通知	纸	1945年	14厘米×31厘米	三级
242	白阜镇镇公所发的“召开镇务会议缝制军衣”的通知	纸	1945年	8.5厘米×20厘米	三级
243	白阜镇镇公所发的“召开镇务会议”的通知	纸	1945年	8.5厘米19.5×厘米	三级
244	白阜镇镇长潘震签发的“上报优抚实物及优抗家属名单”的通令	纸	1945年	11厘米×20厘米	三级
245	白阜镇镇长潘震签发的“慰劳品送公所”的通知	纸	1945年	5.5厘米×12.5厘米	三级
246	大义乡乡公所收到第九保支票公粮的收据	纸	1945年	5厘米×12厘米	三级
247	白阜镇镇长潘震签发的“扩大会议改期召开”的通知	纸	1945年	9厘米×19厘米	三级
248	大义乡乡长签发的“召开扩大会议讨论重要事宜”的通知	纸	1945年	7.5厘米×11.5厘米	三级
249	合溪区白纯一签发的扩军通知	纸	1945年	4.9厘米×8.5厘米	三级
250	大义乡乡公所贺邦燦签发的收费通知	纸	1945年	13.7厘米×18厘米	三级

续表

序号	名称	质地	时代	尺寸·重量	级别
251	合溪区区长汤澈签发的派夫通知	纸	1945年	9.6厘米×19.8厘米	三级
252	合溪区姜炳荣签发的收粮通知	纸	1945年	11厘米×20厘米	三级
253	白阜镇镇公所下发的捐物通知	纸	1945年	8.6厘米×21厘米	三级
254	合溪区白纯一签发的派夫通知	纸	1945年	7.3厘米×11.5厘米	三级
255	中国共产党党证C.C.P	纸	1944年	22厘米×9.8厘米	三级
256	温净使用的马袋	布	解放战争时期	143厘米×67厘米	三级
257	温净使用的军毯	布	解放战争时期	195厘米×143厘米	三级
258	温净使用的木箱	木	解放战争时期	36厘米×26厘米×27.5厘米	三级
259	温净使用的木箱	木	解放战争时期	37厘米×25厘米×21厘米	三级
260	温净使用的电台修理工具(老虎钳、尖头钳、螺丝刀、三角锉刀、扁锉刀、圆柱锉刀、工具布袋)	铁	解放战争时期		三级
261	温净学习用的《无线电学摘要》笔记本	纸	1938年9月	15.7厘米×20厘米	三级
262	华中军区司令部任命温净为电台中队长的命令	纸	1945年11月11日	20厘米×24厘米	三级
263	新四军一师师部任命温净为电台副中队长的命令	纸	1944年12月15日	13.5厘米×18.5厘米	三级
264	新四军一师师部任命温净为参谋处第三科科长的公布令	纸	1946年6月8日	36厘米×22厘米	三级
265	新四军成立65周年纪念行邮折第0049枚	纸	2002年10月	55.2厘米×20厘米	三级

一、石(骨)器

【石手镐】

旧石器时代。长18.6厘米，宽12.4厘米，厚8.2厘米，重2490克。2005年，泗安镇七里亭遗址出土。灰褐色石英砂岩，器体呈梯形，系在石核的两侧边向破裂面修理而成的小圆头形钝尖手镐，左侧为凸刃。刃角为90°，刃长10.4厘米；右侧为直刃，刃角为100°，刃长8.3厘米。两侧刃缘为波纹状，两侧刃相交成正尖，尖刃角为80°。

石手镐

【砍砸器】

旧石器时代。长13厘米，宽13.1厘米，厚7.2厘米，重1584克。2005年，泗安镇七里亭遗址出土。红褐色石英砂岩，器体呈梯形，采用单向破裂面加工方式修理而成的单端凸刃砍砸器。刃缘为锯齿状的凸刃，刃长12.1厘米，刃角为73°～105°。

七里亭遗址出土的砍砸器

【石片】

旧石器时代。长17.8厘米，宽7.1厘米，厚4.9厘米，重576克。2005年，泗安镇七里亭遗址出土。红褐色石英砂岩，打击点集中，石片角为117°，半椎体，凸起背面保留1/2自然面，背脊为1道打击与自然的交脊。器体中部横向断裂，前端略受损。

七里亭遗址出土的石片(可拼接)

【石核】

旧石器时代。长19.2厘米，宽18.3厘米，厚14.5厘米，重6510克。2005年，泗安镇七里亭遗址出土。灰褐色石英砂岩，自然台面和打击台面各2个，台面角分别为81°和86°，采用多向方式剥制石片，遗留11个片疤，打击点集中，半椎体阴痕微凹，放射状线痕清楚。

【刮削器】

旧石器时代。长2.7厘米，宽6.7厘米，厚2厘米，重31克。2005年，泗安镇七里亭遗址出土。白色硅质岩，器体呈长条形，采用复向加工方式将石片修理而成的单边凸刃刮削器。刃缘呈锯齿状，刃长3.7厘米，刃角为54°～63°。

七里亭遗址出土的刮削器

【骨尖状器】

旧石器时代晚期。长13.1厘米，宽2.3厘米，厚1.5厘米，重66克。2009年，小浦镇合溪洞遗址出土。黄褐色，以动物肢骨为原料制作而成。采用左边向骨壁内侧修理，而右边向骨壁外侧修理而成的正尖尖状器。两侧边均为直刃，左侧刃角为55°，刃长2.7厘米；右侧刃角为79°，刃长3.1厘米，两侧刃相交成正尖，尖刃角为56°。

合溪洞旧石器遗址出土的骨尖状器

【骨刮削器】

旧石器时代晚期。长10.6厘米，直径2.3厘米，重78克。2008年，小浦镇合溪洞遗址出土。黄褐色，以动物肢骨为原料制作而成。采用向骨壁外侧修理而成的单边斜直刃刮削器，刃角为74°，刃长3厘米。

合溪洞旧石器遗址出土的骨刮削器

【石环形器】

新石器时代·马家浜文化。外径15.1厘米，内径7.2厘米，厚4厘米。2005年11月，林城镇江家山遗址出土。青灰色砂岩，呈扁圆体。对钻孔，整器较规整。截面略呈梯形状，正面扁平，背面略小于正面。器表磨制光滑。

马家浜文化石环形器

【石网坠】

新时期时代·崧泽文化。长15.5厘米 ，宽7.6厘米，厚5厘米。2005年9月，林城镇江家山遗址出土。灰白色凝灰岩，呈长方体。纵有1道、横有3道刻磨石槽。

崧泽文化石网坠

【七盲孔石纺轮】

新石器时代·崧泽文化。直径6厘米，孔径0.6厘米。2005年10月，林城镇江家山遗址出土。青灰色砂岩磨制而成，呈扁圆体。中心对钻孔，正面等距离琢钻7个盲孔。

崧泽文化石纺轮

【三孔石刀】

新时期时代·崧泽文化。刃长16.8厘米，宽7.7厘米，孔径2厘米。2005年9月，林城镇江家山遗址出土。青灰色花岗岩，长方形，中间较厚呈弧形，形制厚实。顶部微凸，两侧内凹，刃部弧凸，双面刃，背部有3个等距离管钻圆孔，通体光洁。

崧泽文化三孔石刀

【石铲】

新石器时代·崧泽文化。长16.3厘米，肩宽12.3厘米。2005年9月，林城镇江家山遗址出土。青灰色砂岩打琢而成，石质坚硬。长方形柄，折肩、弧刃，刃口有使用后崩缺疤痕。

崧泽文化石铲

【石钺】

新石器时代·崧泽文化。高17.5厘米，肩宽12.4厘米，孔径3.3厘米。2005年10月，林城镇江家山遗址出土。灰色砂岩磨制而成，扁平，呈长方形。突背弧刃，上部对钻一孔，肩部略残。

崧泽文化石钺

【双孔石钺】

新石器时代·良渚文化。高14厘米，刃宽16厘米，厚0.5厘米，孔径2.1厘米。2003年8月，雉城镇台基山遗址出土。青灰色页岩磨制而成，石质坚硬。器表打磨抛光，扁平，呈长方形。弧刃，上部对称钻两圆孔。刃部由于使用残损崩缺。

良渚文化双孔石钺

【石镰】

新石器时代·良渚文化。长19.3厘米,宽6.3厘米。青灰色角岩磨制而成,石质坚硬。斜弧背,凹弧刃。

良渚文化石镰

【V形破土器】

马桥文化。通长26厘米,最宽15厘米,凹口6×5.5厘米,脊厚1.2厘米。2003年7月,小浦镇画溪桥遗址出土。青灰色砂岩磨制而成,石质坚硬。平面呈三角形,把作曲肱式。双面刃,略内凹。后侧中部向前斜琢打凹槽,两面基本磨平。器身厚重,制作较粗放。

【商石犁】

马桥文化。通长51.8厘米,底宽35厘米,厚1.2厘米。1972年,夹浦镇鼎新村出土。青灰色角岩打琢而成,呈三角形状。器形较大,扁平,后端有一凹口,刃部缺一小角。犁面较粗糙,正中直线上钻有一圆孔。

马桥文化石犁

【商石戈】

商代。通长27.4厘米,内长9.1厘米, 宽7.8厘米。1976年,长兴港出土。青灰色角岩磨制而成,石质坚硬。直内,弧援,中脊起棱,援面通体修磨,刃部与锋部较锋利。内与侧阑相接处有一凹槽。

商石戈

【商半月形石刀】

商代。长12.4厘米,宽4.3厘米,厚0.7厘米。1973年12月,吴山乡洪山港出土。青灰色页岩磨制而成,石质坚硬。呈半月形,单面刃,弧顶对钻有3小孔。通体光洁。

商半月形三孔石刀

二、玉器

【玉璜】

新石器时代·崧泽文化。长9.3厘米，厚0.5厘米。2005年10月，林城江家山遗址出土。墨绿色玉质，桥形状。截面呈椭圆形，器表圆润。

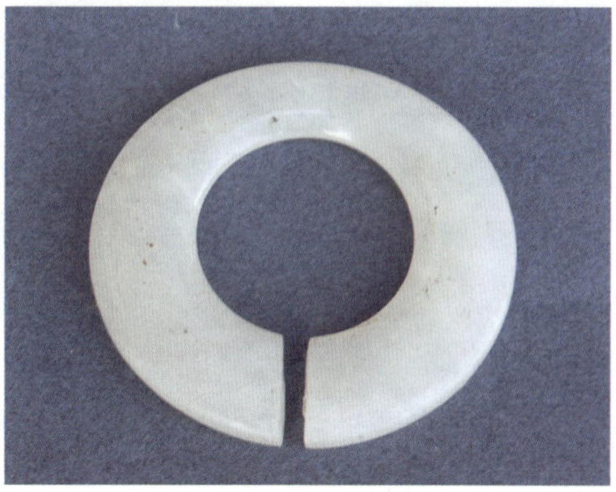

崧泽文化玛瑙玦

【玛瑙玦】

新石器时代·崧泽文化。直径5.3厘米，厚0.5厘米。2005年10月，林城江家山遗址出土。白玉色玛瑙质，平面呈圆形，中孔位置偏于豁口对侧。除豁口外，全器抛光。

【玉镯】

新石器时代·崧泽文化。直径7.6厘米，厚0.6厘米。2005年10月，林城江家山遗址出土。青灰色玉质。扁平圆环形，由两半圆形拼结而成，对接处各对钻一小孔。通体抛光。

【玉管】

新石器时代·崧泽文化。高4厘米，直径1.8厘米，孔径0.6厘米。2005年10月林城江家山遗址出土。白色玉髓质，圆柱体，截面呈椭圆形，上下双向对钻孔。通体抛光。

【西周萤石碗】

西周。口径5.5厘米，腹径6.5厘米，底径4.8厘米，高2厘米。2006年4月雉城镇渚山村陈墓岭古墓葬出土。萤石质，质地较粗糙，青绿色。侈口，鼓腹，平底。碗壁较厚，有自然形成不规整呈淡黄色裂痕。

西周萤石插座

【西周萤石插座】

西周。下端长10厘米，宽6厘米。2006年4月雉城镇渚山村陈墓岭古墓葬出土。萤石质，质地较粗糙，青绿色，半透明状。梯形正方体，弧边，座身微鼓，上部四周有一条浅浅的刻痕，中间有一直径1厘米钻孔。

【西周玉臂环】

西周。外径8.5厘米，内径6.2厘米。2006年4月雉城镇渚山村陈墓岭古墓葬出土。米黄色玉质，无沁斑。扁圆形，规整。外圈呈半圆状，内圈呈扁平状。

【战国玉璜】

战国。长8.5厘米，宽1.9厘米，厚0.3厘米。2004年3月雉城镇五峰村鼻子山越国贵族墓出土。玉色受沁后呈“鸡骨白”。桥形状，边缘做出扉牙，一小孔位于中部偏外，两面饰卷云纹。

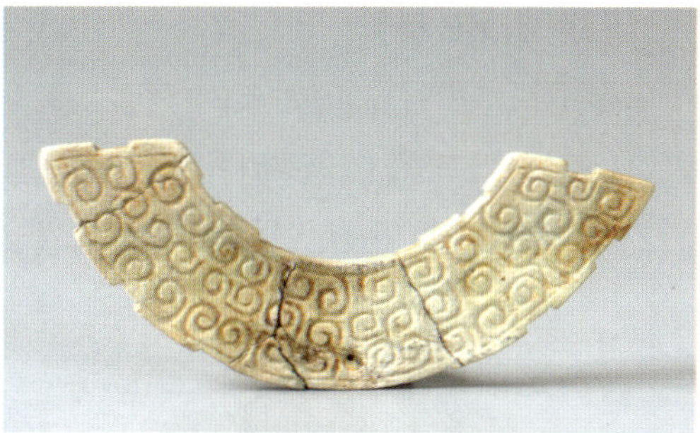

战国勾云纹玉璜

【战国龙形玉带钩】

战国。长3.7厘米，宽0.6厘米。2004年3月，雉城镇五峰村鼻子山越国贵族大墓出土。白色玉质，略有黑斑，整体呈琵琶状。兽首，短粗肥索，底部有一圆钮。通体琢磨光滑圆润，素面。

战国龙形玉带钩

【战国玉剑首】

战国。外径4厘米，内径1.6厘米，厚0.4厘米。2004年3月，雉城镇五峰鼻子山越国贵族大墓出土。青玉质，圆形扁薄，中有圆孔，似璧形，圆孔内镶嵌有圆形石片。正面内外缘有廓线一圈，廓线间浅浮雕卷云纹。内面光素无纹。有凹弧。

战国勾云纹青玉剑首

【战国玉圭形佩】

战国。长3.1厘米，直径1厘米，孔径0.6厘米。2004年3月，雉城镇五峰村鼻子山越国贵族大墓出土。白色玉质，无沁斑。扁平长方体，断面为扁圆形，中心有两端对钻成的纵向贯通小圆孔，周边有对称的扉棱。一端齐平，另一端与一侧成楔形，双面饰浅浮雕卷云纹。

战国玉圭形佩

【战国滑石瑗】

战国。外径 7.4 厘米，内径 4 厘米，厚 0.4 厘米。2004 年 3 月，雉城镇五峰村鼻子山越国贵族大墓出土。滑石质，灰白色。好大于肉。双面刻卷云纹。

战国卷云纹滑石瑗

【清龙凤纹翠色玉刀】

清代。通长 77 厘米，刀长 46 厘米，柄长 16.7 厘米，最宽处 16.7 厘米，厚 1.4 厘米。1981 年，长兴陶器厂李素琴捐。玉质，呈翠绿色。短柄，扁长体。镂空梭脊，有两孔。弧刃，刀头上翘，宽护手，刀体平面刻有龙凤纹。面上刻有“建安五年，征虏将军都亭侯觸”。

【清龙虎纹墨绿色玉刀】

清代。通长 73.5 厘米，刀长 48.5 厘米，柄长 25 厘米，最宽处 17 厘米，脊厚 1.4 厘米。1981 年，长兴陶器厂李素琴捐。玉质，墨绿色。短柄，扁长体，脊有两孔。刀刃平，刀头上翘，刀体平面刻有龙虎纹，柄刻有水波纹。

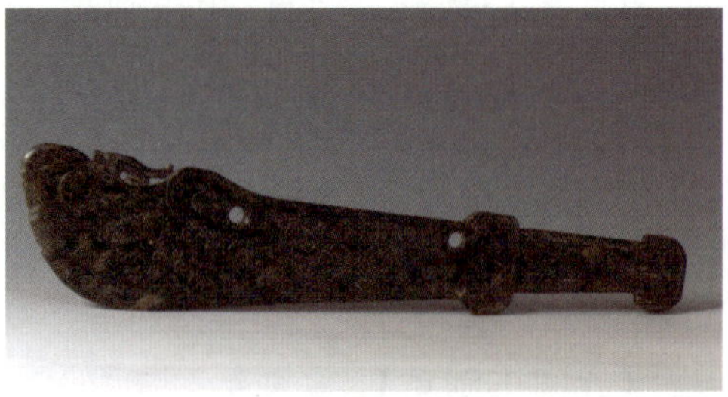

清龙虎纹墨绿色玉刀

三、陶器

【夹砂陶腰沿釜】

新石器时代·马家浜文化。高 16.8 厘米，口径 22.6 厘米。1984 年，和平镇狮子山遗址出土。夹砂灰陶。敞口、深腹、平底。口沿下有一圈向外突出齿状腰沿。釜托留有烟炱。

马家浜文化夹砂陶腰沿釜

【夹砂陶鬶】

新石器时代·马家浜文化。高 20 厘米，口径 6 厘米。1984 年，和平镇狮子山遗址出土。夹砂灰陶。呈鸟形状，侈口带流、束颈、鼓腹、前端设两袋足如重乳，后置一宽把，下端成宽扁形支足。

马家浜文化夹砂陶鬶

【红衣陶豆】

新石器时代·马家浜文化。高21.8厘米，口径17.6厘米，圈足14.8厘米。1984年，和平镇狮子山遗址出土。泥质红陶。浅盘、敛口、圆唇、弧盘、束腰把、喇叭形圈足。盘残损。

马家浜文化红衣陶豆

【猪鼻形夹砂陶支座】

新石器时代·马家浜文化。高9.3厘米，底径4.4厘米。1984年，和平狮子山遗址出土。夹砂灰陶。器物呈弧形，鼻口内凹、平底、背捏贴杉叶纹状泥条。局部有烧烤的烟炱痕。

马家浜文化猪鼻形夹砂陶支座

【黑衣陶杯】

新石器时代·马家浜文化。高8.4厘米，口径5.7厘米，腹径6.7厘米，底径5.9厘米。2005年12月，林城镇江家山遗址出土。泥质灰陶，黑色，器表光洁发亮。敞口、鼓腹、小喇叭口圈足。足上四面对称各钻两小孔。口、腹、圈足上各刻一道弦纹。

马家浜文化黑衣陶杯

【红衣陶壶】

新石器时代·马家浜文化。高19.5厘米，最大腹径22厘米。2006年5月，林城镇江家山遗址出土。泥质红陶，器表饰红色陶衣。直口、缩颈，圜底，鼓腹呈椭圆形，两端翘起内勾。

马家浜文化红衣陶壶

【刻画纹陶纺轮】

新石器时代·崧泽文化。直径6.1厘米,孔径0.5厘米,厚1.3厘米。2005年9月,林城镇江家山遗址出土。泥质灰陶。呈扁圆体,截面呈梯形状。中间钻一小圆孔,正面饰双勾线图徽和绳结纹,纹饰周边针戳莲蓬盲孔。反面素面,较粗糙。

崧泽文化刻画纹陶纺轮

【夹砂陶缸】

新石器时代·崧泽文化。高12.5厘米,口径14.3厘米。2003年9月,雉城镇台基山遗址出土。夹砂灰陶。敞口、深腹、尖底,口沿饰4道弦纹,器身饰斜刻纹,底部留有烟炱。口沿略残。

崧泽文化夹砂陶缸

【泥质灰胎假腹黑衣陶杯】

新石器时代·崧泽文化。高10.7厘米,口径7.4厘米,底径7厘米。2005年9月,台基山遗址出土。泥质灰陶胎,器表饰黑色陶衣。敞口、束把、平底、喇叭形豆把,器身刻有4道弦纹,中间镂刻三角形和圆形孔。

崧泽文化泥质灰胎假腹黑衣陶杯

【黑衣高足罐形豆】

新石器时代·崧泽文化。高16.6厘米,口径6厘米。2005年10月,林城江家山遗址出土。泥质灰陶胎,器表饰黑色陶衣。直口、溜肩、折腹、束把、喇叭形高圈足。

崧泽文化黑衣高足罐形豆

【黑衣双鼻壶】

新石器时代·良渚文化。高10.5厘米，口径6.8厘米，腹径9厘米，底径7.2厘米。1976年，长兴港出土。泥质灰陶胎，薄胎，器表饰黑色陶衣，光洁发亮。直口微敞，圈足，器形似杯。口沿置对称双鼻，器内壁可见多道轮制旋痕。

良渚文化双鼻壶

【螺旋纹彩陶球】

新石器时代·良渚文化。直径4厘米。雉城镇原电影院工地出土。泥质灰陶，圆球体。器表绘有12个赭红色螺旋纹。

良渚文化螺旋纹彩陶球

马桥文化黑衣陶觚

【黑衣陶觚】

马桥文化。高23.8厘米，口径10.4厘米，底径7.2厘米。1976年，长兴港出土。泥质灰陶胎，器表呈灰黑色。敞口、束把、喇叭形圈足。器身饰8道弦纹，器把压印螺旋加小尖喙的组合纹，圈足钻有16个小孔。

【圈点纹陶拍】

马桥文化。高9厘米，底部直径5厘米。2003年6月，泗安镇仙山遗址采集。泥质灰陶，呈葫芦状。底部均匀戳有直径0.3厘米盲孔。

马桥文化圈点纹陶拍

【梳篦纹带錾陶鸭形壶】

马桥文化。高12厘米,口径10.7厘米。1976年,长兴港出土。泥质灰陶,呈鸭形状。敞口、高颈、椭圆形扁鼓腹、圈足外撇。颈部及尾部上施扁环形宽把,把上按贴4粒小圆珠作装饰。颈部留有轮制印痕,腹部饰绳纹。

马桥文化鸭形壶

【西周假方座印纹硬陶尊】

西周。高16.5厘米,口径16厘米,腹径19.5厘米,底边长11.5厘米。2002年12月,煤山镇下齐岭土墩墓出土。灰色硬陶。敞口、缩颈、鼓腹、方座、平底。颈部饰弦纹,腹部饰曲折纹,底座饰梯格纹。

西周假方座印纹硬陶尊

【西周双系组合纹带盖陶簋】

西周。高24.5厘米,口径20.2厘米,底径19.5厘米,钮高4.8厘米。2002年12月,煤山镇下齐岭土墩墓出土。灰色硬陶。子母口、鼓腹、大平底,腹部对称饰两扁形系。半圆形顶盖,羊形钮。腹部中间饰3道云雷纹,其他饰方格纹。

西周双系组合纹带盖陶簋

【西周组合纹葫芦形硬陶壶】

西周。高14厘米、口径8.5厘米,腹径15.5厘米,底径12.3厘米。1982年,夹浦镇香山石矿出土。灰色硬陶。束腰葫芦形,上下两陶罐相接。侈口、平唇、缩颈、平底。腹中部饰弦纹,腹上部饰编织纹,腹下部饰曲折纹。

西周组合纹葫芦形硬陶壶

【西周硬陶船形壶】

西周。长22.6厘米，宽14厘米，高9.7厘米。1989年，林城镇太傅石狮村土墩墓出土。泥质硬陶。扁腹大平底，平面呈船形，两端呈尖状上翘，并各有一圆形竖耳，中有耳孔可穿绳。一侧设有圆形短流。

西周硬陶船形壶

【春秋绳纹硬陶甑】

春秋。高10.2厘米，口径12.9厘米，腹径11.8厘米。1976年，长兴港出土。浅灰色硬陶。喇叭口、鼓腹、圜底。腹部饰绳纹加斜方格纹，底部钻有28个小孔。

春秋绳纹硬陶甑

【战国“东阳里”黑衣陶豆】

战国。高11.4厘米，口径14.4厘米，底径8.1厘米。1976年，小浦镇画溪桥出土。泥质灰陶，器表饰黑色陶衣。直口、圆唇、浅弧盘、束把、喇叭形圈足。盘口内饰有螺旋纹，中间刻有“东阳里”3字。

战国“东阳里”黑衣陶豆

【东汉陶俑】

东汉。高31厘米，宽24.5厘米。2005年6月，雉城镇西峰坝村画像石墓出土。泥质灰陶。头戴山形冠，身着宽袖长袍，腰部束带，跽坐。双目平视，双手掌心朝上平举作讲学状。外表光洁细腻，面部眉、眼、鼻、须均作细微刻画，形象逼真。

东汉陶俑

【东汉陶灶】

东汉。通长23厘米，最宽14.2厘米，高6.8厘米，膛口4×4.5厘米。2005年6月，雉城西峰坝村画像石墓葬出土。泥质釉陶，整体呈船形。圆角处有圆形烟孔。前面开有长方形火门。灶面上有两个大火眼，上置陶甑。

四、瓷器

【西周原始瓷带甑壶】

西周。口径10厘米，腹径13.7厘米，底径8.7厘米，高10.9厘米，流长2.5厘米。2006年4月，雉城镇渚山村陈墓岭古墓葬出土。胎质灰白，通体施青褐色釉，釉质细腻。敞口、缩颈、溜肩、鼓腹，圈足外撇，肩部置一流。颈、肩、腹各施3道弦纹，弦纹间刻画小斜方格纹。壶口置一碗形甑且与壶黏结在一起，敞口、圜底，口沿施8道弦纹，其上均匀粘贴3只“S”形纹钮，底部钻5个小孔。

西周原始瓷带甑壶

【春秋原始瓷尊】

春秋。高17.8厘米，口径22厘米，底径16.6厘米。1989年林城镇石狮村石室土墩墓出土。胎色灰黄，器表施青褐色釉。侈口宽沿斜折、长颈、鼓腹，腹下部内收，喇叭形圈足。腹部饰扉棱假耳三只，外表饰云雷纹。

【战国原始瓷甬钟】

战国。通高42.5厘米，甬长13.5厘米，铣间19.1厘米。2003年12月，雉城镇五峰村鼻子山越国贵族大墓出土。胎色灰白，外施褐青黄色薄釉。甬呈圆柱体，有环状旋及钮。钲作合瓦状椭圆形，两面隧下至铣间起弧，钲上部中间以篆分离。两边各饰9枚，共计36枚。甬部饰圆圈纹，彝部及正鼓部冠状线内遍布正反“C”形纹，篆部与枚以突起连珠纹或刻划纹间隔。

战国原始瓷甬钟

【战国原始瓷镈钟】

战国。通高19.7厘米，钲高10.7厘米，鼓高7厘米，铣间16.5厘米。2003年12月，雉城镇五峰村鼻子山越国贵族大墓出土。胎色灰白，外施青黄色薄釉。甬钟体平口、平底。半环型钮，钮边有单孔穿。钲上部中间以篆分隔。两边各饰9枚，共计36枚。彝部与枚用刻划纹线作间隔。

战国原始瓷镈钟

【战国原始瓷勾鑃】

战国。通高29.7厘米，柄长8.7厘米，铣间21厘米。2003年12月雉城镇五峰村鼻子山越国贵族大墓出土。胎色灰白，外施青黄色薄釉。柄呈四方体，钲作合瓦状椭圆形，两面隧下至铣间起弧。钲底部饰有锯齿状图案，图案中布正反“C”形纹。

战国原始瓷勾鑃

【战国仿青铜器原始瓷錞于】

战国。统高44厘米，盘横21.8厘米，口横22厘米，肩横24厘米。2003年12月雉城镇五峰村鼻子山战国越国贵族大墓出土。胎色灰白，外施褐青黄色薄釉。圆形筒体，钮索纹半环钮，钮边有单孔穿。平顶、宽肩、束腰、平底、侈口。盘、腰部分饰“S”形纹，正面饰“C”形纹。

战国原始瓷錞于

【东汉原始瓷钱币纹双复系盘口壶】

东汉。高42厘米，口径17.3厘米，腹径37.2厘米，底径17厘米。1976年小浦镇画溪桥出土。胎色灰白，外施褐青色釉不及底。双层盘口、束颈、深鼓腹、大平底。双肩堆饰4桥型系，腹部饰五铢钱币纹，颈部分别饰水波纹和弦纹。

【东晋青瓷鸡首壶】

东晋。通高23.2厘米，口径7.3厘米，腹径18.6厘米，底径12.2厘米，鸡首高4.4厘米。2005年6月雉城镇西峰坝村港北六朝墓出土。灰白色胎，外施青色釉不及底，口沿点褐彩。盘口、束颈、丰肩、鼓腹、平底。肩部置对称半圆形系，一端饰高冠鸡首，另一端置圆弧形把。

东晋青瓷鸡首壶

【东晋褐釉羊形器】

东晋。高13.4厘米，长16.9厘米。2005年6月，雉城镇西峰坝村港北自然村出土。灰白色胎，通体施褐色釉羊形。竖耳卷角，双目温顺，神态自若。两肋刻画双翼，四足跪伏，身躯丰满，头顶一孔通腹。

东晋褐釉羊形器

【东晋青釉点褐彩带盘四足盏】

东晋。高8.6厘米，盘口径18.6厘米，底径16.2厘米，盏口径12.5厘米。胎色灰白，外施青黄色釉。口沿用褐色釉点彩。托盘内置四足瓷盏。托盘圆唇，平底内凹。四足盏敞口，圆唇、弧腹，中间有一道内凹弦纹，平底，粘贴四马蹄形足。

东晋青釉点褐彩带盘四足盏

【东晋褐釉钱币纹陶瓮】

东晋。高56.5厘米，口径39.5厘米，腹径66厘米，底径25厘米。2004年3月，林城镇大云寺村出土。灰白色胎，外施褐釉不及底。敛口、丰肩、鼓腹、下腹斜收、平底。口沿饰二道弦纹，腹上部拍印钱币纹，下部拍印麻布纹。

东晋褐釉钱币纹陶瓮

【宋定窑白瓷碗】

宋代。高5.3厘米，口径19.6厘米，底径6.6厘米。1972年洪桥镇横山小沉渎出土。灰白色胎，胎质紧密、精细，通体施乳白色釉。敞口、浅斜腹、矮圈足，内壁均匀分布6条出筋斜线。

宋代定窑白瓷碗

【宋青白瓷镂空缠枝牡丹香薰】

宋代。通高9.6厘米，内径8.9厘米，底径9.3厘米，外径10.5厘米，足高0.9厘米。2001年3月29日，雉城镇高山岭亭子头宋代石椁墓出土。灰白色瓷胎，胎质精细，通体施青白色釉，釉质细腻润泽。半球形盖，盖上为镂空缠枝牡丹。子母口，莲花瓣座，下饰三扁“T”形足。整器完整，精致。

宋代青白瓷镂空缠枝牡丹香薰

【宋哥窑贯耳瓶】

宋代。高12厘米，腹径8厘米，底径5厘米。2012年4月，李家巷镇石泉村明代砖室墓出土。铁灰色瓷胎，胎质较精细，施淡青灰色釉，釉面光洁圆润。通体开片呈“金丝铁线”，圈足为“铁足”。直口、长颈、双贯耳呈管状，腹体扁圆。

宋代哥窑贯耳瓶

【宋哥窑三足炉】

宋代。通高6.8厘米，口径9厘米，腹径11厘米。2012年4月，李家巷镇石泉村明代砖室墓出土。铁灰色瓷胎，胎质较精细，施淡青灰色釉，釉面光洁圆润。通体开片呈冰裂纹，片纹有金黄色金丝和黑色铁线，呈紫口铁足。足尖无釉，呈铁灰色。

宋代哥窑三足炉

【宋建窑兔毫盏】

宋代。高6.6厘米，口径12.5厘米，底径4厘米。2001年3月29日，雉城镇高山岭亭子头宋代石椁墓出土。胎色灰白，胎质较粗松。侈口厚唇，深腹斜壁，小圈足。釉色黑而发亮，晶莹凝厚，外壁釉汁垂流厚挂不及底。内壁黑釉中出现纤细如兔毫流纹，富有强烈的光彩感。

宋代建窑兔毫盏

【宋龙泉窑青瓷瓶】

宋代。口径9.9厘米，腹径12.9厘米，底径7.7厘米，高24.9厘米。1988年7月林城桥南村叶家自然村出土。撇口，长颈，垂鼓腹，圈足。胎体厚重，釉色青绿，器形规整。

宋代龙泉窑青瓷瓶

【明龙泉窑历史人物图青瓷碗】

明代。高9.8厘米，口径17.3厘米，圈足直径6.6厘米。1972年9月雉城镇五峰山出土。灰白色胎，青灰色釉，细碎开片。圆唇、弧腹、平底、圈足、口沿外壁饰云雷纹，内壁刻有孔子、韩信、李白、真子4位历史人物。

明代龙泉窑青瓷历史人物故事碗

【清青花瓷将军罐】

清代。高59厘米，口径23.3厘米，腹径40厘米，底径25厘米。 泗安镇仙山枣树湾村征集。青花瓷，胎质洁白细腻。盖为拱顶，边向外移，顶上有一桃形钮，盖底作子母扣。罐移口、束颈、溜肩、鼓腹、下腹斜收、矮圈足。通体描绘青花缠枝牡丹。

清代青花瓷将军罐

五、青铜器

【西周云雷纹青铜铙】

西周。高52厘米,铣间40.4厘米,鼓间25厘米,重47.5公斤。1959年10月,小浦镇小浦村上草路自然村出土,铜质,灰绿色。无钲,两侧各有9个"冏"纹乳突形枚。甬上有干无旋。鼓、篆、舞、甬均饰云雷纹。干饰云雷纹和凸起的"C"形纹。甬下端两面各有乳钉一对。(浙江省博物馆收藏)。

西周云雷纹青铜铙

【西周龟纹青铜簋】

西周。高9.9厘米,口径18.2厘米。1959年10月,小浦镇小浦村上草路自然村出土。现由浙江省博物馆收藏。铜质,灰绿色。口沿外卷、浅腹、圈足。肩上有四个兽首系。口沿"C"形纹,内底饰龟纹。(浙江省博物馆收藏)。

西周龟纹青铜簋

【西周小垂腹扁足兽面纹青铜鼎】

西周。高20.5厘米,口径20.8厘米,腹径22厘米。1976年,雉城镇下箬寺上莘桥出土。铜质,敛口,宽沿,立耳。最大径在下部,浅平底。足断面为半圆形。外底部有烟炱痕迹。腹部饰两道弦纹,中间饰以兽面纹。器形敦实厚重。

西周小垂腹扁足兽面纹青铜鼎

【宋青铜鬲】

宋代。高9.6厘米,口径6.3厘米。1978年,李家巷镇李家巷村出土。铜质,青灰色。直口、宽平唇、直颈、溜肩、弧形裆、三圆足,颈部曲折线框内布满圆圈纹。

宋代青铜鬲

【南朝四凤青铜提梁匜】

南朝。高17厘米，宽29.3厘米，底径15.7厘米。1973年，槐坎乡礼贤芥出土。铜质，灰绿色。主体呈平底圆盆状，敞口。上置竹节纹宽扁弧形提梁。提梁两端各饰两只相向凤鸟，与盆两翼平板相接。其中，一边平板设半圆形流。

南朝四凤青铜提梁匜

【六朝青铜镂空鎏金香薰】

六朝。通长23.7厘米，薰高7.5厘米，薰底径4厘米，把长16.2厘米，銎边长1.3厘米。2005年5月，雉城镇西峰坝村出土。铜质，薰呈桃形状，通体鎏金，精雕细镂，饰四兽，下有方銎与把相接。把呈长方形，青灰色，底部饰龙首。

六朝青铜镂空鎏金香薰

【南宋“湖州铸鑑局乾道七年”纪年铭文葵花形铜镜】

南宋。直径11.5厘米，厚0.3厘米，钮径1.2厘米。1977年，和平乡出土。铜质，六瓣葵花形，小钮，素地。镜钮两侧铸有楷书铭文题记，一侧为“湖州鑄鑑局/乾道七年鑄/煉銅□□”，三竖行排列；另一侧为“鑄造工匠楊二”。

南宋“湖州铸鑑局乾道七年”铭六葵形铜镜

【商叶脉纹直内双穿青铜钺】

商。纵20.5厘米，横16.8厘米，内长6.8厘米，内宽4.9厘米。1979年，长城乡长城村出土。铜质，青灰色。弧形刃，刃部两角内卷与钺身纵向平行。除刃部外钺身两面饰叶脉纹和菱格纹。两肩有方形穿。长方形内，两面均有相同的内凹图案，或为某种徽识。

商叶脉纹直内双穿青铜钺

【商有阑直内青铜戈】

商。通长21.8厘米，援长16.9厘米，援最宽4.5厘米，内长4.9厘米，内宽3厘米，阑宽5.5厘米。1976年，长兴港水利工程中出土。铜质，紫铜色。有阑直内式。援宽而长，前锋钝尖，有上下阑，内作长方形，无胡。

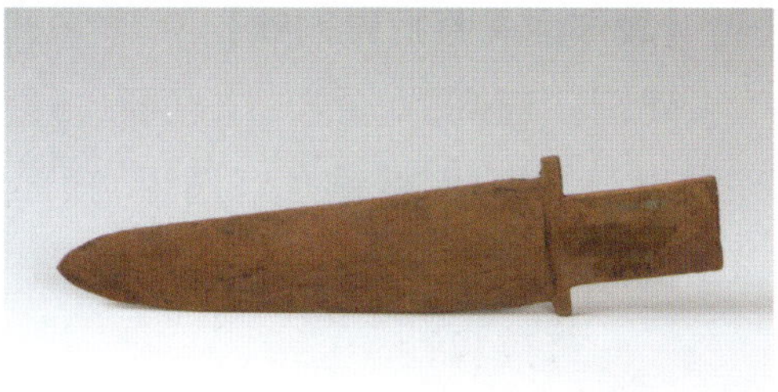

商有阑直内青铜戈

【西周圆茎耳形梭兽面纹青铜剑】

西周。通长35.8厘米，剑身最宽3.2厘米，茎长8厘米。1976年，长兴港水利工程中出土。铜质，斜宽从，狭前锷尖锐，中脊隆起并有血槽。无格，以一箍使身、茎分界。茎前端扁平，附一对扉耳。茎后端圆形中空，圆茎两端有箍。两从、茎、扉耳饰云雷纹或兽面纹，纹饰精美。剑身中间折断。

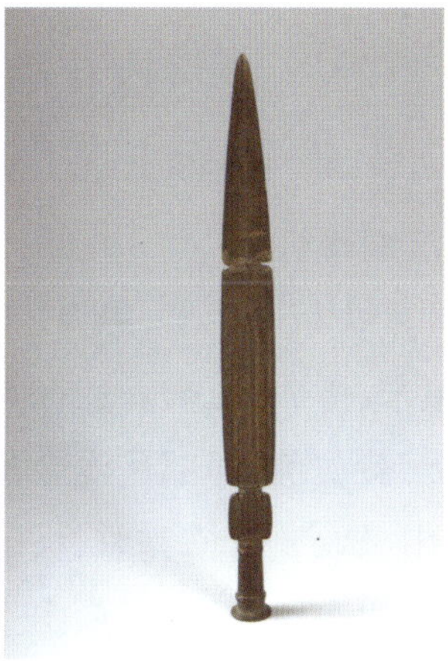

西周圆茎耳形梭兽面纹青铜剑

【西周云雷纹青铜短剑】

西周。通长21.6厘米，茎长7厘米，身宽4.2厘米，格长1.3厘米，格宽4.8厘米。1976年，长兴港水利工程中出土。铜质，青灰色。剑身呈三角形，脊微隆，刃部锋利，凹形格，圆茎中空，茎上有二道凸箍，圆首，格、茎部一面饰云雷纹，一面饰兽面纹。

西周云雷纹青铜短剑

【战国“王”字纹青铜矛】

战国。通长20.1厘米，骹长7.8厘米，叶长12.3厘米，銎口直径2.1厘米。1976年，长兴港出土。铜质，灰黑色。矛身呈叶形，长骹圆銎，前锋锐利，梁刃狭长，中脊凸起。血槽两侧各铸有“戉”纹饰，骹作圆筒形略扁，正面有一半圆系，下部铸有双线金文“王”字。

战国“王”字纹青铜矛

【战国圆銎直把青铜镦】

战国。通高10厘米,球直径6.5厘米。1976年,长兴港出土。铜质,紫铜色。圆銎,顶部呈球状,瓜棱瓣。整器规整。

战国圆銎直把青铜镦

【西汉铜弩机】

西汉。纵17.5厘米,悬刀7.5厘米,望山9.7厘米,箭槽11.5厘米,键7.6厘米。1976年,长兴港水利工程中出土。铜质,黄灰色,局部呈浅金黄色,通体光亮。郭、牙、悬刀、望山、钩心、箭槽完整,扳动灵活,望山与牙合铸一体,箭槽两边有错银纹饰,望山上有错银刻度,郭部饰斜方格纹。

西汉铜弩机

【明铜火铳】

明代。通长33厘米,前膛长20.8厘米,药室长9.5厘米,口径内径4厘米,外径5.5厘米。1978年,小浦镇光耀村出土。铜质。铳身由前膛、药室、尾銎三部分组成,药室外凸成扁鼓形,药室中部有小孔,为药门,可置引火线,药室上部置宽扁半环形把手。尾銎中空,略呈喇叭形。

明代铜火铳

【春秋青铜钻】

春秋。通长10厘米,圆环直径4厘米,厚1.5厘米。1976年,长兴港水利工程中出土。铜质。青灰色。前端呈六棱锥形,后端为圆环形,圆环上有六道棱线。

春秋青铜钻

【春秋青铜镰】

春秋。通长12.6厘米,最宽4.4厘米。1972年,吴山乡龙溪港出土。铜质,青灰色。宽端有穿,上部较厚呈弧形,下部细锯齿状,凹弧刃,镰面阴刻条状纹。

春秋青铜镰

【战国折肩青铜铲】

战国。高7.4厘米,刃宽7.7厘米,銎口3×1.5厘米。1976年,长兴港水利工程中出土。铜质,青灰色。长方形銎、折肩、宽平刃。銎上饰两道弦纹。

战国折肩青铜铲

【战国铜耘田器】

战国。通长20.2厘米,宽5.1厘米。1976年长兴港水利工程中出土。铜质,青灰色,呈靴形。长方銎,双翼,刃部较锋利。

战国铜耘田器

【战国青铜削】

战国。长19.4厘米,刃长11.6厘米,刃口宽1.4厘米。1976年,长兴港水利工程中出土。铜质,青灰色。长方形柄,扁长体。弧刃,刀头上翘。

战国青铜削

六、铁器

【战国铁锄】

战国。高8.1厘米、刃部宽8.6厘米、銎径2×6.3厘米。太湖水域出土。铁质,灰黑色。长方銎,两侧角略外凸。直体宽弧刃,中间有一大方孔。刃部略残。

战国铁锄

【战国铁斧】

战国。高14厘米、刃宽4厘米。1976年,长兴港出土。铁质,青灰色,略有锈斑。长方体,凹口銎,双面刃,中脊隆起。

战国铁斧

【战国铁铍】

战国。长34.8厘米,茎长11厘米,最宽3.6厘米。1976年,长兴港水利工程中出土。铁质,灰黑色。短剑状,长锋,隆脊,斜宽从,锋刃锐利。无格,扁茎,后端渐细呈锥状;茎中部有一圆穿。

战国铁铍

【汉铁箭】

汉代。通长41.3厘米,镞长3.7厘米,杆27.6厘米,羽10厘米。1976年,长兴港水利工程出土。铁质,灰黑色。箭镞、杆羽均为铁制。

汉铁箭

【汉环首铁刀】

汉代。通长117厘米，刀身最宽3.7厘米，柄长32.5厘米，环首5.5×5.5厘米。1976年长兴港水利工程中出土。铁质。直体，刀身细长，锋斜直。刀柄与刀身大致等宽，通体镀铬。刀柄用竹片包夹，再以四道宽扁铜箍固定(现残存部分竹片及三道铜箍)，刀柄有残缑痕。椭圆形环首。

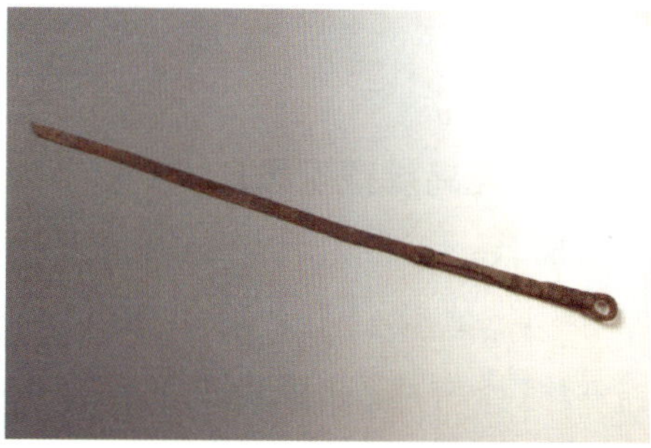

汉环首铁刀

【汉铁长剑】

汉代。长102厘米，茎长11.6厘米。1976年长兴港水利工程中出土。铁质，灰墨色。腊狭长，两从保持平行至锋处，断面呈菱形，茎扁平有一穿，铜质凹形格，剑形分铸，整体镀铬，保存良好。

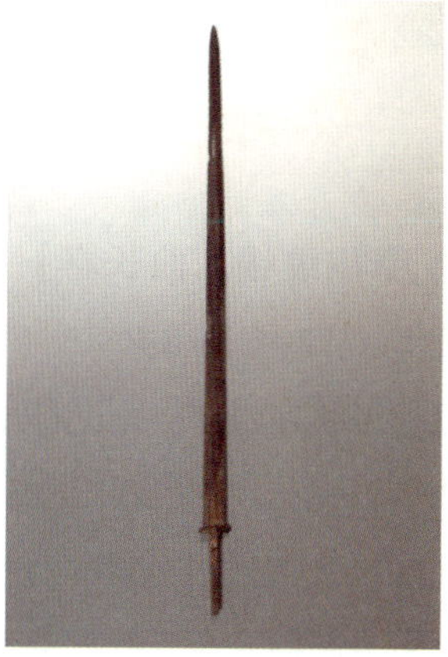

汉铁长剑

【汉铁戟】

汉代。通长64厘米，刺长37厘米，援长24厘米。1976年长兴港水利工程中出土。铁质，黑灰色。整器作“卜”字形。刺、胡、援均细长，尖锋，刺和胡大致在同一直线上，援横出与刺、胡垂直。援末与胡交界处有一圆形小穿。

汉铁戟

【汉凹口铁臿】

汉代。高18厘米，腹刃宽16厘米，上段宽13.2厘米。1976年长兴港水利工程出土。铁质，青灰色，略有锈斑。凹口銎，单面弧形刃，刃两侧角略外撇，上端呈凹形。

汉凹口铁臿

七、金银器

【唐花鸟纹银项圈】

唐代。项圈最大径15.8厘米，重76克。1976年，下莘桥银器窖藏出土。银质，项圈由两股合成，由两条柳叶形银片弯成，两端尖细的部分缠银丝，并绕出环眼。一股素面，一股正面錾刻纹饰，其外侧部分以鱼籽纹为地，刻花鸟纹，内侧部分刻连续的叶瓣纹。纹饰部分有鎏金痕迹。

唐花鸟纹银项圈

【唐摩羯纹银八曲长杯】

唐代。口径11.3×7.2厘米，高3.9厘米。1976年，下莘桥银器窖藏出土。杯体为横向分层式八曲瓣，内壁有清晰的棱线。杯口沿内壁一周以鱼籽纹为地，錾刻几何纹。杯内壁两侧以鱼籽纹为地，刻缠枝纹。杯内壁中区錾两摩羯绕火焰宝珠嬉戏图案。杯底外壁有焊接痕迹，推测原有圈足。纹饰部分鎏金。

唐摩羯纹银八曲长杯

【唐摩羯纹银匙】

唐代。全长30.2厘米，柄长22.4厘米，匙面长8.4厘米，匙面宽4.4厘米。1976年，下莘桥银器窖藏出土。银质，银灰色。匙面一周饰莲瓣纹，錾刻精美，画面生动。匙柄扁平，下窄上宽，柄端呈三角形，柄上部錾刻有对称的变形莲花纹，施“珍珠地”。

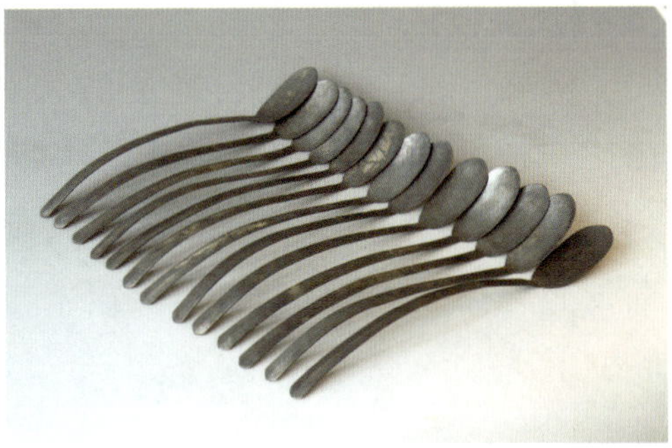

唐摩羯纹银匙

【唐镂空缠枝三凤石榴纹银钗】

唐代。残长37厘米，钗头残长12.4厘米，重24克。1976年，下莘桥银器窖藏出土。银质。钗头整体略成花叶形，其根部为层叠的4叶瓣，钗头主体为精美镂空缠枝纹；其上饰三只凤鸟和两只石榴，钗头下端系有菱角形垂饰，钗头鎏金，钗股横截面为矩形。

唐镂空缠枝三凤石榴纹银钗

八、碑碣

【大云寺石经幢】

唐代。幢身高约177厘米，周广约167厘米，八面柱形，共八面。上刻“佛顶尊胜陀罗尼经”，每面9行，每行59字，隶书；额题“佛顶尊胜陀罗尼救危济妙法宝之幢，处士胡季良书并篆”。刻石工匠周镒。该经幢原立于林城市里村大云寺前，称“方山宝幢”。初建于唐会昌三年（843年），后因灭佛运动而毁，唐大中五年（851年）重树。仅存幢身与方柱、仰莲。幢顶方柱刻壶门壁龛，龛内雕刻佛、菩萨的佛教故事，形象生动、线条流畅。“文化大革命”后搬入县博物馆保存。

大云寺石经幢

【《圣井铭并叙》碑】

明代。碑高0.92米，宽1.47米，厚0.25米，文21行，行16字，共301字。明隆庆元年（1567年）十月十日，吴郡归有光撰文，淮阴吴承恩书。四周刻有莲瓣，花纹古朴。原立于下箬寺，20世纪60年代初移县文化馆，“文化大革命”中扑地保存，免遭劫难。1979年9月，县博物馆新建碑亭，与《梦鼎堂记》《东岳行宫记》碑同时陈列展出。当时《人民日报》、《光明日报》、中央人民广播电台均作了报道。2000年，碑亭拆迁后，该碑由县博物馆保存。

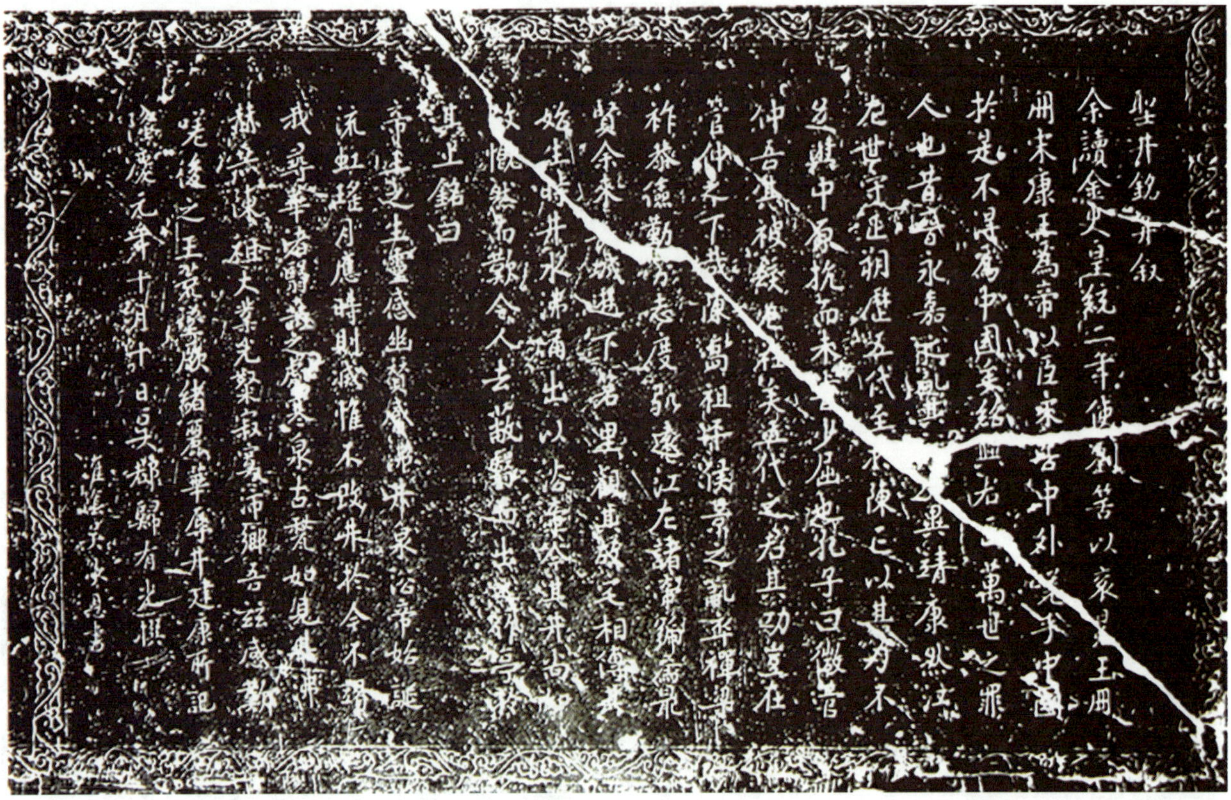

《圣井铭并叙》碑

【《梦鼎堂记》碑】

明代。高1.85米，宽0.57米，厚0.23米。文17行，行34字，全文共514字。明隆庆元年(1567年)十月十日，吴郡归有光撰文，淮阴吴承恩书。篆书碑额，额两边镌刻卷云纹，左右下三边刻莲瓣纹，花纹古朴。知县归有光重建长兴县衙门，将县衙后宅题名为梦鼎堂时写此碑文，立于衙门内。1979年9月，县博物馆新建碑亭，与《圣井路并叙》《长兴州修建东岳行宫记》碑同时陈列展出。2000年碑亭拆迁后，该碑由县博物馆保存。

【《长兴州修建东岳行宫记》碑】

元代。长兴东岳行宫在县城西门外五峰山上，始建于南宋绍兴八年(1138年)，元皇庆元年(1312年)十二月，长兴知州吕澍，同知州事马镕重修，元成宗元贞元年(1295年)升长兴县为长兴州。延祐元年(1314年)四月竣工，树碑石《长兴州修建东岳行宫记》于五峰山上。碑高1.98米，宽1.21米，厚0.235米，碑文系资善大夫徽州路总管孟淳撰，集贤侍讲学士中奉大夫赵孟頫书并篆。碑额题篆："重建东岳行宫之记"。碑文18行，行40字，正书，径一寸。碑阴上层额云："重修东岳行宫施主题名"。下层额云"东岳行宫常住田土"。皆篆书横列。题名二列，字径七分，田土一列，字径五分，皆正书。再下一层刻有明嘉靖年间建立碑亭题记。唯碑额已不存，博物馆仅藏有碑额拓片一份。赵孟頫为元代大画家，大书法家，书学晋、唐。《两浙金石志》云："松雪此书清劲秀拔，骨肉兼到，可以雁行北海，篆额亦遒劲。"1979年9月，县博物馆新建碑亭，与《梦鼎堂记》《圣井铭并叙》碑同时陈列展出。2000年后，该碑由县博物馆保存。

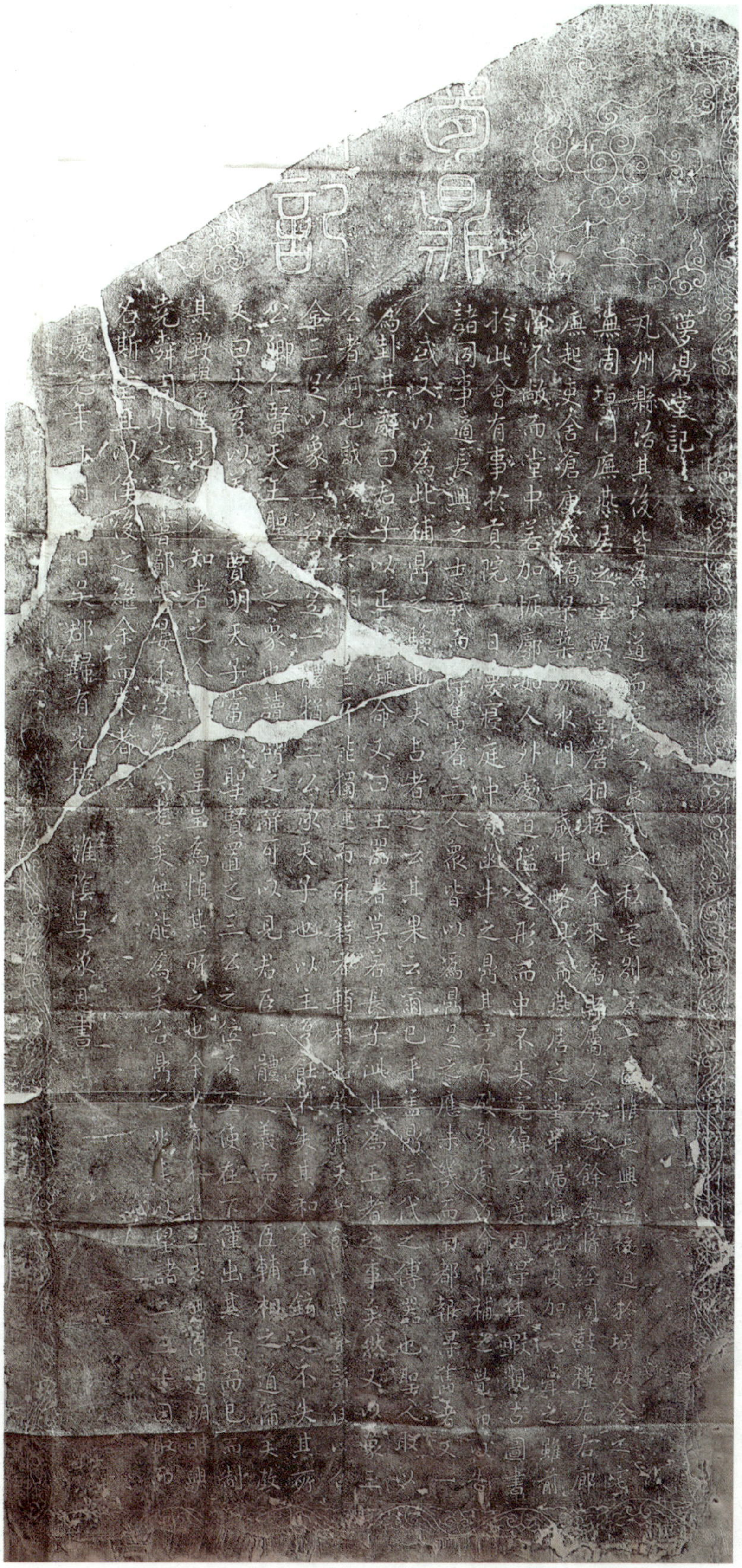

《梦鼎堂记》碑

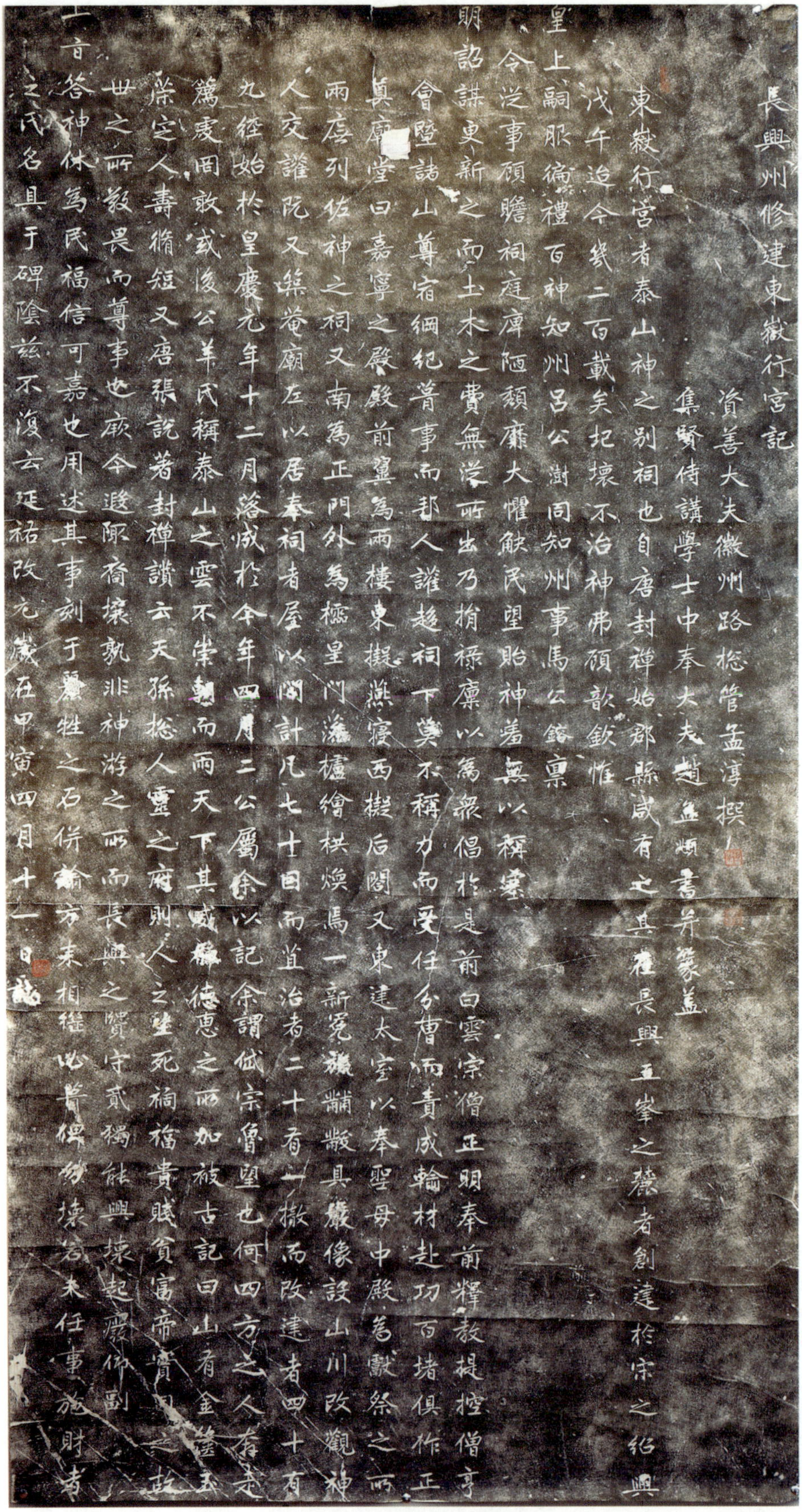

《长兴州修建东岳行宫记》碑

九、竹木骨角器

【木耜】

新石器时代·马家浜文化。通长49厘米，柄长20.4厘米，肩宽13厘米，厚1～2.5厘米。2005年12月林城镇江家山遗址出土。木质，出土后呈灰黑色。用整块木料制作而成。长方体把、折肩、弧形刃、平面、弧背，柄上下有两道刀刻木槽。

马家浜文化木耜

【石锛木柄】

新石器时代·马家浜文化。通长50厘米，锛柄长18厘米，柄直径2.5～3厘米。2005年12月林城镇江家山遗址出土。木质，出土后呈灰黑色。为钩形状。由自然木头加工而成。木柄截面为椭圆形，锛架上大下小，其中绑石锛处，加工成单面尖锥钻。

【木槌形器】

新石器时代·马家浜文化。通长27厘米，拍长13厘米，柄长15厘米，宽10厘米。2005年12月林城镇江家山遗址出土。木质，出土后呈灰黑色。槌呈圆角长方形，把为梯形状。由整块木料制作而成。

马家浜文化木锛柄

马家浜文化木槌

十、书画 砚印

【张度钟鼎文七言联】

清代。纸本。纵171厘米，横41厘米。钟鼎文，释文："作宝匜用受多福，铸盉钟以乐嘉宾。"上款："艺甫仁兄大人属书即正"，印："籀氏"（朱文），"日书万卷字"（白文）。下款："叔宪张度。"印："张度"之印（白文）、"叔宪又字辟非"（白文）。

张度（约1830-1904），字吉人，号叔宪，又号辟非，晚号抱蜀老人、松隐先生，长兴雉城人。官至兵部主事、湖南候补知府、刑部郎中等职。张度自幼勤学不倦，少年即精于鉴别古今书画，精小学，工书画。尤工八分书，笔势恣横，所书《公方碑》，淳朴而华茂，拙朴而变化，自成一家。其不仅精于书法,且善绘画,所画山水,笔意深沉,设色古厚;所作人物,有汉画意象,名满京城。

【诸升竹石图轴】

清代。纸本。纵156厘米,横79厘米。国画。款:“壬寅新秋写,为松关老师正曦庵,诸升。”印:“诸升之印”“日如氏”(白文)。

诸升(1617—?),字日如,号曦庵,浙江仁和(今杭州)人。擅长兰花、竹石,亦能山水。画竹师鲁德之,用笔爽利,潇洒不凡。此画竹竿劲挺秀拔,出枝协调;竹叶无论大小均个字分布,且疏密得当。

诸升竹石图轴

【梁诗正行书轴】

清代。绢本。纵164厘米,横53厘米。行书。款:乾隆甲戌重九前三日,薌林,梁诗正。印“梁诗正印”(白文),“芗林”(朱文)。

梁诗正(1692—1763年),字养仲,号芗林,钱塘(今杭州)人。雍正八年探花,官至吏、户、兵三部尚书,东阁大学士,赠太傅,谥文庄。书法初学柳公权,继参赵孟頫、文徵明,晚师颜真卿、李邕。曾编著《西清古鉴》等金石名作。

【俞樾隶书八言联】

清代。纸本。长164.5厘米,宽43.5厘米。隶书,释文:“人能读书即为有福,我欲止谤莫如无言”。上款:“一山仁弟属书柱铭即集《经石峪》字以赠”,上款前有朱文闲章:“先皇天语写作俱佳。”下款:“曲园俞樾”,后钤朱印:“曲园居士”、白印:“俞樾长寿。”

上联左下和下联右下有题跋:“联系光绪丙戌(1886年)年所书,时先师六十余岁也,宣统辛亥乱后失去,高欣木舍人为购归,以有余款识也,失国亦十有二年矣,谁复手提两京还我天子耶,旅居苟孝疾恨无地,先师若存,当同一愤慨也,□□□□(1923年)岁除前三日,章梫记于上海寓庐”。下钤朱印:“一山”。

俞樾(1821—1907年),字荫甫,自号曲园居士,浙江德清城关乡南埭村人。清末著名学者、文学家、经学家、古文字学家、书法家。现代诗人俞平伯的曾祖父,章太炎、吴昌硕、日本井上陈政皆出其门下。清道光三十年(1850年)进士,曾任翰林院编修。治学以经学为主,旁及诸子学、史学、训诂学,乃至戏曲、诗词、小说、书法等,可谓博大精深。

章梫(1861—1949年),名正耀,字立光,号一山,三门县海游人。著名学者、教育家、书法家。六岁入私塾,18岁选赴杭州诂经精舍,师从俞樾,清光绪三十年登进士第,殿试授翰林院检讨,历任京师大学堂译馆提调、监督,国史馆协修、纂修、功臣馆总纂,北京女子师范学校校长等职。高欣木(1878—1952年),名时显,字野侯,杭县人。清末举人,以书隶、画梅、治印著名于时,所藏书画极丰,称五百本画梅精舍。

【江介钟馗图轴】

清代。纸本。纵68厘米,横30.8厘米。小写意人物画。款:“江介作”。印钤:“江介之印”(白文)。

江介(生卒不详),原名鉴,字石如,杭州人。官广文。初习画,工写人物,气格高古似陈洪绶。后弃去，专事花卉，从陈淳入手，而上窥宋、元，隽秀疏淡，迥绝常溪。书法欧阳询，妙以波磔，有清峭出尘之慨。间作山水，亦得元人之闲冷之趣，梁同书推崇之。

【马蹄形足青瓷辟雍砚】

唐代。通高7.8厘米，口径22.7厘米，盘高4.6厘米。灰白色胎，外施酱黄色釉。直口、束颈，硬面稍凸，浅水槽，底饰14只马蹄足。底部无釉，口沿局部釉色脱落。

马蹄形足青瓷辟雍砚

【云蟹水纹端砚】

清代。长20.4厘米，宽14厘米，厚3.6厘米。石质温润细泽，青灰色，长方体。正面圆形砚池边雕刻水浪、河蟹图案，反面阴刻隶书题词。

【汉"姑蔑长印"铜印】

汉代。高1.6厘米，边长2.6厘米。雉城镇后漾新湖村甘家村观音山出土。铜质，青灰色。方座，桥形钮，白文。桥形钮铭文"口凡山房，亚叔氏书，类復高"。印文"姑蔑长印"。

云蟹水纹端砚

汉"姑蔑长印"铜印

十一、近现代文物藏品

【新四军苏浙军区对日本驻军通牒】

抗日战争时期。长31.2厘米，宽27厘米。白纸黑字铅印，内容自右至左直书，标题采用大号黑体字，正文采用正楷铅字。主要内容是关于新四军苏浙军区通令日本驻军接受投降的5项条款。左下方落款具署名："司令员粟裕、副司令员叶飞、政治委员谭震林、政治部副主任钟期光"。最后一行为"中华民国三十四年 月 日"(未注明具体月日)，并盖有一方9厘米×6.5厘米的朱文长方大印，印

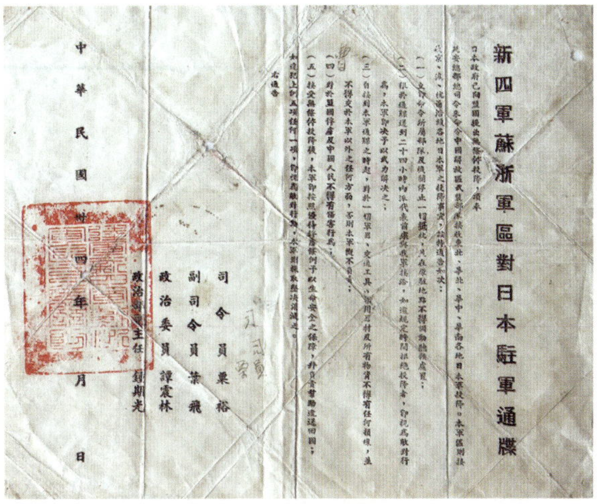

新四軍蘇浙軍區對日本駐軍通牒

日本政府已向盟國提出無條件投降，頃奉延安總部總司令朱命令中國解放區武裝部隊接受東北、華北、華中、華南各地日本軍投降。本軍區則接受京、滬、杭道沿線各地日本軍之投降事宜，茲特通告如次：

（一）立即命令所屬部隊及機關停止一切抵抗，凡在原駐地點不得調動聽候處置；

（二）限於通牒送到二十四小時內派代表前來我軍接洽，如逾規定時間拒絕投降者，即視為敵對行為，本軍即決予以武力解決之；

（三）自接到本軍通牒之時起，對於一切軍器、交通工具、軍用器材及所有物資不得有任何損壞，並不得交於本軍以外之任何方面，否則本軍概不負責；

（四）對於盟國俘虜及中國人民不得有損害行為；

（五）接受無條件投降後，本軍即按照優待俘虜條例予以生命安全之保障，並負責幫助遣送回國；

如違犯上列五項任何一項，即視為敵對行為，本軍則採取堅決消滅之。

右通告

司令員 粟裕
副司令員 葉飛
政治委員 譚震林
政治部副主任 鍾期光

中華民國卅四年 月 日

新四军苏浙军区对日本驻军通牒

文为“陆军新四军苏浙军区司令关防”13个篆字。1976年6月初，老战士罗漠捐赠。

【新四军苏浙军区兵工厂用的大风箱】

抗日战争时期。长2.18米，直径0.5米。大风箱是由一段大桐树制作而成，内芯掏空，呈椭圆形外壳，中间部位安装一个通风口，衔接部位斜钉10只蚂蟥钉皮。1976年6月，新四军苏浙军区司令部旧址文物保管所在筹建新四军苏浙军区革命斗争史迹展览时，由槐坎乡勤胜村捐赠。是时仅征集风箱主体，没有配件，两端均有残损。民国32年(1943年)秋至民国34年(1945年)9月，新四军以槐坎为中心，建立苏浙皖抗日根据地，在石臼里创办了新四军兵工厂。当时为了提高冶炼温度，就使用了这件大风箱。

新四军苏浙军区兵工厂用的大风箱

【《苏南报》石印版】

《苏南报》石印版

抗日战争时期。长59厘米，宽44.5厘米，厚6.7厘米。石质，呈乳白色，表面光滑、细腻，四周轮廓基本完整，唯一头边角稍有缺口，呈弧线内凹状，形成椭圆形的豁口，约缺2×7厘米。石版表面留有油墨印痕。民国33年(1944年)至民国34年(1945年)新四军在长兴白岘乡庄头村创办《苏南报》社，曾利用这块石印版印刷过《苏南报》，并印刷当时抗日民主政府文件，如《浙西行政公署减租暂行条例》等。民国34年(1945年)10月，新四军北撤后，当地群众将石印版等印刷工具转移到煤山，一直埋在村民徐松旺家中。1976年，由徐松旺无偿捐献给县纪念馆。

【中国共产党党证C.C.P.】

抗日战争时期。长22厘米，宽10厘米。纸质，米黄色。二折六面，钢板蜡纸誊刻，红黄蓝三色套印。正面上部，一颗红五角星，中间一组黄色镰刀斧头党徽图案，右下角C.C.P.红色字码代号。二条横线下一行字：江南新四军党务委员会颁发，一九四四年。扉页上是毛笔题词：“共产党员要时刻坚持马列主义的立场

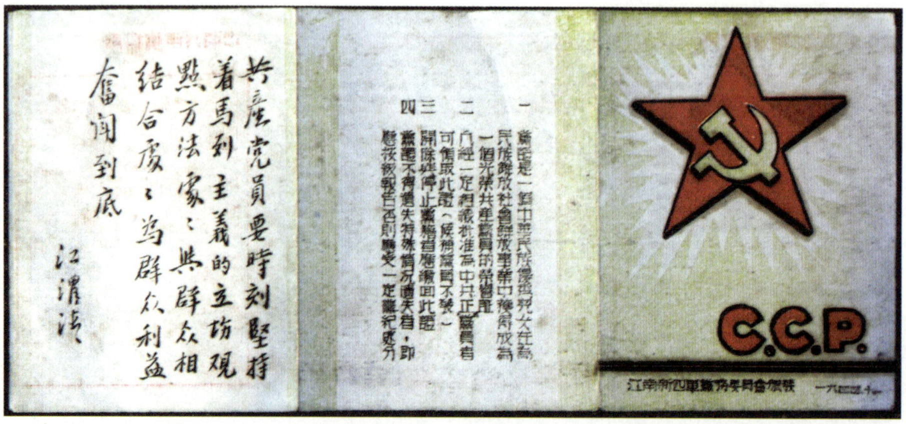

中国共产党党员证C.C.P

观点方法，处处与群众相结合，处处为群众利益奋斗到底，江渭清。”底面印有党员守则4条；党证内芯主要表格式分别填写个人基本情况、家庭经济状况、入党介绍、是否有脱离组织和被捕情况、犯过什么错误、受何处分、个人履历、工作经过以及组织鉴定等项目。最后填写日期：“1944年12月30日”和打号机编号：“00517”。

民国33年（1944年）10月，经过长兴战役、周城战役，郎广长抗日根据地环境相对稳定，新四军第六师十六旅组织科长陈烙痕提议全旅党员颁发党证，后由吴子昆筹办。此文物为陈烙痕党员证，虽经抗日战争、解放战争、抗美援朝，一直保存完好，直到1976年捐献给县纪念馆。

【长潮乡粮食供给合作社股券】

抗日战争时期。长25厘米，宽11厘米。纸质，米黄色，誊刻、油印。面值1000元，编号“A078”。上款：“长潮乡粮食供给合作社”，下款：“中华民国三十三年第一期制”，中间誊刻股券合作字样，面值分别为阿拉伯字“1000”和中文繁体“壹仟元”，上有理事会主任、监察会主任印。

1944年长潮乡粮食供给合作社发行的股券

民国32年（1943年）秋，新四军六师十六旅挺进长兴后，为支持新四军部队筹集军粮，当地抗日民主政权发行的粮食供给合作社股券。

【新四军江淮银行拾元抗币】

抗日战争时期。长12.3厘米，宽6.5厘米。纸质，正面蓝色，反面紫灰色，机印。面值10元，编号“0171013”。正面上款：“江淮银行”，下款：“大中华民国三十三年印”，中间印“拾圆”和建筑、车辆等图案，四边角印“拾”字和饰纹，上有行长、副银行印章。反面印阿拉伯字“10”和英文等。

1944年江淮银行拾元券抗币

民国32年（1943年）秋，新四军六师十六旅挺进长兴后，为稳定金融市场，平抑物价，在槐坎一带创办“江南银行”和“江南银行兑换所”，发行抗币。因条件所限，先行采用“江淮银行”抗币加印“苏浙”二字代替。

【泗安区柒角伍分临时流通券】

抗日战争时期。长7厘米，宽4.9厘米。纸质，米黄色，誊刻、红色油印。面值七角五分，编号“00787”。上款：“泗安区临时流通券”，中间誊刻“柒角伍分”字样，四边角分别为阿拉伯字“7.5”。下有祝永秋、刘望生蓝色印章和手写00787编号。

民国34年(1945年)6月,为平抑物价,保护群众利益,稳定根据地金融市场,与伪币、法币进行兑换,长兴县泗安区抗日民主政府在长潮岕印制辅助流通券,该券主要流通在泗安地区。

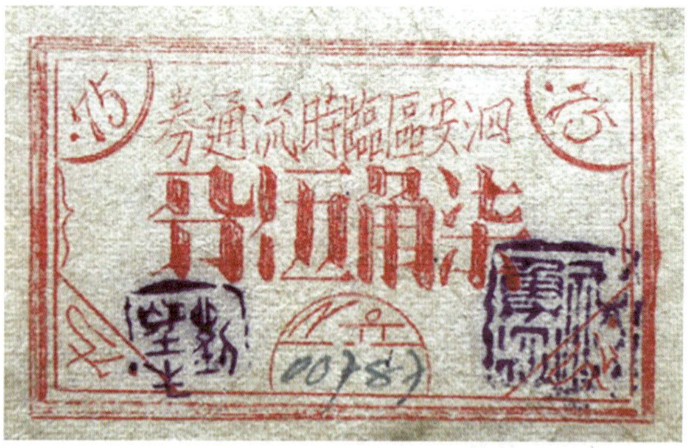

1945年泗安区柒角伍分临时流通券

【陈克昌烈士遗物《移交总册》封面】

抗日战争时期。长18.5厘米,宽14厘米。纸质,米黄色。系移交总册封面,上书写有楷书:“一九四五·四·七”“监交人:胡赐玉、吕家驹”“新任乡长:陈克昌,卸(任乡长)孙永茂”“移交总册”。

民国34年(1945年)4月7日,陈克昌任长潮乡抗日民主政府乡长。民国34年(1945年)10月,新四军苏浙军区部队北撤后,陈克昌留在当地坚持斗争,不幸被捕,为了掩护地下党员李勋章脱离虎口,被国民党还乡团杀害于山门口路西村小竹园边。是时其次子陈海和只有13岁,在同亲人一起火化烈士遗物时,偷偷将父亲从上任乡长接过财物签署的总册封面撕了下来,一直珍藏在身边。直至1994年10月捐献给县纪念馆。

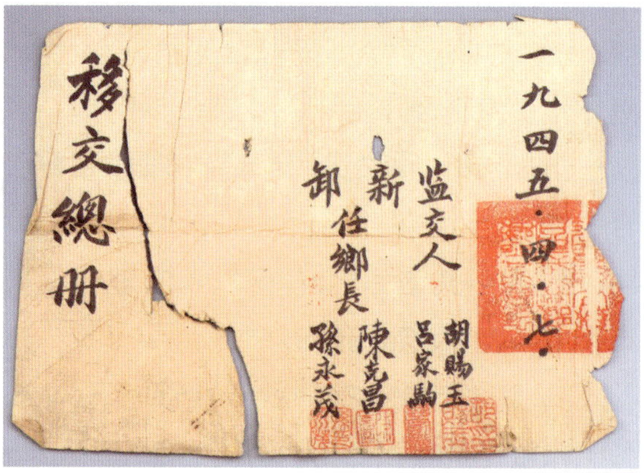
一九四五·四·七
監交人 胡賜玉 呂家駒
新任鄉長 陳克昌
卸任鄉長 孫永茂
移交總冊

陈克昌烈士遗物《移交总册》封面

【陈忠达烈士生前赠给群众的山羊所留下的羊角】

抗日战争时期。长8厘米,直径2厘米。骨质,灰白色。民国34年(1945年)新四军鼎新区大队大队长陈忠达烈士生前与房东关系很好,经常为群众排忧解难。他曾买了一头羊送给房东徐有福。不久在与日本侵略军遭遇战中,为了掩护区委书记徐一平等安全转移,身负重伤被捕,壮烈牺牲。为怀念烈士,房东就将烈士送给他的羊的一对羊角保存了下来,直到1983年捐赠县纪念馆。

陈忠达烈士生前赠给群众的山羊所留下的羊角

【新四军十六旅张连长遗骸里取出的子弹头】

抗日战争时期。直径0.5厘米，长2.5厘米。铜质。民国33年(1944年)秋，新四军十六旅特务营一连张连长带队去林城执行任务，在追赶逃往虹星桥的日伪军途中中弹牺牲。1990年4月3日，迁葬烈士遗骨时发现并取出子弹头。1990年6月7日，由原新四军十六旅特务营一连战士胡邦夫捐赠县纪念馆。

新四军十六旅张连长遗骸里取出的子弹头

【陈瑞洪临时党员证】

解放战争时期。长12.7厘米，宽9厘米。纸质，米黄色，二折页。誊刻油印，中间有一弹孔。封面誊印“临时党员证”和一枚红五星图徽，封底誊印“战时党员守则”。内页有使用规定和履历简表等内容。此证是华东野战军第四纵队政治部于民国37年(1948年)8月30日签发给陈瑞洪的战前临时党员证。在临近作战时，其将党证折叠后装入上衣口袋后上了前线，战斗中不幸负伤，弹片击中胸部，正好与党员证擦边而过，因此党证上留下弹孔。

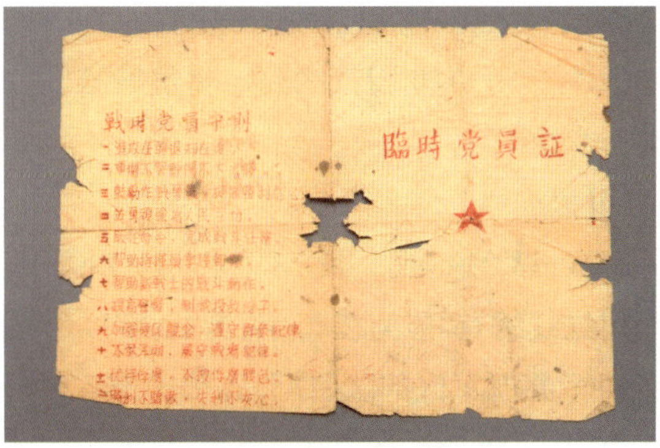

戰時黨員守則

臨時黨員證

陈瑞洪临时党员证

【李焕签发的扩军证明书】

抗日战争时期。长27厘米，宽18厘米。纸质、米黄色。上书写行书“证明书。兹派本部赵甫廷同志前往各地扩军，希沿途部队准予通行为荷。右给赵甫廷执。兼总队长李焕。中华民国三十四年八月廿九日”。下盖两方印铸(字迹不清)。20世纪70年代由新四军老战士缪仲远捐献予长兴县党史办，1986年11月28日，转拨县纪念馆。

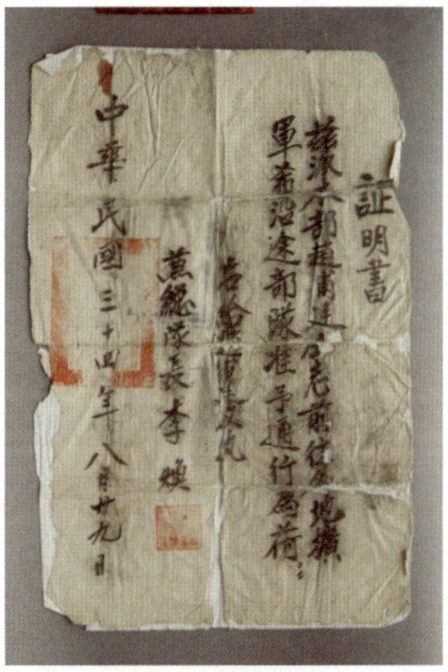

證明書

茲派本部趙甫廷同志前往各地擴軍希沿途部隊准予通行為荷

右給趙甫廷執

兼總隊長李煥

中華民國三十四年八月廿九日

李焕签发的扩军证明书

【“帮忙兄”竹棒】

抗日战争时期。长107.7厘米，直径1.8厘米。竹竿，共七节，紫灰色。抗日战争时期中共长潮乡党支部副书记胡以潮烈士遗物。当年曾用于联络信号，传递信息。烈士牺牲后一直由烈士的弟弟胡荣坤保存，直至1952年捐赠国家。1976年，该文物由浙江省博物馆调拨县纪念馆。

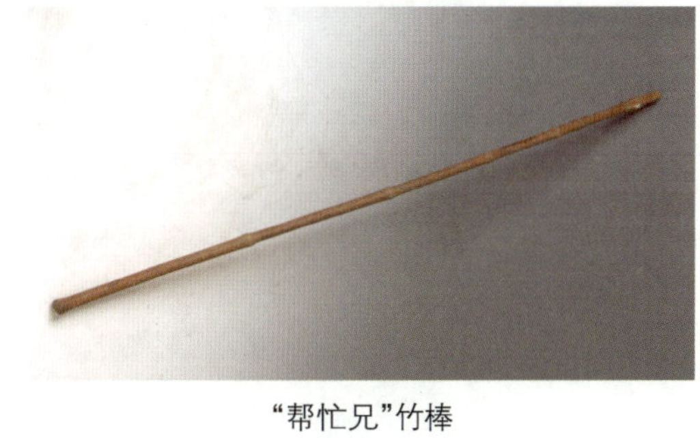

“帮忙兄”竹棒

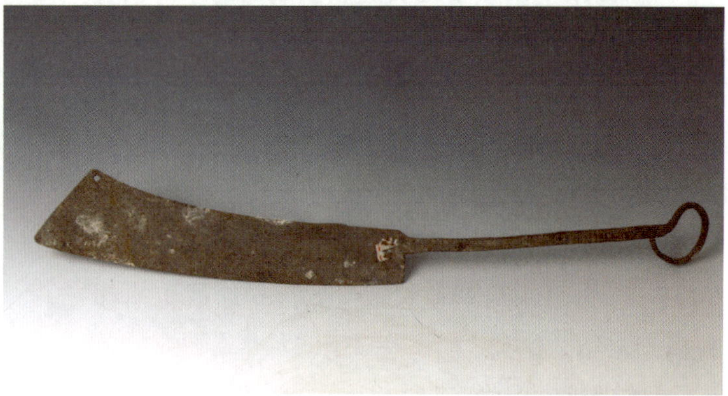

“长兴抗日第一枪”农民自卫队使用的抗日大刀

【抗日大刀】

抗日战争时期。长86厘米，刀刃宽11厘米。铁质，铁灰色，有锈斑。扁平，环首、直把、宽刃，刀背成微弧状。抗日战争期间，该刀曾伴随太傅周吴芥村民吕法清参加过民国27年（1938年）“长兴抗日第一枪”夜袭大云寺日伪据点战斗和民国33年（1944年）12月14日配合新四军六师十六旅攻打泗安日伪据点战斗。1999年1月，由吕法清捐赠给县纪念馆。

【慰问袋】

抗日战争时期。长22厘米，宽17厘米。布质，米白色。长方形布袋，袋口有麻绳穿扣。布袋正面用红线绣有“慰问袋”3字，楷书，字径3.8厘米。民国34年（1945年），为煤山区抗日民主政府慰问新四军苏浙军区部队慰问品。1976年，中共长兴县委组织征集抗战革命文物时征集，由县纪念馆保存。

【《火线报》第256期】

抗日战争时期。长52厘米，宽37厘米。纸质，呈米黄色。二折四开，多折痕，下端有一残洞。报名《火线报》，行书，字径6厘米。版面文章采用钢板蜡纸刻写油印，蓝黑色字，字迹清晰。民国32年（1943年）秋，新四军六师十六旅挺进长兴，开辟郎广长抗日根据地。作为部队的机关报《火线报》一直在长兴槐坎不定期出版发行，直至民国33年（1944年）10月中共苏皖区党委主办的《苏南报》诞生。1981年，槐坎乡新槐村温塘自然村严荣璋捐赠县纪念馆。

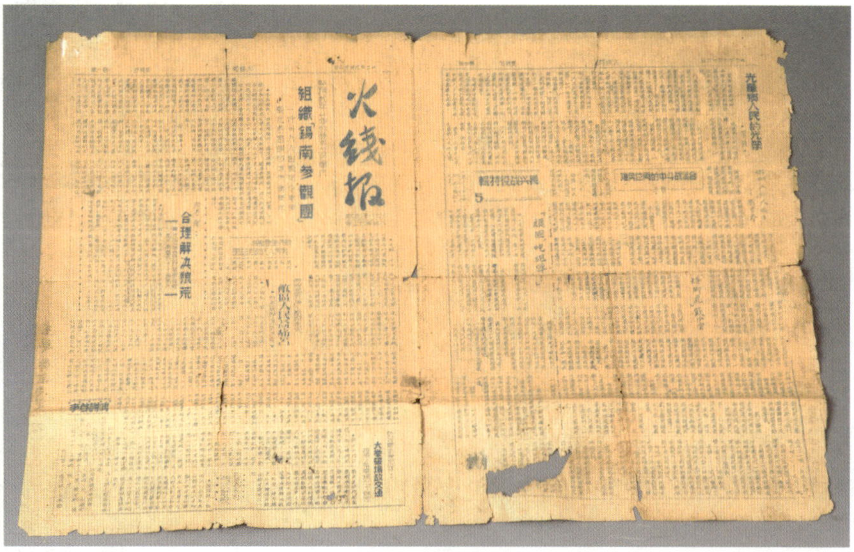

火线报

組織「錫南參觀團」

合理解決糧荒

《火线报》第256期

【长兴县政府文教科油印《国语》课本】

抗日战争时期。长14厘米，宽10.2厘米。纸质，米黄色，线装本。誊刻油印。封面油印：“政府审定课本、国语、初级第一册、苏南二分区专属文教科编、长兴县政府文教科印”字样，中间绘农耕图。内有《月亮》《笑话》等。

民国34年（1945年），长兴县抗日民主政府在白岘罗岕建立罗岕初级小学，该《国语》是县抗日民主政府印制的小学课本。

【新四军十六旅煤矿用的“民生煤行”日暂账簿】

抗日战争时期。长22.1厘米，宽14.3厘米。纸质，米黄色，线装本。毛笔书写。

民国33年（1944年），新四军十六旅创办兵工厂，在槐坎东风岕开采煤矿。当年煤矿建立“民生煤行”，每日记账。民国34年（1945年）9月下旬，新四军苏浙军区部队奉命北撤，账簿遗留在当地，后由罗廷禄捐赠县纪念馆。

新四军十六旅煤矿用的“民生煤行”日暂账簿

【中国共产党七大党章】

抗日战争时期。长12厘米，宽9.2厘米。纸质，米黄色，线装本。铅印。

民国34年（1945年），新四军苏浙军区战士严志强学习并保存。在党章末页有严志强亲笔写下的“灯塔，十几年来，您正确的（地）指引我前进方向。今天为了更好纪念您，把您献给国家。”

1945年中国共产党七大党章

第四章

保护管理

BAOHU GUANLI

第一节 机构 队伍

一、县级文物管理机构

1. 长兴县文化遗产管理委员会

长兴县文化遗产管理委员会成立于1998年12月，由县政府办公室、县委宣传部、统战部、文化与体育局、城建局、土管局、公安局、财政局、交通局、水利局、农业局、林业局、工商局、民政局等部门组成。县政府分管副县长宋文英任领导小组组长。根据长政发〔1990〕48号印发的《长兴县文物保护管理办法》第二条第二款规定“县文化遗产管理委员会，协调处理文物保护管理工作中的重大问题”。县文化遗产管理委员会每年召开一次以上例会。根据政府换届年限和县政府分管领导工作岗位调整实际情况，适时对文化遗产管理委员会成员及领导小组进行调整。组长先后由宋文英、熊全龙、沈佳明、闵云、楼秋红担任。

2. 长兴县文化广电新闻出版局

长兴县文化广电新闻出版局是全县文物工作的主管部门。其机构历史沿革为：1949年5月，长兴县人民政府成立，同时建立教育科，代管文化。1951年4月，改为文教科。1954年10月，文教科与卫生科合并为文卫科。1956年6月，撤销文卫科，建立文教局。1969年1月，成立长兴县革命委员会教育革命领导小组办公室。1972年4月，建立教育局革命领导小组，均兼管文化。1978年11月，改为文教局，恢复局长制。1980年7月，撤销文教局，文教合并，建立长兴县文化局。1984年4月，县文化局与广播电视局合并为长兴县文化广播电视局。1992年7月，两局再度分开。1996年9月，县文化局与县体育运动委员会合并为长兴县文化与体育局。2005年，设置长兴县文化广电新闻出版局（体育局）。根据长政发〔1990〕48号印发的《长兴县文物保护管理办法》第二条第一款规定“县文化（文物）行政主管部门，主管本行政区域内的文物保护工作，依法实施管理和监督检查。”自1982年《中华人民共和国文物保护法》颁布后，县文化主管部门均安排一名副局长或党委委员分管文物工作，分别是乔林、潘子力、袁士民、金忠良、钦小明、甘友法、高有顺、乔旭峰、刘月琴、高小青、姜金泉等。2003年，为加强基层服务，县文化广电新闻出版局设立文物科，先后由甘宏伟、梁华、王学勤任科长。

二、其他机构

1. 长兴县文物监察大队

2007年9月29日，长兴县机构编制委员会下发长编〔2007〕40号《关于设立长兴县文物监察大队的批复》，同意设立长兴县文物监察大队（正股级），与县文化（体育）市场行政执法大队合署办公，实行一套班子两块牌子。主要职责：1.负责宣传和贯彻文物保护管理法律、法规，督促相关单位、个人履行文物保护义务；2.依法查处涉及文物保护单位及其保护范围、建设控制地带的违法行为；3.依法查处涉及考古发掘的违法行为；4.依法查处涉及馆藏文物的违法行为；5.查处涉及买卖、转让、出租、质押、上交、移交、拍卖文物的违法行为；6.配合公安、海关、工商、建设、环保等部门依法查处涉及文物的违法行为；7.负责本县文物行政执法工作。历任大队长：蒋欣邦、梁华、王学勤。

2. 长兴县文物保护管理所

2000年11月16日，长兴县编制办批准成立长兴县文物保护管理所，与长兴县博物馆合署办公。主要职能是田野不可移动文物保护管理，其中包括文物巡查、调查、普查、维修、勘查、抢救性考古清理、利用调研、文物保护单位申报、"四有"工作落实等等。历任所长：梁奕建、应征。

3. 长兴县新四军苏浙军区司令部旧址文物保护管理所

1974年12月，中共长兴县委批准成立"长兴新四军苏浙军区司令部旧址陈列筹备小组"，并开展旧址保护工作。1976年1月，位于槐坎乡温塘村"新四军苏浙军区司令部旧址"（实为新四军苏浙军区一纵队司令部旧址）正式对外开放，并建立"长兴县《新四军苏浙军区司令部》旧址文物保护管理所"。先期主要承担旧址调查考证、维修保护，文物征集甄别、保管，陈列展览布展、接待宣传。1985年县纪念馆成立后，文物保护管理所主要职能是旧址保护，其中包括日常巡查、旧址维修、消防安全管理、文物保护单位申报、"四有"工作等。历任馆长、所长（负责人）有雷兴祖、刘九彬、梁奕建、吕伟宏。

4. 业余文物保护队伍

1995年2月，县纪念馆召开全县文化站站长会议，提出建立业余文物保护管理员队伍，主要由热心革命旧址保护的房东担任业余文保员。2001年2月，县文体局召开全县文化站站长会议全面推动业余文物保护管理员队伍建设。2003年，业余文物保护管理员队伍列入县文保所日常管理，并每年为看护文物保护单位的文保员提供600元电话费补贴。2008年，县文广新局召开培训大会，会上宣布成立长兴县文物保护单位"认看、认领、认护"志愿者队伍，业务受县文保所、县博物馆、县纪念馆指导。全县有78位热心文物保护事业人士加入志愿者队伍行列。至此，全县有业余文保员、文博志愿者近300人，实现了村村有文保员，处处文物保护单位有人看。业余文保员主要职责是宣传文物保护法律、法规，做好文物保护单位日常看护，及时通报文物保护现状，制止一切有损文物安全的行为等。

第二节 保护

一、文物普查

1. 第一次全国文物普查

1956年，中华人民共和国第一次文物普查开始后，县文化馆开设了文物藏品室，配合有关部门启动了全县不可移动文物的调查及文物藏品的收藏保管工作，其中馆藏文物200余件。由于普查规模小，不规范，资料遗失，未能留下较多翔实数据，但为1961年5月20日长兴县人民委员会公布长兴县第一批文物保护单位名单（共18处）奠定重要基础。其中新四军苏浙军区司令部、苏浙公学、江南银行、兵工厂、后方医院疗养院、被服厂、修枪所、东风煤矿、粟司令员住所、谭司令员和方司令员住所旧址，赵孟頫书《长兴州修建东岳行宫记》碑、吴承恩书《圣井铭并叙》碑、吴承恩书《长兴县令题名记》碑、龙山遗址、环沉漾遗址、三毛竹墩遗址、顾渚山石刻题记、徐中行墓等都是第一次全国文物普查的重要成果。

2. 第二次全国文物普查

1981年至1985年全国第二次文物普查期间，在市文物处统一组织下，长兴县文物普查工作取得一些重要成果。工作人员行程1900多公里，采集文物标本1300多件。先后发现不可移动文物点116处，登录69处，其中古遗址29处，古墓葬3处，古建筑9处，石窟寺及石刻18处，近现代重要史迹10处。保存《浙江省文物遗址调查（复查）登记表》67份，其中包括名称、类别、时代、地点、原址名、地理环境、保存情况、情况概述、处理意见、备注、调查人、调查单位、调查时间等信息，内含部分照片、图纸、拓片等，是中华人民共和国成立后，记录长兴县第一批不可移动文物信息相对完整的原始资料。

3. 第三次全省历史文化遗产普查

2000年至2003年，浙江省开展第三次全省历史文化遗产普查。长兴县成立第三次全省历史文化遗产普查领导小组，县政府分管县长宋文英任组长。下设办公室，县文体局局长陈亦祥任主任、副局长高有顺任副主任。成立了12人组成的普查队，下设三个小组，梁奕建任队长，费明、张鑫泉、吕伟宏分别任组长，在全县范围内进行为期半年的野外实地调查。共采集不可移动文物信息350余处，登录上报150处，其中古遗址21处，古墓葬31处，古建筑54处，石窟寺及石刻9处，近现代重要史迹35处。此次调查中以往未予登录的古墓葬、古民居得到应有的重视，其中登录古墓葬群31处，占总数量的20.7%；古民居17处，占总数11.3%。文物普查期间普查队先后吸收三位乡镇文化站长参加实地调查工作。同时，注重村级文物保护业余文保员队伍建设，全县50%的村、居委会落实一名业余文保员。

4. 第三次全国文物普查

2007年7月至 2012年6月，我国开展第三次全国文物普查。2007年9月上旬，成立长兴县"三普"领导小组，由县政府分管副县长闵云任组长，下设办公室，县文广新局局长陈亦祥任主任。文物普查队由9人组成，下设2个小组，梁奕建任队长，童善平、胡秋凉任组长。9月30日，实地调查在和

长兴县第三次全国文物普查乡（镇、街道）基本情况表

表4-1

编号	乡镇、街道	行政村（居委会）（个）	自然村（社区）（个）	面积（平方公里）	人口（万）	登录文物（处）	野外普查迄止时间	野外普查用时（天）
1	和平镇	21	181	142.8	4.2	90	2007.10.16—2007.11.10	23
2	吴山乡	10	83	48	1.466	46	2007.11.13—2007.11.28	12
3	林城镇	20	264	128	5.6	128	2008.12.04—2008.03.06	32
4	吕山乡	9	132	39.2	2.1	34	2008.03.06—2008.03.26	11
5	洪桥镇	22	239	72	4.3	95	2008.3.27—2008.04.28	19
6	夹浦镇	14	91	69	2.7	52	2008.04.29—2008.05.16	10
7	虹星桥镇	17	241	71	4	54	2008.05.19—2008.05.29	11
8	水口乡	8	81	80	1.8	71	2008.06.02—2008.07.07	13
9	小浦镇	11	93	96	2.7	96	2008.07.08—2008.08.26	17
10	二界岭乡	7	92	81	1.5	46	2008.08.27—2008.09.09	9
11	煤山镇	12	40	83.4	2.1	30	2008.09.01—2008.09.25	9
12	白岘乡	6	30	43	1.13	22	2008.10.06—2008.10.08	3
13	槐坎乡	9	47	87	1.5	57	2008.10.09—200811.06	12
14	李家巷镇	12	116	56	3.3	37	2008.11.11—200811.21	9
15	龙山街道	10	105	55.36	2.74	72	2008.12.06—2008.12.24	13
16	开发区	13	68	30.63	2.2766	24	2009.2.10—2009.2.17	9
17	泗安镇	24	239	176	5.6	140	2009.02.24—2009.04.17	28
18	雉城镇	21	282	88	5.0113	84	2009.04.20—2009.05.22	17
19	古城街道	7	52	18.6	0.807	32	2009.06.04—2009.06.15	9
合计	19	253	2476	1430	62	1210	2007.10.16—2009.06.15	266

说明：此表按照长兴县现有的19个行政区块作为普查单元；因雉城镇、开发区、古城街道、龙山街道区划处于动态调整中，其自然村、面积、人口3项数据合计略有出入

2008年3月，第三次全国文物普查(文物法律法规送到田间、村头)

2008年5月，第三次全国文物普查(渡河)

2007年12月，第三次全国文物普查(现场指导)(胡秋凉 摄)

2009年4月，第三次全国文物普查(实地调查)

平镇启动。“三普”野外实地调查历时21个月，对全县1340平方公里，253个行政村(居委会)，2476个自然村进行地毯式调查，采集不可移动文物信息近3000条。后期经专家认定，并由长兴县人民政府公布登记不可移动文物名录共计1210处，其中古遗址212处、古墓葬361处、古建筑375处、石窟寺及石刻9处、近现代重要史迹及代表性建筑247处、其他6处。新登录的不可移动文物中，1处升格为第七批全国重点文物保护单位，8处为浙江省文物保护单位，36处为长兴县文物保护单位，435处为长兴县文物保护点。其间，国家“三普”办领导、专家先后两次到长兴实地考察野外调查工作。2008年3月底，浙江省“三普”办在长兴召开全省文物普查工作现场会，推广长兴经验。10月24日，中央电视台、《人民日报》《光明日报》《文汇报》、新华社、《中国文物报》等12家中央主流媒体记者到长兴采访，宣传长兴野外调查工作。同年，荆竹关战国窑址被评为第三次全国文物普查实地调查重要新发现。2010年，长兴县文物普查队被国务院“三普”办授予全国“三普”野外实地调查阶段突出贡献奖先进集体，梁奕建、胡秋凉、何炜、毛波、李刚等5名普查队员被授予省级先进个人。

5. 旧石器考古调查

2002年11月2日至9日，中国科学院古脊椎动物与古人类考古所会同省考古所、县文保所，在研究员张森水的主持下对长兴旧石器遗存进行考古调查。先后在槐坎、雉城、林城、泗安、白岘、小浦、水口、夹浦、李家巷、和平、煤山等11个乡镇发现18处旧石器遗址，采集文物标本149件。2004年5月与2005年6月，调查人员又先后两次会聚长兴，对长兴县博物馆专业人员日常下乡发现的旧石器遗址进行认定，新增文物点14处，其中包括七里亭遗址和银锭岗遗址。2007年至2013年，县文物保护专业人员在“三普”和日常工作中又先后发现旧石器遗址26处。至此，长兴县共发现旧石器遗址58处，其中包括紫金山、王家山、下齐岭、白阜、访贤、初康、白莲等重要旧石器遗址。

2002年11月，旧石器调查(在白阜砖瓦厂第一次发现有明确地层关系的石核)

2002年11月，旧石器调查(采集标本)

2005年2月，旧石器调查(地图标注)

6. 第一次全国可移动文物普查

根据国务院统一布置，2013年4月26日长兴县人民政府下发《关于在全县开展第一次全国可移动文物普查的通知》，8月12日，长兴县人民政府办公室下发《关于印发长兴县第一次全国可移动文物普查实施方案的通知》，成立由分管副县长楼秋红担任组长的长兴县第一次全国可移动文物普查领导小组。8月16日，长兴县第一次全国可移动文物普查动员大会暨普查联络员培训会召开，应征任普查队队长。

10月20日，完成收藏情况调查汇总。2013年年底，对16家文博系统外单位进行登门、认定、核实，共认定16家系统外国有单位收藏可移动文物3082件／套；2家文博系统国有单位（县博物馆、县纪念馆）收藏可移动文物7390件／套。全县总计登录的10472件／套文物（自然类文物5件），实际数量为19635件／套（自然类文物5件）。

二、抢救性考古发掘

1. 七里亭遗址抢救性考古发掘

七里亭遗址位于泗安镇白莲村西山自然村北与318国道七里亭交界处。地理坐标为北纬30°54′58.7″，东经119°41′05.1″。

2005年9月至2006年5月，为配合杭长高速公路建设，省考古所与县文保所联合组成考古队，徐新民任领队，对七里亭遗址进行了抢救性考古发掘。发掘面积600余平方米，发掘至属中更新世网纹红土下的砂质黏土层，距地表约12.5米。

发掘区域的地层可划分为19个堆积层。根据地层堆积和出土石制品分析，可划分出上下二大文化层。上文化层厚约100厘米，属于下蜀土堆积；其下的文化层堆积属中更新世的网纹红土，厚度

2005年11月，长兴七里亭遗址发掘全景（徐新民 摄）

2006年5月,七里亭遗址考古发掘现场剖面

超过600厘米。共出土760余件石制品,有石核、石片、断块、刮削器、砍砸器、手镐、尖状器、球形器、石砧、石锤等。上下两个文化层的石制品岩性有砂岩、石英砂岩、硅质岩、石英岩、燧石等多种,其中以砂岩、石英砂岩为主。剥片技术基本采用锤击法,大多数石核以砾石为原料,故石核与石片的台面以自然台面居多,但打击台面也占有一定的比例。剥片方式有单向、转90度角、多向及沿周边剥片等。上文化层的石片的个体相对较小,形态上以梯形石片居多,部分石片的远端宽度很大,有少量的打击台面,半锥体明显,背脊特征大多有纵向交脊。刮削器以T4:33标本最为精致,以硅质岩为石材经复向修理而成的多刃刮削器。下文化层以砍砸器最有特点,一种如T4:63者,在砂岩的一端向较凸的砾面进行二次修理,形成略呈弧状的单凸刃砍砸器;另一类重型石器是手镐,但数量很少,均在砾石或岩块的一端用锤击法修理成正尖的尖刃,尖刃形状为小圆头形的钝尖。

在发掘区西部紫红色黏土层中,发现一个加工石器活动面,在面积约30平方米的范围内有数十件石制品,其中有5个拼合组,说明人类曾在此处进行过生产石器的活动或滞留在此处的时间段相对较长。在网纹红土中T1:264与T3:59拼合组两件石制品的水平间距达15米。

七里亭遗址石制品组合属于中国南方主工业,但有适合小流域的某些地方特色。采用锤击法生产石片,石核和石片的打击台面也呈上升趋势,其生产石片技术比下文化层有所进步。修理石器用锤击法,修理方式以向背面或向破裂面居多,还有用复向和交互打击的,错向加工见于砍砸器的修理上。

该遗址从早更新世晚期开始一直延续到晚更新世的某一阶段,人类在这个遗址的活动没有间断,延续的时间也相当长。最早的年代根据中国古地磁研究所测定已达100万年。就加工石器的活动面和其他石制品拼合组的发现,说明某些时段人类在这里停留过较长的时间,或说是持续活动频繁的营地。中国文物出版社出版、徐新民主编的《七里亭与银锭岗》一书载:“七里亭遗址发掘,对于进一步了解西苕溪旧石器遗址的分布规律、与之相关联的生态环境等,以及对南方

2005年,长兴七里亭遗址石制品拼合组出土情况(徐新民 摄)

砾石工业的深入研究都有着积极意义，同时对探索砾石工业的区域性特征也有着很重要学术价值。”

2. 银锭岗遗址抢救性考古发掘

银锭岗遗址位于小浦镇光耀村银锭岗，地理坐标为北纬31°04′04.8″，东经119°46′32.6″。银锭岗处在煤山盆地的北缘，合溪的二级阶地上。

2007年6月，银锭岗遗址出土的石锤

2005年6月，在光耀村的牛头岗发现了石制品。2007年5月至8月，为了配合长兴县合溪水库建设，省考古所与县文保所联合组成考古队，徐新民任领队，对银锭岗遗址进行了抢救性考古发掘。发掘面积近600平方米，因工程紧迫，只在T2北部发掘到网纹红土底部的砾石层。依据地层堆积状况，可划分成两个大的文化层，上文化层厚约135厘米，属于下蜀土堆积；其下为中更新世的网纹红土，厚约155厘米，属于下文化层。

银锭岗遗址的各个地层都有石制品出土，以第2层最为丰富，其中在T4北半部有两个小范围，两者相距仅190厘米，集中发现了以燧石为主的众多石制品，多达63件，包括石核、石片、碎屑、断片、断块、刮削器、尖状器等，其中有1个拼合组石片的拼合，因此判定曾是一个加工石器的场所。

2007年7月，银锭岗遗址考古发掘（徐新民 摄）

银锭岗遗址上文化层有石制品278件，下文化层石制品6件。上文化层石制品的岩性有石英岩、燧石、砂岩等，石制品有石核、石片、断片、碎屑、石器等，石器只有刮削器、砍砸器、尖状器等5种。石核中可分为锤击石核和砸击石核，锤击石核分为单台面、双台面、多台面等，以自然台面这主，打击台面只占小部分；绝大多数的打击点集中，半锥体印痕以凹痕为主。砸击石核的原材为燧石，两端均有砸痕。石片中有锤击石片和砸击石片，其中砸击石片占石片总数的16.9%。锤击石片的台面以自然为主，打击点有集中、散漫、半锥体凸和微凸、不显。石片形态多样，长形石片多于宽型石片。砸击石片可分为一端和两端砸击石片，绝大多数两面均有砸痕。石器主要以刮削器、砍砸器为大宗，另有尖状器1件，刮削器中也有5件是以砸击石片为毛坯修理而成。刮削器分单刃、双刃、多刃、周边刃等，刃形有直刃、凸刃，采用复向、向背面、向破裂面等方式进行锤击保修理。砍砸器均为单刃，其中以单凸刃为主，修理方式比刮削器多了交互方式。上文化层中，共发现13个拼合组，拼合率占了石制品总数的11.2%，绝大多数是石核与石片的两两拼合，其中有2个组合分别由4和7件标本拼合。

下文化层石制品以石英砂岩为主，另有燧石，分别为石核、石片、断块、尖状器等。其中的1件双台面石核与石片能相互拼合。

银锭岗遗址石制品的组合特征：采用锤击法和砸击法两种剥片技术生产石片，但以锤击法为主，砸击石片占有一定比例，两者所生产的石片量的比例达4:1，用砸击法生产石片的技术，在浙江地区的旧石器地点中，这是首例。石器类型较为单一，砍砸器的毛坯以块状为主，而片状和块状毛坯分别占有刮削器的一半，其中以砸击石片为毛坯修理成刮削器在银锭岗遗址较不突出。从发掘所得石制品特征和组合来看，银锭岗遗址上文化层的工业类型仍应归属于中国南方主工业传统。但是石制品的岩性，除砂岩和石英砂岩外，相对丰富的燧石质制品和片状毛坯占了刮削器毛坯的一半，是银锭岗遗址的一个主要特点。

徐新民主编的《七里亭与银锭岗》一书载："银锭岗遗址下文化层的年代为中更新世，而上文化层则属晚更新世，其中第2层可能已进入晚更新世的晚段。这次发掘为探讨西苕溪流域旧石器时代晚期文化面貌以及文化交流提供了新材料。"

3. 合溪洞遗址抢救性考古发掘

合溪洞遗址位于小浦镇光耀村的石头山，地理坐标为北纬31°03′13.9″，东经119°46′07.5″，处在煤山盆地的北缘，合溪在其西南约200米处蜿蜒而过。

2008年，合溪洞遗址出土的马头骨化石

2007年6月发现，同年11月，为了配合合溪水库建设，由省考古所与县文保所联合组成考古队，徐新民任领队，对合溪洞遗址进行配合性考古发掘。

合溪洞遗址包括4个地点，其中1、2、4号地点比较集中，3号地点则在东南约200米处。因开采石灰岩，4个地点的洞内地层堆积均遭到不同程度的破坏，1号地点保留

2006年，小浦合溪洞旧石器遗址发掘前全景

有数十平方米堆积，而2号地点地层堆积已被基本破坏，3号地点的堆积面积只有不到10平方米，4号地点保留的堆积范围不详。4个地点均发现了晚更新世的动物化石和人工遗物。

经对2号地点遗留废弃土进行筛选，发现了5000件左右的第四纪动物化石，其中人工痕迹的骨制品近30件，骨制品中有骨片和刮削器等。3号地点共清理出动物化石近300件，石制品近100件，包括有石核、石片、断块、刮削器、砍砸器、尖状器等；另有骨制品20余件，包括有骨片、骨刮削器等。年代处于晚更新世的早期阶段。

1号地点残存的堆积面积约80平方米，可分为3个文化层。第3文化层为红色土，第4文化层为红褐色土，第5文化层为黄褐色土。前两者出土了大量的第四纪动物化石、大量骨制品、极少量的石制品，堆积中夹杂大小不一的石块；第5文化层的石制品有增多的趋势。在第4文化层的第41水平层，发现一处火塘遗迹，遗迹用小石灰岩块围成一个略呈椭圆形圈，内为红褐土，土质较硬，遗留有部分动物骨化石、1件骨刮削器和一些炭屑。在其东北约3米有一处化石特别集中的埋藏地，大量的动物骨骼堆在一起，涉及的个体有10余个。1号地点发现的第四纪动物化石有1万多件，包括头骨、牙齿、肩胛骨、肢骨、趾骨等，以及大量的碎骨，其中能判断的动物化石有虎、鹿、鬣狗、牛、禽类等。众多碎骨的发现，说明这是人类活动遗留的遗物，即人类获取食物的证据，而且骨制品、石制品的发现，确切地证明了古人类曾在此生活和繁衍。骨的制品包括了骨片、骨刮削器、骨尖状器等。石制品有石核、石片、刮削器、砍砸器等。

2009年全国“十大考古新发现”终评会上专家点评：“合溪洞遗址是旧石器时代晚期浙江省第一个有人类文化遗物的洞穴遗址，它的发现与发掘是浙江考古的重大突破。这里的重要发现，可证明合溪洞是古人类活动的重要场所，对研究旧石器时代晚期的古人类演进和文化内涵有着极为重要意义。”

4. 紫金山遗址抢救性考古发掘

紫金山遗址位于白岘乡五通山行政村西岗自然村紫金山东侧山坡上。

2011年3月，为配合杭长高速延伸段建设考古调查时发现。2013年11月至2014年6月，省考古所与县文保所联合组成考古队，徐新民任领队，对紫金山遗址进行了考古发掘。发掘

紫金山遗址考古出土的石手镐

面积约650平方米，出土石标本1000余件，其中石制品约500件，以燧石器为主。

2014年3月，紫金山旧石器遗址考古发掘现场

紫金山遗址表土下即为文化层，厚约70厘米，石制品主要出土于T1和T3中，其余探方较少。T1中的石制品较为集中，可能存在着一个制作石器的场所。石制品原料绝大部分为燧石，少量的石英砂岩和砂岩。石制品包括石核、石片、刮削器、砍砸器、手镐、尖状器、断块等。采用锤击法生产石片和修理工具。经北京大学城市与环境学院热释光测定年代，紫金山遗址的年代距今约16万年。

考古领队徐新民说："紫金山遗址年代处在旧石器中期的早段，对于研究浙江旧石器中期阶段的文化面貌和人地关系具有相当重要价值。"

5. 江家山遗址抢救性考古发掘

江家山遗址位于林城镇大云寺行政村董村自然村的北面，老318国道南侧，北为连绵岗地，南接长泗平原。遗址为一东西长250余米、南北宽约100米的台地，地表海拔约7.1米。

2005年3月23日，县文保所专业人员在下乡途中发现因"申苏浙皖"高速公路二期工程施工遭受扰乱。同年4月初至2006年7月底，省考古所与县文保所组成联合考古队，领队方向明，现场负责人楼航，对江家山遗址进行了抢救性考古发掘，发掘面积近4000平方米。清理了新石器时代墓葬340座，其中马家浜文化晚期墓葬46座、崧泽文化墓葬292座及良渚文化墓葬2座；马家浜文化沟2条，崧泽文化房址3座，红烧土堆积7座；崧泽、良渚和马桥文化灰坑20余座。

2005年10月，林城江家山遗址考古现场

遗址最早的堆积是马家浜文化晚期的沟（G3、G4）和墓葬，墓葬埋设在自然地势最高的靠近沟岸处的人工堆筑营建的土台上。G3、G4宽15至20米、深约2米，分别位于发掘区的东西两端，G3呈东北—西南走向，G4呈东南—西北走向。结合沟内的堆积状况及出土遗物判断它们可能是相连通的。G3、G4出土遗物较丰富，陶器以鼎、外

林城江家山遗址考古出土的马家浜文化时期竹编

红里黑喇叭形圈足豆、平底釜、平底敞口盆和泥质红陶管状流平底盉为主；兽骨有象、牛、猪、狗、鹿和禽类等；完整的木耜、木质锛柄为同类遗存所少见。此外还出土了大型的木构件、磨制精良的骨器和较多的植物遗存。多数遗物出土于沟的南岸边，北岸较少。

墓葬绝大多数为长方形竖穴土坑墓，极个别因扰乱严重未清理出墓坑，均无葬具（痕迹）。墓坑多数较窄小，头向以朝南为主，少数头向朝北。面向朝西或东，数量大致相等，少数朝上或朝下。墓葬多数位于G3的东南岸上，有些墓葬埋设在沟边人工建筑的土台上。葬式主要有略侧身直肢葬、侧身直肢葬、俯身直肢葬、仰身直肢葬和二次葬等多种形式。少数墓葬在开口面上放置石块或砺石为“标记”。略侧身直肢葬和仰身直肢葬时，手多放置在骨盆上；双手常搭在一起。略侧身直肢葬时，躯干的某一侧多依靠在坑壁上。可能是因为放置了“标记”石，马家浜文化晚期的墓葬排列有序，少有打破现象。一些墓葬的排列方向与G3的走向一致，呈东北—西南向分布。随葬品数量较少，有些墓葬无随葬品，有随葬品的墓葬随葬品数量平均约2件，最多者6件，陶器组合主要为釜、鼎和豆，其他还随葬了陶罐、纺轮，石锛、砺石，玉璜、玦等，仅出土1件随葬品的多为石锛或纺轮。随葬品的陶器常会被打碎后散乱地放置在墓坑中，如M150中将较大的陶片放置在坑底，而较小的碎片散置在填土中，另外该墓中随葬的放置在颈部的环形石器也颇具特色。

崧泽文化墓葬大致可分为早、晚两期。早期阶段墓葬营建的土台除了叠压马家浜文化晚期的土台墓葬外，其余墓葬则主要沿着G4向东发展。发掘区内未发现与崧泽文化早期墓葬相关的居住址。较晚阶段的崧泽文化墓地在早期的基础上继续扩展，发现的居住址打破晚期墓葬。

江家山遗址出土的崧泽文化时期人体骨架

崧泽文化早期墓葬承袭了本遗址马家浜文化晚期阶段墓葬的埋葬特点。无随葬品的墓葬数量也不在少数。陶器组合主要为鼎、豆、罐、和纺轮。葬式主要有略侧身直肢葬、侧身直肢葬、俯身直肢葬、仰身直肢葬、屈肢葬和二次葬等多种形式。此外还有异穴合葬墓、多人合葬墓和二次葬及一次葬的合葬墓。而晚期阶段的时候人们曾对此地进行了一次较大规模的平整，在发掘区域内从东到西几乎都有一层红烧土的铺垫层，厚度约20至30厘米，有些地方还在土台上铺垫了红烧土继续营建墓地。晚期阶段的土台在筑高的同时还向南进行了拓展。墓室结构依旧，头向皆朝南，葬式也由马家浜文化晚期和崧泽文化早期的多样性变得较为简单，主要有仰身直肢葬、侧身直肢葬和二次葬等。随葬品数量明显增多，且大多放置在脚端。陶器组合主要有鼎、豆、罐、纺轮和数量较多的壶等。

石锛、纺轮和小陶罐大多放置在手中或手旁，具有较鲜明的特点，少数放置在股骨之间，也有纺轮放置在右肘上。出土玉玦的皆为男性。玉玦多数出土于左耳部位；2件断裂的玦经钻孔修补过后套在左手指上和放置在左手腕部位；也有出土于右耳、骨盆右侧和下颌骨旁的。

崧泽文化地层和墓葬中出土了14件形体较大的石网坠，较有特色，其中墓葬出土5件，地层9件。推测当时当地有较大的河流或水域的存在，渔猎为当时的经济模式之一。

马家浜文化晚期和崧泽文化墓葬中，随葬石锛的多为男性，随葬纺轮的除与石锛共出的2座墓葬外多为女性，或许反映了当时的社会分工情况。

《浙江省文物考古研究所学刊》第八期载：遗址的发掘为探索和研究太湖西南部新石器时代，尤其是相当于马家浜—崧泽—良渚文化这一阶段历史文化提供了丰富和值得进一步思考的资料。

6. 台基山遗址抢救性考古试掘

台基山遗址位于雉城镇谭家桥东南，台苑新村西南侧台地上。遗址上原为县耐火厂和市民菜地，面积约8000平方米。

2003年9月，为配合城市基本建设改造，县文保所会同省考古所对台基山遗址进行抢救性试掘，领队芮国耀。分别在遗址的西南、东北及中心部位开设三个探方，面积共55平方米。

遗址西南部文化层为0.7米至1.8米，包含物主要是马桥文化至东周时期一些陶片、红烧土、少量石器。中心部位文化层仅0.3米至0.5米，包含物主要是马桥文化至东周时期一些陶片，陶片的纹饰主要有梯格纹、云雷纹、曲折纹、回纹、纺织纹、米筛纹、方格纹等，同时还有石锛、石铲、月牙形刀、石箭镞、石矛等小型石器。东北处遗存丰富，文化层达1.2米至1.8米，堆积清晰。自上而下分别为商周、马桥文化、良渚文化、崧泽文化时期地层。商周时期文化层包含物与西南、中心部位基本相同，马桥文化地层发现一处有明确人工夯筑痕迹作坊遗存，并出土了夹

2003年9月，台基山遗址试掘考古现场

2003年9月，台基山遗址考古发现马桥文化遗存

砂陶鬲、青铜矛和4件陶支座,陶支座上有明确铜渣遗迹,陶片纹饰为梯格纹。马桥文化地层中还出土了带流硬陶碾钵、黑衣假圈足陶杯等。良渚文化地层较薄,出土器物有双孔石钺、石钺毛坯及彩陶残片。崧泽文化地层发现4座墓葬,并列排列,皆为长方形土坑竖穴墓,西北—东南向,人骨朽痕无存。出土文物有夹砂陶罐、陶缸,泥质陶罐,黑衣陶罐、假腹高柄杯形豆、陶壶、石锛等。

试掘发现:五峰山东麓至台基山一带是长兴先民早期生息的一处重要场所。其文化发展顺序为崧泽文化—良渚文化—马桥文化—商周—秦汉。

7. 红卫桥遗址抢救性考古发掘

红卫桥遗址位于雉城镇县前街红卫桥东北侧,台基山南侧。遗址上原为长兴县人民医院院区,面积约10000平方米。

红卫桥遗址考古清理发现的宋代木栅栏

2009年7月4日,县文保所专业人员在履行日常文物巡查时发现红卫桥遗址,因旧城改造及绿城房地产开发,遗址上层遭受严重扰乱。7月14日至8月19日,县文保所与省考古所组成联合考古队,领队王宁远,对红卫桥遗址进行抢救性考古发掘。发掘面积1045平方米。清理崧泽文化墓葬7座、灰坑2个、灰沟1条、马桥时期灰坑10个、灰沟1条,以及宋代建筑遗址两处。

在发掘区东南部发现集中分布有崧泽文化墓葬7座,皆长方形土坑竖穴墓,其中6座墓葬成西北—东南向,部分墓葬保留人骨朽痕,呈仰身直肢状,仅1座墓葬方向与此垂直,部分墓葬保留有弧底独木棺痕迹。墓葬随葬品共56件,其中陶器46件,以鼎、假腹豆、罐为基本组合,部分墓葬出土了数量较多的假腹高柄杯形豆,显示出西苕溪流域崧泽文化鲜明的地方特征。石器共8件,器形有钺、锛、镞等,还出土2件小型装饰类玉器。同时墓葬内还发现夹砂陶缸、盆、纺轮、壶等器物,显示墓地具有一定级别。

2009年8月,红卫桥遗址考古清理

马桥文化地层被晚期人类活动严重干扰。崧泽文化层和灰沟、灰坑填土和包含物非常一致，主要有大量的草木灰，少量的红烧土块及印纹陶、硬陶和原始瓷片等。灰沟出土器物有硬陶豆，泥质陶钵等小件4件，硬陶罐1件。

考古发现：红卫桥遗址与北侧相连的台基山遗址原系一个聚落遗址，唐宋时期开挖护城河时被一分为二。

8. 蒋埠桥遗址抢救性考古发掘

蒋埠桥遗址位于夹浦镇滨湖村蒋埠桥自然村西南侧的田畈上，东临太湖，面积约6000平方米。

2002年4月，正逢"非典"高危期。为配合国家重点工程——"西气东输"工程建设，县文保所会同省考古所对蒋埠桥遗址进行抢救性考古发掘，领队方向明。发掘面积2000平方米。

2002年5月，蒋埠桥遗址抢救性考古发掘现场

考古发现该遗址北侧为蒋埠桥港，西侧为G50高速公路，东南为水田，为新石器晚期至商周时期一处台地型聚落址。地表为水田比较平坦，地层堆积比较简单，文化层0.3~0.9米不等，未发现墓葬。遗址中发现多处红烧土和小型灰坑。主要包含物有夹砂陶、泥质陶及印纹硬陶器残片，石刀、石锛、石箭镞、石纺轮等小型石器及一件良渚文化玉锥形器和一件青铜器残片。印纹陶片的纹饰主要有梯格纹、云雷纹、曲折纹、回纹、纺织纹、米筛纹、方格纹等。主要器型有罐、豆、鼎、壶等。

考古发掘后，除发掘区外，周边遗迹仍保存原状。

9. 画溪桥遗址抢救性考古发掘

画溪桥遗址位于小浦镇画溪桥村南，杭牛铁路南侧、宣长铁路北侧的台地上，地表为耕地，面积约8000平方米。

2003年6月4日，县文保所在宣杭铁路建设文物调查中发现遗址。因土地平整，大部分被扰乱，仅存南侧两座土墩和东北侧一处大小约200平方米的小台地。7月3日至8月8日，省文物考古所会同县文保所冒高温对遗址进行抢救性考古清理。

2003年，画溪桥遗址考古现场

考古清理发现，该遗址为马桥文化至商周时期台地型聚落址，上层由于后期耕作扰乱较严重。在遗址南侧共清理东周土墩墓1座（被后期东汉砖室墓打破），西汉土墩土坑墓2座、东汉砖室墓2座，出土春秋印纹硬陶罐、汉代釉陶罐、壶、罍、瓿、泥质陶鼎、陶麟趾金30多件。在遗址东北侧发掘马桥文化遗存200平方米，发现沟2条、灰坑5个、建筑柱洞1处、文化层0.4～1.2米不等，陶片以梯格纹硬陶及夹砂陶为主。出土马桥文化陶鸭形尊、刻画纹陶豆、V形石破土器、有段石锛、石铲、石矛、石镞等一批完整器物及商周时期一些陶片遗存。印纹硬陶主要纹饰有云雷纹、曲折纹、回纹、编织纹、组合纹、叶脉纹、米筛纹、方格纹。

考古发掘后，遗址东南侧遗存保存尚好。

10. 雉城早商木井抢救性考古清理

雉城早商木井位于雉城镇县前西街，大成殿东南侧80米。

2003年10月13日，中国建设银行长兴支行大楼基建施工过程中，工程队发现地下有一处类似水井的木桩，立即向县博物馆报告。当日，县博物馆邀请省考古所专家组成临时考古清理队，对遗存进行清理。

考古清理发现：建设银行长兴支行大楼建设工地原为一处商周古文化遗址，因早期城市建设已被多次扰乱。在距地面2米处发现一口水井，井圈系两棵合抱大树挖空树芯部分，再用木榫拼接而成。残深4.8米，木井圈厚0.06～0.15米。出土器物有圜底硬陶罐、圜底原始瓷罐、印纹硬陶罐、双宽系印纹硬陶罐、四系印纹硬陶罐、木桨、鹿角、漆器、麻绳、竹篓等50多件。尤其是先民取水时用于固定陶罐上的竹篓和麻绳保存完整，功能明确。

2003年10月，雉城早商木井抢救性考古清理现场

11. 环沉遗址抢救性考古发掘

环沉遗址位于夹浦镇环沉村老104国道西侧。1961年称之环沉漾遗址，被公布为县文物保护单位。老104国道从遗址中间穿过，面积约7000平方米。

为配合老104国道的改建工程，2012年8月12日至10月26日，省考古所会同县博物馆，对遗址东靠104国道侧进行了抢救性发掘，现场领队孟国平，共发掘面积310平方米。

考古清理发现，遗址文化层0.7～1.4米。根据地层堆积和平面遗迹的分布情况看，该遗址的古代人类活动，大致可以分为二个阶段。第一阶段，发现房屋基址及打破基址的一条沟、二个灰坑。房屋基址在三个探方中都有，西南两边被晚期大沟打断，东北两边往探方外延伸。基址的生活面已遭破坏，大量的柱洞保存较好，第二个探方的柱洞较杂乱，第三个探方的有比较规则的三排，但无法确定房屋单元。沟基本呈东西向，其西端被晚期大沟打破，东端往探方外延伸，打破房屋基址。在沟中，出土大量的夹砂陶片及少量的印纹硬陶和原始瓷碎片。印纹硬陶片主要纹饰有梯格纹、云雷纹、曲折纹、回纹、组合纹、编织纹、米筛纹、席纹、方格纹。判断这二个遗迹的年代相差不大，这一阶段大致与中原的商中晚时期相当。第二阶段，发现一口井、一条大沟、一座墓葬。井、土坑，砖砌内壁，时代大致在宋元时期。墓葬已被扰动过，时代大致在明清时期。

出土的商周时期的遗物种类主要是陶器、石器、原始瓷残片等。结合历年在此发现、采集的器物来看，该遗址为马桥文化至商周时期台地型聚落遗址。

12. 弁山赵家桥商周土墩墓考古发掘

弁山赵家桥商周土墩墓位于洪桥镇赵家桥南侧，弁山西北北侧余脉山脊、坡地上。北部为城东平原。

1982年3月13日至5月20日，省考古所为配合当地开采矿石工程，对分布在弁山上的土墩，在调查的基础上对赵家桥段进行了一次考古发掘。共发掘土墩37座，出土各类遗物600件。

1982年，弁山赵家桥商周土墩墓考古发掘发现的石室墓

（陈元甫 摄）

弁山的土墩分布相当密集，在总长不足5公里的三条山脊上，就有土墩117座，它们大多数分布在山脊和山顶的分水线上，土墩的外形均成圆形和椭圆形。发掘37座土墩中，可分为土墩墓和石室墩两类，年代为西周至春秋战国时期。土墩墓3座，均与石室土墩错杂分布，全由泥土堆封而成，外形略呈椭圆形，因水土流失，现状较为低矮。未见墓坑。石室土墩34座，外形也呈椭圆，较高，现存墩表常见块石裸露。大小各异，最大位于主峰，东西长32米，南北宽28米，高5.3米。最小东西长8.4米，南北宽6.8米，高仅1米。一般在东西长10～15米，南北宽7～10米，高1～2米。墩内石室采用自然山石垒叠，呈狭窄的巷道状。断面呈梯形状，顶端依次平铺较大的长石块盖顶。室外堆封大量泥石，形成椭圆形土墩。

因后期扰乱破坏，每座土墩遗存文物数量不一。少则4件，多则82件。器物有原始瓷、印纹硬陶、泥质陶及夹砂陶器，基本以豆或碗为主，此外有饮食器和瓮、坛、罐、瓿等盛储器，少见炊器。极大部分为实用器，少量为明器。

《浙江省文物考古研究所学刊》建所十周年纪念特刊载："弁山石室土墩墓考古发掘不但为石室土墩遗存是墓葬性质的认定提供了重要依据，也为浙江地区土墩编年序列的建立奠定了基础。不论在认识上还是研究方法上，对于此后同类遗存的发掘具有深远的指导意义，成为浙江石室土墩遗存课题研究的里程碑。"

13. 石狮土墩墓抢救性考古发掘

石狮土墩墓位于林城镇石狮村，即老318国道以北的黄土岗上，四周为连绵黄泥岗地。

1989年3月至12月为配合宣杭铁路长兴段工程，省考古所与县博物馆组成联合考古队，领队陈元甫，对铁路建设涉及的土墩墓进行抢救性考古发掘。共清理商周时期的土墩5座，出土遗物138件。

1989年，石狮土墩墓抢救性考古发掘发现的西周石床墓 （陈元甫 摄）

考古发现，5座土墩呈椭圆形状，大小不一，其中最大的封土东西长31.7米，南北宽18.2米，残高2.6米。5座土墩中4座均为一墩多墓，最多一座达11座墓室，共计30座。其墓葬形式可分无坑无床型、石床型、土坑型和混杂型。多座墓室出现叠压和打破关系。出土的随葬品以原始青瓷器和印纹硬陶器为主，还有部分泥质陶、素面硬陶及少量夹砂陶器，所见器类有罐、瓿、瓮、坛、豆、碗、陶纺轮等。印纹硬陶36件，主要纹饰有曲折纹、回纹、纺织纹、米筛纹、方格纹，除2件外均为平底。原始青瓷器74件，以豆、碗小件为主，胎质坚硬，施茶绿、黄绿、米黄等不同釉色，釉层较薄，有流釉、凝釉和剥釉现象。以素面为主，也有堆贴圆饼或s形泥条、刻画水波纹，部分底部有刻画符号。

《浙江省文物考古研究所学刊》建所十周年纪念特刊载："石狮土墩墓遗存是两周时期广流行于吴越地区的墓葬。一墩多墓其墩内所埋各墓时代存在很大差异，对于我们认识一墩多墓的土墩性质具有重要意义。"

14. 下齐岭土墩墓抢救性考古发掘

下齐岭土墩墓位于煤山镇新安村下齐岭，三面环山，周围丘陵山冈连绵，南侧为合溪上游支流谷地。

2002年11月至12月，因狩猎场工程建设遭受严重扰乱，县文保所在上级专家的指导下，对下齐岭土墩墓进行抢救性考古清理。

考古清理发现，由于农耕，域内土墩水土流失严重，大多仅能看出微微凸起的土丘。直径8～15米，高0.6～1.2米。清理的9座土墩墓，3座为石床墓，6座为无坑无床墓，呈东西偏南方向。其中一座封土有夯筑迹象，其他均为熟土堆筑。出土的器物有原始瓷豆、碗和印纹硬陶罐、尊、壶、罍、簋、瓿等。印纹硬陶纹饰有回纹、云雷纹、曲折纹、波浪纹、组合纹等。云雷纹纹饰粗犷，器形较大。其中，出土了4件印纹硬陶礼器中有敞口印纹硬陶尊、印纹硬陶簋和2件方座印纹硬陶尊。

2002年12月，下齐岭土墩墓抢救性考古发掘现场

2003年6月,中国古陶瓷学会名誉会长朱伯谦与任世龙研究员到长兴鉴赏时说:“类似下齐岭出土的仿青铜印纹硬陶礼器在国内还是首次发现,值得好好研究。”

15. 龙潭山石室土墩墓抢救性考古发掘

龙潭山石室土墩墓位于和平镇庄基村吴山支脉东端的龙潭山山脊上。北侧为长泗平原,西苕溪在北侧山下穿境而过。

2004年6月至7月,因采矿5座石室土墩墓被扰乱,部分器物残片散落在外。县文保所征得上级同意后及时对受损的古墓葬进行抢救性考古清理。

2004年6月,龙潭山石室土墩墓抢救性考古发掘现场

清理发现5座古墓葬均为东周时期石室土墩墓。东西向,呈椭圆形。底长10~15米,宽6~8米,残高0.8~1.8米。墓室呈狭长形内斜收巷道状,底长2.5~5.7米,底宽1.1~1.3米不等。采用自然山石垒叠而成,块石大小不一,压顶石及封门一般呈长条形,体量较大,重数百斤,部分已坍塌。石室外有泥石封护,因水土流失和人为因素,部分石室裸露,有2座土墩墓边缘用块石垒筑呈四方形护坎。出土的器物为原始瓷和印纹硬陶两大类。原始瓷有碗、豆两个品种,制作较粗糙,极大部分底部有刻画痕迹。印纹硬陶以方格纹、米筛纹、编织纹陶罐为主,仅见少量印纹硬陶坛,器型较单一,体量较小。

16. 南符小山土墩墓抢救性考古发掘

南符小山土墩墓位于龙山街道西峰坝村南符自然村,即磨盘山西侧小山岗上。东北为平原水网、西南丘陵岗地连绵。

2010年7月至2010年9月，为配合城市开发建设，县文保所与省考古所组成联合考古队，领队田正标，现场负责人孟国平，对南符小山土墩墓进行了抢救性考古发掘，共清理商周时期的墓葬10座，出土随葬器物75件。

2010年9月，南符小山土墩墓考古现场

因后期的人为扰乱及盗掘的破坏，南符小山土墩墓出土的随葬器物数量不多。从器物类别上分，有原始瓷、硬陶、泥质陶、夹砂陶、石器等。原始瓷器的器型主要是豆、碗、盂等；泥质陶主要是豆、鼎、罐、坛、钵、纺轮等；夹砂陶主要是鼎、罐等；硬陶在数量上占全部出土器物的一半以上，其器型主要有罐、坛、瓿等较大的盛储器，还发现了一件硬陶豆，一件印纹硬陶尊。

南符小山土墩墓发掘清理的墓葬数量虽然不多，但其埋葬形式多样。有平地掩埋型，有石床型，有石室型，有一墩包含了多种形式的墓葬。在该墓葬群最南侧还发现了一座为印纹硬陶片铺设墓床的东周土墩墓，这在太湖流域十分少见。

17. 炮头山石室土墩墓抢救性考古清理

炮头山石室土墩墓位于小浦镇光耀村炮头山南侧坡地上，南侧紧靠合溪箬竹漾。

2004年7月，为配合长牛复线建设，县文保所报请有关部门同意，对炮头山石室土墩墓进行抢救性考古清理。

2004年7月，光耀炮头山石室土墩墓考古现场

考古发现炮头山石室土墩墓是一座东周时期石室土墩墓，底长14米，宽12米，高3.2米，由大量山石构筑而成，结构呈梯形塔状。因抗日战争时期日本侵略军在上面修筑炮台被扰乱，后又遭受盗掘，主体残损严重，石室顶部残损。室内仅遗存两件器物，一件是原始瓷碗，一件为泥质陶罐，在墓室西侧外有一件器形较大的原始瓷罐被打碎散落。墓葬北侧腰部叠压一座三角形汉代窑床。

在石室土墩墓北侧护坎边，清理出一陪葬器物坑。呈东西向，依次排列18件陶器，主要以印纹硬陶为主，其中有方格纹、大方格填线组合纹、编织大方格填线组合纹陶坛10件，泥质陶鼎3件，方格纹及米筛纹陶罐4件，泥质陶盖1件。组合纹陶坛器形较大，保存完整。

炮头山石室土墩墓的考古清理发现陪葬器物坑，在太湖流域属首次发现。

18. 陈墓岭土墩墓抢救性考古清理

陈墓岭土墩墓位于长水线龙山街道与水口乡交界的陈墓岭的岭脊上，西面为黄泥头山支脉绵绵山冈，东南北三面为平原水网。相对海拔20米。

2005年6月，陈墓岭西周石床墓考古清理现场

2005年4月，长水线改建工程中受损。5月至6月，县文保所报请上级主管部门同意，对两座遭受严重破坏的西周晚期土墩墓进行抢救性清理。

考古清理发现墓葬位于陈墓岭山脊中部平缓处，D1由于后期干扰，封土扰乱，体量不清。清理后发现为一座土墩石床墓，东西向。石床长4.2米，宽2.6米。出土一批玉石器和原始瓷器，未见陶器。其中包括原始瓷豆、有甑带流壶、三足盘、罐，玉璜、玉玦、项链（其中含玉、松石、滑石等），萤石碗、插座等。D2为一座底径东西长18米，南北宽15米土坑墓，封土堆筑达3.2米。出土的器物有原始瓷豆、三足盘、罐，印纹硬陶罐及一串玉石项链（其中含玉、松石、滑石），棺木无存，但漆片明显。

在太湖流域西周土墩遗存中出土丰富玉石器较为罕见，尤其是萤石碗、插座的出土，在环太湖地区商周土墩遗存中属首次发现。

19. 合溪土墩遗存抢救性考古清理

合溪土墩遗存位于小浦与槐坎交界的合溪南北两岸的山前坡地上，即合溪南岸的抛头岗、窑岗岭，北岸的西头山和炮头山。

2006年12月至2009年11月，为配合国家重点工程——长兴合溪水库的建设，经国家文物局批准，省考古所与县文保所联合组成考古队，领队孟国平，对合溪水库淹没区及移民安置点的土墩遗存进行了抢救性考古发掘。

本次发掘分四个地点，共清理土墩36座。其中，抛渎岗2座，窑岗岭15座，西山头16座，炮台山3座。共发现商周时期墓葬63座，汉六朝时期墓葬3座，窑炉遗迹29座。

2009年10月,合溪土墩墓考古发掘现场

2008年11月,合溪土墩墓考古发掘发现的六十亩山石室土墩墓

在发掘的36座土墩中,有33座为商周时期墓葬。其中14座是“一墩一墓”,19座土墩是“一墩多墓”埋有2至5个墓葬不等,3座土墩没有发现器物。

墓葬的埋葬形式,主要有“石室型”墓葬16座,“石床型”墓葬14座,“石框型”墓葬一座,“平地掩埋型”墓葬32座。“石室型”的墓葬,大多是“一土墩一石室”,一般建在略加平整的地表上,也有建在早期的土墩上。一座石室内有一墓,也有一座石室内有二组或上下叠压或分开放置的随葬器物。石室基本呈东西向,它们的埋葬年代约在西周晚期至春秋时期。出土器物共500多件,主要是商周时期的原始青瓷、印纹硬陶、泥质陶、夹砂陶等。有原始瓷豆、碗、盂,印纹硬陶罐、瓮、坛及夹砂陶鼎、泥质陶罐等。印纹硬陶主要纹饰有回纹、曲折纹、编织纹、叶脉纹、组合纹等。

考古发现一座土墩内有二石室,一座土墩内有三石室的情况。在一座土墩内建有二座或三座石室,几座石室又基本处于同一层面的同一条直线上,是浙江省历年来的土墩墓发掘中属于首次发现,它对于研究本区域整体的商周土墩墓的墓葬形态及同一墩内各墓葬之间的关系都是不可多得的珍贵资料。

20. 鼻子山越国贵族大墓抢救性考古发掘

鼻子山越国贵族大墓位于雉城镇五峰村五峰山西的鼻子山。东面有长岭,西北东横山,墓葬处于东、西、北三面群山环抱,南面开阔的环境之中,相对高度为10米。

2004年发掘的雉城五峰山鼻子山越国贵族大墓

2003年12月4日,雉城镇五峰村农民新村建设施工中在鼻子山北坡出土数十件仿青铜原始瓷打击乐器,部分器物或损或散落。县文物部门闻讯后立即派出专业人员赶赴当地保护现场。经初步勘探发现这是

一座大型古墓葬，大墓外疑似一座器物坑被扰乱。在公安部门的配合下，及时收缴了流散文物。

2003年12月29日至2004年4月14日，省考古所与县文保所组成联合考古队，领队陈元甫，对古墓葬进行了抢救性考古发掘。

考古发现该墓葬分布在鼻子山山脊顶部，呈长方形覆斗状，东西向，与山脊呈十字形相交，系带墓道的长方形深土坑木椁墓。土墩底径东西长32米、南北宽18米、中心高3.7米，墓坑长14.8米、宽5.1～5.7米、深2.3米，东面设有墓道。墓内原有木椁，椁外填炭和白膏泥用于防潮和密封。所有膏泥经过夯筑，结构显得极其坚硬。

2004年4月，五峰山越国贵族大墓考古现场

墓内出土的随葬品器物共62件（组），以玉石器为主，其次是一些陶瓷器。玉石器有瑗、璜、带钩、璧、环、剑首、管、珠等各种器形，其中瑗达14件之多，在瑗、璜、璧、剑首等器物上均饰有精美的卷云纹。陶瓷器的器物种类有原始瓷碗、罐和瓿、印纹硬陶罐、硬陶器盖和羊角形器、夹砂陶三足盘、泥质陶纺轮等。

墓葬北侧设有一个陪葬器物坑，坑内出土48件仿青铜器原始瓷打击乐器，其中有甬钟7件、镈钟3件、錞于3件、勾鑃9件、磬13件、钲1件、镇12件。部分器物因发现前机械施工，受损严重，坑内信息也因施工扰乱不得而知。

省考古所编著《浙江越墓》载："鼻子山越国贵族大墓是继东阳前山大墓之后发掘的第二座王陵以下的越国贵族大墓，而且墓内未遭盗掘破坏，随葬品保存完整，组合关系清楚。它的发现，无疑为我们进一步研究认识越国王陵以下其他高等级贵族墓葬，提供了十分重要的新资料。墓外设置的陪

2004年3月，雉城五峰山鼻子山越国贵族大墓（陈元甫 摄）

葬器物坑,是这座墓的重要组成部分,也是很重要的特点,反映出越国贵族墓的一种葬俗。陪葬器物坑内大量仿青铜器原始瓷打击乐器的出土,是浙江地区这一时期墓葬考古的首次重要发现。”

21. 李家巷长岭山土墩墓发掘

李家巷长岭山土墩墓位于李家巷镇南长岭山西侧山脊和坡地上,东为弁山山脉。

2009年12月至2010年5月为配合318国道改建工程,省考古所与县文保所组成联合考古队,领队孟国平,对长岭山五座土墩墓进行了抢救性考古发掘。

考古发现在这5座土墩中,两座呈椭圆形,3座呈圆形,底径10至16米不等,高0.8至1.5米。有4座是一墩一墓,1座是一墩三墓。墓葬的埋葬形式,其中一墩一墓的都是石室型的,石室都建在略加平整的山脊上,基本呈东西向。一墩三墓中1座是石床型的,2座是平地掩埋型的。

由于后期人为扰动及盗掘,大多数土墩已不具原有的形状。仅3号墩保存较好,墩中的石室基本保持原有的结构,石室顶部略有变形和坍塌,其南北两壁最高处仍有1.8米以上。封门是用长条形石块,在两石壁之间垒砌而成,长度有近3.5米。靠近墓室的一排封门石垒砌得较整齐,所用石块都是长条形的。后面的石块,大小不一,垒砌较随意。后壁是用三块较规整的大石块垒砌。石室南北两壁底部一层石块都较大,上面的石块或大或小,朝向墓室的一面大多较平整。北壁保存尚好,南壁略低,有所倒塌。南北两边石壁都向内倾斜,剖面呈口小底大梯形状。由于地势东高西低,两边石壁是后段较高,封门处较矮,顶部基本平整。石室顶部没有封盖石,盖顶的可能是竹木类的易朽材质。石室底部有石床,较平整,石块间的缝隙较小。石床与后壁、南北两壁连接紧密,在靠近封门处有一小段约0.9米没有石床。石室周围都有护坎,保存也较好。护坎呈“U”形,封门前没有。随葬器物在

2010年3月,李家巷长岭山土墩墓考古清理现场

墓室里分三组摆放。靠近后壁的一组，主要是印纹硬陶器，6件全是罐、瓿之类；墓室中间一组，紧靠北壁，共有7件原始瓷盖碗；在封门边上一组，离封门约有0.9米左右，放在石床上，有印纹硬陶罐5件，原始瓷盖碗7件。

5座土墩共清理出商周时期的墓葬7座，出土随葬器物64件，其中原始瓷24件，印纹硬陶38件，泥质陶2件。

22. 牌坊沟商周印纹硬陶窑址试掘

牌坊沟商周印纹硬陶窑址位于林城镇石英村龙山东侧缓坡牌坊沟南小岗地上。背靠龙山，东为长泗平原，相对高度7米。属浙江省文物保护单位龙山窑址的组成部分。

2007年12月，在“三普”中发现，2010年11月省考古所与县文保所对窑址进行复查，并对牌坊沟窑址进行了局部试掘，领队郑建民。

牌坊沟商周印纹硬陶窑址试掘现场

复查试掘窑址所处山坡上有明显的隆起，地表散落着大量的印纹陶片。从雨水冲刷出的水沟剖面来看，隆起部分为大量的陶片与红烧土块等窑址废弃物堆积，在堆积的上方，陶片明显较少但红烧土块更加密集，推测为窑床所在地。从陶片的散落及隆起的分布来看，窑址面积约2500平方米以上。试掘位于窑址的中部，探方长4米，宽1米。发现窑址堆积最厚处超过1米，可分四个大的文化层。时代自商末西周初开始至东周晚期。产品主要为印纹硬陶和少量的原始瓷。

器型纹饰以第二层最为丰富多样，达到了印纹硬陶的鼎盛时期。器型以坛、罐、瓿类器物为主，包括少量的尊、瓮、罍等，纹饰粗大清晰，排列整齐，主要有回形纹、云雷纹、叶脉纹、重菱形纹、曲折纹，流行回形纹上间以一道或几道粗大的云雷纹或重菱形纹等纹饰。多数器物体形巨大、造型规整、纹饰繁缛，代表了印纹硬陶制作的最高水平。在这一文化层中还发现了少量的原始瓷残片，器型主要为豆，灰白色胎质细腻坚致，通体施釉，青釉施釉均匀，胎釉结合好，玻璃质感强，是太湖流域西周早期为数不多的几处烧造印纹硬陶和原始瓷的窑址之一。

23. 义冢山古墓葬群抢救性考古发掘

义冢山古墓葬群位于雉城镇五峰山村夏家庙义冢山上。背面为东横山绵绵丘陵，南面150米为古箬溪中段。

在2011年4月至2012年8月，省考古所与县文保所组成联合考古队，领队孟国平，对义冢山土墩遗存进行了考古发掘。共发掘土墩13座，面积约8000平方米，出土随葬器物500多件。

考古发现，该墓葬群有两周、汉六朝和明清时期的墓葬103座。在发掘的13座土墩中，除D1位于岗前坡地上，其余都分布在一个呈“山”字形的岗地上。单个土墩的体量差别较大，大的往往呈长

义冢山D10M10古墓葬考古发掘现场

义冢山古墓葬科技考古发掘现场

2012年5月，义冢山汉代砖室墓考古发掘现场

条形，最大的土墩D10，长径近60米，短径在40米左右；小的基本呈圆形，直径在10~20米左右。一般一墩有多座墓葬，少的有二座，最大的墩有30座。其堆筑形成过程一般可分为二种情况：一是由一个墓葬的挖坑、埋墓、封土形成的小土墩，或再在这小土墩上挖坑、埋墓、封土，形成一个较大的土墩；二是由相近的二或三个，或再多几个小土墩，在他们之间挖坑、埋墓、封土，逐渐连接形成一个大土墩。总体上说，前者形成的土墩体量较小，大多平面呈圆形；后者形成的土墩体量较大，平面形状大多呈长椭圆形。

发掘发现有四座土墩是在早期商周土墩墓的基础上，再挖坑建墓封土成墩。D10年代最早到西周晚期，最晚到东汉，时间跨度达800多年。在西周早期至春秋战国时期，还只是一个较小的土墩，有墓葬三座，到两汉时期，随着大量墓葬的埋入，土墩的规模迅速增大。发掘结果表明，在西汉晚期，埋入墓葬数量最多，其墓葬形式都是土坑墓，墓葬的排列较有规律，分为东西两排，除墓道外，互相之间没有打破关系。D10M10，是一土坑木椁合葬墓，其墓坑东西长4.1米，南北宽4.06米，深4.32米，有东西两个墓道，故又称“中”字形墓。该墓保存较好，棺木虽已朽，但双棺的痕迹犹存，棺木表面的红漆色彩仍十分鲜亮。随葬器物有39件(组),有铜器、铁器、玉器、石器、印章、陶器等。

D5M2是一较小型的土坑墓,东西向,长4.14米,宽1.1米,西端头厢宽1.7米。出土19件器物,其中有青铜剑1件,青铜带钩1件,青铜饰品1件,还有16件陶瓷器,埋葬时代约在战国晚期。

中科院考古研究所与省考古所编著的秦汉土墩墓国际学术研讨会论文集《秦汉土墩墓考古发现与研究》载:“义冢山土墩遗存中的墓葬,其本质是追求‘深坑’。其所反映的丧葬观,与商周时期的土墩墓有较大的不同,而与北方中原地区有较大的相似性。”

24. 西峰坝东汉画像石墓抢救性考古清理

西峰坝东汉画像石墓位于龙山街道西峰坝村,合溪港南岸的小娜山,相对高度5米。南、西、北为丘陵岗地,东为平原水网。

2006年6月8日上午,县文保所工作人员下乡巡查时,发现西峰坝村委东北面小娜山缓坡上,有一座墓葬被挖土机取土时破坏,石构耳室裸露。6月10日至7月7日,报请上级主管部门同意,县文保所组织专业人员对该墓葬进行了抢救性清理。

考古清理发现,小娜山是由人工堆筑,长120米,宽70米,高3~5米的椭圆形大墩,画像石墓位于大墩的东南侧。该墓系叠涩顶画像石墓,偏东106度,墓上封土1.5米。墓室建于长方形土坑内,其下部打入生土层0.3~0.5米。整体基本用扁平石灰石略作加工构成,间隙用小石块和砖块填充。由前后室及耳室三部分组成。外围全长7.86米、宽4.2米、高2.64米。墓室前方有墓道,上口宽5.6米、下口宽2.2米、深3.9米。墓门位于前室内口,高1.6米、宽1.18米、进深0.32米。分别由门槛、门框、门和门楣组成。前室呈方形,内边长2.66米、高2.88米。后室略窄且低于前室,内长3.62米、宽2.14米、高2.32米。墓室券顶采用块石叠涩法构成,共5层,形成藻井状。耳室位于前室右侧,平面呈长方形,高0.96米、内长1.3米、宽0.78米。门楣高0.56米、厚0.34米、长1.58米,正面雕刻青龙、白虎,龙虎相向。门框上下刻青龙、白虎、朱雀、鹿4个图案,中间部分图案因漫漶不清而难于辨别。所有画像均采用剔地浅浮雕技法。在细部加饰阴线,线条纤细古朴,禽、兽形体瘦削健劲,画像正面浮雕隆起突出,口边磨光,有立体感。

因村民取土和早期盗掘破坏,墓葬许多石板撒落,墓室已被扰乱,其中耳室后壁的两块石门被毁,并可直通墓室内部,部分器物弃置于墓外。随葬器物仅存零星小件和部分陶器残片。经整理和修复获得各类遗物9件,有罍、盆、鐎斗、灶、跪俑、琴、铜带钩、玉鸡心坠、滑石璧及少量的五铢钱。

2012年5月省文物考古研究所编著出版的《浙江汉六朝墓报告集》载:“西峰坝画像石墓的年代为东汉中期后段,是浙江省已发现的最早的画像石墓。”

2006年6月,龙山街道西峰坝东汉画像石墓发掘现场

25. 七女冢汉土墩墓抢救性考古清理

七女冢土墩墓位于小浦镇中山村七女墩自然村，东距县城中心约2000米。北为丘陵岗地，南为画溪，周边为农田。2010年4月，为配合公路扩建工程，县文保所对该墩进行抢救性考古清理。考古发现整个土墩呈馒头状，东西长36米，南北宽31米、中心高5.2米。整体曾遭到盗掘、扰乱，南侧墩上建有民宅。

抢救性考古发掘为墩的北侧二分之一，共清理墓葬8座，其中土墩墓2座、土坑墓4座、砖椁墓2座。8座墓葬存在叠压关系，出土器物60余件。

2010年4月，七女冢楚式墓发掘现场

西周土墩墓2座，在土墩最底层北侧，均采用平地堆封土营造方式。出土印纹硬陶罐、盂、坛共8件。

西汉土坑墓4座，墓坑构造于土墩内，3座木椁墓，1座土坑墓。其中位于土墩中心偏北的竖穴土坑木椁墓长4.58米，宽3.54米，四周由白膏泥封填。双棺均为独木棺，棺板厚0.1米，残高0.64米，出土陶器11件，铜器9件，漆器6件以及五铢钱和丝织品等。陶器有壶、罐、灶，铜器有壶、甑、釜、洗、篕、镜、五铢钱，漆器有盘、耳杯等。位于土墩中心带有墓道的竖穴深土坑木椁墓，封土层层夯筑，灰白色土，每层厚0.1米至0.15米。墓圹呈方形，中心点垂高6.3米，底边长4米，中间填充白膏泥。一椁双棺，棺由整段木料雕凿而成。曾遭盗掘，仅出土陶壶2件，铜壶3件，甑1件。

东汉砖椁墓2座，出土器物18件，其中包括釉陶壶、釉陶罐、青铜镳斗、青铜镜、环首铁刀、铜钱等。

南侧二分之一上有民宅未作清理。

26. 光耀窑址抢救性考古清理

位于小浦镇光耀村西侧，合溪涧东侧，俗称“窑墩”。南距合溪百亩漾400米，西距合溪涧200米，海拔21米。

2002年8月，县文保所在重点工程文物保护跟踪督查工作中，发现“窑墩”被长牛公路草子槽至煤山段公路改造工程工程队推土机扰乱面积达四分之一，大量陶瓷残件散落一地。对此，县文保所报主管部门同意，对该窑址进行了抢救性考古清理，至11月底共清理面积2000平方米。

考古清理发现，“窑墩”是由汉至宋代窑址及其残件堆积而成的，呈椭圆形状，最长底径60米，最高堆积4.5米。窑址遗存丰富，其中有宋代龙窑2座，汉代马蹄窑2座、三角形窑5座，春秋战国古墓葬1座。三者处于叠压和打破关系，汉代马蹄窑打破春秋战国古墓葬。Y3长3.4米、宽2.49米、残高1.18米，火膛半径1.25米。Y4长3.9米、宽2.3米、残高1米，火膛半径1.5米。龙窑部分叠压于汉代窑床方上，Y1长24.5米、宽2.5米，Y2长25.5米、宽3.15米。出土器物主要是春秋战国的印纹陶、泥质陶器和唐宋时期的瓷器、窑具等，未发现汉代器皿。共300多件。

在唐宋窑址堆积中清理的器物主要有四系罐、双系罐、直把壶、钵、盂、杯、执壶、罐、碗、碟、盆、盖、粉盒、陶铃、陶陀螺、狮子座瓷枕、虎形座瓷枕、灯盏、陶砂轮、窑具等。瓷器釉色以酱釉为主，也有褐色和青灰色。部分器物紫砂含量非常高，在《紫玉金砂——长兴紫砂精粹》展中，被浙江省博物馆专家确定为长兴紫砂早期器皿。

浙江人民美术出版社2008年9月出版的《记忆与探索》载："历史上光耀制陶业已经有相当的规模，与周边制陶业存在相对密切的交流，是杭嘉湖地区陶瓷业的一个不可忽视的组成部分。"

2002年10月，小浦光耀发现的宋代龙窑

2002年10月，小浦光耀发现的汉代马蹄窑

27. 亭子头宋墓抢救性考古清理

亭子头宋墓位于龙山街道高山岭村亭子头山东侧缓坡。南为长岭山，西为灵山。

2001年3月29日，县文保所工作人员在重点工程文物安全跟踪检查时发现。当时墓葬表土已被机械扰乱，墓室顶部三块盖板已滑落。为配合县森林公园建设，县博物馆报请省文物主管部门同意，当即组织专业人员对该墓葬进行抢救性考古清理。

考古清理发现该墓葬坐西朝东，为土坑竖穴长方形单室石椁墓，长2.7米、宽1.2米、深0,86米。墓壁由0.3×0.3×0.6米青石丁字形错位实砌，顶部由四块1.32×0.8米青石封盖，底部为生土。棺木无存，四块盖板中的三块已掉入墓穴，室内淤泥达0.3米。周边环境由于施工已全部遭到扰乱，未发现墓志。

墓室内共出土器物19件，其中包括青白瓷莲花座镂空缠枝牡丹纹盖香薰1件、建窑兔毫盏1件、青白瓷划刻莲瓣纹折腹碗1件、青白瓷划刻莲瓣纹粉盒4件、青白瓷刻画牡丹纹碗2件、青白瓷剔刻牡丹纹六瓣葵花式碗2件、围棋子若干、青灰色陶奁1件、铜唾盂1件、葵花形青铜镜1件、琉璃簪1件、银簪1件、铜则1件、铜箸1件、银碗1件、银洗1件、铁券1件、铁牛4件。

《记忆与探索》载："亭子头宋墓出土文物丰富，尤其是一批高规格的景德镇青白瓷器的出土，对于研究南宋历史文化和科学艺术具有十分重要的价值。建窑兔毫盏是浙江省考古史上从墓葬内出土的第一例。"

28. 台基山唐宋石经幢构件抢救性清理

台基山位于雉城镇台苑新村西南侧。

2011年3月30日，在市政道路建设中发现刻有龙纹的石构件。接群众报告后，县文保所负责人立即赶赴现场了解情况。在工地近两米深的次生层泥土中发现数块刻有佛像石构件裸露在外。

2011年3月，台基山出土的唐宋石经幢构件

鉴于情况紧急，文保所在向县文物行政主管部门汇报后，马上组织相关人员对裸露在外的石构件进行抢救性清理。共清理石构件近30件，其中包括石佛经幢构件及石柱础等。经考证该石刻构件为长兴广福寺寺庙遗存，时代为唐宋期间。因早期火灾、开挖护城河被毁，加之后期建设扰乱，石佛塔构件部分已残缺，建筑基础无存。

29. 石泉吴氏明代砖室墓清理

石泉吴氏明代砖室墓位于李家巷镇石泉村前，小黄山北坡，海拔48米。南为平原水网地带。

2012年4月19日深夜，县博物馆负责人接到公安部门有关石泉一座古墓葬被人为破坏的电话，随即连夜赶赴现场调查。现场发现因工程建设，大型石板被掀翻，石块、砖等构件散落于地。经主管部门同意，县文保所组织专业人员立即对墓葬进行抢救清理。

清理发现：受损墓葬有2座，一座为石椁墓，一座为砖室墓。石椁墓，左右双室，各由5整块石板筑成，即两侧墓壁各1块，前后封门各1块，盖板1块，花岗岩石质。墓壁及封门均有榫卯结构。墓室长2.28米、宽0.96米、高1米，石板厚度均为0.2米。墓底用泥土、沙石夯实，表面堆积厚0.1-0.15米的淤泥，已扰乱。仅出土墓志2合，随葬器物1件，葬具棺榫2件、棺钉若干及少量棺木残片。

砖室墓紧依石室墓右侧，墓壁用青砖平砌。残长1.2、宽0.6、高0.7米。从残存的墓壁看，多数青砖长短不一，完整的青砖较少，似有意用残砖砌制。砖长31.5厘米、宽15厘米、厚5.8厘米。墓底用泥土、沙石夯实。出土器物3件，其中哥窑瓷器贯耳瓶、三足炉各1件、铜镜1件。

石椁墓前出土墓志2合：一为青石质，边长0.63米、厚0.1米，志盖阴刻篆书“明故巢松吴先生之墓”；一为青石质，边长0.66米，厚分别为0.1米和0.095米，志盖阴刻篆书“大明吴母孺人徐氏墓”。墓志铭文为小楷，多数文字因石质风化难以辨认，可辨“……寝公乃喜曰……食百需不使其……妻□出入有度教令……庙伺治桥道……女德之助哉儒……六其大考子厚……士女二……克相……其相伊……计黄……”

30. 沉其林明代王氏墓抢救性考古清理

沉其林（旧时称沉麒麟）村明代王氏墓位于水口乡水口村沉其林自然村。四周为岗地。

1997年6月9日，沉其林村一座明代石椁墓被盗。10日至12日，为配合公安部门打击盗墓犯罪，湖州市博物馆与县博物馆联合组成考古队对该墓葬进行抢救性考古清理。

清理发现该墓葬是一座石椁墓，安置在石墓前端的墓志铭已被盗掘者取出。从墓志中得知，墓主名王清，女性，死于明成化十七年（1481年），享年七十九岁。王清之夫臧思聪为王家赘婿，臧氏自元始已为长兴望族。

王氏墓由四块厚约0.23米的石板以榫卯衔合，底铺方砖，上以石板盖合。墓室长2.37米、宽1.01米、高1.10米。出土器物共13件（组），其中瓷器4件：折腰白釉嵌铜口碟2件、刻花纹白釉芒口碗2件；铜器2件：明仿汉日光纹铜镜1件、钱币1枚；金器2件：葫芦形耳坠1对（2件）、金发簪1件；石银锭4件及残腰带1副。

长兴县历年部分抢救性考古清理一表览

表4-2

时间	地点	名称	类别	主要成果	备注
2001.7	雉城皇家湾	皇家湾唐宋水下遗存	遗址	出土唐宋陶瓷器等50多件	污水处理厂施工
2003.3	李家巷庄基村	庄基遗址	遗址	发现2眼汉代砖砌水井	土地平整受损
2003.4-6	雉城东浜	东浜遗址	遗址	发现马桥遗址，出土部分石器、陶器	西气东输（非典期间）
2003.11	五峰村	五峰遗存	遗址、墓葬	发现西周墓葬8座，出土文物30多件	水木花都房地产开发
2003.12	洪桥碧岩村	前城古墓葬	古墓葬	出土“**吴王”铭文砖、印纹硬陶坛等文物30多件	申苏浙皖高速公路建设

续表

时间	地点	名称	类别	主要成果	备注
2005.4	下箬寺	下箬寺遗址	遗址	遗址局部试掘，发现六朝水井和宋代建筑遗存	陈武帝故宫复建
2005.5	龙山西峰坝	小娜山砖室墓	古墓葬	发现3座汉六朝砖室墓，出土一件龙首把鎏金青铜香薰	农民建房
2006.5	龙山西峰坝	港北砖室墓	古墓葬	出土青瓷鸡首壶、羊注子等一批珍贵文物	长水线扩建
2006.10-11	虹星桥午山岗	午山岗土墩墓	古墓葬	发现4座汉墓，出土敞口壶、弦纹罐、铁釜等一批器物	厂房建设
2006.10	石泉村	石泉砖室墓	古墓葬	发现东晋时期古墓葬，出土铜鐎斗、青铜镜等	移动公司建接收塔
2006.11	二界岭东村	东村土墩墓	古墓葬	发现3座西周墓葬，出土6件印纹硬陶罐和原始瓷豆	工业园区建设
2007.7-8	泗安赵村	赵村遗址	古遗址	发现商周遗址，出土一批石器和陶器	工业园区建设
2007.10-12	林城午山岗	十八亩山汉墓	古墓葬	出土一批高温釉陶珍贵文物。其中罍上有九头凤鸟图案	厂房建设
2008.1	林城午山岗	午山岗土墩墓	古墓葬	出土一批两汉时期釉陶壶、罐、瓿、罍、灶等器物	厂房建设
2009.4	煤山新安村	大干岕宋墓	古墓葬	出土青白瓷碗2件，韩瓶1件	民宅改造
2009.6	老长中	宋代水井	建筑遗存	发现一眼宋代水井，清理出宋青瓷鱼注子等文物	城市改造
2009.7-9	二界岭大东村	大东村土墩墓	古墓葬	发现6座东周至汉古墓葬，出土一批陶器	318国道改建工程
2009.7-8	泗安赵村	赵村遗址	古遗址	出土硬陶埙、印纹陶罐、石锛等一批商周时期遗存	318国道改建工程
2009.7	小浦画溪桥	罗家厂汉墓	古墓葬	发现二座汉代土坑墓，出土一批汉代釉陶壶、罐、罍、瓿等器物	农民建房
2009.7-9	小浦光耀	六十亩山窑址	窑址	发现2座宋代窑址，出土一批残件	小槐线改线
2010.5	雉城北庄	北庄遗址	遗址、墓葬	出土东周铜块、锯齿刃铜刀及部分汉代釉陶器	长湖申航道改道
2011.1	小浦光耀	光耀窑址	窑址	出土一批宋代民用瓷器	新村建设
2011.2-5	煤山镇	西山土墩墓	古墓葬	发现楚式土坑墓，出土23件仿青铜泥质陶器物	工业园区用地
2011.3	林城方山窑	方山窑古墓葬	古墓葬	发现9座两周至南北朝古墓葬，出土一批两周陶器和汉六朝瓷器	土地平整

2013年，白岘访贤遗址考古试掘现场

2010年，北庄遗址抢救性考古清理现场

2010年，王家山旧石器遗址考古清理现场

2009年，罗家厂汉墓考古清理现场

2004年，磨盘山石床墓考古现场

2008年，午山岗汉代古墓葬考古现场

2011年，煤山西山楚式土坑墓

2011年，煤山西山楚墓出土的泥质陶壶

2013年，张家湾抢救性考古现场（汉墓清理）

2006年，考古发现的光耀汉六朝窑址

2013年，张家湾抢救性考古现场

2003年，炮头山宋代龙窑发掘现场

2006年，回龙山窑址抢救性考古清理

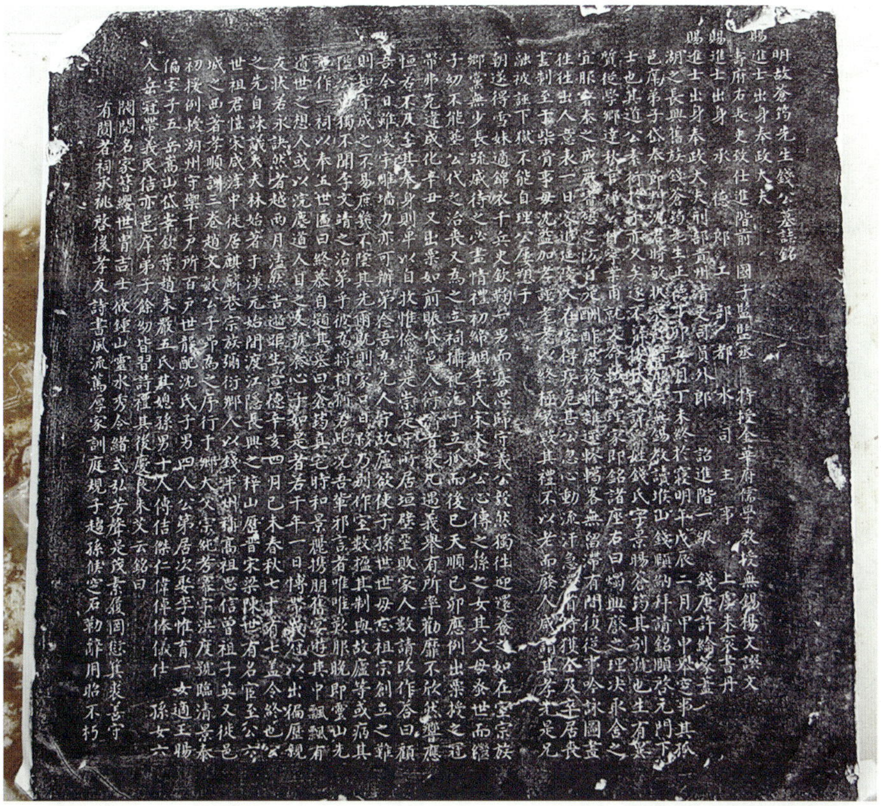

明故蒼筠先生錢公墓誌銘

2008年，灵山出土的钱苍筠墓志铭

三、文物保护单位的保护与管理

1. 文物保护单位公布

1961年4月15日，浙江省人民委员会印发文化字164号文件，《关于公布第一批全省重点文物保护单位名单的通知》，公布新四军苏浙军区司令部旧址为省级重点文物保护单位。

1961年5月20日，长兴县人民委员会印发长文化字第105号文件，出台《关于文物保护管理搜集的办法》，共九条。并公布长兴县第一批文物保护单位名单（共18处），其中包括：新四军苏浙军区司令部旧址、新四军苏浙公学旧址、新四军苏浙银行旧址、新四军兵工厂旧址、新四军后方医院疗养院旧址、新四军被服厂修枪所旧址、新四军东风煤矿旧址、粟司令员住所旧址、谭司令员和方司令员住所旧址、赵孟頫书《东岳行宫记》碑、吴承恩书“圣井铭并叙”碑、吴承恩书《长兴县令题名记》碑、龙山遗址、环沉漾遗址、三毛竹墩遗址、顾渚山石刻题记、徐中行墓。

1983年3月12日，依据新颁布的《中华人民共和国文物保护法》有关规定，长兴县人民政府根据全国第二次文物普查成果，颁布了长政〔1983〕25号文件，调整和重新公布长兴县文物保护单位共36处。其中包括原县级文物保护单位十处：

（一）革命旧址（5处）：新四军苏浙公学旧址、粟裕司令员住所旧址、新四军被服厂旧址、新四军后方医院疗养院旧址、新四军修枪所旧址。

（二）历史文物（5处）：环沉遗址、高门楼遗址、顾渚山摩崖题名石刻、赵孟頫书《长兴东岳行宫记》碑，吴承恩书《圣井铭并叙》碑。

新列入县级文物保护单位二十六处：

（一）革命旧址（5处）：新四军苏浙军区报社旧址、新四军鞋子厂旧址、苏南行政公署（二地委）旧址、长兴县抗日民主联合政府旧址、长兴县委旧址。

（二）历史文物（21处）：台基山遗址、步云桥遗址、庄家村遗址、仙山遗址、毛家漾遗址、篁墩遗址、大云寺石经幢、钟楼·铜钟、大成殿·明伦堂、五福庙、鼎嘉桥、光阳桥、兴隆桥、畎桥、五里桥、城山石刻造像（附城山教寺、碑刻）、赵荣书《法海禅寺》碑、吴承恩书《梦鼎堂记》碑、长岭山窑址、韩彦直墓、九女冢。

1984年12月，据新四军老同志的回忆和文物部门深入调查确定，浙江省人民政府调整公布新四军苏浙军区司令部旧址（仰峰沈家大院）、新四军苏浙军区一纵队司令部旧址（温塘王宅）为浙江省省级文物保护单位。

1997年9月1日，谢安墓被长兴县人民政府公布为县级文物保护单位。

2001年6月25日，长兴新四军苏浙军区旧址被国务院公布为第五批全国重点文物保护单位。其中包括新四军苏浙军区司令部、新四军苏浙军区一纵队司令部、苏浙公学、苏南区行政公署、粟裕宿舍和办公室、新四军后方医院及疗养所、新四军兵工厂、新四军修枪所、新四军被服厂、新四军鞋子厂、新四军苏浙军区报社编辑部、新四军《苏南报》社、中共长兴县委、长兴县抗日民主政府、方司令谭司令北山园住所等旧址。

2002年6月24日，长兴县文化与体育局根据长兴县开展的浙江省第三次文化遗产普查成果，首次公布长兴县文物保护点113处，其中古遗址14处，古墓葬29处，古建筑46处，石窟寺及石刻4处，近现代重要史迹20处。

2003年8月10日，长兴县人民政府印发长政发〔2003〕53号文件，公布“圣井”等16处不可移动文物为第三批县级文物保护单位，其中包括：白溪朱家祠堂、圣井、小乌桥、清仙桥、蒋埠桥、锁界桥、大路桥、横山土墩石室墓群、乌龟山遗址、老坟山遗址、方山窑址、南俞钱宅、大岕口吴宅、新四军苏浙军区政治部旧址、新四军苏浙军区供给部旧址、中共长兴县委秘密交通站旧址。同时因火灾、水泥厂建设，可移动文物作为不可移动文物等原因撤销原县级文物保护单位6处，即毛家漾遗址、五福庙、《圣井铭并叙》碑、《大云寺石经幢》、《长兴州修建东岳行宫记》碑和《梦鼎堂记》碑。

2005年3月16日，白溪朱氏宗祠、城山古城遗址被浙江省人民政府公布为省级文物保护单位。

2006年5月25日，顾渚贡茶院遗址及摩崖被国务院公布为第六批全国重点文物保护单位。包括顾渚贡茶院遗址、白羊山最高堂唐宋摩崖题记、霸王潭唐宋摩崖题记、老鸦坞唐宋摩崖题记。

2010年1月11日，长兴县人民政府印发长政发〔2010〕2号文件，公布狮子山遗址等36处不可移动文物为第四批县级文物保护单位，其中包括狮子山遗址、龙山商周窑址、牌坊遗址、江家山遗址、月亮山窑址、高家桥遗址、九龙山窑址、大干岕古村落遗址、新安遗址、空山遗址、七里亭旧石器遗址、凉亭遗址、张家桥遗址、章惇墓、西峰坝东汉贵族画像石墓、西湾里王思高宅、中和桥、包福桥、周家凉亭、圣堂桥、唐翁桥、毛场里凉亭、太平村太平桥、石泉明代牌坊、生圣桥、五里渡抖门、三登桥、吕山侵华日本侵略军炮台工事遗址、鸿桥、六河桥、高宁塘桥、德盛桥、南畲塘桥、浣东桥、董家油坊碾房遗址、盛家桥。

2010年3月28日，长兴县文化广电新闻出版局根据长兴县“三普”成果，公布长兴县第二批文物保护点435处，其中古遗址56处，古墓葬201处，古建筑107处，石窟寺及石刻20处，近现代重要史迹43处，其他8处。

2011年1月7日，新安遗址、空山遗址、七里亭遗址、龙山窑址、江家山遗址、台基山遗址、张家桥遗址、九龙山窑址、五里渡抖门、长兴孔庙、西峰坝画像石墓、圣井被浙江省人民政府公布为省级文物保护单位。

2012年6月1日，新四军“江南银行”旧址（温塘江南银行兑换所旧址）被长兴县人民政府公布为县级文物保护单位。

2. 文物保护单位保护的“四有”工作

1991年1月14日，浙江省文化厅、浙江省建设厅向浙江省人民政府呈报浙文厅物〔1991〕1号文件，《关于划定新四军苏浙军区司令部旧址等二十处省级文物保护单位的保护范围及建设控制地带的报告》。

2001年12月5日，长兴县人民政府办公室印发长政办发〔2001〕161号《关于同意划定钟楼等18处县级文保单位的保护范围及建设控制地带的批复》。其中包括：钟楼、鼎嘉桥、光阳桥、畎桥、兴隆桥、城山寺（含石刻造像）、大成殿明伦堂、韩彦直墓、高门楼遗址、环沉遗址、台基山遗址、步云桥遗址、庄家村遗址、仙山遗址、篁墩遗址、长岭山窑址、法海禅寺之记碑、九女冢。（附：钟楼等18处县级文保单位的保护范围及建设控制地带）

【钟楼】

重点保护范围以钟楼为中心，南至钟楼弄9米，东西各向外延伸20米，北向外延伸15米。南以钟楼弄向外延伸20米，东、西、北向外延伸20米为建设控制地带。

【鼎嘉桥】

重点保护范围以桥为中心，四周向外延伸5.5米。桥四周再向外延伸5米为建设控制地带。

【光阳桥】

重点保护范围以桥为中心，南、北向外延伸8米，东向外延伸8米，西至凉亭外沿。南、北再向外延伸10米，东、西再向外延伸20米为建设控制地带。

【畎桥】

重点保护范围以桥为中心，四周向外延伸10米。再向外延伸10米为建设控制地带。

【兴隆桥】

重点保护范围以桥为中心，四周向外延伸10米。再向外延伸16米为建设控制地带。

【城山寺（含石刻造像）】

重点保护范围以石刻造像山道两侧向外延伸10～20米不等，城山寺以城山寺为中心向外延伸40～250米不等。再向外延伸20米为建设控制地带。

【大成殿·明伦堂】

重点保护范围以大成殿·明伦堂为中心，向外延伸20米。南至县前街，北再向外延伸50米，西再向外延伸10米，东至金陵北路为建设控制地带。

【韩彦直墓】

重点保护范围以神道至墓两侧向外延伸10～30米不等。再向外延伸20～80米不等为建设控制地带。

【高门楼遗址】

重点保护范围以文保标志碑为中心，向南延伸25米，东、西向外延伸30米，北向外延伸40米。再向外延伸20米为建设控制地带。

【环沉遗址】

重点保护范围以文保标志碑为中心，向东至104国道，向南至小河，向西至现民房东山墙，向北延伸50米。西、北再向外延伸20米为建设控制地带。

【台基山遗址】

重点保护范围为整个台基山，东至紫砂厂，南至水塘边，西至青文路，北至水塘边。再向外延伸10～80米不等为建设控制地带。

【步云桥遗址】

重点保护范围以文保标志碑向外延伸5～45米不等。再向外延伸5～25米不等为建设控制地带。

【庄家村遗址】

重点保护范围以文保标志碑为中心，南、西向外各延伸35米，东、北向外各延伸45米。南、东、北向外再延伸16米，西向外再延伸35米为建设控制地带。

【仙山遗址】

重点保护范围北至河港，西至办公室东墙脚，南至职工宿舍，东至围墙外20米。南、东、西再向外各延伸20米，北至河港为建设控制地带。

【篁墩遗址】

重点保护范围以文保标志碑为中心，向外延伸25～35米不等。再向外延伸40～50米不等为建设控制地带。

【长岭山窑址】

重点保护范围以文保标志碑向外延伸5～40米不等。再向外延伸10～20米不等为建设控制地带。

【法海禅寺之记碑】

重点保护范围以此碑为中心，向外延伸6～30米不等。东、北再向外延伸20米为建设控制地带。

【九女冢】

重点保护范围以封土堆为中心向外延伸20～50米不等。再向外延伸12米为建设控制地带。

3. 长兴县各级文物保护单位及文物点

长兴县各级文物保护单位名单一览表

表4-3

全国重点文物保护单位(共2处19个点)					
序号	名称	类别	时代	地址	公布时间
1	顾渚贡茶院遗址及摩崖	石窟寺及石刻	唐—宋	水口乡顾渚村、金山村	2006.5.25
2	新四军被服厂旧址	近现代重要史迹及代表性建筑	抗日战争	白岘乡和岕口村横岭岕自然村56号	2001.6.25
	新四军修枪所旧址	近现代重要史迹及代表性建筑	抗日战争	白岘乡和岕口村水曲岕自然村	2001.6.25
	新四军后方医院、疗养所旧址	近现代重要史迹及代表性建筑	抗日战争	白岘乡三州山村茅山自然村	2001.6.25
	苏南区行政公署旧址	近现代重要史迹及代表性建筑	抗日战争	白岘乡三州山村尚阳自然村	2001.6.25
	新四军《苏南报》社旧址	近现代重要史迹及代表性建筑	抗日战争	白岘乡五通山村缠岭自然村下庄	2001.6.25
	新四军苏浙军区报社编辑部旧址	近现代重要史迹及代表性建筑	抗日战争	白岘乡五通山村缠岭自然村下庄	2001.6.25
	新四军鞋子厂旧址	近现代重要史迹及代表性建筑	抗日战争	白岘乡白岘村丁岕自然村	2001.6.25
	新四军苏浙军区司令部旧址	近现代重要史迹及代表性建筑	抗日战争	槐坎乡仰峰村仰峰自然村	2001.6.25

续表

序号	名称	类别	时代	地址	公布时间
	新四军苏浙军区一纵队司令部旧址	近现代重要史迹及代表性建筑	抗日战争	槐坎乡新槐村温塘自然村	2001.6.25
	粟裕宿舍和办公室旧址	近现代重要史迹及代表性建筑	抗日战争	槐坎乡仰峰村仰峰岕自然村	2001.6.25
	苏浙公学旧址	近现代重要史迹及代表性建筑	抗日战争	槐坎乡十月村台基自然村	2001.6.25
	方司令、谭司令北山园住所旧址	近现代重要史迹及代表性建筑	抗日战争	槐坎乡东风村北山园自然村	2001.6.25
	新四军兵工厂旧址	近现代重要史迹及代表性建筑	抗日战争	槐坎乡新槐村石臼自然村	2001.6.25
	中共长兴县委旧址	近现代重要史迹及代表性建筑	抗日战争	槐坎新槐村桥下自然村	2001.6.25
	长兴县抗日民主政府旧址	近现代重要史迹及代表性建筑	抗日战争	槐坎乡新槐村桥下自然村	2001.6.25

浙江省省级文物保护单位(截至2011年1月7日,共14处)

序号	名称	类别	时代	地址	公布时间
1	新安遗址	古遗址	新石器时代—汉	泗安镇禧祉村新安自然村内	2011.1.7
2	空山遗址	古遗址	新石器时代—商周	泗安镇管埭村、皂山村交界空山	2011.1.7
3	七里亭遗址	古遗址	旧石器时代	泗安镇白莲村西山自然村	2011.1.7
4	龙山商周窑址(含荆竹关窑址、牌坊沟窑址)	古遗址	商周	林城镇石英村荆竹关、金鸡膀自然村	2011.1.7
5	江家山遗址	古遗址	新石器时代	林城镇大云寺村董村自然村北	2011.1.7
6	城山古城遗址(含城山石刻造像、城山教寺、土城墙)	古遗址	东汉	和平镇和平村官庄自然村东	2005.3.16
7	张家桥遗址	古遗址	商—战国	雉城镇三新村张家桥自然村西石子山岗东段	2011.1.7
8	台基山遗址	古遗址	新石器时代	古城街道台基山	2011.1.7
9	九龙山窑址	古遗址	元—明	水口乡顾渚村石马头自然村九龙山东北	2011.1.7
10	五里渡抖门群(含下潘抖门、下潘东抖门、西抖门、罗家抖门)	古建筑	清	泗安镇五里渡村下潘滩、西抖门自然村	2011.1.7

续表

序号	名称	类别	时代	地址	公布时间
11	白溪朱氏宗祠	古建筑	明—清	开发区街道白溪居委会白溪自然村	2005.3.16
12	圣井	古建筑	南北朝	开发区街道杨湾居委会杨湾自然村下箬寺内	2011.1.7
13	长兴孔庙	古建筑	明	古城街道金陵路与县前街交叉口北	2011.1.7
14	西峰坝画像石墓	古墓葬	东汉	龙山街道西峰坝村西峰坝自然村	2011.1.7

长兴县县级文物保护单位(截至2010年6月12日,共58处)

序号	名称	类 别	时代	地址	公布时间
1	仙山遗址	古遗址	夏	泗安镇仙山村大环桥自然村泗安水库	1983.3.12
2	乌龟山遗址	古遗址	商周	泗安镇钱庄村十房自然村	2003.8.10
3	凉亭遗址	古遗址	新石器时代—汉	泗安镇长丰村半边塘自然村	2010.1.11
4	高门楼遗址	古遗址	新石器时代	林城镇石英村高门楼自然村	1961.5.20
5	方山窑址	古遗址	宋—清	林城镇方山窑村窑北自然村	2003.8.10
6	老坟山遗址	古遗址	商周	林城镇石英村前志自然村北	2003.8.10
7	牌坊遗址	古遗址	夏—战国	林城镇畎桥村牌坊自然村	2010.1.12
8	篁墩遗址	古遗址	夏—周	虹星桥镇谭家村篁墩自然村	1983.3.12
9	高家桥遗址	古遗址	新石器时代—商周	虹星桥镇午山村环桥自然村高家桥	2010.1.11
10	狮子山遗址	古遗址	新石器时代	和平镇和平村红庙自然村狮子山南	2010.1.11
11	庄家村遗址	古遗址	商—六朝	李家巷镇老虎洞村庄家村自然村	1983.3.12
12	步云桥遗址	古遗址	新石器时代—商周	古城街道金莲桥居委会步云桥	1983.3.12
13	长岭山窑址	古遗址	汉	龙山街道高山岭村白莲冲自然村	1983.3.12
14	环沉遗址	古遗址	夏—周	夹浦镇环沉村环沉自然村港西	1961.5.20
15	月亮山窑址	古遗址	汉	夹浦镇月明村白漾荡自然村	2010.1.11
16	大干岕古村落遗址	古遗址	宋—明	煤山镇新安村新源自然村大干岕	2010.1.11

续表

序号	名称	类别	时代	地址	公布时间
17	韩彦直墓	古墓葬	宋	二界岭乡云峰村邱家自然村	1983.3.12
18	谢安墓	古墓葬	南北朝	林城镇太傅村太傅庙自然村北	1997.9.1
19	横山土墩石室墓群	古墓葬	东周	西太湖管委会碧岩村扎网山	2003.8.10
20	章惇墓	古墓葬	宋—元	水口乡顾渚村石马头自然村	2010.1.11
21	九女冢	古墓葬	东汉	小浦镇中山村九女墩自然村	1983.3.12
22	太平村太平桥	古建筑	清	二界岭乡太平村太平自然村	2010.1.11
23	甽桥	古建筑	清	林城镇畎桥村、新华村交界处	1983.3.12
24	包福桥	古建筑	清	林城镇桥南村包家自然村	2010.1.11
25	周家凉亭	古建筑	清	虹星桥镇郑家村郑家自然村东	2010.1.11
26	圣堂桥	古建筑	清	虹星桥镇西南村钱家自然村北	2010.1.11
27	西湾里王思高宅	古建筑	清	和平镇庄里村西湾里自然村9号	2010.1.11
28	中和桥	古建筑	清	和平镇便民桥村许家自然村南	2010.1.11
29	石泉明代牌坊(含高湾高公墓牌坊、石泉吴宅牌坊、石山桥贞节牌坊)	古建筑	明	李家巷镇石泉村高湾、石泉、石山桥自然村	2010.1.12
30	锁界桥	古建筑	清	太湖图影度假区小沉渎村宅里自然村	2003.8.10
31	光阳桥	古建筑	清	开发区街道陆家斗村三河斗自然村南	1983.3.12
32	三登桥	古建筑	中华民国	雉城镇曹家桥村北杨自然村西	2010.1.11
33	生圣桥	古建筑	清	龙山街道霞城村童庄殿自然村	2010.1.11
34	钟楼	古建筑	明	古城街道人民路与金陵路交叉口南	1983.3.12
35	鼎嘉桥	古建筑	明—清	夹浦镇丁新村杨名基自然村、大墙门自然村交界处	1983.3.12
36	兴隆桥	古建筑	清	夹浦镇夹浦村老街	1983.3.12
37	小乌桥	古建筑	清	夹浦镇夹浦村乌桥自然村	2003.8.10
38	清仙桥	古建筑	清	夹浦镇环沉村环沉自然村	2003.8.10
39	唐翁桥	古建筑	清	水口乡徐旺村王家自然村西	2010.1.11
40	南俞钱宅	古建筑	清	小浦镇潘礼南村南俞自然村	2003.8.10
41	大岕口吴宅	古建筑	清	小浦镇大岕口村大岕口自然村	2003.8.10
42	毛场里凉亭	古建筑	清	小浦镇小浦村毛场里自然村	2010.1.11
44	法海禅寺碑	石窟寺及石刻	明	和平镇吴村别家里自然村	1983.3.12
43	董家油坊碾房遗址	近现代重要史迹及代表性建筑	清—中华人民共和国	虹星桥镇白水村董家自然村乌家桥东南	2010.1.11

续表

序号	名称	类别	时代	地址	公布时间
45	吕山侵华日军炮台工事遗址	近现代重要史迹及代表性建筑	1938年	吕山乡吕山山脉西北山顶	2010.1.11
46	鸿桥	近现代重要史迹及代表性建筑	民国21年	洪桥镇洪桥村洪桥自然村洪桥老街	2010.1.11
47	六河桥	近现代重要史迹及代表性建筑	中华民国	洪桥镇南阳村北塘自然村西北杨家浦港	2010.1.11
48	高宁塘桥	近现代重要史迹及代表性建筑	民国26年	洪桥镇金星村圩角自然村西	2010.1.11
49	盛家桥	近现代重要史迹及代表性建筑	1957年	开发区街道五里桥居委会冯家墩自然村南	2010.1.11
50	中共长兴县委秘密交通站	近现代重要史迹及代表性建筑	1941年	雉城镇竹元村	2003.8.10
51	蒋埠桥	近现代重要史迹及代表性建筑	民国3年	夹浦镇红旗村蒋埠桥自然村	2003.8.10
52	德盛桥	近现代重要史迹及代表性建筑	清	夹浦镇喜鹊圩村喜鹊圩自然村	2010.1.11
53	南畲塘桥	近现代重要史迹及代表性建筑	民国7年	夹浦镇红旗村韩家圩自然村	2010.1.11
54	浣东桥	近现代重要史迹及代表性建筑	民国3年	夹浦镇太平桥村下无胥自然村	2010.1.11
55	新四军苏浙军区政治部旧址	近现代重要史迹及代表性建筑	抗日战争	槐坎乡仰峰村韩家	2003.8.10
56	新四军苏浙军区供给部旧址	近现代重要史迹及代表性建筑	抗日战争	槐坎乡仰峰村曹家	2003.8.10
57	大路桥	近现代重要史迹及代表性建筑	民国11年	槐坎乡抛渎岗自然村	2003.8.10
58	江南银行兑换所	近现代重要史迹及代表性建筑	抗日战争	槐坎乡新槐村温塘自然村	2012.6

长兴县县级文物保护点(截至2010年3月28日,共488处)

序号	名称	类别	时代	地址	公布时间
1	泗安镇革命烈士纪念碑	近现代重要史迹及代表性建筑	中华人民共和国	泗安镇双联村泗安镇中学内	2002.6.24
2	陈克昌烈士墓	近现代重要史迹及代表性建筑	1945年	泗安镇长中村离家坎自然村	2002.6.24
3	凉亭遗址	古遗址	新石器时代	泗安镇长丰村半边塘自然村	2010.3.28
4	大庄庙遗址	古遗址	新石器时代	泗安镇五里渡村大庄庙自然村	2010.3.28

续表

序号	名称	类别	时代	地址	公布时间
5	塘湾遗址	古遗址	新石器时代—商周	泗安镇五里渡村塘湾自然村	2010.3.28
6	上红庙遗址	古遗址	商周	泗安镇皂山村上红庙自然村	2010.3.28
7	罗村头遗址	古遗址	商周	泗安镇五里渡村罗村头自然村	2010.3.28
8	塔山遗址	古遗址	商周	泗安镇黄巢村塔山自然村	2010.3.28
9	庙西沟遗址	古遗址	商周	泗安镇仙山村庙西沟自然村	2010.3.28
10	唐家湾遗址	古遗址	商周	泗安镇塔上村唐家湾自然村	2010.3.28
11	张家边遗址	古遗址	商周	泗安镇黄巢村塔山自然村	2010.3.28
12	上泗安码头遗址	古遗址	唐—中华人民共和国	泗安镇新联村上泗安自然村	2010.3.28
13	仙山采石矿遗址	古遗址	明—中华人民共和国	泗安镇仙山村仙山南侧公路下	2010.3.28
14	吴家塘土墩墓群	古墓葬	西周—战国	泗安镇赵村吴家塘自然村	2010.3.28
15	狮子山土墩墓群	古墓葬	西周—汉	泗安镇塔上村椅子自然村	2010.3.28
16	乌都岗土墩墓群	古墓葬	西周—汉	泗安镇杨湾村中杨湾自然村乌都岗	2010.3.28
17	吴家村土墩墓群	古墓葬	西周—汉	泗安镇三里亭村吴家村自然村	2010.3.28
18	十房村土墩墓群	古墓葬	西周—汉	泗安镇钱庄村六房村自然村	2010.3.28
19	张家边土墩墓群	古墓葬	西周—汉	泗安镇黄巢村张家边自然村	2010.3.28
20	斗水冲土墩墓群	古墓葬	汉	泗安镇庆丰村斗水冲自然村	2010.3.28
21	十月村东土墩墓	古墓葬	汉	泗安镇钱庄村十房自然村	2010.3.28
22	黄泥地土墩墓群	古墓葬	汉	泗安镇庆丰村黄泥地自然村	2010.3.28
23	猴村土墩墓群	古墓葬	汉	泗安镇庆丰村猴村自然村、黄泥地自然村	2010.3.28
24	陈家大塘土墩墓群	古墓葬	汉	泗安镇庆丰村猴村自然村	2010.3.28
25	枣树湾土墩墓群	古墓葬	汉	泗安镇庆丰村枣树湾自然村	2010.3.28
26	隔里头土墩墓群	古墓葬	汉	泗安镇仙山村隔里头自然村	2010.3.28
27	土塘冲土墩墓群	古墓葬	汉	泗安镇庆丰村黄泥地自然村	2010.3.28
28	十里头土墩墓群	古墓葬	汉	泗安镇庆丰村十里头自然村	2010.3.28
29	西阳岗明代墓	古墓葬	明	泗安镇三里亭村西岗自然村	2010.3.28
30	方升泰旧址	古建筑	清	泗安镇新联村上泗安自然村	2010.3.28
31	寿星桥	古建筑	清	泗安镇新联村上泗安自然村	2010.3.28
32	广安桥	古建筑	清	泗安镇新联村上泗安自然村泗安港	2010.3.28
33	陈家门楼	古建筑	清	泗安镇仙山村陈家弄32号	2010.3.28

续表

序号	名称	类别	时代	地址	公布时间
34	“禁棚民开垦”碑	石窟寺及石刻	清	泗安镇艺术幼儿园内	2010.3.28
35	“奉宪禁止殷户作地保庄长碑记”碑	石窟寺及石刻	清	泗安镇艺术幼儿园内	2010.3.28
36	“泗安镇乡徵公署碑记第二”碑	石窟寺及石刻	中华民国	泗安镇艺术幼儿园内	2010.3.28
37	空山抖大抖门	近现代重要史迹及代表性建筑	中华民国	泗安镇管埭村先锋自然村	2010.3.28
38	泗安沈氏义庄河埠	近现代重要史迹及代表性建筑	中华民国	泗安镇凤凰村柴湾街王德礼宅后门	2010.3.28
39	泗安仙山烈士墓	近现代重要史迹及代表性建筑	中华人民共和国	泗安镇仙山村枫树岗自然村	2010.3.28
40	初康遗址	古遗址	商周	二界岭乡初康村初康桥自然村	2002.6.24
41	大东村门楼	古建筑	清	二界岭乡东村大东村自然村	2002.6.24
42	初康桥	古建筑	清	二界岭乡初康村初康桥自然村	2002.6.24
43	石马冲明代石像生	石窟寺及石刻	明	二界岭乡东村大东村自然村	2002.6.24
44	西阳窑址群	古遗址	宋	二界岭乡二界岭村西阳自然村	2010.3.28
45	西阳南窑址	古遗址	宋	二界岭乡二界岭村西阳自然村	2010.3.28
46	湖北场窑址	古遗址	宋	二界岭乡罗家地村湖北场自然村	2010.3.28
47	潘家洼窑址	古遗址	宋—明	二界岭乡云峰村腾家冲自然村	2010.3.28
48	上盘塘遗址	古遗址	商周	二界岭乡太平村上盘塘自然村	2010.3.28
49	天鹅蛋土墩墓	古墓葬	西周—战国	二界岭乡罗家地村枫树岗自然村	2010.3.28
50	二界岭水库东土墩墓群	古墓葬	西周—汉	二界岭乡二界岭水库东	2010.3.28
51	二界岭村上阳土墩墓	古墓葬	西周	二界岭乡二界岭村上阳自然村	2010.3.28
52	对面岗土墩墓群	古墓葬	西周—汉	二界岭乡太平村上盘塘自然村对面岗	2010.3.28
53	扬子山土墩墓群	古墓葬	西周—汉	二界岭乡太平村上盘塘自然村	2010.3.28
54	高瓜塘土墩墓群	古墓葬	西周—汉	二界岭乡东村高瓜塘自然村	2010.3.28
55	张家山土墩墓群	古墓葬	西周—汉	二界岭乡东村高家冲自然村	2010.3.28
56	毛草冲土墩墓群	古墓葬	西周—汉	二界岭乡罗家地村毛草冲自然村	2010.3.28
57	蛇山土墩墓群	古墓葬	西周—汉	二界岭乡罗家地村罗家地自然村	2010.3.28
58	丁家洼土墩墓群	古墓葬	西周—汉	二界岭乡罗家地村窑上自然村东山岗	2010.3.28

续表

序号	名称	类别	时代	地址	公布时间
59	太傅庙遗址	古遗址	新石器时代—商周	林城镇太傅村胡小湾自然村	2002.6.24
60	龙山土墩墓群	古墓葬	西周—东周	林城镇畝桥村、石英村龙山	2002.6.24
61	后墩山土墩墓	古墓葬	汉	林城镇午山岗村环桥自然村	2002.6.24
62	永宁桥	古建筑	清	林城镇天平桥村泥桥自然村	2002.6.24
63	塘上冲旧石器遗址	古遗址	旧石器时代	林城镇午山岗村塘上冲自然村	2010.3.28
64	午山遗址	古遗址	新石器晚期	林城镇午山岗村午山自然村西	2010.3.28
65	背头山遗址	古遗址	新石器晚期	林城镇午山岗村午山自然村背头山	2010.3.28
66	西岗遗址	古遗址	夏—商	林城镇新星村西岗自然村	2010.3.28
67	山岗遗址	古遗址	商周	林城镇大云寺村山岗自然村	2010.3.28
68	金鸡膀遗址	古遗址	商周	林城镇石英村金鸡膀自然村	2010.3.28
69	凤凰墩遗址	古遗址	商周	林城镇石英村凤凰墩自然村凤凰墩	2010.3.28
70	围村窑址	古遗址	西周	林城镇泥圩村下墅自然村围村	2010.3.28
71	方山窑窑址群	古遗址	唐—宋	林城镇方山窑村上窑头西	2010.3.28
72	许家山窑址群	古遗址	唐—宋	林城镇方山窑村许家山林场东	2010.3.28
73	寺基西瓜墩土墩墓	古墓葬	西周	林城镇阳光村寺基自然村	2010.3.28
74	高门楼土墩墓	古墓葬	西周	林城镇石英村高门楼自然村	2010.3.28
75	司令口土墩墓群	古墓葬	西周—战国	林城镇石英村高门楼自然村	2010.3.28
76	荆竹关土墩墓群	古墓葬	西周—战国	林城镇石英村荆竹关自然村南	2010.3.28
77	高门楼土墩墓群	古墓葬	西周—战国	林城镇石英村高门楼自然村	2010.3.28
78	塘洼土墩墓	古墓葬	西周—战国	林城镇石英村高门楼自然村塘洼	2010.3.28
79	牌坊沟土墩墓群	古墓葬	西周—战国	林城镇石英村高门楼自然村	2010.3.28
80	石狮岗北土墩墓群	古墓葬	西周—汉	林城镇上狮村石狮岗自然村	2010.3.28
81	石狮岗南土墩墓群	古墓葬	西周—汉	林城镇上狮村石狮岗自然村	2010.3.28
82	贺家岗北土墩墓群	古墓葬	西周—汉	林城镇上狮村上狮自然村	2010.3.28
83	上阳土墩墓群	古墓葬	西周—汉	林城镇上狮村上阳自然村	2010.3.28
84	大西冲土墩墓群	古墓葬	西周—汉	林城镇上狮村大西冲山岗	2010.3.28

续表

序号	名称	类别	时代	地址	公布时间
85	羊家塘土墩墓群	古墓葬	西周—汉	林城镇连心村路东自然村羊家塘	2010.3.28
86	金鸡墩土墩墓群	古墓葬	西周—汉	林城镇连心村路东自然村	2010.3.28
87	陈村岗土墩墓群	古墓葬	西周—汉	林城镇连心村新山自然村	2010.3.28
88	路东土墩墓群	古墓葬	西周—汉	林城镇连心村路东自然村	2010.3.28
89	强家土墩墓群	古墓葬	西周—汉	林城镇午山岗强家自然村	2010.3.28
90	塘上冲土墩墓群	古墓葬	西周—汉	林城镇午山岗村塘上冲自然村	2010.3.28
91	下沈土墩墓群	古墓葬	西周—汉	林城镇午山岗村下沈自然村	2010.3.28
92	盒子曹土墩墓群	古墓葬	西周—汉	林城镇午山岗村强家自然村	2010.3.28
93	贺家岗土墩墓群	古墓葬	西周—汉	林城镇太傅村贺家岗自然村	2010.3.28
94	平阳土墩墓群	古墓葬	西周—汉	林城镇太傅村平阳自然村	2010.3.28
95	路西土墩墓群	古墓葬	西周—汉	林城镇连心村路东自然村路西	2010.3.28
96	金田里土墩墓	古墓葬	西周—汉	林城镇阳光村金田自然村	2010.3.28
97	上窑头土墩墓群	古墓葬	西周—汉	林城镇方山窑村方中自然村上窑头	2010.3.28
98	菖蒲桥东土墩墓群	古墓葬	西周—汉	林城镇阳光村菖蒲桥自然村东	2010.3.28
99	方山窑土墩墓群	古墓葬	西周—汉	林城镇方山窑村	2010.3.28
100	菖蒲桥南土墩墓	古墓葬	西周—汉	林城镇阳光村菖蒲桥自然村南	2010.3.28
101	午山岗东土墩墓群	古墓葬	西周—汉	林城镇午山岗东侧县农科所农场	2010.3.28
102	前村土墩墓	古墓葬	西周—汉	林城镇方山窑村前村自然村	2010.3.28
103	菖蒲桥西土墩墓群	古墓葬	西周—汉	林城镇阳光村菖蒲桥自然村	2010.3.28
104	乌基墩土墩墓群	古墓葬	西周—汉	林城镇连心村路东自然村西侧山岗	2010.3.28
105	阳岗土墩墓群	古墓葬	西周—汉	林城镇连心村新山自然村西侧阳岗	2010.3.28
106	阳光山土墩墓	古墓葬	西周—汉	林城镇阳光村阳光山自然村	2010.3.28
107	乌焦山土墩墓群	古墓葬	西周—汉	林城镇泥坍村乌焦山自然村	2010.3.28
108	古大卢桥	古建筑	明—清	林城镇石英村石桥头自然村南	2010.3.28
109	新丰桥	古建筑	清	林城镇石英村庞家基自然村东	2010.3.28
110	东管桥	古建筑	清	林城镇畎桥村方家老湾自然村西	2010.3.28
111	万安桥	古建筑	清	林城镇大云寺村潘家卓自然村东北	2010.3.28

续表

序号	名称	类别	时代	地址	公布时间
112	回龙桥	古建筑	清	林城镇方山窑村后村自然村东	2010.3.28
113	龙桥	古建筑	清	林城镇天平桥村塘埂自然村南侧七亩塘	2010.3.28
114	白云桥	古建筑	清	林城镇向阳村朱家庄自然村西南	2010.3.28
115	曹家河埠	古建筑	清	林城镇泥𬜬村曹家自然村	2010.3.28
116	徐庄桥	古建筑	中华民国	林城镇北汤村徐庄木桥自然村北	2010.3.28
117	大俞石刻	石窟寺及石刻	明	林城镇新华村大俞自然村	2010.3.28
118	“为𬜬塍碑记”碑	石窟寺及石刻	清	林城镇新华村杨家湾自然村杨家富宅南	2010.3.28
119	畎桥大𬜬门	近现代重要史迹及代表性建筑	中华民国	林城镇畎桥村畎桥自然村北	2010.3.28
120	大村惨案纪念地	近现代重要史迹及代表性建筑	1938年	林城镇大云寺村大村自然村东	2010.3.28
121	大国桥	古建筑	清	虹星桥镇港口村上洪自然村	2002.6.24
122	小午山遗址	古遗址	商周	虹星桥镇午山村小午山自然村	2010.3.28
123	北山湾土墩墓群	古墓葬	西周—战国	虹星桥镇午山村大午山自然村北山湾	2010.3.28
124	狮子桥	古建筑	明	虹星桥镇厚全村狮子桥自然村东北	2010.3.28
125	塘口木桥	古建筑	清	虹星桥镇周村村木桥头自然村	2010.3.28
126	虹星桥	古建筑	清	虹星桥镇老街西侧	2010.3.28
127	永台桥	古建筑	清	虹星桥镇观音村西洋自然村	2010.3.28
128	久安桥	古建筑	清	虹星桥镇厚全村朱庄自然村	2010.3.28
129	宋西宋宅	古建筑	清	虹星桥镇宋高村宋西自然村	2010.3.28
130	洪桥	古建筑	清	虹星桥镇港口村长圆自然村	2010.3.28
131	姜家桥	古建筑	清	虹星桥镇罗家村姜家自然村	2010.3.28
132	雁塘桥	古建筑	清	虹星桥镇谭家村南庄自然村	2010.3.28
133	人文庄桥	古建筑	清	虹星桥镇谭家村人文庄自然村	2010.3.28
134	白洋桥	古建筑	清	虹星桥镇谭家村前龙沟自然村	2010.3.28
135	圆车桥	古建筑	清	虹星桥镇谭家村贺家自然村	2010.3.28
136	万安大桥	古建筑	清	虹星桥镇刘井村刘井自然村	2010.3.28

续表

序号	名称	类别	时代	地址	公布时间
137	“遵依藩宪批定分沌碑记”碑	石窟寺及石刻	清	虹星桥镇郑家村南庄自然村	2010.3.28
138	双福塘桥	近现代重要史迹及代表性建筑	中华民国	虹星桥镇毕家村双桥头自然村	2010.3.28
139	姜家永福桥	近现代重要史迹及代表性建筑	中华民国	虹星桥镇罗家村姜家自然村	2010.3.28
140	周村大抖门	近现代重要史迹及代表性建筑	中华人民共和国	虹星桥镇周村村东周自然村	2010.3.28
141	虹溪区第六高级社幼儿园旧址	近现代重要史迹及代表性建筑	1957年	虹星桥镇港口村麦塔自然村	2010.3.28
142	韦山土墩墓群	古墓葬	西周—东周	吴山乡韦山村韦山	2002.6.24
143	毛家漾遗址	古遗址	商周	吴山乡韦山村毛家漾自然村	2010.3.28
144	红山土墩墓群	古墓葬	西周—战国	吴山乡红山村红山山脉	2010.3.28
145	竹马湾土墩墓葬群	古墓葬	西周—汉	吴山乡横涧村于家自然村	2010.3.28
146	小后家坞土墩墓群	古墓葬	西周—汉	吴山乡红山村羊家弄自然村	2010.3.28
147	林岗土墩墓群	古墓葬	西周—汉	吴山乡红山村羊家弄自然村	2010.3.28
148	沙埠土墩墓	古墓葬	汉	吴山乡沙埠村沙埠、乌基墩自村	2010.3.28
149	独山西抖门	古建筑	清	吴山乡小溪口村抖门自然村西	2010.3.28
150	红山太平桥	古建筑	清	吴山乡红山村索山自然村	2010.3.28
151	南淙韦商臣故宅	古建筑	清	吴山乡南淙村南淙自然村	2010.3.28
152	北溪桥	古建筑	清	吴山乡南淙村与吴山村交界处	2010.3.28
153	南淙宗家祠堂	古建筑	清	吴山乡南淙村南淙自然村	2010.3.28
154	启伦桥	近现代重要史迹及代表性建筑	中华民国	吴山乡小溪口村启伦桥自然村	2010.3.28
155	长安小学旧址	近现代重要史迹及代表性建筑	1944年	吴山乡小溪口村小溪口街道	2010.3.28
156	施家桥	古建筑	清	和平镇东山村东山角自然村	2002.6.24
157	横山窑址	古遗址	唐—宋	和平镇横山村姚里自然村	2002.6.24
158	西湾里王宅	古建筑	清	和平镇庄里村西湾里自然村50号	2002.6.24
159	乌盆山遗址	古遗址	商周	和平镇新港村四组	2010.3.28
160	城山土墩墓群	古墓葬	西周—战国	和平镇城山村城山沟自然村	2010.3.28
161	东山土墩墓群	古墓葬	西周—战国	和平镇东山村东山自然村	2010.3.28
162	横山土墩墓群	古墓葬	西周—战国	和平镇横山村横山自然村	2010.3.28
163	吴山石室土墩墓群	古墓葬	西周—战国	和平镇回车岭村吴山渡自然村吴山	2010.3.28

续表

序号	名称	类别	时代	地址	公布时间
164	羊毛山土墩墓群	古墓葬	西周—战国	和平镇新港村羊毛山自然村	2010.3.28
165	庄古王氏宗祠	古建筑	清	和平镇便民桥村庄古自然村	2010.3.28
166	毛家湾毛宅	古建筑	清	和平镇长城村毛家湾自然村	2010.3.28
167	牧安斗北抖门	古建筑	清	和平镇长城村徐家抖门自然村	2010.3.28
168	大勤下水坝	古建筑	清	和平镇大勤村四组	2010.3.28
169	马家边元代水利工程	古建筑	元	和平镇马家边村马家边自然村	2010.3.28
170	庄　桥	古建筑	清	和平镇新港村庄桥自然村	2010.3.28
171	下王家王宅	古建筑	清	和平镇周坞山村王家自然村	2010.3.28
172	嘉福桥	古建筑	明	和平镇庄里村庄里自然村	2010.3.28
173	杨府庙茅草屋	近现代重要史迹及代表性建筑	1953年	和平镇回车岭村杨府庙自然村	2010.3.28
174	砞碛烈士墓	近现代重要史迹及代表性建筑	1970年	和平镇砞碛村砞碛自然村	2010.3.28
175	钮店桥	古建筑	明	吕山乡杨吴村钮店桥自然村	2002.6.24
176	胥仓桥	古建筑	清	吕山乡胥仓村胥仓港与西苕溪交汇处	2002.6.24
177	石佛桥	古建筑	清	吕山乡抖门村石佛桥自然村	2002.6.24
178	东村乌龟山遗址	古遗址	商周	吕山乡金村村金村埠自然村乌龟山	2010.3.28
179	渎南桥	古建筑	明	吕山乡抖门村渎南自然村西南	2010.3.28
180	南蒋古建筑群	古建筑	清	吕山乡胥仓村南蒋自然村	2010.3.28
181	胥仓抖门	古建筑	清	吕山乡胥仓村石里自然村	2010.3.28
182	抖门中和桥	古建筑	清	吕山乡抖门村东洋、渎南自然村	2010.3.28
183	北关桥	古建筑	清	吕山乡吕山村北抖埂自然村	2010.3.28
184	万福桥	古建筑	清	吕山乡吕山村九里港与白莲桥村交界	2010.3.28
185	复兴万安桥	古建筑	清	吕山乡南阳村	2010.3.28
186	李家桥	古建筑	清	吕山乡胥仓村午源渡自然村	2010.3.28
187	雉城顾宅	古建筑	清	吕山杨吴村雉地自然村38号	2010.3.28
188	章湾抖石刻造像	石窟寺及石刻	不详	吕山乡杨吴村章湾抖	2010.3.28
189	西洋抖门	近现代重要史迹及代表性建筑	中华民国	吕山乡抖门村渎南自然村	2010.3.28
190	胥仓雪藕池	其他	不详	吕山乡胥仓村花墙门自然村弯鱼池	2010.3.28
191	吕蒙山土墩墓群	古墓葬	西周—战国	李家巷镇石泉村高湾自然村	2010.3.28

续表

序号	名称	类别	时代	地址	公布时间
192	长岭土墩墓群	古墓葬	西周—战国	李家巷镇李家巷村	2010.3.28
193	凤山土墩墓群	古墓葬	西周—战国	李家巷镇青草坞村凤山自然村	2010.3.28
194	窑湾山土墩墓群	古墓葬	西周—战国	李家巷镇青草坞村凤山自然村	2010.3.28
195	老虎洞山土墩墓	古墓葬	西周—战国	李家巷镇青草坞村地洞寺自然村	2010.3.28
196	赵家桥土墩墓群	古墓葬	西周—战国	李家巷镇沈湾村赵家桥自然村南	2010.3.28
197	吕山土墩墓群	古墓葬	西周—战国	李家巷镇与吕山乡交界的吕山山岗	2010.3.28
198	南皇山土墩墓	古墓葬	西周—汉	李家巷镇石泉村高湾自然村	2010.3.28
199	水阁村兴隆桥	古建筑	清	李家巷镇计家浜村水阁自然村	2010.3.28
200	庆安桥	古建筑	清	李家巷镇计家浜村杨家桥自然村	2010.3.28
201	永丰桥	古建筑	清	李家巷镇石泉村石泉自然村	2010.3.28
202	众安桥	古建筑	清	李家巷镇石泉村塘桥自然村	2010.3.28
203	乌基山土墩墓	古墓葬	汉	李家巷镇石泉村高湾自然村	2010.3.28
204	咫尺桥	近现代重要史迹及代表性建筑	中华民国	李家巷镇沈湾村咫尺桥自然村	2010.3.28
205	王庄庙桥	近现代重要史迹及代表性建筑	中华民国	李家巷镇沈湾村章浜自然村	2010.3.28
206	下孙遗址	古遗址	商周	洪桥镇亭子桥村下孙自然村	2010.3.28
207	黄家岭土墩墓群	古墓葬	西周—战国	洪桥镇陈家埭村黄家岭山岗	2010.3.28
208	麻练岗土墩墓群	古墓葬	西周—汉	洪桥镇陈桥村	2010.3.28
209	灰库土墩墓群	古墓葬	西周—汉	洪桥镇陈桥村	2010.3.28
210	舟山坞土墩墓群	古墓葬	西周—汉	洪桥镇陈桥村	2010.3.28
211	石家坞土墩墓群	古墓葬	西周—汉	洪桥镇亭子桥村石家坞	2010.3.28
212	张家坞土墩墓群	古墓葬	西周—汉	洪桥镇陈桥村舟山浜自然村	2010.3.28
213	两乡桥	古建筑	清	洪桥镇排田漾村两乡浜自然村	2010.3.28
214	渡子桥	古建筑	清	洪桥镇排田漾村邱家桥自然村东	2010.3.28
215	茂盛桥	古建筑	清	洪桥镇排田漾村长兴航管站内	2010.3.28
216	舟山浜永福桥	古建筑	清	洪桥镇陈桥村舟山浜自然村	2010.3.28
217	陈家埭石刻	石窟寺及石刻	清	洪桥镇陈家埭村陈家埭自然村陈志泉宅北	2010.3.28
218	“江深渡碑记”碑	石窟寺及石刻	清	洪桥镇橡树下村	2010.3.28
219	道左桥	近现代重要史迹及代表性建筑	中华民国	洪桥镇古龙村道左抖自然村	2010.3.28
220	臧家桥	近现代重要史迹及代表性建筑	中华民国	洪桥镇古龙村龙舌咀自然村	2010.3.28

续表

序号	名称	类别	时代	地址	公布时间
221	永隆桥	近现代重要史迹及代表性建筑	中华民国	洪桥镇潼桥村张家坝面前港	2010.3.28
222	张家坟古建筑群	近现代重要史迹及代表性建筑	中华民国	洪桥镇中道村张家坟自然村	2010.3.28
223	前城土墩墓群	古墓葬	西周—汉	太湖图影度假区碧岩村前城自然村	2002.6.24
224	觉成禅寺	古建筑	清	太湖图影度假区图影村图影自然村	2002.6.24
225	碧岩凉亭	古建筑	中华民国	太湖图影度假区碧岩村王家浜自然村	2002.6.24
226	宝庆桥	古建筑	清	太湖图影度假区横山桥村东仁自然村	2002.6.24
227	永福桥	古建筑	清	太湖图影度假区图影村蔡铺港自然村	2002.6.24
228	涧湾桥	古建筑	明	太湖图影度假区碧岩村涧湾自然村	2002.6.24
229	"清空世界"石刻	石窟寺及石刻	宋	太湖图影度假区碧岩村碧岩山山腰	2002.6.24
230	小沉渎河埠遗址	古遗址	清	太湖图影度假区小沉渎村小沉渎自然村北	2010.3.28
231	天际口拦羊圈遗址	古遗址	不详	太湖图影度假区碧岩村弁山天际口	2010.3.28
232	弁山土墩墓群	古墓葬	西周—战国	太湖图影度假区碧岩村碧岩山顶	2010.3.28
233	弁山隧道土墩墓群	古墓葬	西周—战国	太湖图影度假区碧岩村前城自然村	2010.3.28
234	九十亩山土墩墓群	古墓葬	西周—战国	太湖图影度假区图影村南城自然村九十亩山	2010.3.28
235	周湾里土墩墓群	古墓葬	西周—战国	太湖图影度假区陈湾村周湾里山脊	2010.3.28
236	金鸡棚土墩墓群	古墓葬	西周—战国	太湖图影度假区碧岩村金鸡棚山脊	2010.3.28
237	后城土墩墓群	古墓葬	西周—汉	太湖图影度假区碧岩村后城	2010.3.28
238	雷洞山土墩墓	古墓葬	西周—汉	太湖图影度假区碧岩村碧岩雷洞山	2010.3.28
239	章家山土墩墓群	古墓葬	西周—汉	太湖图影度假区陈湾村董家坝自然村	2010.3.28

续表

序号	名称	类别	时代	地址	公布时间
240	马尾巴土墩墓群	古墓葬	西周—汉	太湖图影度假区碧岩村前城自然村	2010.3.28
241	卖鱼桥土墩墓群	古墓葬	西周—汉	太湖图影度假区碧岩村前城自然村卖鱼桥东	2010.3.28
242	蟠龙寺土墩墓群	古墓葬	西周—汉	太湖图影度假区碧岩村前城自然村	2010.3.28
243	北墙门钦宅	古建筑	清	太湖图影度假区小沉渎村北墙门自然村	2010.3.28
244	震泽桥	古建筑	清	太湖图影度假区小沉渎村小沉渎自然村	2010.3.28
245	大公圩兴施宅	古建筑	清	太湖图影度假区图影村大公圩自然村60号	2010.3.28
246	蒋家墩蒋宅	古建筑	清	太湖图影度假区陈湾村蒋家墩自然村北	2010.3.28
247	宅里石佛	石窟寺及石刻	不详	太湖图影度假区小沉渎村宅里自然村北	2010.3.28
248	润泽塘桥	近现代重要史迹及代表性建筑	中华民国	太湖图影度假区小沉渎村北墙门自然村西	2010.3.28
249	陈湾石矿遗址	近现代重要史迹及代表性建筑	中华民国	太湖图影度假区陈湾村	2010.3.28
250	高大圩砖拱桥	近现代重要史迹及代表性建筑	1967年	太湖图影度假区横山桥村高大圩自然村东	2010.3.28
251	横山革命烈士纪念碑	近现代重要史迹及代表性建筑	1976年	太湖图影度假区大荡漾村大荡漾自然村	2010.3.28
252	永庆桥	古建筑	清	开发区街道南庄居委会黄泥圩自然村	2002.6.24
253	下箬寺碑刻	石窟寺及石刻	清	开发区街道杨湾居委会杨湾自然村	2002.6.24
254	识荆桥	近现代重要史迹及代表性建筑	中华民国	开发区街道钱家圩居委会识荆桥自然村	2002.6.24
255	东浜遗址	古遗址	夏—战国	开发区街道钱家圩居委会姚家浜自然村	2010.3.28
256	战败圩太平桥	古建筑	清	开发区街道南庄居委会战败圩自然村	2010.3.28
257	圣旨桥	古建筑	清	开发区街道白溪居委会白溪自然村	2010.3.28

续表

序号	名称	类别	时代	地址	公布时间
258	外城桥	古建筑	清	开发区街道上莘桥居委会上莘桥自然村	2010.3.28
259	冯家湾太平桥	古建筑	清	开发区街道五里桥居委会冯家湾自然村	2010.3.28
260	广济桥	古建筑	清	开发区街道钱家居委会范家桥自然村	2010.3.28
261	新开河太平桥	古建筑	清	开发区街道新开河村新开河自然村	2010.3.28
262	西城桥	古建筑	清	开发区街道王浜头居委会西湾自然村西	2010.3.28
263	真龙桥	古建筑	清	开发区街道陆汇头居委会港南自然村北	2010.3.28
264	杨湾石刻	石窟寺及石刻	明	开发区街道杨湾居委会杨湾然村下箬寺	2010.3.28
265	白阜土墩墓群	古墓葬	西周—汉	雉城镇白阜村西埠自然村	2002.6.24
266	庄基墩土墩墓	古墓葬	汉	雉城镇新庄村新山自然村	2002.6.24
267	杨府庙	古建筑	清	雉城镇三新村朱城自然村	2002.6.24
268	“禁私佃官瀛碑记”碑	石窟寺及石刻	明	雉城镇祥符圩村亭子头自然村	2002.6.24
269	西岗山土墩墓群	古墓葬	西周—战国	雉城镇白阜村西埠自然村	2010.3.28
270	金鸡岭土墩墓群	古墓葬	西周—战国	雉城镇白阜村	2010.3.28
271	馒头山土墩墓群	古墓葬	西周—战国	雉城镇白阜村	2010.3.28
272	大岕土墩墓群	古墓葬	西周—战国	雉城镇新庄村新山自然村	2010.3.28
273	姚六山土墩墓群	古墓葬	西周—战国	雉城镇新庄村	2010.3.28
274	莽松树土墩墓群	古墓葬	西周—汉	雉城镇三新村莽松树自然村	2010.3.28
275	北厂土墩墓	古墓葬	西周—汉	雉城镇三新村北厂自然村茶场	2010.3.28
276	横岗水库土墩墓群	古墓葬	西周—汉	雉城镇三新村横岗自然村	2010.3.28
277	下北厂土墩墓群	古墓葬	西周—汉	雉城镇三新村北厂自然村	2010.3.28
278	养鱼池土墩墓群	古墓葬	西周—汉	雉城镇三新村养鱼池自然村	2010.3.28
279	麻油岗土墩墓群	古墓葬	西周—汉	雉城镇三新村麻油岗自然村	2010.3.28
280	横岗水库西土墩墓群	古墓葬	西周—汉	雉城镇三新村横岗水库西侧岗地	2010.3.28
281	濮家桥	古建筑	明—清	雉城镇徐家浜村濮家桥自然村西	2010.3.28
282	殷家村董孟秋宅	古建筑	清	雉城镇包桥村殷家村自然村	2010.3.28
283	白阜蒋家桥	古建筑	清	雉城镇白阜村白阜街南	2010.3.28
284	施家父命桥	古建筑	清	雉城镇大圩村丘家湾自然村西北	2010.3.28
285	丰盛桥	古建筑	清	雉城镇白莲桥村吴家村自然村	2010.3.28

续表

序号	名称	类别	时代	地址	公布时间
286	梵音桥	古建筑	清	雉城镇徐家浜村许红庙自然村	2010.3.28
287	大关桥	古建筑	清	雉城镇沉渎港村沉渎港自然村	2010.3.28
288	塘汇桥	古建筑	清	雉城镇官抖村东泉抖自然村北	2010.3.28
289	费家埭太平塘桥	古建筑	清	雉城镇新塘村费家埭自然村	2010.3.28
290	官庄桥	古建筑	清	雉城镇新庄村南阳自然村	2010.3.28
291	大抖大抖门	古建筑	清	雉城镇大抖村抖门抖自然村	2010.3.28
292	东前桥	古建筑	清	雉城镇姚家桥村前渚自然村	2010.3.28
293	帅家村戴宅	古建筑	清	雉城镇曹家桥村帅家自然村村28号	2010.3.28
294	便驾桥	古建筑	清	雉城镇包桥村邵家村自然村	2010.3.28
295	嘉仪桥	古建筑	清	雉城镇包桥村祝家坝自然村南	2010.3.28
296	填步桥	近现代重要史迹及代表性建筑	中华民国	雉城镇沉渎港村东庄自然村东	2010.3.28
297	西仓塘桥	近现代重要史迹及代表性建筑	中华民国	雉城镇沉渎港村大树下自然村西	2010.3.28
298	慎行桥	近现代重要史迹及代表性建筑	中华民国	雉城镇八字桥村蒋家荡自然村北	2010.3.28
299	莫家墩遗址	古遗址	新石器时代—商周	古城街道上杨居委会莫家墩自然村西	2010.3.28
300	上杨遗址	古遗址	新石器时代—商周	古城街道上杨居委会上杨自然村北	2010.3.28
301	长兴城墙遗址	古遗址	明	古城街道县前街社区	2010.3.28
302	五峰山土墩墓群	古墓葬	西周—战国	古城街道五峰居委会五峰山	2010.3.28
303	张家湾土墩墓群	古墓葬	西周—汉	古城街道五峰居委会张家湾自然村	2010.3.28
304	夏家塘土墩墓群	古墓葬	西周—汉	古城街道五峰居委会夏家庙自然村	2010.3.28
305	钱和岭土墩墓群	古墓葬	西周—汉	古城街道五峰居委会夏家塘自然村	2010.3.28
306	夏家塘东土墩墓群	古墓葬	西周—汉	古城街道五峰居委会夏家塘自然村	2010.3.28
307	夏家庙土墩墓群	古墓葬	西周—汉	古城街道五峰居委会夏家庙自然村北	2010.3.28
308	西横山土墩墓群	古墓葬	西周—汉	古城街道五峰居委会西横山自然村北	2010.3.28

续表

序号	名称	类别	时代	地址	公布时间
309	莫家墩西土墩墓	古墓葬	汉	古城街道上杨居委会莫家墩自然村西	2010.3.28
310	道德桥	古建筑	清	古城街道钮店湾居委会大桥头自然村	2010.3.28
311	长兴县委旧址	近现代重要史迹及代表性建筑	20世纪70年代	古城街道县前街小区	2010.3.28
312	长兴黄酒厂烟囱	近现代重要史迹及代表性建筑	20世纪70年代	古城街道金宇花园小区南	2010.3.28
313	长兴县政府旧址	近现代重要史迹及代表性建筑	20世纪50年代	古城街道县前街小区	2010.3.28
314	梅家桥抖门	古建筑	清	古城街道上杨居委会梅家桥自然村北	2010.3.28
315	新湖土墩墓群	古墓葬	商—春秋	龙山街道新湖居委会甘家村自然村老坟山	2002.6.24
316	顾应祥墓石像生	石窟寺及石刻	明	龙山街道高山岭村林山自然村	2002.6.24
317	鲤鱼山烈士陵园	近现代重要史迹及代表性建筑	1989年	龙山街道高山岭村白莲冲自然村	2002.6.24
318	陈墓岭遗址	古遗址	商周	龙山街道渚山村夹山自然村陈墓岭南	2010.3.28
319	前夹山遗址	古遗址	商周	龙山街道渚山村前夹山自然村	2010.3.28
320	磨盘山土墩墓群	古墓葬	西周—汉	龙山街道玄坛庙居委会杨家桥自然村	2010.3.28
321	金牛岭土墩墓群	古墓葬	西周—汉	龙山街道西峰坝居委会西峰坝自然村	2010.3.28
322	八十亩山土墩墓群	古墓葬	西周—汉	龙山街道川步村八十亩山自然村	2010.3.28
323	金鸡墩土墩墓	古墓葬	西周—战国	龙山街道渚山村车渚里自然村	2010.3.28
324	后头山土墩墓群	古墓葬	西周—汉	龙山街道渚山村车渚里自然村	2010.3.28
325	小箬芥土墩墓群	古墓葬	西周—汉	龙山街道渚山村车渚里自然村	2010.3.28
326	牛步墩土墩墓	古墓葬	西周—汉	龙山街道川步村牛步自然村	2010.3.28
327	钦家样土墩墓群	古墓葬	西周—汉	龙山街道川步村钦家样自然村	2010.3.28
328	白石山土墩墓群	古墓葬	西周—汉	龙山街道西峰坝居委会白石山自然村	2010.3.28
329	大河山土墩墓群	古墓葬	西周—汉	龙山街道西峰坝居委会毛竹园自然村	2010.3.28
330	毛竹园土墩墓群	古墓葬	西周—汉	龙山街道西峰坝居委会毛竹园自然村	2010.3.28

续表

序号	名称	类别	时代	地址	公布时间
331	龙山土墩墓群	古墓葬	西周—汉	龙山街道高山岭居委会林山自然村	2010.3.28
332	扬子山庄土墩墓群	古墓葬	西周—汉	龙山街道高山岭居委会余山冲自然村	2010.3.28
333	白岕岭土墩墓群	古墓葬	西周—汉	龙山街道渚山村车渚里自然村	2010.3.28
334	南符村小山土墩墓葬群	古墓葬	西周—汉	龙山街道西峰坝居委会南符村自然村	2010.3.28
335	梅花土墩墓群	古墓葬	西周—汉	龙山街道川步村八十亩自然村	2010.3.28
336	夹山土墩墓群	古墓葬	西周—汉	龙山街道渚山村后夹山自然村南山岗	2010.3.28
337	车渚里前土墩墓群	古墓葬	西周—汉	龙山街道渚山村车渚自然村南	2010.3.28
338	红灯山土墩墓群	古墓葬	西周—汉	龙山街道渚山村红灯山	2010.3.28
339	石头坞土墩墓群	古墓葬	西周—汉	龙山街道渚山村石头坞	2010.3.28
340	磨盘山越国大墓	古墓葬	东周—汉	龙山街道玄坛庙居委会杨家桥自然村	2010.3.28
341	小娜山土墩墓	古墓葬	西周—汉	龙山街道西峰坝居委会四号桥自然村	2010.3.28
342	港北土墩墓群	古墓葬	西周—汉	龙山街道西峰坝居委会港北自然村西	2010.3.28
343	渚源桥	古建筑	清	龙山街道玄坛庙居委会杨家桥自然村	2010.3.28
344	车渚里马宅	古建筑	清	龙山街道渚山村车渚里自然村	2010.3.28
345	龙山永兴桥	古建筑	清	龙山街道涧塘村下庄自然村	2010.3.28
346	龙山山脊石墙	古建筑	不详	龙山街道高山岭居委会林山自然村	2010.3.28
347	留下墓志	石窟寺及石刻	清	龙山街道留下居委会留下自然村	2010.3.28
348	林山明代石像生	石窟寺及石刻	明	龙山街道高山岭居委会林山自然村	2010.3.28
349	后东塘桥	近现代重要史迹及代表性建筑	中华民国	龙山街道涧塘村上庄自然村南	2010.3.28
350	白岕革命烈士公墓	近现代重要史迹及代表性建筑	1987年	龙山街道川步村白岕	2010.3.28
351	迭楼湾土墩墓群	古墓葬	西周-汉	夹浦镇父子岭村迭楼湾自然村	2002.6.24
352	麒麟山土墩墓群	古墓葬	西周-汉	夹浦镇父子岭麒麟山山脊	2002.6.24
353	送嘉桥	古建筑	清	夹浦镇喜鹊斗村喜鹊抖自然村	2002.6.24

续表

序号	名称	类别	时代	地址	公布时间
354	五泾桥	古建筑	清	夹浦镇喜鹊抖村喜鹊抖自然村	2002.6.24
355	太平塘桥	古建筑	清	夹浦镇陶家湾村吴家湾自然村	2002.6.24
356	上无胥太平桥	古建筑	清	夹浦镇太平桥村上无胥自然村	2002.6.24
357	鼎盛桥	古建筑	清	夹浦镇太平桥村吴家抖自然村	2002.6.24
358	隆兴塘桥	古建筑	中华民国	夹浦镇陶家湾村吴家湾自然村	2002.3.28
359	香山旧石器遗址	古遗址	旧石器时代	夹浦镇香山村金村自然村	2002.3.28
360	蒋埠桥遗址	古遗址	新石器时代—商周	夹浦镇红旗村蒋埠桥自然村西南	2002.3.28
361	上无胥遗址	古遗址	新石器时代—商周	夹浦镇太平桥村上无胥自然村	2002.3.28
362	花仙墩遗址	古遗址	商周	夹浦镇太平桥村蟠龙庵北	2002.3.28
363	长岭土墩墓群	古墓葬	西周—战国	夹浦镇父子岭村江浙两省交界处	2002.3.28
364	山下土墩墓	古墓葬	西周—汉	夹浦镇丁新村山下自然村	2002.3.28
365	双港头桥	古建筑	清	夹浦镇夹浦村双港头自然村	2002.3.28
366	长平太平桥	古建筑	清	夹浦镇长平村田板自然村	2002.3.28
367	庙港头桥	古建筑	清	夹浦镇长平村长大自然村	2002.3.28
368	南川丁步桥	古建筑	不详	夹浦镇北川村南川自然村	2002.3.28
369	鳌山“平湖侯祠　记”碑	古建筑	清	夹浦镇香山村金村自然村	2002.3.28
370	万年桥	近现代重要史迹及代表性建筑	中华民国	夹浦镇太平桥村下无胥自然村	2002.3.28
371	接香塘桥	古建筑	清	水口乡后坟村后坟自然村	2002.6.24
372	吉隆桥	近现代重要史迹及代表性建筑	中华民国	水口乡徐旺村唐朝自然村	2002.6.24
373	陈忠达烈士墓	近现代重要史迹及代表性建筑	1945年	水口乡顾渚村前塔场自然村	2002.6.24
374	湖林山遗址	古遗址	商周	水口乡后坟村湖林山自然村	2010.3.28
375	乌龟山土墩墓群	古墓葬	西周—战国	水口乡龙山村乌龟山	2010.3.28
376	老虎山土墩墓群	古墓葬	西周—汉	水口乡水口村南山角自然村	2010.3.28
377	桃花岭土墩墓群	古墓葬	西周—汉	水口乡水口村南山角自然村	2010.3.28
378	木偶墩土墩墓群	古墓葬	西周—汉	水口乡徽州庄村牌楼自然村	2010.3.28
379	马山岗土墩墓群	古墓葬	西周—汉	水口乡龙山村马山自然村马山岗	2010.3.28
380	马山土墩墓群	古墓葬	西周—汉	水口乡龙山村马山自然村马山	2010.3.28
381	花坟里土墩墓群	古墓葬	西周—汉	水口乡水口村花坟里自然村西	2010.3.28

续表

序号	名称	类别	时代	地址	公布时间
382	杨林塘土墩墓群	古墓葬	西周—汉	水口乡水口村杨林塘自然村	2010.3.28
383	花坟里东土墩墓群	古墓葬	西周—汉	水口乡水口村花坟里自然村东	2010.3.28
384	沉其岭土墩墓群	古墓葬	西周—汉	水口乡水口村沉其岭自然村	2010.3.28
385	闵家厂土墩墓群	古墓葬	西周—汉	水口乡水口村沉其岭自然村	2010.3.28
386	凤凰基土墩墓群	古墓葬	西周—汉	水口乡水口村凤凰基山	2010.3.28
387	长山岗土墩墓群	古墓葬	西周—汉	水口乡水口村长山岗	2010.3.28
388	南西土墩墓群	古墓葬	西周—汉	水口乡水口村南山自然村	2010.3.28
389	泥路口土墩墓群	古墓葬	西周—汉	水口乡水口村南山自然村泥路口	2010.3.28
390	茄茄树土墩墓群	古墓葬	西周—汉	水口乡水口村南山自然村	2010.3.28
391	南山脚西土墩墓群	古墓葬	西周—汉	水口乡水口村南山自然村南山脚西	2010.3.28
392	南山脚土墩墓群	古墓葬	西周—汉	水口乡水口村南山自然村南山脚	2010.3.28
393	大岭土墩墓群	古墓葬	西周—汉	水口乡龙山村烂泥塘自然村	2010.3.28
394	横山浜土墩墓	古墓葬	西周—汉	水口乡龙山村横山浜自然村	2010.3.28
395	陈母墓岭北土墩墓群	古墓葬	西周—汉	水口乡后坟村湖林山自然村	2010.3.28
396	汪帝土墩墓	古墓葬	西周—汉	水口乡顾渚村汪帝自然村	2010.3.28
397	杨梅山土墩墓群	古墓葬	西周—汉	水口乡顾渚村汪帝自然村	2010.3.28
398	黄桃地土墩墓群	古墓葬	西周—汉	水口乡金山村下对塔自然村	2010.3.28
399	太平桥土墩墓群	古墓葬	西周—汉	水口乡金山村下对塔自然村	2010.3.28
400	南山观音山土墩墓	古墓葬	汉	水口乡水口村南山自然村观音山	2010.3.28
401	六合岕宋墓	古墓葬	宋	水口乡顾渚村石马头自然村	2010.3.28
402	金沙泉眼	古建筑	唐—五代	水口乡顾渚村三涧荡自然村	2010.3.28
403	艺香庙	古建筑	清	水口乡后坟村胡林山自然村	2010.3.28
404	“顾渚金沙泉”石刻	石窟寺及石刻	清	水口乡顾渚村	2010.3.28
405	“禁止庙潭淘花生碑”碑	石窟寺及石刻	清	水口乡顾渚村王塔自然村	2010.3.28
406	水口商贸街	近现代重要史迹及代表性建筑	20世纪50年代	水口乡水口村水口老街	2010.3.28
407	水口竹器社旧址	近现代重要史迹及代表性建筑	20世纪20年代	水口乡水口村古镇桥自然村西	2010.3.28
408	斫射山紫笋贡茶园	其他	唐	水口乡顾渚村罗家自然村斫射山	2010.3.28
409	狮坞岕紫笋贡茶园	其他	唐	水口乡顾渚村罗家自然村	2010.3.28
410	漫石坞紫笋贡茶园	其他	唐	水口乡顾渚村斜备自然村	2010.3.28

续表

序号	名称	类别	时代	地址	公布时间
411	山桑坞紫笋贡茶园	其他	唐	水口乡顾渚村叙午岕自然村山桑坞	2010.3.28
412	长兴煤矿遗址	近现代重要史迹及代表性建筑	中华民国	煤山镇煤山村	2002.6.24
413	卢齐战争战壕遗址	近现代重要史迹及代表性建筑	中华民国	煤山镇尚儒村雄鸡岭半山腰	2002.6.24
414	下齐岭旧石器遗址	古遗址	旧石器时代	煤山镇五通村新庄自然村	2010.3.28
415	下齐岭土墩墓群	古墓葬	西周	煤山镇五通村下齐岭自然村	2010.3.28
416	黄泥岗土墩墓	古墓葬	西周—汉	煤山镇新川村火烧地自然村	2010.3.28
417	柴家山土墩墓群	古墓葬	西周—汉	煤山镇五通村柴家山	2010.3.28
418	蒋笪泉眼	古建筑	清	煤山镇东川村蒋笪自然村	2010.3.28
419	陈公坎石拱桥	古建筑	清	煤山镇新川村涧下自然村陈公坎	2010.3.28
420	祠山寺庙	古建筑	清	白岘乡白岘村庙头自然村	2002.6.24
421	襄王岭驿道	古遗址	明—清	白岘乡和岕口村岭脚底自然村	2010.3.28
422	茅山泉眼	古建筑	不详	白岘乡三州山村茅山自然村	2010.3.28
423	白岘老街	近现代重要史迹及代表性建筑	中华民国	白岘乡白岘村庙头自然村	2010.3.28
424	新四军埋藏缴获日军大炮纪念地	遗址	1944年	白岘乡罗岕村东岕自然村山岭	2010.3.28
425	洞山溶洞	其他	不详	白岘乡五通村洞口自然村	2010.3.28
426	祠山庙	古建筑	清	槐坎乡祠山村祠山庙自然村	2010.3.28
427	火焰山岗窑址	古遗址	宋	槐坎乡十月村火焰山岗	2010.3.28
428	柏家山窑址	古遗址	宋	槐坎乡十月村下泉庙自然村柏家山	2010.3.28
429	小岭山土墩墓	古墓葬	汉	槐坎乡平丰村何家弄自然村	2010.3.28
430	茶叶地土墩墓	古墓葬	西周—汉	槐坎乡抛渎岗村潭渎桥自然村茶叶地	2010.3.28
431	茶窠地韩氏墓	古墓葬	清	槐坎乡祠山村茶菓地自然村南	2010.3.28
432	坞山塘东桥	古建筑	清	槐坎乡抛渎岗村坞山塘自然村	2010.3.28
433	西岕王宅	古建筑	清	槐坎乡六都村西岕自然村	2010.3.28
434	礼贤岕于宅	古建筑	清	槐坎乡礼贤岕村礼贤岕自然村	2010.3.28
435	西岕王家门王宅	近现代重要史迹及代表性建筑	中华民国	槐坎乡六都村西岕自然村	2010.3.28

续表

序号	名称	类别	时代	地址	公布时间
436	葆青抗日碉堡	近现代重要史迹及代表性建筑	中华民国	槐坎乡新槐村葆青自然村	2010.3.28
437	葆青煤矿遗址	近现代重要史迹及代表性建筑	中华民国	槐坎乡新槐村葆青自然村北山脚	2010.3.28
438	金鸡桥	近现代重要史迹及代表性建筑	中华民国	槐坎乡仰峰村仰峰自然村东北	2010.3.28
439	长兴灰岩标准地质剖面保护区	其他	二叠—三叠系	槐坎乡新槐村葆青自然村	2010.3.28
440	箬岕窑墩宋代窑址	古遗址	宋	小浦镇合溪村箬岕自然村	2002.6.24
441	四明山窑址	古遗址	唐-宋	小浦镇光耀村上窑头自然村四明山	2002.6.24
442	振天禅寺遗址	古遗址	清	小浦镇大岕口村岩山山顶	2002.6.24
443	开元禅寺遗址	古遗址	清	小浦镇大岕口村岩山	2002.6.24
444	炮头山汉墓群	古墓葬	汉	小浦镇光耀村坐洋自然村	2002.6.24
445	坐洋墓	古墓葬	明-清	小浦镇光耀村坐洋自然村张家岕	2002.6.24
446	小浦礼家村张宅	古建筑	清	小浦潘礼南村礼家自然村	2002.6.24
447	合溪洞洞穴遗址	古遗址	旧石器时代	小浦镇光耀村西南侧洞山（仙人洞）	2010.3.28
448	画溪桥遗址	古遗址	汉	小浦镇画溪村朱家道场自然村	2010.3.28
449	西边山窑址	古遗址	宋—明	小浦镇光耀村塘家自然村西边山	2010.3.28
450	里窑龙窑窑址	古遗址	宋—明	小浦镇光耀村里窑自然村	2010.3.28
451	大石头山窑址	古遗址	宋—明	小浦镇合溪村黄泥山岗自然村	2010.3.28
452	阳山岕缸窑窑址	古遗址	宋—清	小浦镇合溪村阳山岕	2010.3.28
453	上窑头窑址	古遗址	宋—清	小浦镇光耀村上窑头自然村	2010.3.28
454	东山岗土墩墓群	古墓葬	西周—战国	小浦镇中山村山渚水库东山岗	2010.3.28
455	棋盘岭土墩墓群	古墓葬	西周—战国	小浦镇高地村棋盘岭	2010.3.28
456	太乙殿土墩墓群	古墓葬	西周—汉	小浦镇方一村杨林涧自然村	2010.3.28
457	大树下汉墓群	古墓葬	西周—汉	小浦镇中山村大树下自然村	2010.3.28
458	黄泥山岗土墩墓群	古墓葬	西周—汉	小浦镇高地村黄泥山岗自然村	2010.3.28
459	西山脚土墩墓	古墓葬	西周—汉	小浦镇合溪村西山脚自然村	2010.3.28
460	吴家土墩墓群	古墓葬	西周—汉	小浦镇高地村黄泥山岗自然村	2010.3.28
461	乔家院土墩墓群	古墓葬	西周—汉	小浦镇画溪村乔家院自然村	2010.3.28
462	郎山土墩墓	古墓葬	西周—汉	小浦镇小浦村毛场里小浦林场	2010.3.28
463	蝴蝶土墩墓群	古墓葬	西周—汉	小浦镇中山村蝴蝶自然村	2010.3.28

续表

序号	名称	类别	时代	地址	公布时间
464	徐峡岕土墩墓群	古墓葬	西周—汉	小浦镇中山村上吉自然村徐峡岕	2010.3.28
465	山渚土墩墓群	古墓葬	西周—汉	小浦镇中山村山渚自然村北	2010.3.28
466	黄泥山土墩墓群	古墓葬	西周—汉	小浦镇高地村黄泥山自然村	2010.3.28
467	双羊岕石室土墩墓群	古墓葬	西周—汉	小浦镇高地村黄泥山自然村	2010.3.28
468	土地庙土墩墓群	古墓葬	西周—汉	小浦镇高地村黄泥山岗自然村	2010.3.28
469	占家土墩墓群	古墓葬	西周—汉	小浦镇高地村黄泥山岗自然村	2010.3.28
470	袁家弄土墩墓	古墓葬	西周—汉	小浦镇画溪村袁家弄自然村北	2010.3.28
471	娘鱼岕土墩墓群	古墓葬	西周—汉	小浦镇小浦村毛场里自然村娘鱼岕	2010.3.28
472	塔山土墩墓群	古墓葬	西周—汉	小浦镇小浦村黄家地自然村北	2010.3.28
473	黄泥岗土墩墓群	古墓葬	西周—汉	小浦镇小浦村塘渚自然村黄泥岗	2010.3.28
474	杨梅林土墩墓群	古墓葬	东周	小浦镇高地村黄泥山岗自然村	2010.3.28
475	谢家厂土墩墓	古墓葬	东周	小浦镇画溪村谢家厂自然村	2010.3.28
476	乌基墩石室土墩墓	古墓葬	汉	小浦镇高地村黄泥山岗自然村	2010.3.28
477	松树墩土墩墓	古墓葬	汉	小浦镇画溪村罗家厂自然村	2010.3.28
478	塘山岕明墓	古墓葬	明	小浦镇小浦村塘渚自然村塘山岕	2010.3.28
479	清塘桥	古建筑	清	小浦镇小浦村毛场里自然村	2010.3.28
480	杨林涧蒋宅	古建筑	清	小浦镇方一村杨林涧自然村	2010.3.28
481	杨林涧王宅	古建筑	清	小浦镇方一村杨林涧自然村	2010.3.28
482	庄连桥	古建筑	清	小浦镇小浦村上草路自然村	2010.3.28
483	丝沉岕太湖泉	古建筑	不详	小浦镇大岕口村柏家自然村丝沉岕	2010.3.28
484	龙潭岕石刻	石窟寺及石刻	宋	小浦镇潘礼南村礼家村自然村龙潭岕	2010.3.28
485	“重修灵应观记”碑	石窟寺及石刻	明	小浦镇合溪村箬岕自然村乌龟山山顶	2010.3.28
486	太乙殿石碑	石窟寺及石刻	中华民国	小浦镇方一村杨林涧自然村凤凰山	2010.3.28
487	大岕口关帝庙	近现代重要史迹及代表性建筑	中华民国	小浦镇大岕口村大岕口自然村	2010.3.28
488	八都岕汉唐银杏林	其他	汉—唐	小浦镇小浦村、方一村、潘礼南村、方岩村、大岕口村	2010.3.28

石佛桥(胡秋凉 摄)

五泾桥(何炜 摄)

茂盛桥(毛波 摄)

滩龙桥

金鸡桥

白阜蒋家桥(毛波 摄)

识荆桥(胡秋凉 摄)

梵音桥

横山石拱桥

茂盛桥

白岘祠山庙

毛家山三里亭

霞城李宅门楼

林城乔家河埠

仙山灵官殿

大东村门楼

黄巢岗遗址(何炜 摄)

蒋埠桥遗址

十月村火焰山窑址堆积

二界岭西阳窑址群(胡秋凉 摄)

围村遗址

和平回车岭1958年建造的茅草屋

吕蒙山石室土墩墓

后城土墩墓

4. 文物保护单位征用、修缮与利用

解放初期至2012年期间，县纪念馆先后征用新四军苏浙军区旧址11幢。

新四军苏浙军区旧址征用一览表

表4-4

序号	建筑名称	面积(平方米)	征用时间
1	新四军苏浙军区一纵队司令部旧址	1277	1976年
2	新四军苏浙公学旧址	634	1985年5月
3	新四军苏浙军区司令部旧址	1130	1997年
4	新四军后方医院旧址	383	解放初期
5	粟裕宿舍和办公室旧址	224	解放初期
6	新四军苏浙公学旧址	634	1985年5月
7	新四军苏浙军区政治部旧址	340	2008年12月
8	新四军苏浙军区供给部旧址	720	2008年12月
9	中共长兴县委旧址	530	2009年1月
10	长兴县抗日民主政府旧址	1328	2009年1月
11	苏南区行政公署旧址	650	2009年1月
12	新四军江南银行旧址(兑换所)	740	2012年12月

1985年5月22日，长兴县文化广播电视局、槐坎乡人民政府、十月村村民委员会与新四军苏浙公学旧址住户达成协议，征用位于十月村台基自然村的原苏浙公学旧址。五间两厢加一字墙回廊，二层楼共634平方米的整体建筑及外部门楼与围墙，产权收归国有。共计土地、房屋征用费12000元，补助迁移费800元。10月完成旧址一期修缮。

1996年5至7月，县纪念馆投资1.8万元对新四军苏浙军区一纵队司令部旧址(县纪念馆馆室)进行抢救性维修。主要工程有屋面筑漏，第二进正屋次间、梢间及东厢房地面木楼板恢复，二楼楼板局部维护，并安装了消防水管及消防栓。

1997年4月，根据县政府领导指示，在县文广局和槐坎乡人民政府的领导下，县纪念馆会同仰峰村对新四军苏浙军区司令部旧址(沈家大院)进行征用。共搬迁住户14家，征用面积1130平方米，征用经费11.4万元。同年9月至次年5月，投入经费23.6万元邀请省古建筑设计院编制维修方案，由省古建工程公司负责对旧址实施全面维修。主要维修工程有屋面翻修、梁架校正、糟朽木构更换、倒塌房屋恢复、门楼修复、门窗修复、墙体粉刷、地坪复原、排水疏浚等。

2000年，投资10万元完成新四军后方医院、疗养所旧址、粟裕宿舍和办公室等旧址的抢救性维修。其中新四军后方医院疗养所旧址主要是屋面筑漏、梁架校正加固、糟朽椽檩更换、花窗修复等。粟裕宿舍和办公室旧址(土地庙)主要是屋面筑漏、梁架校正、西山墙及后墙修复、槽朽木构更换、地坪重做、阶石复原等。同时对同一体建筑的关帝庙也进行修复。

2009年2月，长兴县抗日民主政府旧址东马头墙维修保护
（胡秋凉　摄）

2009年3月，苏南行政公署旧址屋面修缮保护
（县纪念馆　供稿）

2003年3月14日，县纪念馆投入维修经费1500元，对北山园方司令谭司令住所旧址东面房屋残损处进行抢救性维修，更换木柱、梁、檩及翻瓦筑漏。5月21日，投入经费1600元，对新四军后方医院疗养所旧址后进部分残损处进行抢救性维修，更换檩、椽子并翻瓦筑漏。

2004年，县纪念馆对新四军兵工厂、鞋子厂等作应急修缮，合计投入117万元。主要用于两幢旧址屋面筑漏，其中兵工厂旧址实施梁架校正、北山墙及后墙恢复、糟朽木构更换、地坪重做、阶石复原等工程。

2007年，县纪念馆投入9万元对苏南区行政公署、新四军苏浙军区司令部等旧址进行应急修缮。主要用于旧址屋面筑漏，部分槽朽木构更换、墙体加固及环境整治。

2008年，县纪念馆投入5万元对方司令、谭司令北山园住所、《苏南报》报社编辑部等旧址进行应急修缮。主要用于屋面筑漏、少量残损椽、檩维修更换，周边环境进行整治。

2008年6月，县纪念馆投入经费20.61万元对新四军苏浙军区司令部旧址进行抢救性维修，主要用于部分木结构、屋面、墙体维修及周边环境整治。

2008年11月，县纪念馆投入维修经费61.1万元对长兴县抗日民主政府旧址进行抢救性维修。主要用于旧址屋面筑漏，梁架纠偏，残损、糟朽木构墩接、更换，两侧屋倒塌墙体重做加固，墙体粉刷，排水系统及环境整治。

2009年，县纪念馆投入经费18万元，对苏南行政公署旧址、新四军苏浙军区供给部旧址进行应急性修缮，主要用于屋面筑漏、残损椽、檩、梁、柱、地袱维修更换，地面及周边环境进行整治。

2012年，县纪念馆投入经费130万元，对新四军江南银行整体维修，主要用于旧址屋面筑漏、西侧屋复原、糟朽木构更换、地坪重做、阶石复原、墙体修复粉刷、环境整治、周边绿化等。

1963年，县政府拨专款修缮孔庙。大成殿窗户被改为玻璃窗。

1982年下半年开始，县博物馆启动城山教寺全面修缮项目。经过五年分步实施，至1987年完工。

1992年10月5日，县文物部门总投资为7.44万元，由江苏吴县古代建筑工艺公司承接。启动钟楼维修工程，次年8月20日完工。主要工程包括恢复重做屋面、脊兽，更换糟朽木构，修复墁地方砖，墙体维修、粉刷，木构油漆等。

2007年2月朱氏宗祠维修验收

2003年4月，县建设局会同县文物部门启动台基山遗址公园建设，面积15000平方米。由杭州雅莱思建筑设计院编制方案，经过前期试掘和3个多月的多方论证，确定公园性质为在保护遗址前提下，揭示古遗址文化内涵，使公园成为展示长兴悠久历史的露天博物馆。第一板块，走进远古。主体展示和平狮子山遗址出土的马家浜文化时期代表器物夹砂陶鬶放大复制件。第二板块，文明曙光。位于公园中心景观区，主体展示良渚文化时期玉锥形器放大复制件，高16.5米。第三板块，吴越风云。位于公园主入口，主体展示1959年10月在小浦上草路村出土的西周云雷纹青铜铙放大复制件，高3.2米。第四板块，台基山揭秘。位于遗址东北侧，以台基山遗址出土文物及考古发掘探方复原为平台，在模拟干栏式建筑内(面积125平方米)展示已认知的台基山丰富文化底蕴，反映长兴悠久的历史。具体方案实施中，坚持不得破坏遗址的地形地貌，所有附加的建筑物、构筑物必须在复土基础上进行，并且避开文化丰富区域。地表绿化以草坪、花卉等浅根系植物为主，确保地下文物最小干预。遗址公园由中国书协名誉主席陈永正题字，2004年3月基本完工。

2005年3月至2007年2月，县文物部门负责，投资300万元，由省古建筑设计院设计，杭州匀碧文物古建筑工程有限公司施工，省古建筑工程监理公司监理，对白溪朱氏宗祠进行全面抢救性维修。主要项目是拆除后期搭建的构筑物，恢复原有的建筑格局。恢复门前两座牌坊，更换、补充、重筑屋面小瓦，正厅梁架校偏，更换糟朽木构，恢复残缺门窗，恢复正厅方砖地坪和其他建筑三合土地坪，修复石砌台阶、护坎，疏通、重筑下水道。整治周边环境，重筑门前庭院，恢复后花园，构筑四周围墙。铺设消防系统。

2006年3月至7月，县百货公司投资20万元对钟楼再次进行抢救性维修。主要项目有楼顶部木构加固，屋面筒瓦更换，墙面粉刷，排水系统疏浚和外围墙修复。

2006年8月至10月，县文保所负责，投资50万元，由省古建筑设计院设计，杭州文物工程维修有限公司施工，省古建筑工程监理公司监理，对孔庙(大成殿明伦堂)实施抢救性维修。主要项目是更换补充大成殿屋面筒瓦和部分椽子；重筑明

2008年5月城山教寺维修工程验收

伦堂屋面小瓦，更换8根糟朽檩条和二分之一椽子，修复坍塌墙体，重做三合土地面，整治周边环境。

2008年，由县国土资源局负责，投资600万元对城山教寺实施整体维修、复原。其中包括屋面筑漏，糟朽梁构更换，地面重做，外立面粉刷，天井、排水系统复原。对西路侧屋梁架进行纠偏，部分偏小檩子进行更换，恢复东路9间侧屋。对屋内碑刻、室外经幢、墓葬进行整治。

2009年修复的县级文物保护单位鼎嘉桥

2009年，县文保所主持，投资12万元，由杭州文物建筑工程公司设计、施工，对县级文保单位鼎嘉桥、光阳桥实施应急性维修。鼎嘉桥主要实施半边落架修复残损立面，恢复桥栏。光阳桥以修复东北侧立面条石松动、脱落为主，完成凉亭屋面筑漏。

2010年10月，为配合吕虹线公路建设，由县文保所主持，县交通部门投资15万元，杭州文物建筑工程公司负责设计、施工，对周村桥实施就近搬迁、异地保护。

2010年2月至10月，为配合旧城改造，县建设局投资60万元，对孔庙实施局部恢复性维修。由临海广顺源文物维修工程公司负责施工，省古建院工程监理公司监理。主要项目有重做大成殿屋面，修复部分残损木构件，恢复原有花格门窗和方砖地坪铺装，重做墙面粉刷，整理台阶护坎。搬回19通历史碑刻，新建孔庙碑廊。建立避雷装置，重设照明系统。

2011年2月，经商议由二界岭乡人民政府投资，县文物保护管理所负责，县乡联手修复韩彦直墓神道。在修复工程中，文物部门对墓葬原有整体格局进行了充分调查、研究，并邀请省、市有关专家进行了指导。对散落于田边、水沟、地下的石翁仲、石像生进行搜集、清理、整合、修复。同时依据文物维修有关规范，在修复工程中坚持不改变文物原状、最小干预和可逆性、可辨性等原则，恢复了韩彦直墓神道原有的风貌格局。

四、文物蒐集

1. 接受捐赠

1957年6月，煤山葆青村民徐敬弟将收藏的抗日战争时期100多件革命历史资料全部捐给中共槐坎乡党委。

1959年，长兴县搜集革命历史文物小组在煤山地区征集抗战时期新四军在浙西开展抗日活动遗存的革命文物。

1971年，陈道仁将吴山乡红山林场出土的春秋曲折纹印纹硬陶罐上交县文物部门。

1972年2月，横山公社小沉渎大队钦法根、冯林轩，在田南队吴家壕田畈挖污泥时发现宋白釉出筋瓷碗等一组瓷器。后由钦法根、钦培春上交县文物部门。

1972年11月，吴山龙溪港出土铜镰、铜镞、铜镜等，由村民杨福定送交县文物部门。

1973年10月，新塘乡村民在太湖水域打捞出土马桥文化时期暗紫色有段石锛上交县文物部门。

1974年1月，在开掘洪山港工程中，吴山清临大队许胜木在红山大队附近施工中发现春秋晚期圆茎双箍青铜剑，交与大队后转交县文物部门。

1974年12月，洪山港水利工程开工，县文保室工作人员在横涧大队施工段先后搜集青铜兵器、农具和原始瓷器、印纹硬陶器等文物近百件。

1975年5月17日，白阜乡新庄大队殷厚清在箭头岭造畜牧场时发现元双股银钗等银器，主动上交县博物馆。

1975年，县文保室工作人员在胥仓桥收购站征集到一件农民从龙溪港挖沙打捞出来的清末铜炮，上面铸有“湖防局赵景贤监制，清同治元年吉日造”铭文。

1976年1月，在长兴港水利工程中，陈保发在后洋乡白溪村附近发现汉代铁长矛上交工程指挥部，后转交县文物部门。

1976年，全县开拓长兴港工程时，吕山乡孙家忠在下箬上莘桥施工时发现西周小垂腹扁足兽面纹青铜鼎，上交于工程指挥部后转交县博物馆。后洋乡后洋村三队村民陆树元施工时发现汉环首铁刀，上交给县博物馆。后洋公社民工团民工王金民发现西周席纹灰陶鬲，上交县博物馆。包桥徐家浜民工毛阿明发现战国青铜镰，上交县博物馆。

1978年，和平镇长城村杨桥自然村农民在修建猪圈村发现一件商代几何纹青铜钺，时任长城乡人武部部长王志廷将文物送至县博物馆，上交国家收藏。

1980年1月22日，臧巢父将收藏半个世纪的活眼紫端砚台、北魏南阳《郑文公碑》帖等5件珍贵文物捐给县博物馆。

1981年，长兴陶器厂职工李素琴将收藏的清龙凤纹翠绿色玉刀、清龙虎纹墨玉刀捐献给县博物馆。

1981年9月，后漾新湖大队甘家村金水龙生产劳动中发现汉“姑蔑长印”青铜印，后上交县博物馆。

1982年，雉城镇中心小学学生陈和明发现西周云雷纹青铜剑，主动上交县博物馆。小浦煤炭地质队余福林在安徽广德施工时发现宋莲瓣纹陶敛口罐，采集后上交县博物馆。张阿途在鼎甲桥公社香山石矿牛舌头采集到西周组合纹葫芦形硬陶尊，后上交县博物馆。

1982年10月，村民臧顺先将采集于丁甲桥乡丁新村陈家坟塘的商三角形三穿石犁上交县博物馆。

1983年，雉城镇东方红小学陈小虎将战国长方形銎宽刃青铜锛上交县博物馆。

1983年8月，白阜乡下梗村许金昌将战国长方銎弧肩宽刃青铜锛上交县博物馆。

1986年4月，林城镇市里大队陆犟在大云寺石狮村的土墩墓边发现春秋青釉印纹原始瓷敛口罐，后上交县博物馆。

1988年3月1日，夹浦长大大队第十组村民钦滥松将宋青白瓷葵形粉盒上交县博物馆。

1990年7月24日，管埭乡丁义和将采集的西周组合纹印纹硬陶罐上交县博物馆。

1992年1月12日，畎桥乡龙山村中管生产队李雨成菜地出土战国时期青铜斧，后由汪辉斌上交博物馆入藏。

1992年11月20日，太傅乡路东村胡孙剑在造屋取土时距离地表50厘米处发现西晋双系青瓷盖罐，后上交县博物馆。

1992年3月25日，畎桥乡龙山村中管自然村姚天山、姚建发冒着大雨行车20多公里到县博物馆上交开掘渠沟时发现的9件文物。其中，包括战国布纹硬陶罐、汉陶钱币和足形器。

1994年7月15日，陈海和向县纪念馆捐赠革命文物陈克昌烈士遗物“移交总册”封页1件。同年10月9日，韩梅牙捐赠革命文物草鞋车1件。

1995年，县纪念馆分别用200多件信札和多次登门拜望等方法与近百位原新四军苏浙军区老同志取得联系，半年征集诗书画作品80余件。其中，12月12日，在杭州接受浙江省新四军研究会浙西分会捐赠的新四军老战士创作书法、绘画作品17件。

1995年10月10日至12月20日，县纪念馆征集包括“长兴抗战第一枪”用的土铳、群众支前抗战用的驮架、烈士遗物等40余件。

1996年10月，县纪念馆开始第二次革命文物征集活动，征集珍贵文物25件。

1997年4月25—26日，粟裕夫人楚青在北京向县纪念馆捐赠粟裕用过的电话机1件，老同志徐超、叶藻捐赠抗战时用过的铁皮箱、木箱等3件。吴家珍捐赠黄祖煌保存的革命文物3件。

1998年5月7日，新四军老战士徐充在南京向纪念馆捐赠公文包和印章各1件。

1999年，纪念馆工作人员走访全县313位烈士亲友，征集革命文物78件，烈士照片18幅，其中烈士的血衣、棉袄、书信等17件烈士遗物经鉴定为国家三级文物。

2002年8月7日，林城镇龙山村坊自然村陶玉兰将出土的民国兽形玉佩上交县博物馆。

2002年8月，林城镇方山村贺锦新向纪念馆捐赠“白阜镇镇长潘震签发的民伕军运的通知”等抗日战争时期文物37件。

2004年，县纪念馆征集老首长、老干部书画作品30余件，代表性实物20余件。

2005年10月16日，泗安镇白莲村上西山村王文虎将田间劳动时采集的清“湖州薛晋侯造”铭铜执镜上交县博物馆。

2005年10月，县纪念馆征集老战士吴子坤亲自制作的1944年《中国共产党党证C.C.P》1件。

2006年6月19日，新四军老战士温诤向县纪念馆捐赠曾经使用的《华中军区司令部命令》《新四军一师师部命令》《无线电学习摘要》笔记本、马袋、军毯、电台工具箱等革命文物9件。

2007年3月30日下午，新四军老战士沈安熹在家中向县纪念馆捐赠沈老珍藏几十年的电话机皮套，存放通信器材的木箱及电容器材元件等革命文物4件。

2007年5月2日，新四军老战士温诤、林革两家的后代相约分别从杭州和上海专程到县纪念馆，把父辈在革命战争时期使用过的且珍藏了几十年的“营养费补助凭据”、绑腿布条、马袋和历史照片四件革命文物捐献给县纪念馆。

2007年，县纪念馆征集到新四军老战士汤禧承、沈安熹及温诤、林革的后代向本馆捐赠的军毯、麻袋、绑腿布条、工具箱、电话机皮套及1976年熊兆仁写给长兴县革委会的信等革命文物、历史照片共计17件。

2008年10月，县纪念馆征集到李景瑞少将生前使用过的放大镜、少将军服等革命文物12件。

2009年5月10日上午，泗安镇双联村86岁村民刘传远专程来到县纪念馆，捐献4枚保存了60年的柴草票。

2011年3月开始，县纪念馆先后征集六〇迫击炮、轻机枪、新四军帽徽、独轮车、王必成将军战争年代使用的帆布等文物13件。

2012年1月，江渭清之子江旅安向县纪念馆捐赠由中国人民革命军事博物馆回赠其父江渭清的望远镜一件。3月，在杭州的朱德水老人向县纪念馆捐赠珍藏68年的革命文物——江南银行伍元券、壹圆券抗币各1张、泗安区临时流通券柒角伍分1张。4月，王必成之女王苏炎在上海向县纪念馆捐赠多功能电话机1件。

2012年6月26日，和平镇马家边村民梁祥坚向县博物馆上交龙泉窑鬲式鼎1件。

2013年4月10日，二界岭罗家地村民蔡日义、杨泽忠、沈世安挖树时发现宋代银器窖藏，主动上交出土文物21件。

2. 拣选

1976至1977年间，县博物馆夏星南、费明等深入长兴港、洪山港、合溪港开挖一线及雉城、泗安、煤山、小浦、小溪口废品收购站拣选出土文物，先后收集一大批青铜器、铁器、陶器、瓷器、石器、骨器等上千件，其中包括青铜剑、青铜矛、青铜戈、铜弩机、青铜炮、铁剑、铁戟、环首铁刀、双鼻壶、陶井圈等等。

1975年，长兴港开挖工地（竺志祥 摄）

3. 收缴和接收移交

1991年11月20日，长兴县工商行政管理局对赵某某倒卖文物进行处罚，查扣并没收文物93件。8月27日，按湖州市文化局文件意见，93件文物全部移交长兴县博物馆收藏。

2008年9月5日，县文物部门与县公安局治安大队一起处理洪桥陈桥出土古钱币被哄抢事件，追回一批宋元古钱币上交县博物馆。

2011年11月18日，县公安局向县博物馆办理移交11月16日查获田野被盗文物6件，其中包括青铜矛、青铜镦和釉陶壶、罐等。

2012年2月16日，县公安局追回田野被盗文物3件移交县博物馆。

五、文物鉴定

1993年5月，县博物馆首次邀请国家级鉴定专家对部分馆藏文物进行函件鉴定，甄别定级一级文物7件、二级文物74件、三级文物250件。1998年，县博物馆部分藏品在杭州参加全国文物藏品鉴定，共计鉴定出国家一级文物24件、二级文物60件。2006年9月，浙江省文物委员鉴定委员会对县博物馆33件书画进行现场鉴定，确定二级珍贵文物2件、三级文物31件。2007年6月28日，湖州市文物鉴定小组对县博物馆藏品鉴定，共鉴定三级文物182件(组)。2012年11月27日，湖州市文物局组织专家对县博物馆拣选文物进行鉴定，共鉴定三级文物45件。

1990年5月11日，县纪念馆经浙江省文物鉴定委员会鉴选，有一、二级文物藏品10件，其中《新四军苏浙军区对日本驻军通牒》定为一级文物。1995年11月2日，经国家文物局专家组鉴定，《新四军苏浙军区对日本驻军通牒》等4件藏品被定为一级文物。1998年5月21日，经湖州市文物鉴定小组鉴定，199件藏品被定为三级文物，其中2件被推荐参与国家一级文物、11件参与国家二级文物鉴定。1999年6月23日，经浙江省文物鉴定委员会鉴定，确定二级文物9件、三级文物25件。2007年6月29日，经湖州市文物鉴定小组鉴定，48件被定为三级文物。

六、文物执法

1. 长兴县人民政府出台有关文物保护办法、意见

1961年5月20日，长兴县人民委员会印发《关于文物保护管理搜集的办法》，共九条。

1999年8月31日，长兴县人民政府印发长政发〔1999〕48号文件，出台《长兴县文物保护管理办法》。管理办法经县人民政府第七次常务会议讨论通过，共十三条。

2010年4月1日，长兴县人民政府印发长政发〔2010〕24号《关于加强文化遗产保护的实施意见》。实施意见共分6个部分24条，包括：加强文化遗产保护的指导思想、基本方针和总体目标，切实加强对文化遗产保护工作的领导，加强文物保护工作，加强非物质文化遗产的保护工作，加强古籍保护工作和加大宣传力度，营造良好氛围。(见附录：长兴县人民政府《关于加强文化遗产保护的实施意见》)

2. 有关部门文物保护管理通知

1989年1月28日，长兴县人民政府办公室长政办〔1989〕2号文件印发《关于宣传和贯彻浙江省文物保护管理条例的通知》，要求各乡镇、各部门、单位广泛宣传《中华人民共和国文物保护法》和《浙江省文物保护管理条例》，建立健全乡镇、村两级文物保护组织，确保文物安全工作，严厉打击一切文物违法行为。

1989年8月26日，县文化广播电视局向县人民政府呈报《关于保护槐坎、煤山长兴灰岩标准剖面的紧急报告》。针对当地村民开矿致使保护区域受到严重破坏的紧急情况，提出4条保护意见。

1989年4月28日，县城建局、文化广播电视局、公安局联合发出《关于加强杭宣铁路长兴段工程范围内的文物保护管理工作的通知》。

1989年10月12日，县乡镇企业局、土管局、文化广播电视局联合下文，出台《关于全县各砖瓦厂在取土过程中重视保护文物的几点意见》。

2001年3月28日，县文化与体育局、县计划经济委员会、县建设局、县土地管理局、县交通局、县水利农机局联合向县人民政府提请长文体〔2001〕第24号《关于加强长兴县区域建设工程文物保护工作的请示》。请求根据长兴县区域文物分布现状，对建设工程和建设用地涉及文物保护的项目审

批，根据不同类型分别提出七条要求。其中包括：一、文物保护单位的保护范围内不得进行与保护文物无关的建设工程；二、文物保护单位的建设控制地带内不得有危及文物安全的设施，不得修建形式、高度、体量、色调等与文物保护单位的环境风貌不相协调的建筑物和构筑物等。

2013年3月25日，长兴县人民政府印发长政办发〔2013〕47号"关于印发《长兴县古建筑保护管理办法》的通知"，共十条。办法适用于县行政区域内所有古建筑的保护和管理。全县古建筑分三个保护等级。一级保护对象为县级及县级以上文物保护单位；二级为县级文物保护点；三级为除一、二级外的古建筑。新农村建设，旧城改造，土地平整，交通水利等工程建设中需迁移的古建筑，必须按照保护级别履行审批程序；经批准后，需要迁移的古建筑或散落的古建筑构件，实行异地保护，县文广新局应根据规划设立集中保护区。

3. 表彰与惩处

2000年12月19日，县文体局印发长文体〔2000〕第111号《关于表彰王正祥等同志无偿捐献国家文物的通报》。通报表彰了王正祥、李亚雷、卢建华、殷继民、缪九清、陈满连、刘忠义等。

2003年12月26日，长文体〔2002〕126号印发《关于表彰2001—2002捐献珍贵文物先进集体（个人）的决定》。先进集体是林城镇、雉城镇、泗安镇文化站和太傅村委员会。先进个人为贺锦新、许长泉等75人。

2009年1月18日，县文广新局召开"三普"重要信息有功人员嘉奖会。林城石英村村民李鸿云、水口顾渚村村民陈幸福等6人受表彰。

2012年2月17日，县文广新局决定表彰"文物保护有贡献者（集体）"的决定。县传媒中心"小彤热线"栏目组、县公安局刑警大队，以及罗荣志、赵德全、邱群峥、邱正良、范长青、雷锡山、赵敬财、谢作金、傅新安、王冬弟、李东平、奚金连、柏发明等集体、个人受到表彰。

2012年6月1日，县政府办公室长政办发〔2012〕87号《关于表彰县"三普"先进集体和先进个人的决定》。决定对县文广新局等30个先进集体，胡宝月等85位先进个人在长兴县第三次全国文物普查中所作出的特殊贡献进行表彰。

2013年6月，上缴出土银器受奖的罗家地村村民

长兴嘉奖第三次全国文物普查提供重要信息人员

2007年1月29日，和平派出所破获的盗墓案收缴的作案工具

1991年11月20日，长兴县工商行政管理局文件，长工商检处字〔1991〕第40号《关于对赵某某倒卖文物的处罚决定》。一、对被查扣的93件文物予以没收。二、93件文物按湖州市文化局湖文（1991）65号文件意见交长兴县博物馆收藏。

1997年11月7日，水口乡石马头古墓被盗，县博物馆专业人员及时赶赴现场，对被盗钱币进行鉴定收缴。出土钱币年代有北宋景元元宝1件、北宋熙宁元宝1件、北宋元丰通宝1件、北宋政和通宝1件、北宋元符通宝1件、唐开元通宝1件（破损），均为一般文物。事后，根据文物部门的要求，当地乡村等有关部门，对被盗古墓葬进行复原保护。

2003年3月19日，县博物馆配合公安部门在湖州追回流散化石标本——煤山扁体鱼化石1件。

2007年1月29日，和平派出所民警夜间巡逻时，在吴山洪山村抓获3名盗掘古墓嫌疑人，并查获盗掘工具。当日，县博物馆立即派专业人员赶赴现场，协助调查。4月14日，煤山派出所接群众举报，在五通山村二组现场抓获4名盗掘古墓葬犯罪嫌疑人。县文保所立即派人到现场勘察，根据出土文物残片确认为西周土墩墓。4月27日、5月17日，接县公安局110报案，五丰村张家湾一带古墓葬被盗，县文保所即派专业人员前往勘探，协助破案，抓获犯罪嫌疑人。以上案件犯罪嫌疑人均被追究刑事责任。

2008年9月5日。县文物部门与县公安局治安大队一起处理洪桥陈桥出土古钱币被哄抢事件，追回一批宋元古钱币上交县博物馆。

2007年6月，县文物监察大队对工程施工中违法案件进行现场执法

2009年3月22日，县“三普”队在仙山猴村现场抓获一名正在盗掘古墓葬的犯罪嫌疑人，并移交当地公安部门依法处理。经相关司法程序犯罪嫌疑人被判有期徒刑7年。

2010年1月1日，和平镇独山村5位村民抓获6名盗墓嫌疑人，并扭送移交至派出所。县博物馆接报后，当即派出专业人员赴现场进行勘探，协助鉴定工作。6名盗墓嫌疑人中，除一名未成年人，其

2008年9月5日，县公安局与文物部门一起追缴的出土古钱币

2009年3月22日，县第三次全国文物普查实地调查中，现场发现盗墓案件

他5名均追究刑事责任。

2009年2月犯罪嫌疑人陈某某在泗安镇庆丰村猴村自然村的黄陡坡盗掘古墓，盗得三个陶罐。4月16日案件被破获，犯罪嫌疑人被追究刑事责任。

2011年3月11日，县博物馆与县文物监察大队在雉城镇竹园村一起处理出土文物流散事件，追缴宋代铜狮子等文物4件。

2011年11月16日，接群众报告雉城镇五峰新村回笼山道路两旁的小山坡，有5座古墓葬被盗。根据文物部门初步认定为秦汉土墩墓。当即公安部门出动警力侦察，在雉城某旅社抓获7名犯罪嫌疑人，追回一批珍贵文物。其中有青铜矛、青铜镦和釉陶壶、釉陶罐等。涉案人员被追究刑事责任。

2011年11月16日，县公安局七小时抓获七人盗掘古墓葬团伙，查获部分器物

一、宣传

1. 领导关怀

1985年1月13日，中共江苏省委原书记、南京军区原政委江渭清，中共浙江省委书记铁瑛与新四军老同志朱辉、孙章录、李广、刘亨云、杨洪才、孙克骥、罗维道、周利人等到长兴参加新四军苏浙军区成立40周年纪念活动。其间，老同志们参加了新四军苏浙军区成立40周年纪念大会，参观了县纪念馆主题展览、新四军苏浙军区司令部旧址，走访了当年老房东，举行了粟裕将军骨灰敬撒处揭碑仪式。

1998年6月30日下午，中共浙江省委副书记刘枫在长兴县委书记等领导陪同下冒雨视察县纪念馆。

2001年4月10日，浙江省人大常委会副主任鲁松庭一行视察县纪念馆，瞻仰革命旧址。

1995年彭林、马苏政等新四军研究会老同志故地重游

（陈建梅 摄）

2002年春节，科技部部长朱丽兰（左）、中央委员桂世镛（右）等参观县博物馆

2002年7月29日，中共浙江省委宣传部部长陈敏尔（左3）参观县博物馆 （费明 摄）

2002年2月15日，科技部原部长朱丽兰、中共中央委员桂世镛一行在湖州市副市长张维娟及长兴县有关领导的陪同下，考察了新开放的县博物馆，并参观了《今日规划》《长兴工业、长兴农业》《长兴文物史迹》《长兴风土人情》四大展厅。其间部长朱丽兰对一个县能投资3000多万建设博物馆表示赞赏。

2002年7月29日，中共浙江省委常委、宣传部部长陈敏尔考察县博物馆。在《长兴文物史迹》展厅中，陈敏尔对长兴悠久的历史和丰富的馆藏文物大加赞赏。当他了解到浙江唯一的开国皇帝陈武帝出自长兴，且现保存有陈武帝沐浴的“圣井”及陈氏文化遗存时，指示长兴应在做好地下地上文物保护的同时，做好做足名人文化文章，揭示长兴深厚的文化底蕴，提高长兴的知名度，促进长兴经济发展。

2002年9月6日，中共中央政治局委员、中共浙江省委书记张德江视察县博物馆。在《新四军在浙西》展厅里，张德江听取了县纪念馆工作人员讲解，并不时询问有关历史史料和历史人物情况。当他听说长兴新四军苏浙军区旧址拥有15个点为全国重点文物保护单位时，高兴地微笑点头表示赞许。参观后他对长兴在县城开辟新四军史迹展厅方便群众、扩大教育面的做法给予肯定。

2002年12月5日，中共浙江省委书记、代省长习近平在省委、省政府及湖州市、长兴县有关领导陪同下，视察了县博物馆和县纪念馆在县博物馆内开设的展厅。其间饶有兴趣地欣赏博物馆收藏的刻有“茶圣”陆羽《茶经》8393个字的紫砂壶，并仔细地了解新四军在浙西的抗战历史和长兴革命文物工作情况。他对长兴积极做好新四军苏浙军区旧址保护和申报全国重点文物保护单位予以肯定，并向随同人员介绍了他在福建曾经接触过的许多新四军苏浙军区老同志的一些情况。临别时习近平夸奖说：“很好，很好，这是一个很好的爱国主义教育基地！你们的工作不错。”

2003年5月27日下午，中共浙江省委副书记乔传秀考察县博物馆，并参观了长兴历史文化展厅，对长兴丰富的馆藏表示赞许，并指示要加强文物保护与宣传工作。

2004年4月25日，中共浙江省委原副书记王其超在县委副书记张建明

2003年5月27日，浙江省委副书记乔传秀（右1）参观县博物馆

2004年4月25日，省委原副书记王其超(右1)参观县博物馆(童善平 摄)

2008年1月，浙江省文物局、省博物馆领导应邀到长兴指导新馆选址工作(陈平 摄)

陪同下参观县博物馆。7月，中共浙江省委副书记夏宝龙考察县博物馆。9月20日，文化部社文图司司长张旭到县博物馆考察。9月28日，《经济日报》副总编罗开富到长兴考察，参观县博物馆、陈武帝故居遗址和炮头山考古工地等。

2010年5月7日，中共中央政治局原常委、国家原副主席曾庆红参观考察县纪念馆。11月9日，文化部原副部长、北京故宫博物院院长郑欣淼在省文物局局长鲍贤伦等陪同下到长兴考察，参观顾渚贡茶院遗址。

2. 红色之旅

1984年4月26日，粟裕部分骨灰由粟寒生等护送，在南京军区有关领导陪同下，撒在槐坎温塘新四军苏浙军区一纵队司令部旧址广场左侧。同年11月建立"粟裕同志部分骨灰敬撒处"纪念碑。

1989年4月21日，楚青(粟裕夫人)、马苏政等向粟裕骨灰敬撒处献花祭奠。

1989年4月21日，楚青(前右1)、马苏政(前左1)等向粟裕骨灰敬撒处献花祭奠(周德坤 摄)

1992年10月27日，新四军苏浙军区老战士徐超到长兴故地重游，参观县纪念馆，并前往广德县新杭乡横岗祭扫郑大芳烈士墓。

1993年4月19日，新四军苏浙军区老战士陈海峰到长兴，参观县纪念馆，并前往仰峰岕新四军苏浙军区司令部旧址瞻仰。

1994年4月12日，原新四军苏浙军区老战士陈辉参观县纪念馆，并前往槐坎六都岕寻找战斗遗迹及当年房东。5月25日，原新四军苏浙军区老战士、县纪念馆顾问肖洛及老同志冯安琪、林知敏、姚天雁一行到县纪念馆参观，并就旧址保护和宣传工作出谋划策。

1995年8月30日，新四军老首长彭林、马苏政、黎清、郑明在中共湖州市委书记俞国行、副市长姚关仁等领导陪同下到长兴参观县纪念馆、瞻仰革命旧址，祭扫粟裕骨灰敬撒处。

1997年3月30日，浙江省新四军研究会浙西分会部分老战士肖洛、章雄、高政国等在县纪念馆参加粟裕诞辰90周年纪念大会，并向县纪念馆赠送粟裕将军油画像。

1997年6月6日，郑大芳烈士的兄弟姐妹一行郑慈、郑国芳、郑仲英、郑雪英、许高群及新四军老同志谢震等到长兴参观县纪念馆、瞻仰旧址，并为革命旧址保护捐款2000元。后前往广德县新杭乡横岗祭扫郑大芳烈士墓。10月23日，长兴籍新四军老同志汪寿彭在县纪念馆参观、瞻仰旧址。

1998年5月26日，粟裕侄女粟武宾、侄女婿王遐方在浙江省人大常委会副主任杨彬陪同下在县纪念馆参观，瞻仰旧址，祭扫粟裕骨灰敬撒处。

1999年5月11日，新四军老同志、解放军23军原政委余景行在老同志郑明的陪同下到县纪念馆故地重游，参观革命旧址，并赠送《戎踪》一书留念。10月17日，新四军老同志马苏政及其夫人到县纪念馆参观，并代表粟裕夫人楚青向粟裕骨灰敬撒处敬献鲜花。

2000年5月2日，粟戎生、陈小鲁等在省、市、县领导梁平波、蔡圣初、杨献国及解放军第一集团军政委刘晓榕的陪同下，到县纪念馆参观，祭扫粟裕骨灰敬撒处。粟戎生捐赠由楚青提供的新四军苏浙军区历史照片《楚青与粟戎生》。11月20日，新四军老战士杜坚(原新四军苏浙皖边区留守

1995年3月，郑大方烈士弟妹六人在新四军老战士谢震陪同下参观县纪念馆(陈建梅 摄)

1997年3月30日，新四军老战士肖洛(左1)、章雄(右1)、高政国(左3)等在粟裕诞辰90周年纪念会上

2000年5月2日，粟裕长子粟戎生(左2)受母亲楚青的委托，把1945年粟裕在仰峰岕亲自为楚青、粟戎生拍摄的一幅照片送与县纪念馆(县纪念馆供稿)

处司令熊兆仁的夫人）在县纪念馆参观，并赠送其与熊兆仁合著的回忆录《大江情》一书。

2005年，缅怀革命先烈、弘扬抗战精神——纪念抗战胜利60周年系列活动在县纪念馆举行（县纪念馆 供稿）

2002年3月18日，浙江省省长助理徐鸿道到县纪念馆参观，瞻仰革命旧址。21日，新四军老同志陈瑛（原新四军苏浙军区一纵队司令员王必成的夫人）在解放军第一集团军政治部领导陪同下，参观纪念馆、瞻仰旧址。10月9日，何克希女儿何竞生、王耀亭女儿一行到县纪念馆参观。10月16日，北京新四军研究会、中央统战部发起“沿着革命先辈足迹——新四军成立65周年纪念行”，新四军后代陈昊苏、张远之、廖涤青、何竞生、粟志军和新四军老战士徐让、肖洛、郑明等一行75人凭吊粟裕敬撒处。

2002年10月16日，中国对外友好协会会长陈昊苏（陈毅长子）随同中国新四军成立65周年纪念行一行近百人参观县纪念馆。在纪念馆期间，陈昊苏一行详细了解了纪念馆当年的发展情况，参观《新四军在浙西》基本陈列，并向纪念馆赠送革命史料。陈昊苏对长兴多年来重视文物保护、充分发挥爱国主义教育基地功能做的大量工作表示赞赏，尤其是对纪念馆培养一批小小讲解员表示极大的兴趣。陈昊苏说：“在长兴，我们看到小小新四军在成长，新四军有了接班人。”10月18日，南京军区原政委方祖岐上将在第一集团军副政委、湖州军分区领导陪同下，参观县纪念馆，并为纪念馆题字：“辉照东南”。10月31日解放军总装备部陈丹淮（陈毅之子）少将参观视察县纪念馆。11月21日，解放军总装备部钟德浙（原新四军苏浙军区政治部副主任钟期光之子）一行参观县纪念馆，后到

2006年10月北京新四军研究会一师分会到纪念馆开展“纪念粟裕大将100周年诞辰”纪念活动

（县纪念馆 供稿）

2009年2月驻长兴部队官兵到县纪念馆开展主题教育活动

（县纪念馆 供稿）

仰峰岕瞻仰新四军苏浙军区政治部旧址。

2003年4月7日，浙江省新四军研究会浙西分会50余名老战士参观县纪念馆，开展清明节祭扫革命先烈活动。槐坎中心学校的“小小新四军战士”为老战士们作展览讲解。3月27日，新四军老战士后代粟寒生、刘新、王苏炎、刘小凌一行40多人到县纪念馆举行“杭村大捷”60周年纪念活动。晚上召开老区经济发展座谈会。4月5日，新四军老战士陈辉(原新四军苏浙军区一纵队一支队供给处主任)偕夫人唐光煊(原新四军苏浙军区一纵队后方医院医务人员)参观县纪念馆，故地重游，并到仰峰岕瞻仰新四军苏浙军区司令部旧址。4月20日，叶挺将军之子叶华明由湖州市、长兴县主要领导陪同参观县纪念馆展厅。

2005年3月27日下午，由郑大芳烈士家属联合组织的“新四军杭村大捷”60周年纪念座谈会在县纪念馆举行。郑国芳、粟戎生、王苏炎、刘新、徐进等一行30余人参加了纪念活动。10月11日，楚青赠送长兴县的粟裕塑像，在县纪念馆广场隆重举行塑像揭幕仪式。省、市、县领导陈敏尔及新四军老战士、机关干部、学生代表共250人参加了活动。

2005年10月11日，省领导陈敏尔(右6)等参加粟裕同志塑像揭幕活动(县纪念馆 供稿)

2006年10月，北京新四军研究会一师分会到纪念馆开展“纪念粟裕大将100周年诞辰”纪念活动。

2012年11月17日，王必成将军夫人陈瑛随女儿王苏炎等在长兴、广德一带寻访革命足迹等，参观县纪念馆。

3. 特色活动

1989年2月，长兴县开展《浙江省文物保护管理条例》颁布一周年宣传活动。县政府印发《关于宣传贯彻省文物保护管理条例》的通知，县博物馆向社会各界分发《浙江省文物保护管理条例》单行本200多份。与此同时，各乡镇通过张贴宣传标语，进行文物保护宣传。

2004年春节，县博物馆经过一年的调查、考证、研究、筹备，展厅实行向社会团体、机关、学校常年免费开放。免费开放后的博物馆实行政府扶持，社会支持，相关单位共建等新的运作模式。启动“基地共建”“博物馆之友”等举措，受到各有关部门、学校、企事业单位的认同，共有20多个单位(企事业)与博物馆达成了支持、共建、协助的良好关系。

2006年，县文物主管部门推出一系列宣传教育活动，迎接中国第一个文化遗产日。5月16日—26日，在全县7个中心集镇举办了由16个乡镇所有行政村业余文保员参加的文化遗产保护培训班，参加人数达500余人。5月18日，博物馆利用“世界博物馆日”在市民广场举办了文物法律法规咨询及《长兴历史文化遗产》图片展，观众达一万余人。6月3日，在广场举办“保护文化遗产——长兴千场电影下乡活动启动仪式”，并举行国家级文化遗产图片展和文物法律法规、文物知识咨询活动。千场电影下乡主要内容包括文化遗产纪录片《文物趣谈》、文化遗产保护宣传幻灯片、有关文化遗产娱乐片、分发文物法律法规读本，国务院关于加强文化遗产的意见通知。省、市文物部门领导，全县乡镇、各部门负责同志，文化系统全体工作人员及市民群众逾万人参加活动。

新四军苏浙军区纪念馆宣传教育拓展活动

2007年“5·18国际博物馆日”及“6·9”第二个文化遗产日和全国第三次文物普查期间，文物部门开展系列为民服务。下乡镇、进社区、上大街进行长兴考古成果图片展、文物法律法规宣传、文物知识咨询、为民义务文物鉴赏、送法律书籍、送文化遗产报刊，受教育人次2万余人。6月8日，在林城镇举办了“纪念第二个文化遗产日为民服务活动”为群众送上“江家山遗址考古成果展”受到了广大干部群众的热烈欢迎，许多群众还拿出自己家中珍藏请工作人员鉴定，形成良好的文化遗产保护互动氛围。

2008年，县文物部门以野外文物普查为契机，将文物法律法规宣传，文物常识普及与文物普查工作相结合。每到一个乡镇，在举办好文物普查培训班的同时做好文物法律法规及文物常识宣传工作。每到一个村不但举办《寻找文明》图片展，而且向村委会送上《中华人民共和国文物法》单行本，把文物保护法规常识送到群众的家门口。先后共举办培训班10期，送出《文物法》近千册。5—6月，以国际博物馆日、国家文化遗产日为契机，推出了《寻找文明——长兴“三普”阶段性成果展》。既有力推进长兴县文物普查宣传向纵深发展，又极大地提高了全民参与文物保护积极性。

2010年5月18日，县文物部门开展了“四送”活动，即送“三普”成果系列丛书《吴风越韵》进乡镇，送文物保护知识、法规讲座进乡村，送考古成果展览进校园，送文物标本进第二课堂。6月12日，以“百万年的文化根系”为主题的浙江旧石器考古展（首展）在杭州隆重举行。展览共展出浙江省多年来重点发掘的四处古人类旧石器遗址的各种打制石器和动物化石等约120件（组）。长兴县共有七里亭、银锭岗、合溪洞等三处旧石器遗址考古成果参加

2009年6月，县博物馆在明伦堂前举办的为市民义务鉴定文物活动
（陈平　摄）

展出。

2011年5月18日，县文广新局、县博物馆在全县开展了“三义务”、“四送”等丰富多彩的系列活动。即在县人民广场开展为民提供义务收藏鉴赏、义务文物保护法律法规咨询和义务文物收藏保管养护指导等“三义务”活动。在县实验初中开展送《长兴一百万年》图片展览，送《长兴历史文化与文物保护》讲座，送《物阜长兴》《吴风越韵》等文化遗产书籍，送长兴地域采集文物教学标本等“四送活动”，进一步实施“文化遗产保护从娃娃抓起”工程。

二、展览与活动

1. 基本陈列

1975年10月，新四军苏浙军区司令部旧址文物保护管理所在槐坎乡温塘村王宅（原新四军苏浙军区一纵队司令部旧址）开辟《新四军苏浙军区史迹》主题展。分为六个部分：一、前言；二、英勇顽强，克敌制胜；三、加强党的领导，建设抗日民主政权；四、自力更生，艰苦奋斗；五、缅怀革命先烈，继承革命遗志；六、结束语。

1984年年改版的新四军苏浙军区纪念馆基本陈列

1984年3月，为迎接新四军苏浙军区成立40周年，县文化广播电视局主持对《新四军苏浙军区司令部旧址》文物保护管理所基本陈列进行改版，主题为《军民团结，无往不胜》，展览分为八个部分：一、前言；二、日寇侵略中国，抗日战争爆发；三、八省红军游击队改编为新四军，开赴抗日前线；四、新四军十六旅挺进浙西，开辟苏浙皖边根据地；五、新四军苏浙军区成立，肩负战略反攻重任；六、抗日战争取得胜利，新四军奉命北撤；七、纪念革命先烈，继承革命遗志；八、结束语。

1990年8月至1991年6月，为庆祝中国共产党诞生70周年，县文广新局牵头，组织县纪念馆、县博物馆、县文化馆专业人员，对县纪念馆原有基本陈列实施改版。浙江省展览馆张维振担纲展览设计。展览内容删去全国部分，增加抗战形势引言，重点突出苏浙军区，包括一、引言，二、新四军十六旅挺进郎广地区，开辟抗日根据地；三、新四军苏浙军区成立，肩负战略反攻重任；四、抗日民主根据地建设；五、抗日战争最后胜利，新四军奉命北撤；六、缅怀革命先烈，继承革命遗志。展示手段增加了四幅油画和二幅电动地图。

2001年3月至6月，为庆祝中国共产党诞生80周年，县纪念馆自行编撰、设计对原有基本陈列进行改版提升。展览内容上增加了新四军简史和长兴抗战史，形式上注重了陈列展览中对旧址的最小干预，并增加西路展厅通柜，调整了灯光照明。主题为《新四军在浙西》。展览共分为六个部分：一、序言（铁的新四军）；二、新四军十六旅挺进郎广地区，开辟抗日根据地；三、新四军苏浙军区成立，

2001年改版后的县纪念馆陈列大厅

肩负战略反攻重任；四、抗日民主根据地建设；五、抗战胜利后，新四军奉命北撤；六、缅怀革命先烈，继承革命遗志。展出革命文物300余件，历史照片200多帧。增加新四军苏浙军区部队天目山三次反顽战役模拟沙盘一座，新开辟中厅宣誓厅和厢房王必成将军卧室复原陈列。

2001年4月至2002年11月，县博物馆在地处人民广场新建的会展中心二至五楼开辟基本陈列展厅，面积3500平方米。展览共分6个展厅，包括《物阜长兴》《新四军在长兴》《今日长兴》《长兴工业》《长兴农业》《长兴风情》。其中，《物阜长兴》为长兴县历史文化史迹展，主要展出旧石器时代、新石器时代、先秦时期、秦汉六朝时期、唐宋元明清时期各个时段的珍贵文物近200件。《新四军在长兴》为县纪念馆基本陈列复制展，展出革命文物近百件，历史照片80余帧，并配有小场景、群雕展示。《长兴风情》以场景形式展示长兴山里人家、圩里人家、船上人家的风土人情。《今日长兴》《长兴工业》《长兴农业》主要是通过图片、沙盘、实物展示长兴的社会、经济、城建的发展。《物阜长兴》《新四军在长兴》《长兴风情》三个展览由县博物馆专业人员担纲文案编写，陈列方案设计，投资为30万元。2010年1月，为配合旧城改造，根据县政府统一部署，博物馆拆迁，展览终止。

2012年元旦，县博物馆过渡馆在长兴县文化馆西侧三楼开辟临时基本陈列展厅，面积260平方米。主题《长兴一百万年》，分旧石器时代、新石器时代、先秦时期、秦汉六朝时期、唐宋元明清时期和“江南小延安”等6个部分，展出文物150件（因安全因素以采集品、参考品为主），考古及珍贵文物图片60多帧，新石器人类生活、吴越战事、陈武帝、茶文化场景4个。较为系统介绍了长兴100万年以来的人类历史和中华人民共和国成立以来县博物馆的考古成果。陈列展览投资10万元，由县博物馆专业人员担纲陈列大纲编写和陈列方案设计。

2. 特色展览

1988年10月1日至15日，县博物馆举办《热爱家乡》文物展览，展出建馆以来收藏各类文物上百件。尤其是开挖长兴港出土的文物首次与长兴本地群众见面。在半个月的时间内，共接待各有关方面领导45人，干部850人，师生1500人，部队官兵90余人。

1989年5月，配合首届农民文化节，县博物馆举办“出土文物精品展”。展览分五个主题：原始社会的陶器、石器；商周吴越青铜兵器；汉代铁器；唐代银器、铜器；宋、元、明、清瓷器，展出文物200余件。展出期间，参观的人员有干部、职工、知识分子、学生、农民等各届人士近万人次。

1997年6月，围绕迎接香港回归祖国主题，县博物馆举办四个特色展览。《祖国历代纸币》展，共计展出66块版面，578件实物。《迎香港回归》展，30块图板展示了割让香港的历史原因以及香港回归祖国的艰难历程。《迎香港回归书画展》，集中展出长兴县书画界名家及书法爱好者的墨宝计70余幅，内容大多以庆祝香港回归为主。与省自然博物馆联办《人体知识》展，介绍人体的基本常识及优生优育知识，使观众接受了一次较好的唯物主义教育。

2010年6月，以长兴县旧石器考古为主的“浙江百万年根系”在浙江省博物馆展出

1995年6月，县纪念馆自主筹资，自行编撰、设计、制作，在第二进二楼开辟《长兴抗日烽火》主题展。其中包括铁蹄下喘息的民众、长兴抗日第一枪、长兴英烈、首长关怀四个部分。展出图片近50帧，文物4件，首长题词6件。

1999年6月，为庆祝中华人民共和国成立50周年，县纪念馆经过一年的筹备，自筹资金、自行编撰、设计、制作，对原有的《长兴抗日烽火》主题展进行改版，在二楼开辟《长兴英烈》展。主要内容有：中共长兴县简史（主要是新民主主义时期）、战争年代长兴英烈、社会主义革命时期长兴英烈三大部分。展出革命烈士遗物及相关文物60多件，烈士照片15幅，图板20块。同时推出了《不朽的战士——浙江英烈》图片巡回展。

2002年5月31日至6月10日，为庆祝中国共产党成立81周年，县委宣传部、县机关党工委、县文体局、县教育局、团县委联合主办，县博物馆、湖南毛泽东同志纪念馆承办的《毛主席来到我们身边——毛泽东遗物展》在县博物馆二楼展厅举行。展览由湖南毛泽东同志纪念馆提供展品、讲解。共展出展板100块、文物近百件。10天中，来自全县各机关、乡镇学校及社会各界观众达25000人次，其中学生12000人次，收到观后感征文1000余篇。

2003年春节，由浙江省博物馆、县博物馆联合主办的《新春大型国际礼品》展大年初一开始在县博物馆二楼展厅展出。该次展览的展品是历年来世界各国政要、民间团体等送予浙江省委、省政府及有关团体的礼品中的精品，其中包括日本、韩国、澳大利亚、美国、加拿大、法国、德国等30多个国家和地区的近百件精美绝伦的艺术品，被誉为“昆山之玉、和随之宝”。《浙江日报》、《湖州日报》、《长兴报》、长兴电视台等媒体予以报道。有的观众深有感触地说：“国际礼品展的内涵不仅反映今天我国已和世界五大洲的许多国家和地区建立了友好关系，同时折射了我省党政领导廉洁自律的精神风范，因而她也是一个很好的党风廉政建设展，值得深思。”2003年11月25日至12月底，为纪念陈武帝诞生1500周年，由浙江省书法家协会、省美术家协会后援，长兴县人民政府主办，县文体局承办的《太湖神韵——陈武帝诞生1500周年全国书画名家精品》展在县博物馆三楼展厅举行。共展出全国著名书画家作品86幅，其中包括肖锋、朱关田、陈永正、鲍贤伦、魏新燕、池沙鸥等著名书画家为长兴创作的书画精品力作。展览期间，承办单位还编辑印刷了《太湖神韵——陈武帝诞生1500周年全国书画名家精品集》。展出后，所有参展作品都由县博物馆收藏。

2004年10月，由县建设局主持，县博物馆承接实施的《神奇台基山——台基山考古成果》展在台基山遗址公园对外开放。展厅面积120平方米。展览由图板、考古场景复原和复制文物三个部分组成。展出文物复制件30多件，图片40多幅，场景复原2个。

2005年2月20日，由县文体局主办，县博物馆、县文保所承办的《2003—2004年长兴文物考古发掘成果》展在县博物馆二楼展出。展览展出自2002年开始，县文保所会同省考古所共实施12个抢救性考古成果(包括台基山遗址、画溪桥遗址、东浜遗址、蒋埠桥遗址、光耀窑址、碧岩古墓群等)。展出珍贵文物150余件，抢救性考古发掘现场图片50多幅。其中包括有中央电视台报道的五峰村鼻子山出土的春秋晚期仿青铜器原始瓷打击乐器，有12.6万年前长兴先民使用过的旧石器，有全国近十家媒体争相报道的碧岩汉代古墓群出土的“万岁不败”“××吴王”铭文砖，有浙江省罕见的早商木水井中出土的竹编、木耜、麻绳，还有西周仿青铜器印纹陶尊，马桥文化陶支柱等。

2008年10月，为纪念改革开放三十周年，县博物馆推出《长兴印痕——长兴改革开放三十周年文物保护成果》展，歌颂我国改革开放三十年的伟大成就，展示长兴过去三十年以抢救性考古发掘为主的文物保护的丰硕成果，其中包括文物维修、文物征集与文物普查、调查、宣传、研究等，展出文物150多件，照片80多幅。

2009年9月26日至10月3日，为隆重庆祝中华人民共和国成立六十周年，丰富广大群众的节日文化生活，县博物馆在三楼展厅举办《丹青遗风颂华诞》县博物馆馆藏历代名家书画珍品展暨长兴已故画家国画精品展。展出期间，还举行长兴美协画家和少儿代表共同现场绘画活动，共吸引了近5000多名干部、群众和中小学生前来参观。展出的馆藏历代书画家珍品共有35幅，包括清代长兴籍著名书画名家张度，清雍正兵、吏、刑三部尚书梁诗正，清道光进士、翰林院编修俞樾，清乾隆进士、广西巡抚周升桓，清道光翰林官编修汪廷儒，著名画家诸升、江介、任熊等传世名作。同时，展出的长兴已故国画名家遗作精品共70幅，包括潘韵、孙默岑、叶小舫、严济勋、殷岳方、王竹先、冯人望、雷群艺、郑翼飞九人传世佳品。

三、个性活动

1996年7月15日至17日，县纪念馆与槐坎中心小学联合首创“当一回新四军战士”夏令营，30位8至14岁的一至五年级小学生参加了为期3天的特色教育活动。其中，包括参观新四军苏浙军区史迹，模拟军事活动军训、抓俘虏、炸碉堡、打草鞋、抬担架、做竹饭碗、做竹纽扣，学唱《新四军军歌》，走访老房东、为老百姓做好事、表演节目，自己买菜、自己烧饭、自己洗衣服，当小小讲解员等等。1998年，该项活动被中共浙江省委宣传部评为“浙江省爱国主义教育基地活动创新项目”。该活动截至2013年已经举办近20期，参加人数达上千人次。其间，2002年与良渚博物馆联合举办的“寻找文明，当一回新四军战士夏令营”，2003年与无锡市博物馆联办的“江浙联动，当一回新四军战士夏令营”活动，开启了跨区域馆际互动新空间。

2001年7月18日至20日，县博物馆首创“当一回考古小博士”夏令营，来自雉城各小学三至五年级学生35人参加为期3天的特色活动。其中，包括“识宝、寻宝、护宝”三个主题。即营员首先参观县博物馆基本陈列，了解长兴基本历史和文物常识；其次参观考古工地，听考古专家讲田野考古，

1997年7月7日，“当一回新四军战士”夏令营开营仪式在新四军苏浙军区纪念馆举行

“当一回新四军战士”夏令营营员跟老乡学习打草鞋

并在考古人员的精心安排下模拟田野调查和“实地考古发掘”；第三在博物馆专业人员辅导下，上地头寻找食物，制作劳动工具，模拟古人野外生存；第四回博物馆制作古文物标本陶片拓片，听专业人员辅导文物保护，做小小文保员。同时开展文物知识、标本制作等趣味比赛。该活动一直延续至2006年，每年一次。其中，2006年，宁波万里学院会展专业大学生暑期社会实践活动近30位学生也参加了此项活动。

1996年开始，县纪念馆与槐坎乡中心学联合每年举办“小小新四军战士”讲解员培训活动，先后培养小小讲解员近200名，成为老区小学课外活动的亮点。小小讲解员先后接待了包括陈毅长子陈昊苏等在内许多领导、老战士。2003年10月15日至19日，县纪念馆选派12名“小小新四军战士”讲解员赴杭州参加由省委宣传部等单位主办的《革命历史珍藏品展》活动。“小战士”们精彩的讲解得到了省委宣传部副部长童勺素、省军区原司令员黎清及老战士、老同志的交口称赞。

2010年8月10日、9月29日由县博物馆创意、策划、组织实施的“红色之旅、浙皖丹青”长兴·泾县美术作品联展分别在浙江长兴、安徽泾

2002年10月16日，新四军后代陈昊苏一行参观新四军苏浙军区纪念馆后与“小小新四军讲解员”握手

2007年6月，长兴县槐坎中心小学的小小新四军赴北京走进人民大会堂，与新四军老战士楚青(二排中)等合影(县纪念馆 供稿)

2003年7月24日，县博物馆首创的“当一回考古小博士”夏令营开营

县举行首展仪式，参观观众达2万余人。长兴县、泾县同属革命老区，2009年年底县博物馆向长兴、泾县两地的美术家协会发出倡议，共同举办浙皖美术联展活动，得到了两地美术家的热烈响应。15位艺术家们深入老区，走遍长兴、泾县革命纪念地采风、写生，创作了70余幅反映铁军风范和老区美丽风光、人文情趣等国画作品。

2012年6—12月，县博物馆成功组织、策划、实施了“太湖望县——长兴县建县1730周年历史文化征文”比赛活动，全县有近20个单位(乡镇)组织人员参与了该次活动，征集论文(文章)24篇，从多角度解读了长兴悠久的历史、灿烂的文化，为进一步研究长兴政治、经济文化的发展提供了平台，受到社会各界的普遍关注。

四、巡回展览

1994年11月开始，县纪念馆连续20年先后在苏浙皖沪等地乡镇、学校、机关、部队、企业等进行《新四军在浙西》《长兴抗日烽火》《浙西丰碑》等以苏浙军区抗战史为主要内容的图片巡回展活动，接待观众上百万人次，被《中国文物报》称赞为“乌兰牧骑式”的革命传统教育大篷车。其中，1994年11月28日至1995年1月6日，在全县各乡镇巡展，行程500公里，教育4万人。1995年4月4日至13日，县纪念馆与安吉孝丰烈士陵园联合举办的《新四军在浙西》《长兴抗日烽火》及《安吉抗日斗争历史》图片展在安吉县递铺、梅溪等地展出，观众达2万人次。1996年7月25日至8月25日，《新四军在浙西》在浙江绍兴鲁迅纪念馆展出，开启跨市区合作展览。1997年7月25日，《新四军在浙西》图片展在驻长解放军83469部队举行。1998年3月10日至5月26日，《浙西丰碑》新四军苏浙军区革命史料图片展，先后在湖州市博物馆、湖州师范、爱山小学、含山国防园、双林中学、南浔中学、八里店

2003年5月，县博物馆在人民广场举办长兴县文物考古成果展

镇中学、长兴青少年宫等地举行，共有3万余名师生参观展览。1999年，《浙西丰碑》展先后四次分别到长兴雉城、安徽广德、驻长坦克团、县人武部进行巡回展览，观众达3万人次。2000年《浙西丰碑》赴德清、菱湖各乡镇进行图片巡回展览，为期40天，观众近5万人。2004年5月《新四军浙西战斗史》大型图片展在湖州师院、湖州职业技术学院、湖州广播电视大学巡回展出。2009年4月28日至6月1日，《“铁的新四军”——新四军苏浙军区革命史迹图片展》，在长兴县城中小学校展出，为期一个多月，共接待中小学师生2.7万余人，收到学生代表留言86份。2010年6月，以“弘扬铁军精神，争做当代合格大学生”为主题的《新四军苏浙军区革命史迹图片展》和革命传统教育报告会在浙江商业职业技术学院举行。

1999年4月8日，由县委宣传部、县文体局、民政局、双拥办、人武部、团县委、教委、县委党史办联合主办，县纪念馆承办的《长兴英烈》图片展首展式在县青少年宫广场举行。县委常委、宣传部长唐中祥和县八家主办单位领导及长兴卫校200余人参加了开展仪式。至6月2日，《长兴英烈》图片巡回展走遍全县各乡镇中小学校，近三万名师生参观了图片展。

2005年6-7月，县纪念馆组织的“铁的新四军”展览在上海展出

2000年5月22日至26日，县博物馆主办的《可爱的长兴——长兴文物史迹》展在县文化广场艺术周期间展出。2001年“七一”期间，由博物馆、纪念馆承办的《光辉的历程——中共长兴党史》展在全县16个乡镇进行了巡回展览，接待观众近三万人次。

2008年6月，县博物馆在人民广场举办的“物阜长兴”图片展览

2005年7月至9月，由上海市文明办、上海黄浦区教育局、中共湖州市委宣传部、长兴县委宣传部主办，县纪念馆、上海新四军研究会承办的“历史的印痕——新四军苏浙军区抗战纪实”主题展览在上

海黄浦区、徐汇区、上海交通大学等地展出。展览共分铁的精神、铁的信念、铁的意志、铁的纪律、铁的作风和“江南小延安”6个部分。展出图片50轴，照片200多帧，文物16件。历时3个月，接待观众约10万人次。展览期间主承办单位还借助现代科技，开辟网上“铁军风范”互动平台，做到线上线下同步宣传，被当地媒体称之“爱国主义红色风暴”。

2012年6月8日，由省博物馆与县博物馆联合举办《紫玉金砂》在省博物馆举行开幕式

2012年6月8日，根据浙江省文物局2012年度博物馆“馆际合作、资源整合”工作安排，由浙江省文物局、长兴县人民政府主办，浙江省博物馆、长兴县博物馆、长兴紫砂陶艺协会协办的《紫玉金砂——浙江长兴紫砂茗壶特展》，在省博物馆孤山馆区成功举行。浙江省文物局副局长陈官忠、博物馆处处长杨新平，浙江省博物馆馆长陈浩、副馆长雍泰岳，长兴县人大常委会副主任杨福成，县文广新局、县紫砂协会、县博物馆领导等出席相关活动。本次展览共有18位长兴著名紫砂工艺大师参展，参展作品180余件，参观观众达5万人次。活动期间编辑出版《紫玉金砂——浙江长兴紫砂茗壶精粹》一书。7月底开始“紫玉金砂——浙江长兴紫砂茗壶特展”进入巡回展览阶段，为期一年，分别在浙江省的东阳、缙云、萧山、德清、余杭，江苏省的大丰、吴江等博物馆巡回展览，观众达30万人次以上，成为浙江省2012年度县级博物馆推出巡展项目涉及面最广、展出时间最长、展出地点最多的一个特色展。

五、文物借展

1971年，县文化部门选送17件出土文物参加出土文物出国展。

1979年9月1日，浙江省博物馆向县博物馆借展藏品18件，其中包括云雷纹带流陶罐、曲折纹印纹陶尊、梳篦纹圜底硬陶鸭形器等。

1981年，县博物馆选送石犁、石破土器、青铜锛、青铜镰、铁斧、铁锸等11件农业生产工具，参加中国农业展览馆举办的“古代农业生产展览”。

1984年，县博物馆选送青铜剑、戈、矛、锛、鼎、削等30件文物，参加全国文物汇报展。

1985年9月，县博物馆选送青铜剑等5件文物，参加国家体委主办的“全国武术挖掘整理成果展览”。

1993年8月26日，浙江省博物馆向县博物馆暂借人字纹双耳圜底印纹陶罐、银凤钗、银则、铜犁、环首铁刀、释尊铜像、骑狮文殊像、骑象普贤铜像等20件文物，参加省馆举办的“文物史迹展”。

1998年11月下旬，长兴水口出土的葫芦形金耳坠、梵文桥形金发簪、白瓷扣铜折腰碟5件文物参加在浙江省博物馆展出的“全省打击文物犯罪活动成果展”。

2006年，县博物馆收藏的唐鱼龙戏珠纹银匙、莲花纹执镜等6件文物参加湖州博物馆新馆基本陈列“吴兴赋”展览。

2009年9月至2010年2月，县博物馆收藏的商代原始瓷尊、西周原始瓷带甑壶等原始瓷文物20件参加浙江省博物馆举办的“瓷之源——德清原始瓷窑址考古成果暨原始瓷精品展”。

2009年12月，县博物馆提供的和平狮子山遗址、林城江家山遗址出土的马家浜文化陶鬶、腰沿釜、木耜等文物15件，参加嘉兴博物馆举办的全国“马家浜文化考古发现成果展”。

2010年1月至2010年3月，长兴出土的玉璜、玉璧等12件文物参加湖州市博物馆“第二届中国玉文化（湖州）博览会暨和田玉、翡翠精品展”。

2011年11月，县博物馆收藏的战国原始瓷錞于、西周曲折纹假圆座陶尊、汉跪式陶俑等文物13件，参加浙江嘉兴博物馆为配合中国考古学会第十四次年会而筹办的“发现历史——浙江新世纪考古成果展”。

2012年6月至9月，县博物馆收藏的青釉双复系盘口壶、马蹄足圆形砚等7件展品，参加德清县博物馆举办的“玄翠孑霓——德清窑馆藏精品及瓷窑址考古成果展”。

2012年6月至7月，县博物馆收藏的夹砂陶腰沿釜、小垂腹扁足兽面纹青铜鼎、青白瓷缠枝牡丹纹香熏等43件展品，参加湖州市博物馆举办的“湖州考古50周年成果展”。

2012年9月至2013年，县博物馆收藏的战国原始瓷錞于等6件文物，参加安吉博物馆新馆举办的基本陈列“苕水流长”展览。

2013年12月，县博物馆收藏的青铜剑、戈、矛等文物25件，参加无锡阖闾城遗址博物馆举办的“阖闾雄风”展览。

第四节 出版 研究 影像

一、出版

中华人民共和国成立后，长兴县文物部门主持、协助、参与印刷、出版历史文化遗产等方面书籍13册。

1985年6月，印刷《新四军苏浙军区成立四十周年纪念册》，2000册，内部发行，责任编辑谢文柏，封面题字赖少其，共6万字。内有叶飞、钟期光、王必成、江渭清等老同志题词，江渭清、铁瑛"在纪念新四军苏浙军区成立四十周年大会上的讲话"，肖洛、张心宜、程铿、谢震等回忆文章以及铁瑛、江渭清、朱辉、孙章录、李广、刘亨云、杨洪才、孙先骥、罗维道、周利人等老同志在长兴活动照片和《新四军苏浙军区成立前后概况》《天目山三次反顽自卫战役概况》《苏浙公学》等史料文章。

1985年9月，印刷《新四军在浙西》，2000册，内部发行，中共湖州市委史料征集研究委员会办公室编。县纪念馆提供图片、资料，部分文献报刊资料、专题整理资料、革命回忆录、革命烈士集略四部分，共9.2万字。

1990年2月，印刷《长兴革命故事》，内部发行，收录《粟裕种菜》《长兴第一位革命烈士》《一头牛的故事》等革命故事61篇，共8万字，印2000册。由中共长兴县委党史资料征集研究委员会、长兴县新四军研究会编，钱鸣盛主编，长兴县印刷厂印制。

1992年12月，出版《浙西抗日根据地》，公开发行。全书收录了新四军苏浙军区成立前后历史文献和报刊资料、回忆录和整理材料、参考资料等，共31.3万字，印2620册。由中共浙江省委党史研究室、中共湖州市委、浙江省新四军研究会、浙江省档案局编，杨富茂主编，浙江人民出版社出版。

1992年5月，印制《顾渚紫笋诗文录》，内部发行。共收录《历史文载》《茶泉诗粹》《史事浅述》《名胜遗迹》《民间传说》等五方面内容，共8万字。政协长兴文史资料委员会编著，戴盟作序，商景才题写书名。

1994年12月，出版《长兴秘密交通史》，共10.5万字，印1500册，由中共长兴县邮电局委员会编，钟德培主编，成安玉题词，当代中国出版社出版。

2003年10月，印制《陈霸先研究文集》，内部发行，共收录《六朝英主陈霸先》《陈朝疆域初考》《陈宗长兴、千派总根》等文章36篇，共13万字，印2000册，由长兴县文学艺术界联合会、长兴县龙山新区文史咨询组编，谢文柏主编。

2008年，出版《记忆与探索》，共15万字，印1000册，梁奕建著，由浙江人民美术出版社出版。

2009年，出版《物阜长兴——长兴历史文物精华》，共3.5万字，图片400帧，印3000册，长兴县博物馆编著，梁奕建主编，浙江人民美术出版社出版。

县博物馆编辑出版的《物阜长兴》《吴风越韵》专著

2009年，出版《七里亭与银锭岗》，公开发行，共4.32万字，印1500册，由浙江省文物考古研究所，长兴县文物保护管理所编著，科学出版社出版。

2009年，出版《吴风越韵——长兴第三次全国不可移动文物普查成果丛书》，共4万字，图片180帧，印1000册，由陈亦祥总主编，梁奕建主编，中国文化艺术出版社出版。

2012年，出版《紫玉金砂——长兴紫砂茗壶精华》，共3.5万字，图片300帧，印1500册，由浙江省博物馆、长兴县博物馆编，钟凤文、梁奕建主编，中国书店出版。

2013年，出版《镌石印痕——环太湖历史碑刻精粹》，共7.5万字，图片160帧，印1500册，由应征主编，梁奕建执行主编，中国书店出版。

二、学术研究活动

1998年12月17至18日，湖州市第四次古文化研讨会在长兴举行，来自湖州市及周边三县的20多位专业人员参加会议。会上共交流论文17篇。其中，县博物馆、县纪念馆专业人员交流论文3篇。会议期间与会人员参观了县博物馆和县纪念馆基本陈列。

2003年11月28日至30日，由长兴县人民政府、中国六朝史历史研究会主办的“纪念陈武帝诞辰1500周年国际学术讨论会”在长兴召开。来自全国六朝史研究专家和著名陈氏后裔150多人参加会议。会议期间编辑、印刷了《中国六朝史研究》学术专著。与会专家就陈霸先与陈朝史作了学术研究，中国六朝史研究会会长卞孝萱参加会议，并作了主旨学术报告。

2007年2月18日，省考古所与北京大学、东北大学的日本留学生等考古人员6人，考察长兴野外考古工作。在县博物馆库房对林城镇大云寺江家山遗址考古发掘出土的木器进行鉴赏、考证、交流。其间，专家还对树种进行切片取样，绘制相关图纸。

2007年7月12日，由省考古所、县文保所、县博物馆联合主办的江家山遗址考古成果学术研讨会在长兴举行，省考古所所长曹锦炎等16位专家参加会议。会上专家们认真听取了田野考古人员的专题汇报，并仔细鉴赏了考古文物标本，就太湖西南岸新石器时代文化遗存特征作了广泛的交流。大家一致认为江家山遗址的发现对于南太湖文化走廊的研究将发挥重要作用。

2008年1月1日，《长兴文博》网开通。开辟有《长兴博物馆简介》《工作动态》《馆藏文物》《学术研究》等文物、博物馆交流空间。

2008年3月24日至25日，由县文广新局承办的浙江省“三普”现场会在长兴举行。全省各市、县文物普查办公室主任、普查队队长近200人参加会议，会上长兴县“三普”队队长梁奕建作题为《在“早”字上起步、在“实”字上下功夫、在“新”字上做文章》典型交流发言。该文2008年5月发表于《浙江文物》第二期和内蒙古自治区“三普”简报上。其间，与会人员还实地考察了周吴村古建筑、路东古墓葬群、午山岗古遗址的调查登记工作。

2009年11月20日至21日，首届环太湖流域文物保护与利用博物馆馆长、文保所所长联谊会在长兴县召开。来自湖州、桐乡、德清、吴江、宜兴、广德、长兴三省七县(市)的博物馆馆长、文保所所长，省考古所、良渚博物院领导及文物保护与利用专家一行25人参加会议。与会馆长、所长、专家分别就本区域文物保护与利用情况作了交流，并就太湖流域文物保护与利用的合作与交流提供许多具有前瞻性的建议和思路。尤其是环太湖地区古文化遗产的保护、研究、利用宏观与微观如何和谐共享，打破行政区域约束，打响“太湖文化”品牌，促进“长三角”社会经济发展，拓展文物保护利用空间等课题进行热烈的讨论。会议期间，大家还就陈列展览的资源共享、互动双赢进行榷商，有4个馆确定了2010年临时展览互相交流初步意向。

2010年11月25日至27日，由中国科学院古脊椎动物与古人类研究所、省考古所主办，县博物馆承办的“浙江旧石器考古研讨会”在长兴县举行，来自古脊椎所、科学出版社、省考古所及湖州、舟山、安吉、德清、临安、桐庐、浦江、长兴等市、县博物馆、文保所领导和专家一行30余人参加会议。会上，古脊椎所专家向与会人员进行旧石器考古专业讲座，浙江省旧石器考古工作站领导向大会通报浙江旧石器考古工作和学术研究的进展情况，并就之后工作方向提出相关要求。各县、市馆、所领导也交流了各自的旧石器考古工作情况。与会期间，大家还考察长兴合溪洞、银锭岗，安吉上马坎等旧石器考古工地，并瞻仰张森水纪念园。

2012年6月29日，国家文物鉴定委员会副主任、中国古陶瓷学会名誉会长，九十岁高龄的文博界资深专家耿宝昌，中国古陶瓷学会会长王莉英等一行12人应县博物馆邀请，到长兴考察指导文博工作。对长兴出土的青白瓷香薰、哥窑三足炉、哥窑贯耳瓶、方座印纹硬陶尊等一批陶瓷器进

长兴考古成果在国家重要学术专著上发表

行鉴赏。耿宝昌说："长兴历史悠久，文化灿烂，出土的文物具有明显的地域特色。出土的三足炉、贯耳瓶在全国也非常罕见。"并欣然为长兴题词："吴风越韵"。

2012年11月28—30日，由社科院考古所、省考古所主办，县博物馆承办，嘉兴、湖州、萧山、东阳、缙云、德清、安吉等博物馆协办《起于累土——秦汉土墩墓考古成果展》在长兴举行。浙江省文物局副局长吴志强，长兴县人民政府副县长楼秋红等省、市、县文物部门领导、主承单位领导，来自日本国立历史民俗博物馆研究部、冈山大学大学院、埼玉大学、韩国国立全南大学、中国社会科学院考古研究所、北京大学、民族大学、南京大学及山东、江苏、安徽、湖南、云南、浙江等省考古研究所、湖州地区各县博物馆等相关领导及权威专家及当地群众代表共200余人参加了首展式。

2012年11月7日，《起于累土——秦汉土墩墓国际学术讨论会暨 考古成果展》在县博物馆举行

《起于累土——秦汉土墩墓考古成果展》是"秦汉土墩墓国际学术研讨会"的一个组成部分，其中包括新石器时期土台遗存，先秦土墩遗存和秦汉土冢遗存三大部分，展出文物300余件，图片200余张，展线达150米，较为系统地展示了浙江省，尤其是湖州地区近十年秦汉土冢考古成果，为"秦汉土墩墓国际学术研讨会"专家、学者提供良好的研讨平台，也为当地人民群众提供了解家乡、传承文明、参观学习的极佳机会。其间，梁奕建撰《长兴县秦汉土冢遗存概要》、孟国平撰《试谈浙江长兴地区秦汉时期土墩遗存的堆积成因》在大会上进行学术交流，并发表于文物出版社出版的专著《秦汉土墩墓考古发现与研究》。

1999年10月，省考古所编，文物出版社出版《浙江考古精华》，收录《长兴弁山石室土墩墓》和《长兴石狮土墩墓》两项考古成果，共20帧图片。

2003年12月，浙江省文物局编，浙江人民美术出版社出版的《意匠生辉》，收录长兴新四军苏浙军区旧址图片5帧。

2004年7月，浙江省博物馆编，浙江省人民美术出版社出版《越魂——历久弥新的民族精神》收录长兴出土文物15件图片，其中包括战国青铜钻、西周龟纹青铜盂、战国青铜镦、商叶脉方格纹青铜钺。

2005年10月，古方主编，县博物馆参加编纂，科学出版社出版的《中国出土玉器全集浙江卷》，收录长兴出土文物8件图片，其中包括鼻子山越国贵族墓出土战国玉带钩、玉管、扉牙玉杯、玉剑首、滑石环等。

2007年12月，淮安市楚州区历史文化研究会编淮安楚州《金石录》，收录县博物馆馆藏的归有光撰、吴承恩书《梦鼎堂记》和《圣井铭并叙》碑拓片。

2008年3月，县博物馆参加编写，由国家文物局副局长张柏主编，科学出版社出版的《中国出土瓷器全集浙江卷》，收录介绍长兴出土的馆藏文物3件，即原始瓷戳印纹錞于、原始瓷戳印纹甬钟和原始瓷戳印纹镈钟。

2008年7月11日，台北“故宫博物院”致函县博物馆，县博物馆馆藏文物商代几何纹青铜钺图像用于《古典文明——铜器时代》“铜器器形演变图”陈列展览。

2009年10月，由省考古所编，科学出版社出版的《浙江考古新纪元》发表徐新民、陈元甫、楼航、孟国平等专家撰稿，反映长兴考古成果文章。即《长兴七里亭旧石器时代遗址》《长兴银锭岗旧石器时代遗址》《长兴合溪洞旧石器时代遗址》《长兴江家山新石器时代遗址》《长兴抛渎岗、西山头的土墩遗存》《长兴鼻子山越国贵族墓》等6篇。

2009年9月，县博物馆馆藏文物战国仿青铜器原始瓷打击乐器，商原始瓷尊，西周原始瓷带甑壶、原始瓷盘、原始瓷筒腹罐、春秋原始瓷米筛纹罐等20件参加由省博物馆举办的《德清原始瓷窑址考古成果暨原始瓷精品展》并收录于中国文化艺术出版社出版的《瓷之源》一书。

2011年6月，长兴出土的新石器时代的建筑木构件、木耜、木刀、木柄、木陀螺、石环形器、玉玦、夹砂腰沿圜底釜、夹砂陶猪鼻形支座、侧把袋足盉等15件文物发表于省考古所、南京博物院考古研究所编的《江南文化之源——纪念马家浜遗址发现五十周年图文集》。

2012年6月，国家文物局主编，中国书店出版的《惠世天工——中国古代发明创造文物展》，收录长兴顾渚山摩崖题记（大唐州刺史臣袁高奉诏修茶贡讫至顾山最高堂赋茶山诗兴元甲子岁三春十日）

三、学术研究成果

夏星南撰《浙江长兴出土五件商周铜器》，发表于1979年《文物》第11期；《浙江长兴发现东周青铜器》，发表于1981年第12期；《浙江长兴县发现一批唐代银器》，发表于1982年第11期。梁奕建撰《浙江长兴博物馆藏的二通明碑》发表于2004年第573期。陈元甫、田正标、梁奕建撰《浙江长兴鼻子山越国贵族墓》，2007年发表于第608期。胡秋凉撰《浙江长兴石泉明墓发掘简报》，发表于2015第七期。

1987年8月，县纪念馆提供的《新四军苏浙军区对日本侵略军通牒》发表于上海人民美术出版社、上海画报出版社出版，上海新四军历史研究会、《大江南北》画集编委会编辑的《大江南北——新四军抗日战争革命史料画集》。

县纪念馆提供的《苏浙军区》（新四军苏浙军区纪念馆）发表于1989年3月，学林出版社出版，《新四军史迹图册》编委会编的《新四军史迹图册》。包括县纪念馆简介、挺进浙西、成立苏浙军区、天目山三次反顽战役、部队建设、回师北上6个部分。刊登图片27帧。

夏星南撰《浙江长兴县出土一件有刻度的铜弩机》，发表于1983年《考古》第1期；《浙江长兴县发现吴、越、楚铜剑》，发表于1989年第1期；《浙江长兴县出土一批古钱币》，发表于1990年第8期。

夏星南撰《浙江长兴县出土一批石犁和石破土器》，发表于《农业考古》1988年第2期；《浙江长兴县出土吴越青铜农具》，发表于2001年第3期。

夏星南撰《吴承恩在长兴县书写的两块碑文》,发表于《吉林师大学报》1980年第2期。

夏星南撰《吴承恩在长兴》,发表于《嘉兴师专学报》1983年第1期。

夏星南撰《〈咸安韩氏宗谱概述〉介绍韩世忠及其家族》,发表于《浙江大学学报》1986年第4期。

夏星南撰《浙江长兴发现的几面南宋湖州青铜镜》,发表于《东南文化》1989年第6期。

劳伯敏撰《谢安葬地考》,发表于《浙江学刊》(双月刊)1992年第3期,总第74期。

1993年10月,《浙江长兴县弁山土墩墓发掘报告》《浙江长兴石狮土墩墓发掘报告》发表于科学出版社出版的《省考古所学刊》建所十周年纪念专刊上。

梁奕建撰《事在人为,馆在人办》,1995年10月发表于《南京大学学报——革命纪念馆建设研究专辑》。

梁奕建撰《试论革命纪念馆与公共关系》,1998年5月发表于中共党史出版社出版的《烈士与纪念馆研究》第二辑;《全员讲解是边远山区革命纪念馆讲解队伍建设的一种好形式》1999年6月发表于第三辑;《馆藏革命文物情节不详弥补初探》2002年11月发表于第六辑;《革命旧址保护与利用刍议》2004年8月发表于第八辑。

梁奕建撰《试论县级博物馆理念的破与立》《文物博物馆在小康社会文化建设中的地位和作用》《博物馆陈列展览个性化带来的思考》《试论文化遗产保护应从娃娃抓起》《浅议城市化建设中古文化遗址的保护——长兴台基山遗址公园建设带来的思索》《浅谈中小型博物馆免费开放长效机制的建立》和杨美英撰《刍议县级博物馆免费开放与临时展览》,以及梁奕建撰《寻找文物保护与社会经济发展的最佳结合点》先后分别于2002年4月、2003年8月、2006年7、2007年8月、2008年5月、2010年7月在浙江省博物馆学会学术交流会上交流,并发表于《文博论坛》。

梁奕建、童善平等撰《浙江长兴狮子山遗址》,2004年9月发表于浙江摄影出版社出版的专著《马家浜文化》。

梁奕建撰《难以忘怀的百姓语录》,毛波撰《俺与文物普查》,2009年9月发表于中国文物报社编著,文物出版社出版的《三普人手记》。

毛波撰《长兴老抖门调查研究》,2010年发表于《东方博物》第三十六辑;《长兴县博物馆馆藏唐代银器及相关问题》,2012年发表于第四十四辑。杨美英撰《长兴大云寺唐代陀罗尼经幢》,2011年5月二十八辑。胡秋凉撰《长兴七女敦墓葬群清理简报》,2012年7月四十三期。

毛波撰《唐代书法家胡季良考略》,2012年发表于《湖州师院学院学报》第4期。

徐新民、梁奕建、汪良、宋梅辉撰写的《长兴县银锭岗旧石器时代遗址发掘取得重要成果》2008年5月发表于《中国文物报》,2008年6月6日《遗产周刊》第279期。

梁奕建撰《珠联璧合 名垂青史——浅析〈圣井铭并叙〉〈梦鼎堂记〉碑历史艺术价值》,发表于浙江省文物局主办的《浙江文物》。

梁奕建撰《拒黄金巧收“爱国税”》2010年5月,在“四明山杯”全国革命廉政小故事大赛中,获得三等奖。并发表于当年11月发行的《全国革命廉政小故事获奖作品集》。10月撰写的《试论考古成果转化与经济建设和谐发展》发表于中国博物馆协会主办的博物馆致力社会和谐主题活动之《首届全国经济百强县(市)博物馆馆长论坛暨县级博物馆馆长研讨文集》。

梁奕建撰《长兴秦汉土冢遗存概要》，2013年12月，发表于中国科学院考古研究所、浙江省文物考古研究所编著，文物出版社出版的《秦汉土墩墓考古发现与研究——秦汉土墩墓国际学术研讨会论文集》。

2006年至2012年，纪念馆员工在《中国当代文博论著精编》《浙江文物》《东南烽火》等报刊上共发表文章237篇。

四、影像

1994年5月16日，县纪念馆与槐坎乡政府联合摄制“浙西老区槐坎乡见闻”电视专题片。

1995年，县纪念馆协助浙江电视台拍摄《浙西丰碑——新四军苏浙军区抗日革命史迹》。

1996年7月28日，县纪念馆协助中央电视台与济南军区电视台拍摄《新四军足迹》电视片。

1997年4月3日至6月28日，浙江省电视台在县纪念馆配合下赴北京、杭州、安吉及长兴相关乡镇拍摄大型电视专题片《四月》。

1997年8月19日，中央电视台在县纪念馆拍摄文献纪录片《铁的新四军》。

2002年，县纪念馆为大型文献纪录片《新四军》提供“杭村缴大炮”史料，“十六大”前夕在中央电视台播放。

2005年，县纪念馆协助中央电视台10套摄制电视专题片《温塘——战斗的岁月》，协助中央电视台7套摄制《继承革命传统，永葆战斗精神》。同年，浙江电台旅游之声连续一周播出《红色之旅——江南小延安》，上海东方网开通“江南小延安——浙江长兴专题网页”。

2007年1月18日，中央电视台4套《走遍中国》栏目播出当年新四军在郎广长地区抗日革命斗争专题纪录片《功勋炮的传奇》。

第五节 荣誉

一、国家级

1. 表彰

2007年12月，长兴县人民政府荣获全国文物工作先进县，受到文化部、国家文物局表彰。

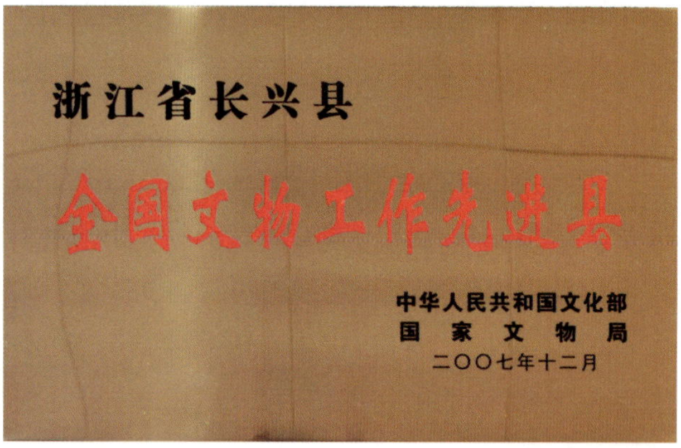

全国文物工作先进县

2001年，县纪念馆荣获全国文化工作先进集体，受到文化部的表彰。

2009年，长兴县第三次全国不可移动文物普查队荣获全国第三次不可移动文物普查野外实地调查特殊贡献先进集体，受到全国第三次不可移动文物普查领导小组办公室表彰。

2010年，长兴县文化广电新闻出版局荣获全国文化遗产日宣传活动先进集体，受到国家文物局表彰。

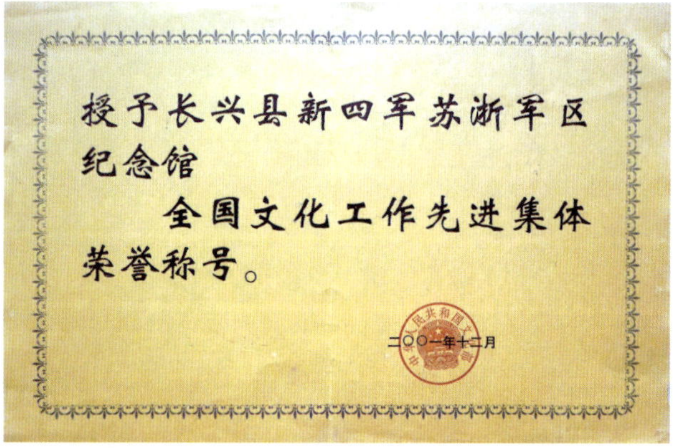

全国文化工作先进集体

1998年2月，梁奕建荣获全国文物博物馆系统先进工作者。受到人事部、国家文物局的表彰。

2. 授牌

2000年5月，县纪念馆被共青团中央委员会命名为“全国青少年教育基地”。

2009年5月21日，县纪念馆被中宣部命名为第四批全国爱国主义教育示范基地。

2009年5月，县纪念馆、县博物馆分别被国家文物局命名为“国家三级博物馆”。

2009年11月，县纪念馆被国家国防教育委员会办公室命名为“国家国防教育示范基地”。

2012年2月，县纪念馆被全国旅游景区质量等级评定委员会命名为“国家AAAA级旅游景区”。

2013年8月28日，县纪念馆被中纪委驻文化部纪检组、监察部驻文化部监察局授予全国文化系统首批“廉政文化教育基地”。

第三次全国文物普查实地文物调查阶段突出贡献集体奖

二、省级

1. 表彰

1996年5月18日，县纪念馆荣获“浙江省文明博物馆”称号，受到浙江省文物局的表彰。

1997年，县纪念馆荣获“浙江省爱国主义教育基地先进集体”称号，受到中共浙江省委宣传部的表彰。

1997年，县纪念馆首创的“当一回新四军小战士”夏令营荣获浙江省爱国主义教育基地活动创新项目，受到中共浙江省委宣传部的表彰。

2003年，县博物馆荣获浙江省第三次文化遗产普查先进集体，受到浙江省第三次文化遗产普查办的表彰。

2003年，县博物馆荣获浙江省文物风险等级安全防范示范单位，受到浙江省文物局的表彰。

2004年9月，县纪念馆荣获“浙江省模范集体”称号，受到浙江省人民政府表彰。

2005年9月，新四军苏浙军区旧址荣获“浙江省青少年红色之旅经典景区”称号，受到中共浙江省委宣传部的表彰。

2007年，县纪念馆荣获 “浙江省文物系统先进集体”称号。受到浙江省人事厅、文化厅、文物局表彰。

2007年，县纪念馆荣获 “浙江省爱国主义教育基地先进教育基地奖”，受到中共浙江省委宣传部表彰。

2011年12月，县纪念馆获“浙江省‘群众满意基层站所（服务窗口）’创建工作先进单位”荣誉称号。受到中共浙江省纪律检查委员会、浙江省监察厅、浙江省人民政府纠正行业不正之风办公室表彰。

2013年1月，县纪念馆荣获 “2012年度浙江省陈列展览精品项目长兴县新四军苏浙军区纪念馆江南小延安基本陈列最佳服务奖”荣誉。受到浙江省文物局表彰。

1997年11月，梁奕建被评为“全省国防教育工作先进个人”，受到中共浙江省委、省人民政府、省军区表彰。

2003年，高有顺荣获“浙江省第三次文化遗产普查先进个人”，受到浙江省第三次文化遗产普查办的表彰。

2004年10月，梁奕建被评为浙江省爱国主义教育基地先进工作者，受到中共浙江省委宣传部表彰。

2009年梁奕建、胡秋凉、何炜、毛波等荣获“浙江省全国第三次不可移动文物普查野外实地调查特殊贡献先进个人”，受到浙江省全国第三次不可移动文物普查办的表彰。

2. 授牌

1995年2月21日，县纪念馆被中共浙江省委、省人民政府授予首批“浙江省爱国主义教育基地”荣誉称号。

1998年11月，县纪念馆被浙江省国防教育委员会命名为“浙江省国防教育基地”。

2005年9月，县纪念馆被共青团浙江省委、浙江省旅游局命名为“浙江省青少年红色之旅经典景区”。

2006年，县纪念馆被中共浙江省委组织部命名为“浙江省党员培训教育基地”。

2008年10月，县纪念馆被浙江省旅游局命名为“国家AAA级旅游景区”。

2008年12月，县纪念馆被中共浙江省纪律检查委员会等部门命名为“第二批浙江省廉政文化教育基地”。

2009年7月，县纪念馆被中共浙江省委党史研究室命名为“浙江省党史教育基地”。

2011年5月，县纪念馆被浙江省关心下一代委员会命名为“浙江省青少年思想道德建设实践活动基地”。

2012年10月，县纪念馆被浙江省社会科学界联合会命名为“浙江省社会科学普及示范基地”。

三、市、县级

1. 表彰

1997年4月15日，县纪念馆被授予“湖州市思想宣传工作先进集体”。受到中共湖州市委宣传部表彰。

1998年4月18日，县纪念馆被授予“长兴县文明单位”荣誉称号，受到中共长兴县委、县人民政府表彰。

2002年8月9日，雉城镇被评为“湖州市全省第三次历史文化遗产普查先进集体”，受到湖州市普查办表彰。

2003年4月，县纪念馆被长兴县人民政府授予“长兴县模范集体”称号；5月，县纪念馆被湖州市政府授予“湖州市模范集体”称号。

2004年2月，县纪念馆被授予“湖州市文明单位”称号，受到中共湖州市委、湖州市人民政府表彰。

2005年7月1日，县博物馆、纪念馆联合党支部被评为“长兴县先进党支部”，受到中共长兴县委表彰。

2009年12月，县纪念馆被中共湖州市纪委命名为“湖州市创建群众满意基层站所（办事窗口)先进单位”。

1996年,梁奕建被授予“长兴县劳动模范”荣誉称号,受到中共长兴县委、县人民政府的表彰。2007年2月被评为湖州市“十佳思想政治教育工作者”,2009年11月被评为首批湖州市宣传文化“五个一批”人才(优秀思想政治教育工作者),受到中共湖州市委宣传部的表彰。

2001年6月,梁奕建被评为“湖州市优秀共产党员”,2002年6月29日被评为“湖州市优秀党务工作者”,受到中共湖州市委的表彰。

2. 授牌

1994年10月15日,县纪念馆被中共湖州市委、市人民政府命名为“湖州市爱国主义教育基地”。

2011年12月,县纪念馆被中共湖州市委党校命名为“教学研究实践基地”。

2012年11月,县纪念馆被中共湖州市委组织部、中共湖州市委党校命名为“湖州市干部教育培训现场教育示范基地”。

附录

FU LU

附录

一、办法、意见

长兴县文物保护管理办法

第一条　为了加强文物的保护和管理，继承中华民族优秀的历史文化遗产，进行爱国主义和革命传统教育，促进社会主义精神文明建设，根据《中华人民共和国文物保护法》、《浙江省文物保护管理条例》，结合本县实际，制定本办法。

第二条　县文化（文物）行政主管部门，主管本行政区域内的文物保护工作，依法实施管理和监督检查。

县文物保护管理委员会，协调处理文物保护管理工作中的重大问题。

各乡（镇）人民政府（含经济技术开发区）负责保护本区域内的文物，落实各项保护措施。乡（镇）人民政府应根据需要建立业余文物保护组织，协助本区域内的文物保护工作。具体业务工作由乡（镇）文化站负责。

第三条　本县境内的古文化遗址、古墓葬、古窑址、石窟寺以及地下、水域中遗存的一切文物，属于国家所有。

对属于国家所有的文物保护单位、文物保护点，由文化（文物）行政主管部门责成使用单位或其上级主管部门建立保护管理机构负责保护，或聘请文物保护员进行保护。

在文物保护单位的保护范围内，除文物保护建设工程外，不得进行其他建设工程，确因特殊需要进行建设的，必须按文物保护单位的级别报请原公布机关和上一级文化（文物）行政主管部门批准。

在文物保护单位的建设控制地带内，不得修建与文物保护单位环境风貌不相协调的建筑物和构筑物。新建、改建、扩建建筑物、构筑物的，其设计方案应当根据文物保护单位的级别，经同级文化（文物）行政主管部门同意后，报同级城乡规划部门批准。建设单位在组织设计方案会审核工程竣工验收时，应有文化（文物）行政主管部门参加。

文物保护单位、文物保护点需改变其使用性质的，应当由文化（文物）行政主管部门报请原公布机关批准，使用单位应与文化（文物）行政主管部门签订《使用保证书》，并负责日常维修、保护和安全工作，接受文化（文物）行政主管部门的指导和监督。经批准作为宗教活动场所的文物保护单位，有关宗教组织的宗教职业人员，应当遵守国家有关文物法律、法规，保证文物完好和安全，并接受文化（文物）行政主管部门的指导和监督。

因建设或复建工程特殊需要而必须迁移或拆除文物保护单位（包括文物保护单位中的文物单位）的，应根据其级别，报同级人民政府和上一级文化（文物）行政主管部门批准。所需经费，由建设单位列入投资计划。建设单位应在文化（文物）行政主管部门的监督指导下，承担迁移复建工程的施工管理责任。

第四条　各风景名胜区保护规划的制订，涉及文物保护单位、文物保护点和其他文物史迹的，应由文化（文物）行政主管部门会同建设行政主管部门商定保护措施，并列入保护规划。对水口、和平、槐坎、白岘等乡镇具有较高历史研究价值的各级文物保护单位，要列入保护规划的重点，加强其范围内的文物保护管理工作。

第五条　在文物保护单位的保护范围和建设控制地带内，或者在本县地下文物丰富的地方进行基本建设时，建设单位须事先报告文化（文物）行政主管部门。建设行政主管部门在项目选址时，应有文化（文物）行政主管部门参加。由此需要进行文物勘探和考古发掘的，所需经费由建设单位列入投资计划。

配合基本建设进行抢救性发掘，必须根据《文物保护法》有关规定，严格履行报批手续，未经文化（文物）行政主管部门批准，任何单位和个人不得擅自进行考古发掘。

在基本建设施工或工农业生产中发现文物，任何单位和个人不得据为己有，有关单位和个人应当保护好现场，并立即报告文化（文物）行政主管部门进行处理。

第六条　我县指定的国家文物收藏单位为县博物馆（革命文物收藏单位为县纪念馆），馆藏文物应当按照文物等级，分别建立藏品档案，进行分类分级保管，并向文化行政主管部门登记，文物藏品出馆、复制、拓印和拍摄，按国家有关规定办理报批手续。

国家机关、部队以及文化馆、图书馆等其他全民所有制企业、事业单位收藏的文物，属于国家所有，禁止出卖。

文化（文物）行政主管部门应建立本行政区域内的文物藏品档案。

国家所有的文物，必须依法管理和保护，禁止出卖、私自赠送，也不得擅自进行交换或作其他处理。

第七条　文物购销活动，由国家或省文物行政主管部门依法批准的文物经营单位在规定的范围内进行，未经批准的单位和个人不得从事文物经营业务。

私人收藏的文物受国家法律保护，可以出售给国家批准的文物收购和文物收藏单位，严禁倒卖牟利，严禁私自卖给外国人和境外人员。

公安、工商、税收等部门应会同文化（文物）行政主管部门加强文物市场的管理，查处文物市场的违法犯罪活动，依法没收、追缴的文物，应当妥善保管，并在处理终结后，及时全部移交县文化（文物）行政主管部门，由指定的全民所有制文物收藏单位收藏。

第八条　银行、冶炼、造纸、典当以及废旧物资回收等单位的文物拣选工作，应当接受文化（文物)行政主管部门的指导,妥善保管拣选的文物,并按收购时所支付的费用加一定比例拣选费合理作价,及时移交给文化(文物)行政管理部门指定的文物收藏单位。任何单位和个人不得将拣选出的文物据为己有或私自赠送、调换、买卖。

第九条　文物保护管理经费列入县财政预算,由文化(文物)行政主管部门统一管理,专款专用。文物保护经费除国家和省、市、县拨专项经费外,每年从城市建设维护税中列出一定的比例,由财政部门统一提取,专项用于文物保护维修。并从县级以上文物保护单位门票收入中提取一定比例作为文物保护经费的补充。

在文物保护单位的建设控制地带内,新建、改建与文物保护开发利用无关的工程时,建设单位必须交纳工程总建设面积每平方米5元的文物保护费,由文化(文物)行政主管部门统一收取后实行财政专户储存,主要用于文物保护和维修。

已建成的取土制砖(瓦)、矿产企业中涉及地下文物的开采区,文化(文物)行政主管部门应有计划的组织定期调查,所在企业应与文化(文物)行政管理部门签订《文物保护协议书》,承担一定费用。

文物事业单位开展有偿服务活动的收入,应主要用于发展文物事业。

第十条　对文物保护方面做出贡献的单位和个人,文化(文物)行政主管部门应根据国家有关规定给予表彰、奖励。

第十一条对违反国家有关法律、法规和本办法的单位或个人,由文化(文物)行政管理部门或其他有关部门依法予以处罚。

第十二条本办法由长兴县文化与体育局负责解释。

第十三条本办法自发布之日起施行。

长兴县人民政府

一九九九年八月三十一日

长兴县人民政府关于加强文化遗产保护的实施意见

长兴县历史悠久,文化遗存丰富。保护好这些珍贵资源,对于挖掘历史文化,建设文化大县,构建和谐社会具有十分重要的意义。为认真贯彻落实《中华人民共和国文物保护法》、《国务院关于加强文化遗产保护的通知》(国发〔2005〕42号)、《浙江省人民政府关于进一步加强文化遗产保护的意见》(浙政发〔2006〕33号)、《浙江省文物保护管理条例》、《浙江省非物质文化遗产保护条例》精神,进一步加强我县文化遗产保护工作,继承和弘扬民族优秀文化传统,推动社会主义先进文化建设,特制定本实施意见。

一、加强文化遗产保护的指导思想、基本方针和总体目标

近年来,县委、县政府高度重视文化遗产保护工作,在全社会的共同努力下,我县的文化遗产保护工作取得了明显成效。但是,随着经济和社会的不断发展,特别是我县城市化进程的加快和城乡的大规模建设,文化遗产赖以存在的环境面临着严峻的挑战,一些重要文化遗产受到不同程度的损毁,一些历史风貌受到不同程度的破坏,导致一些文化遗产信息永久性消失。因此,加强文化遗产保

护刻不容缓。

（一）指导思想：坚持以邓小平理论和“三个代表”重要思想为指导，全面落实科学发展观，加大文化遗产保护力度，构建科学有效的文化遗产保护体系，增强全社会文化遗产保护意识，充分发挥文化遗产在传承民族文化和地方文化、提高人民群众思想道德素质和科学文化素质中的作用，促进我县政治、经济、文化、社会全面、协调和可持续发展。

（二）基本方针：文化遗产保护贯彻“保护为主、抢救第一、合理利用、加强管理”的方针。坚持保护文化遗产历史信息真实性、环境风貌完整性和生活延续性的原则，做到依法保护、科学保护和积极保护，正确处理经济社会发展与文化遗产保护的关系，统筹规划，分类指导，突出重点，分步实施。

（三）总体目标：采取有效措施，构建比较完备的文化遗产保护体系和保护制度，文化遗产保护法制建设得到加强，保护状况得到明显改善，具有历史、艺术和科学价值的文化遗产得到全面有效保护。

二、切实加强对文化遗产保护工作的领导

（一）落实领导责任，创新工作机制。

1.将文化遗产保护工作纳入我县国民经济和社会发展计划，纳入财政预算，纳入城乡建设规划，纳入体制改革，纳入各级领导责任制考核。制定切实有效的政策和措施，将文化遗产保护工作涉及的规划编制、经费落实、安全管理等方面的工作目标纳入我县各级领导责任制中予以考核。各乡镇（街道）和县级有关部门要切实加强领导，将文化遗产保护工作列入重要议事日程。

2.建立文化遗产保护机构。成立长兴县文化遗产保护管理委员会，由县政府分管领导担任委员会主任，县法制办、民宗局、发改委、财政局、公安局、建设局、交通局、环保局、水利局、人事局、教育局、科技局、文广新局、旅游局、国土资源局、林业局、工商局、文联等单位为委员会成员单位，负责文化遗产保护工作的协调及重大事项的商讨。健全文化遗产保护工作机构，下设县文物保护管理所、非物质文化遗产保护中心和古籍保护中心，负责对文化遗产的评估、保护、管理、维修、利用等工作。

（二）健全法制体系，加大执法力度。

1.制定和完善文化遗产保护与管理等规章制度。出台《长兴县文物建筑、历史建筑腾迁安置管理办法》、《长兴县非物质文化遗产保护管理办法》、《长兴县古籍保护条例》等一系列行业制度和规范，完善《长兴县博物馆藏品管理制度》，使文化遗产管理工作规范有序。

2.不断完善文物安全工作管理制度和重大文物安全行政责任追究制度，建立健全预案、预警制度。健全文物执法监察队伍，积极探索文物执法体制改革思路，加大对文物违法行为的执法检查力度。加大文物安全经费投入，提高安全技术防范科技水平。县公安局要建立专门机构和队伍，严厉打击盗窃、盗掘、走私、倒卖文物等违法犯罪行为。公、检、法等部门追回的涉案文物应及时无偿移交县文物收藏管理部门。

（三）落实专项资金，加强队伍建设。

1.将文物、非物质文化遗产、古籍保护经费纳入县财政预算。在文化事业费中切出专项资金用于保护工作，确保文化遗产保护管理工作顺利开展。鼓励社会资金以捐助和投资等多种形式进入公益性文化馆、博物馆、图书馆事业，支持文化遗产保护和开发利用工作。通过以奖代拨的形式落实日常管理经费，将日常保护管理工作落实到最基层。

2.加强保护管理机构与专业队伍建设。建立和完善县、乡镇（街道）、行政村（居委会）的文化遗产保护网络和组织机构管理制度。充实和加强专职保护人员力量。引进文化遗产保护和管理方面的业务人才。建立专业人才培养机制，增加专业人员数量，优化人员结构。着力培养急需的中级业务人才和复合型管理人才，特别是文物和古籍保护、管理、修复等方面的人才。

三、加强文物保护工作

（一）加强调查研究，制订保护规划。

1.推进各级文物保护单位和文物保护点申报和建设工作。结合第三次全国文物普查的登录资料，上报及公布一批全国重点文物保护单位、省级文物保护单位、县级文物保护单位，划定保护范围及建设控制地带，调整现有文物保护单位的保护范围及建设控制地带，编制完成新公布的各级文物保护单位和文物保护点的用地保护规划。

2.加强文物保护单位“四有”（有保护范围、有保护标志说明、有记录档案、有专门机构或专人管理）工作，将所有用地保护规划及“四有”档案编订成册，并建立电子信息库。

3.配合基本建设特别是重点工程建设，及时开展抢救性考古发掘。坚持“建设未动、文保先行”的原则，将县文物行政部门纳入县建设项目审批单位之列，重大工程例会必须有文物行政主管部门参加并提供建议。在文物保护单位的保护范围和建设控制地带内，或者在本县地上地下文物丰富的地方以及用地面积30000平方米以上的项目进行基本建设、土地平整、宅基地复耕时，建设单位要履行文物保护的义务，在项目划定勘察设计红线前，应当报请上级文物行政部门进行考古调查、勘探。县文物行政部门应当自接到申请之日起三十日内，积极配合，组织力量在工程范围内进行考古调查、勘探，并将考古调查、勘探的处理意见告知申请人。在项目选址（含矿山开发、砖瓦厂取土）立项论证时，应有县文物行政主管部门参加审议。由此进行文物勘探和考古发掘的所需经费，由建设单位列入投资预算。

（二）完善保护体系，推进历史文化名镇（乡）、名村建设。

开展历史文化名镇（乡）、名村的申报推荐工作，贯彻“应保尽保，能保则保”的方针，出台有针对性和可操作性的措施，编制完成相应的保护规划，为推进建设工作创造有利条件。通过历史文化名镇（乡）、名村的评比，展现长兴丰富的文化底蕴，打响历史文化品牌，促进社会经济和谐发展。同时，认清我县历史文化遗产保护存在的薄弱环节，采取有效措施加以改进，提高工作质量，为子孙后代留下宝贵的精神财富。

（三）整合馆藏资源，提高展示水平。

1.加快博物馆建设步伐。尽早建设新博物馆，鼓励我县各乡镇（街道）、社会团体、企业及个人创办具有行业特征和地方特色的民间博物馆。

2.加大文物征集力度，尤其加大对近现代和当代与人们生活相关的物品及民俗文物的征集力度。

3.提高展览展示水平，引进、举办更多精品陈列展览。博物馆、纪念馆每年推出的临时展览总数要达到10个以上并逐年增加，展览质量不断提高。逐步创造条件开展与国内外博物馆的友好交流活动。

4.整合博物馆、纪念馆资源,加强博物馆、纪念馆与社会的联系,充分发挥博物馆、纪念馆在人员、信息、场地等方面的资源优势,不断扩大博物馆、纪念馆志愿者队伍,进一步拓展博物馆、纪念馆的公共文化服务和旅游服务功能,使其在全县精神文明建设特别是未成年人思想道德教育中发挥积极作用。

(四)加强行业管理,规范市场行为。

1.加强对民间收藏的指导与服务,鼓励支持合法的民间收藏。加强国有文博单位与民间文物收藏者的合作与交流。

2.按照国家和省、市有关规定,结合我县实际,加强与公安、工商等部门的合作,加大文物市场定期巡查和日常巡查力度,严厉打击非法出售、倒卖出土文物的行为及其他违法经营行为。

四、加强非物质文化遗产的保护工作

(一)加强对全县非物质文化遗产的普查建库工作。认真做好非物质文化遗产资源普查后续工作,创建长兴县非物质文化遗产保护档案、分布图、信息数据库和网站。建立全县民间艺人、民间艺术社团(队)、民间艺术之乡(村)及民间艺术门类数据库。结合文化信息资源共享工程,建立集工作平台、宣传教育和检索服务等诸多功能于一体的,逐步覆盖全县非物质文化遗产保护工作的数字网络。

(二)加强非物质文化遗产重要项目保护的建章立制工作。参照国家关于非物质文化遗产的评审标准,建立长兴县非物质文化遗产分级保护标准和制度;编制“长兴县非物质文化遗产保护代表作名录”,每两年评审公布一批长兴县非物质文化遗产项目代表作名录,争取有更多的项目申报国家级、省级以及市级非遗名录。对被批准为非物质文化遗产名录的项目,都要制定科学的保护计划,明确保护的责任主体,落实保护经费,进行切实有效的保护。

(三)打造非物质文化遗产品牌。提升百叶龙、狮舞、龙舟等非物质文化遗产的品牌,形成在国内独树一帜、具有长兴特色的非物质文化遗产品牌。实施非物质文化遗产的文献组织、整理工作,加强对非物质文化遗产保护工作的研究,以及对相关理论的认定、保存、传播工作,建立科学有效的传承机制,弘扬优秀民族民间文化。

(四)加强非物质文化遗产的集中展示与交流工作。利用文化馆、博物馆、图书馆等公共文化设施,运用科学的保护方式,对收集、整理的非物质文化遗产中需保存和可保存部分予以有效保护和展示。结合实际,建设具有特色的非物质文化遗产专题博物馆或展示中心。组织民间艺人、民间艺术表演队伍,积极参与国内外文化交流活动。

(五)建立科学有效的非物质文化遗产保护传承机制。对列入各级名录的非物质文化遗产代表作,可采取命名、授予称号、表彰奖励、资助扶持等方式,鼓励代表作传承人(团体)进行传习活动。通过社会教育和学校教育,使非物质文化遗产代表作的传承后继有人。加强对非物质文化遗产知识产权的保护。利用命名民间艺术之乡、创建非物质文化遗产生态保护区和经典旅游区等措施,积极探索对传统文化生态保持较完整并具有特殊价值的村落或特定区域进行动态保护的有效途径。出台相应政策鼓励开展传习活动,设立政府津(补)贴,除上级政府给予的津(补)贴外,县政府对代表性传承人、民间老艺人给予1000～3000元/年的补助；对非物质文化遗产项目生态保护区（试点）、传承基地和传统节日保护基地的单位进行补助，经验收合格后给予4000～10000元/年的补助，补助经费专项用于基地建设。

（六）做好非物质文化遗产的挖掘与利用工作。坚持保护与开发并重的原则，在做好非物质文化遗产保护工作的同时，对非物质文化遗产进行充分的挖掘与利用。利用优秀非物质文化遗产，丰富节庆文化、广场文化、社区文化、旅游文化等，依托非物质文化遗产进行文化、旅游产品开发，促进文化产业发展，培植文化产业新的增长点。

五、加强古籍保护工作

（一）开展古籍普查登记。对全县古籍文献进行普查登记，全面了解和掌握各级各类图书馆、博物馆等单位及民间所藏书籍情况。普查登记的古籍要详细清点、认真整理、科学编目，并依据《古籍定级标准》进行定级。建立全县古籍联合目录；鼓励将民间收藏的古籍在县图书馆登记、定级、著录。

（二）增加古籍藏量。县古籍保护中心设立专项采购经费，积极采购、征集我县地方历史文献。

（三）完善古籍保护制度。建立《长兴县珍贵古籍名录》，经县政府批准后向社会公布，择优申报省级、国家级珍贵古籍名录。加强对珍贵古籍的重点保护，对列入国家级、省级和市级名录的古籍，收藏单位应根据有关标准和要求，完善保护措施，切实做好保护工作。

（四）加强古籍整理、研究和利用。建立全县古籍数字资源库。利用现代印刷技术，推进古籍影印出版工作。向社会和公众开放古籍资源，为公众提供方便快捷的文献服务，发挥古籍在学术研究和文化建设方面的积极作用。

六、加大宣传力度，营造良好氛围

（一）结合文化遗产保护网络建设，利用新闻媒体等宣传载体，积极宣传文化遗产保护的理念、法律法规和政策措施。

（二）结合每年的国家“文化遗产日”、“5·18国际博物馆日”等有关内容，开展丰富多彩、特色鲜明的文化遗产展演展示活动，宣传普及文化遗产知识，组织发动新闻媒体围绕文化遗产价值及其保护和传承等问题进行探讨和报道，引导和培养公众对历史文化遗产的认知和热爱，增强全社会的文化遗产保护意识，使其转化为保护文化遗产的自觉行动。

（三）科学制订计划，编辑出版宣传长兴文化遗产保护事业的书籍和刊物，使长兴在全省的文化遗产保护工作中起示范作用，进一步扩大长兴文化遗产保护工作的影响力。

（四）不断提高文化遗产保护的公众参与度。任何单位和个人都有保护文化遗产的责任。采取有力措施，拓展公众对文化遗产保护的参与领域，完善参与制度，提升参与的稳定性和有效性。强化文物使用单位的保护意识，积极鼓励民间力量参与文化遗产保护，确立国家保护为主、全社会共同参与的文化遗产保护新体制。

长兴县人民政府

二〇一〇年四月一日

二、事迹

长兴争创全国文物工作先进县事迹材料

长兴位于苏浙皖三省交界，杭嘉湖平原北部。东临太湖，西倚天目。面积1430平方公里，人口63 万。素有“鱼米之乡”“丝绸之府”“文化之邦”“东南望县”之称。近年来，长兴已跻身全国综合实力百强县，全国经济强县、国家卫生县城、全国文化先进县。

长兴历史悠久，文化灿烂，地上地下文物十分丰富。考古发掘证明我们的祖先早在100万年前就在这里繁衍生息。新石器时期，长兴已确立马家浜文化、崧泽文化、良渚文化的发展序列。商周时期作为吴越腹地，长兴文化积淀深厚，域内出土的青铜器享誉全国。南朝陈朝开国皇帝陈霸先就诞生在长兴县雉城下箬寺。唐宋时期作为中华民族茶文化发祥地之一，这里还保存有唐代皇家第一座贡茶院遗址。抗日战争时期，长兴作为新四军苏浙军区指挥中心，迄今享有“江南小延安”的美誉。全县现有全国重点文物保护单位2处，省级文物保护单位2 处，县级文物保护单位33 处，已查明历史文化遗存400余处。全县馆藏文物7000余件，其中珍贵文物942件。

多年来，尤其是党的十五大以来，长兴县委、县政府十分重视历史文化遗产保护工作，以高度的历史责任感、使命感，模范遵守《中华人民共和国文物保护法》，文物工作扎实有效，亮点凸显。

一、领导重视，组织健全，文物工作真正做到“五纳入”。

长兴县委、县政府领导认为丰厚的文化积淀是昨日长兴悠久历史的见证，更是今后支撑长兴发展的重要基石，强化文物保护是长兴全面发展不可缺少的重要组成部分，因此县委、县政府始终把文物工作列入党委、政府的议事日程，文物工作真实做到“五纳入”。

（一）坚决贯彻执行“保护为主、抢救第一、合理利用、加强管理”的文物工作方针，确实把文物工作纳入当地经济和社会发展规划。县政府每年人代会期间，都把文物保护写入政府工作报告的重要内容，列入年度的工作计划。在确保每年召开二次专题研究文物工作会议，解决1-2 个大的文物工作问题的同时，充分发挥县人大、政协的特殊作用，经常检查、指导全县文物工作。县委、县政府主要领导下基层视察、调研文物工作每年不少于5次，根据需要及时有效地解决文物工作常规运行中一些突出的实际问题。自1999年出台《长兴县文物保护管理办法》后，县政府及下属各职能部门先后下达了《关于进一步加强重点工程建设文物保护的通知》《关于全县土地平整中加强文物保护的通知》等近十个文物保护通知或意见，使全县文物工作始终处于健康、规范、有序的发展态势。

（二）建立健全全县文物工作组织网络，确保文物工作责任到人。县政府有一名副县长具体分管文物工作，并于2001年成立了由分管县长担任组长，文化（文物）、发改委、建设规划、土管、交通、财政、水利、公安等15 个部门组成的县历史文化保护管理委员会，具体协调全县文物保护工作中的一些突出问题。各乡镇同时建立相应文物保护领导小组，村（居委会）分别落实一名村干部负责本区域文物保护日常工作，并健全了由500位热衷于文物保护的骨干参加的业余文物保护队伍，实现了村村都有“顺风耳，千里眼”。为强化文物行政执法力度，今年县文物部门还组建县文物行政监察大队，全县文物保护工作已走上更加法制化、规范化的轨道。

(三)文物保护列入全县城乡建设总体规划,基本建设文物保护前置全面落实。2001年开始,县政府决定全县所有新规划、立项的重点工程、农田基本建设、城乡规划论证都必须由文物部门参加,文物部门依法拥有否决权。真正实现了重点工程与基本建设做到"工程未动,文保先行"。如:2003 年在全县标准化农田整理中,为保护小浦画溪桥、水口乡沉其岭一批古墓葬,在县政府领导的协调下,土管部门及时调整了规划方案。2005 年在县城中心商贸区建设规划中,为保护县级文保单位大成殿、明伦堂,城建部门同样三度调整规划方案。2006年林城镇工业孵化区原选择在午山岗,但因该区域古墓葬较密集,经文物部门建议,该镇及时终止该规划编制。

(四)文物经费纳入财政年度预算,并逐年增加。县政府自1999年开始在确保每年拿出城市建设维护费2%用于文物保护日常工作同时,连续八年文物事业经费递增达20%。与此同时,根据文物工作实际需要,及时安排文物保护专款经费,其中2005—2007年县财政用于文物保护单位古建筑维修经费达到2100万元。

(五)文物保护职责明确,县、部门、乡(镇)村文物保护责任书层层签订,文物保护已成为全县各机关、社会团体的共同责任。因此,在长兴没有因政府部门不作为造成文物人为受损的理象发生,全县馆藏文物及文物保护单位已实现连续22年安全无事故。

二、求真务实,忠实守护,文物保护与经济建设协调发展。

长兴县委、县政府始终把文物工作放在整个社会经济发展大环境中把握、作为衡量坚持先进文化发展方向、创建浙江文化大县和省文化建设示范区的重要标志,求真务实,正确处理文物保护与经济建设之间的关系,

(一)强化文物保护力度。1995年迄今,已先后组织资金6000 多万元用于文保单位的日常维护和抢救性维修。尤其是在新四军苏浙军区旧址保护中,针对旧址面积大、分布广,纪念性建筑本体保护状况相对较弱等实际情况,能充分发挥国家、集体、个人及社会各界的力量,进行科学、规范、有序的保护,使面积达12000多平方米的17个单体纪念性建筑得以良好保存,成为江南抗战时期保存面积最大、数量最多且内涵丰富的一处革命旧址群,2001年6 月25日被国务院公布为全国重点文物保护单位。2005年2月18日,县委、县政府还组织了县四套班子所有领导成员参观新四军苏浙军区旧址,并作出了全面征用旧址分步实施保护规划的决定,各项工作正在全面推进之中。到2007年全县省级、县级文物保护单位古建筑都进行了一次有效的抢救性维修,实现了文保单位无隐患。

(二)正确处理文物保护与经济建设关系。长兴县政府始终坚持不以牺牲历史文化遗产为代价发展经济的理念,并贯彻到整个工作过程之中,为文物让路已成为长兴基本建设的惯例。2003年,为保护好位于城市中心寸土寸金地块8000平方米的台基山遗址,县政府多次征求省市县文物部门意见,经过多方论证,决定由文物部门把关,依据我国有关古遗址保护规范,投资2700万元,新建了40000平方米的台基山遗址公园,为如何做好城市中心古文化遗址保护起到很好的示范作用,赢得了江浙沪文物专家和社会各界高度评价。在抢救性考古发掘中,能坚守"保护为主,抢救第一"文物工作方针,全力支持和关心抢救性考古发掘工作。2000 年以来,在省文物考古研究所的主持下,15 个抢救性考古项目成果累累,且规范有序。其中,七里亭旧石器遗址考古发掘入围2007年"全国十大考古新发现"。五峰山越国贵族大墓及仿青铜原始瓷打击乐器的发现,为吴越古文化历史研究

翻开了新的一页。尤其是长兴良好的考古环境倍受专家的赞扬，15个项目没有一项因经济建设或其他原因影响考古质量。如2005 年5月开始的江家山遗址抢救性考古发掘原定2个月，但由于考古中有新的发现，需要延期15 个月。尽管高速公路建设时间紧、任务重，县政府还是把文物保护放在首位，县委书记亲临考古现场，要求交通部门无条件服从考古需要，使江家山这一倍受专家关注的古文化遗址能得到很好的解读。

（三）重视文博基本阵地建设。2000—2001年投资7000 万在城市广场中心新建了县博物馆，2004—2006年投资5000万元在世界地质灰岩标准剖面煤山新建“金钉子”地质博物馆，2006—2007年筹资12000万元新建陈武帝故居陈列馆、朱氏宗祠文化陈列馆、茶文化博物馆和长兴城市发展陈列馆。加上原有的县纪念馆、东方虹枯木陈列室、台基山遗址文化陈列室，至2007年年底，长兴将拥有门类各异、形式多样的博物馆、纪念馆、陈列馆（室）8家，为全面展示祖国宝贵文化遗产提供多元平台。目前，县委、县政府正在酝酿建设面积达10000平方米，且具有太湖流域文化特色的国内一流综合性博物馆。

（四）注重文物保护不断提升与拓展。一方面不断加大文物保护工程投资力度和规范管理，另一方面对不可移动文物实施动态保护，尤其是对新发现或新认知的历史文化遗产及时进行有效保护。2001年以来，新公布文物保护点113处，其中升格为县级文保单位16处，省级文保单位2处，全国重点文物保护单位2处，并十分重视其日常检查、管理与研究，“四有”工作井然有序，真正做到文物保护只有逗号，没有句号。

三、宣教有力，基础扎实，文物工作成果显著。

文物法规与文物知识的普及是县委、县政府做好文物工作的重要抓手，多年来长兴在充分利用报纸、电视、广播、网络等媒体宣传的同时，特别重视创新思路，创新方法把文物法规与文物知识送到群众的家门口。2000年开始，每年推出文物法规与文物知识图片下乡巡展和文物保护咨询活动，让群众在家门口了解什么是文物，如何保护文物。2005—2006年举办的《长兴县文物保护成果暨文物保护法规展》百场下乡巡回展和庆祝我国第一个文化遗产日“千场电影下乡”活动，观众达到120 万人次。2007 年，全国第三次文物普查工作一开始，文物部门又制作一套针对性很强的图片《寻找文明》再次走村串巷，掀开了宣传教育的又一页。文物工作者与群众零距离接触，产生了互动共鸣。由于宣传到位，长兴县广大干部群众非常热衷文物保护工作。1995年以来已主动上交、捐献文物近400 件，其中已鉴定珍贵文物37件。主动通报文物保护信息上千次，其中五峰山鼻子村古墓葬发现后，群众就主动上报县文保所，使上百件珍贵文物免遭损毁。2007年，由于群众的主动举报，县文物部门与公安合作先后破获了三起外来盗墓案件，有效扼制了犯罪分子跨区域犯罪的势头。

历史文化和红色文化的宣传同样是长兴文物工作的又一个亮点。长久以来，长兴十分重视贴近实际、贴近生活、贴近群众，积极发挥地方优势，做好、做大、做强历史文化和红色文化的宣传工作。2004年元月县博物馆率先向社会实行免费开放，并坚持全年365天义务为群众服务。县纪念馆在努力做好基地日常接待的同时，自1995年以来，红色文化宣传走出馆门，下农村、进校园、进军营、进社区、进企业巡回展览，历时13年，行程三万里，教育百万人。2005至2007年，《铁的新四军》还走进大上海，在黄浦、徐汇、交通大学刮起了红色教育风暴，《中国文化报》《中国文物报》《解放日报》《新华网》等纷纷予以报道。1995年开始推出的“当一回新四军夏令营”，越办越红火。县乡联谊，馆际联动，江浙互动，不断推陈出新，2001年被评为全省爱国主义教育创意项目。2001年创办的“当一回考古小博士”夏令营，同样备受社会各界的好评，被誉为“文化遗产保护从娃娃抓起”的好举措。

基础工作是文物保护工作的基石。2000年以来，县文物部门能以勤补拙、兢兢业业。馆藏文物管理规范，人防、物防、技防到位，2003年荣获浙江省文物风险等级安全防范示范单位。藏品档案齐全，2006年所有珍贵文物全部完成建档工作，2007年藏品档案全面进入信息化管理，革命文物藏品档案建档工作在全省名列前茅。域内文物分布情况廓清底明，档案齐全，文物保护单位“四有”工作规范完备。历史研究可圈可点，2000年以来，在《文物》《中国书法》《党史》等省、国家级报刊、杂志上发表学术研究文章20余篇。2003年11月县政府主办了陈武帝及南朝史国际学术讨论会，来自中国、韩国、日本等国家30多位顶级专家会聚长兴，把长兴历史研究推向了新的高潮。1997年协助浙江电视台拍摄的纪录片《四月》和2006年协助中央电视台拍摄的《温塘——战斗的岁月》分别在浙江卫视、中央电视台等电视台上播放。

“事在人为”。长兴在重视文物保护同时还十分重视文博单位人才的培养和内部体制改革。县委、县政府打破传统用人机制，始终把一批事业心强，具有一定文化水平和专业知识的人才放在文博线上，并以予重视和培养。通过在岗学习和外派进修，使之成为长兴文博系统的中坚力量。2005年还从大专院校特招硕士研究士充实文博队伍，并大胆使用。由此，长兴的文博队伍始终处于全县文化系统“标杆”的地位。全体文博工作者艰苦奋斗、爱岗敬业，先后受到上级党委和政府的表彰，分别荣获全国文化工作先进单位、浙江省模范单位、省文明博物馆、省文物普查先进集体、县市文明单位等荣誉称号。

总之，长兴的文物工作在省委、省政府的正确领导下和省、市文物主管部门的关心重视下，以科学发展观为指引，勤奋、务实、开拓、进取，信守“为了明天，保护昨天”的宗旨，已出现前所未有的发展态势，在社会主义物质文明、政治文明、精神文明中发挥着无可替代的作用。

2007年7月

三、简报、文章

长兴县第三次全国文物普查实地调查阶段技术性报告

一、求真务实，成果丰硕

根据长兴县第三次全国文物普查领导小组统一布置，县文物普查队于2007年9月上旬成立，县博物馆馆长，文物保护管理所所长梁奕建任队长。共12人组成，其中7位男同志负责野外调查工作，5位女同志负责室内图纸、电脑数据输入。野外调查又分成两组，根据实地情况时分时合，由队长统一调度。2007年9月30日，野外实地调查全面启动。2009年6月30日，野外实地调查基本结束，历时21个月，行程2万多公里，共调查普查对象3800余处，登录文物1305处，其中新发现文物1145处，复查文物150处，消失文物5处。2009年10月20日，“三普”登录的文物数据输入基本完成。2009年年底顺利通过浙江省第三次全国文物普查实地调查阶段验收。

两年多的实地调查工作艰辛，成果丰硕。全县共登录文物点1305处，其中古文化遗址211处，占16.2%，古墓葬362处，占27.7%，古建筑375处，占28.70%，石窟寺及石刻93处，占7.20%，近现代重要史迹及表性建筑243处，占18.6%，其他21处，占1.6%。

综合实地调查情况来看，成果显著。一是新发现的比例较高，在登录的1305处文物中，新发现达1145处，新发现文物占总数87.7%。二是地下文物比例较大，古遗址、古墓葬两项合计达43.9%，而古墓葬几乎都以群落为登录单位，其单体达2600余座。三是近现代重要史迹及代表性建筑得到足够的重视，一批濒临消失的20世纪遗产保护提到议事日程。四是许多重要发现已引起了有关部门，特别是专家的高度关注，其中荆竹关窑址入选2008年度第三次全国文物普查重要新发现。五是一大批新发现文物可升格为各级文物保护单位。如空山、江家山、新安、七里亭遗址已被省文物局列入第七批全国重点文物保护单位申报名单，牌坊沟窑址、荆竹关窑址、月明山窑址、张家桥遗址、西峰坝画像石墓，五里渡抖门、毛场里“节孝”凉亭等新发现被确定为第六批浙江省文物保护单位候选名单。

通过实地调查，县文物部门对长兴县历史文化遗产的特点及价值有了新的认识。

1.古遗址分布十分密集，且呈一定的规律。首先旧石器遗址几乎分布于长兴县每一条网纹红土的“陇岗”，且以泗安塘流域最为丰富。两年中，共登录旧石器遗址51处。其中，“三普”调查新发现23处，总量占全省总数的三分之二强。采集的标本近百件，有些标本为长兴首次发现，有些遗址采集的标本几乎涵盖旧石器所有种类。如林城镇午山岗的塘上冲遗址，一次共采集旧石器18件。其中，有石核、石片、砍砸器、手镐、刮削器、尖状器等，且分别分布于红土层、稀网纹红土层和网纹红土层，他证明从大约在12.6万年以前，这里一直有古人类活动。长兴大量旧石器遗址的发现，再次证实，长兴是浙江古人类历史研究的重要区域。其次，新石器至商周聚落遗址沿泗安塘、箬溪、苕溪西岸呈线性分布，且以泗安塘流域为要。新发现的长丰、新安、空山、太傅、张家桥、高家桥、山岗、下无胥等11处新石器古文化遗址为构筑太湖西南岸文化走廊奠定了厚实的理论基础，也成为30多年来长兴新石器时期古文化遗址调查发现的新突破。而泗安塘流域39处商周古文化遗址的新发现，为解读吴越文化在长兴提供了大量的实物资料，对泗安塘作长兴的“母亲河”的学术观点的确立，具有十分重要的意义。同时，调查发现该区域古文化遗址分布往往以台地或坡地的东南侧居多，东北侧次之，西南侧较少，西北侧难得发现的规律出现。部分遗址保存相对完整，且面积较大、内涵丰富。如空山遗址面积达15万平方米，新安遗址堆积丰厚，张家桥遗址保存良好，高家桥遗址已采集有大量石器和一件良渚的玉器，凤凰墩遗址周边发现水系疑似“城壕”，黄巢、五里渡等村均在1平方公里内发现3处古文化遗址。第三，古窑址分布宽泛，历史源远流长。全县10个乡镇发现33处古窑址，时间几乎跨越西周至明清各个时期。其中，牌坊沟、小墅、荆竹关、外山岗4处印纹硬陶窑址的发现，对于太湖流域印纹硬陶器物的发生、发展研究具有重要的价值。尤其是牌坊沟西周窑址保存良好，内涵丰富，采集的部分仿青铜礼器残片，为长兴大地出土的该类型器物的研究提供重要佐证。月亮山汉代窑址保存良好，引起省文物考古专家的关注。光耀、方山窑、横山、二界岭、十月等大量唐宋窑址的发现，进一步丰富了这一时期作为太湖西南岸民窑生产基地的文化内涵，水口九龙山瓷器窑址的发现弥补了长兴县唐宋白瓷生产的缺环，地位同样不可忽视。

2.古墓葬星罗棋布，面广量多，呈点、线、面结合分布。“三普”普查共登录古墓葬362处，其单体达2600多座，分布于全县18个乡镇。其时代跨越商周至明清，以商周、汉六朝为主。据初步统计商周时期古墓葬占70%以上，汉六朝约占28%，其他仅占2%左右。从其分布情况来看，除已认知的石室土墩墓一般分布于山脊，土墩墓一般分布于缓坡、山岗等特征外，本次调查又有新的认识，一是东周石室土墩墓一般呈线性分布，即沿山脊呈不等距离分布，如弁山、韦山、龙山、九龙山、香山等石室土墩墓这一特点十分明显。而汉六朝墓较多呈面状分布，即往往依托陇岗坡地，或冲积谷地成片分布，如泗安庆丰村陇岗上竟达150多座，洪桥前城自然村谷地中汉代墓葬达96座，水口村汉代古墓多达7处，近100座。二是少数古墓葬分布出现个例现象，如在光耀窑缸岭发现多座石室土墩墓位于山沟间，有的叠压在西周石床墓之上。三是在古遗址周边三公里内一定存在古墓葬，反之在古墓葬周边三公里内同样存在古遗址的现象十分明显。四是大型高规格古墓葬在长兴占有一定的比例，其中新发现的磨盘山越国大墓、水口覆斗状土墩墓、上阳土墩墓1号墩、黄泥地35号墩等直径均在40米以上，具有重要考古价值。五是宋代、明代高规格古墓葬一般均有石像生、牌坊等，但均被盗掘或破坏，且以点状分布。

3.古建筑仍保存相当的数量，部分文物彰显着区域地方文化特色。在375处古建筑中，民居占近50%，吕山南蒋、洪桥张家坟、小浦八都岕，南淙韦宅等古建筑群极具太湖水乡和山界民宅的地方特色，大公施宅、南淙韦宅、周坞山王宅、庄里王宅、张家村张宅等规模宏大，保存良好。尤其是现尚保存的30余座古建筑花门楼独具江南水乡建筑特色，内涵丰富。许多门楼砖雕融书法、绘画、戏剧、文学、雕刻为一体，秀丽丰富。桥梁183处，以石梁桥为主，石板石拱桥仅16座。石梁桥以单孔、三孔居多，多孔较少。宋元桥梁仅存构件，在明清桥梁中依稀可辨。本次调查新发现的古桥梁中，一批立面呈微八字形，石材以武康石为主的石梁桥引人关注，如虹星桥的圣堂桥、吕山的渎南桥、水口的塘翁桥、和平的中和桥等历史悠久、内涵丰富。从许多古桥梁字堂、题刻上可以解读修建的信息和其嬗变的历史。值得一提的是本次调查还在一些山村发现7座鹅卵石砌筑的单孔石拱桥和1座汀步桥，为进一步研究山村桥梁史具有十分重要的意义。而独具地方特色的长兴斗门，在本次普查中作为长兴水文化研究重点得到充分的重视，先后登录明代至民国大小斗门28座。其中泗安五里渡至塔山一带斗门密集，保存较好，西斗门规模宏大，水闸高达4.5米，宽2.1米，仍发挥着抗涝泄洪重要作用，东斗门历史脉络清晰，四通明代至民国碑刻记载斗门修建的历史，弥足珍贵。

4.石窟寺及石刻星星点点，弥补了许多认识缺环。全县共登录石窟寺及石刻93处，其中新发现82处。新发现的泗安塔上、小浦箬岕的石窟造像填补了长兴县这一门类的空白；小浦张家村龙潭岕宋代摩崖为浙北唐宋摩崖又增加一新内涵；水口石马头宋代章惇墓石翁仲、石像生工艺精湛；小浦五庄类似村规民约的《竹桥头禁碑》，林城新华村有关记载斗门门历史的《为塍斗碑》，洪桥橡树下有关渡口管理的《江申渡碑》，对于地方史的研究具有不可替代的作用。

5.近现代重要史迹及代表性建筑量多面广，散落在每一个乡村。在新登录的243处文物中，许多可圈可点。如和平镇回车岭1953年建造的茅草屋，已成“孤品”；1938年3月21日，日本侵略军制造的大村惨案遗址尚存；抗日战争时期，日本侵略军依托春秋战国石室土墩墓构筑的吕蒙山军事工事，独具特色，成为日本侵略者又一罪证；1959年虹溪区开设的幼儿园旧址，保存良好，墙面彩画依稀可辨，成为长兴最早幼儿教育的重要见证；1953年和平䃎碛新建的长兴第一座用水泥、石灰、明矾、石子构筑的石皮坝，还有长泗公路上二十世纪六七十年代建造的一批汽车站，“广积粮”年代建造的粮库，开挖的水渠、防空洞，人民公社的大礼堂、大食堂及知青房；新安江水库建设迁址长兴的移民房，长广煤矿的东风、新槐、千井湾、煤山、小煤山、广兴等煤矿遗址等等千姿百态，无不烙上时代的印痕。

6.其他类认识提升，亮点不少。新登录文物点21处，其中有八都岕十里银杏长廊，顾渚野生紫笋茶园，渚山、斯圻、夹山杨梅林，吕山胥仓藕“弯刀池”，泗安尹家边扬子鳄野生繁殖基地等等拓展传统文物新领域，尤其是顾渚野生紫笋茶园收入本次文物普查受到了许多全国茶文化研究学者的高度评价。

在此同时，本次文物普查对长兴县文物工作者的业务有了非常明显的提升，尤其是对文物研究思考有了新的飞跃，诸如对一个区域的文化不能单一的在“点”上下功夫，而应点、线、面结合，寻找规律、解读内涵。如泗安塘流域古文化遗址线性特征十分明显，而林城午山岗面积不大，但其文化遗存，从旧石器时代至商周古文化遗址，商周至汉六朝古墓葬密布，点、线、面各具特色，必须从点上入手，线上思考，面上把握。同样长兴的抖门，古建筑上的门楼的保护与研究也是如此。

“三普”中，普查队较好地完成实地调查登录及数据输入外，还取得一些值得欣慰的收获：

1.普查队员中先后有三篇征文在全省文化遗产日征文中获二、三等奖，有两篇文章获全国文物普查征文优秀作品奖，梁奕建同志作为全国基层博物馆两个代表之一，光荣出席国家文物局在北京召开的庆祝中华人民共和国成立六十周年暨全国文物普查征文优秀作品表彰大会。

2.2009年3月26日，普查队在泗安庆丰村猴村自然村调查时现场抓获一名正在盗墓的犯罪嫌疑人，成为全国第三次文物普查中一个意外收获。

3.县普查队撰写的《在“早”字上起步，在“实”字上下功夫，在“新”字上做文章》不但在《浙江文物》上发表，而且被内蒙古自治区普查办作为“他山之石”进行介绍。

4.长兴重视地下文物调查工作，获得的一些经验，被《中国文物报》记者以访谈形式在该报上进行报道介绍，引起许多专家、普查队的关注。

5.注重边普查、边总结、边研究，《吴风越韵——长兴县第三次全国文物普查成果系列丛书(和平卷)》正式出版，《长兴抖门》《泰山石敢当》《亭》及《长兴古建筑中的门楼》专题研究整理成册。

6.注重普查资料档案整理，完成《寻珍——长兴县第三次全国文物普查剪影》《长兴县第三次全国文物普查新闻信息剪辑》《寻找文明——长兴县第三次全国文物普查简报》《长兴县第三次全国文物普查登录总表》《长兴县第三次全国文物普查乡(镇)村组织系统汇总》《寻找文明——长兴县第三次全国文物普查成果图片展》《文物普查印痕——长兴县第三次全国文物普查队员日记》等编纂归档工作。

7. 积极做好各级文物保护单位、文物保护点的申报推荐工作。公布县级文物保护点435处，县级文物保护单位36处，14处省级、5处全国重点文物保护单位列入申报对象。

二、创新方法，和谐普查

文物普查是一项综合性很强的系统工作，涉及面广，工作实践中普查队创新思路，创新方法，积极推进“八个结合”，创导和谐的普查环境。

一是文物普查与服务于当地社会经济发展相结合。“互动双赢”是当今社会创造和谐的重要手段。客观地说,文物普查工作在一定的层面上,有些人还存在一定的误解。有的干部认为一个区域文物多了会影响经济建设,尤其是基本农田建设,因此有时就消极怠慢,工作中感触颇深。对此,普查队主动调整工作方法,把文物普查与服务当地社会经济发展结合起来,成效不错。比如进入吴山乡某个村时,村主要负责人工作很忙,一见面就给脸色。当时普查队队员迎难而上,说:“你知道你们村传说的‘韦天官’是哪里人,韦宅是什么年代的?这次文物普查将为你解答这些问题。”,负责人听到这些感兴趣了,放下手中的活与队员聊了起来,并派出二位村干部协助普查。2008年3月9日在吕山乡胥仓村,村干部正为如何建设省文明示范村,发展旅游观光农业发愁时,普查队建议利用胥仓藕、胥仓桥、花门楼、伍子胥粮仓古迹、古村落等为依托,做出特色,引起村干部极大兴趣。村书记为此亲自为普查队带路,这一天普查队新发现了一处长兴仅存的一个有18幢古建筑的村落,其中4幢具有较高的历史、科学、艺术价值。2008年5月在夹浦吴城村调查,由于沟通到位,村书记不但为保护古文化遗址调整土地平整规划,而且多次邀请普查队员为该村创建湖州市新农村建设示范村做业务指导。

二是文物普查与宣传教育相结合。首先,本次野外文物普查历时两年,跑遍每个乡村,是千载难逢的与老百姓面对面传播文物保护法规知识的好机会,普查队觉得应该充分利用好。其次,实践证明:任何事只有老百姓了解了,他才会去关注,而文物普查正需要千百万老百姓的参与。事实上,做好宣传,有时能事半功倍。比如,有的群众参观“寻找文明”图片展时,就会主动介绍他所见到的类似图片中的文物,捧出自己家中无意识或有意识收藏的“珍宝”。在吴山乡韦山村,有的群众看到“寻找文明”图片展后,为普查队提供两条文物点线索,价值都比较高。林城镇午山村村民傅兴安在普查队宣传工作的影响下将自家珍藏数十年的新石器时代文物送到了博物馆。由此,又引出了一个古文化遗址。

三是文物普查与文物征集相结合。随着社会收藏热的不断升温,民间收藏已深入乡村每个角落。可以说目前流动于民间的收藏者或倒卖者大大超过文物部门工作人员数量,对此普查队加大文物征集工作力度应该是当仁不让的。同时,文物征集有利文物普查线索的梳理与工作的深入。2007年12月中旬,在吴山横涧村征集到六件文物,其中四件为新石器时期的石钺、石犁等,由此顺藤摸瓜,发现了林城镇午山岗高家桥遗址。经初步调查该遗址面积达12000平方米,文化层0.3—2.5米,内涵丰富,是本次文物普查中新发现的一处重要的新石器时代遗址。这样的事例,两年中在“三普”中发生了多次。据统计,本次普查中已先后征集文物上百件,其中唐代的海兽葡萄镜,良渚文化时期的石钺、石犁,东周时期原始瓷豆、碗均非常珍贵。

四是文物普查与提高职工素质相结合。“吃不了苦,考不了古”。本次文物普查艰苦不言而喻,而这正是考验与提高干部职工爱岗敬业的好机会。可以说没有敬业精神,是难于坚持长达两年的野外工作的。同时,文物普查是提高文物工作者业务水平的极佳平台。因此,长兴县在普查一开始有人建议外请技工,或聘请社会青年组成本县普查队时,文物部门没有采纳。因为博物馆的工作人员没有理由放弃这次学习锻炼提高的机会。所以全馆八位在编人员,除一位女同志、一位老同志外,其他同志都参加了野外普查。当然,综合素质的提高不是一朝一夕就能实现的,两年中普查队一直在着力打造单兵作战的复合型普查队。每个普查队员做到“五个一”,即培养一副过硬的意志品质,练就一套熟练的野外文物普查技能,记录好一本文物普查日记,交好一批关心文物保护工作的朋友,做好一个由普查而得到启发的文物保护课题。

五是文物普查与文物保护相结合。当前的建设日新月异,地上地下文物正在加速消失,在文物普查中做好文物保护工作责无旁贷,同时也有利于文物普查地位的提升。2008年1月初,在林城镇某村普查时,发现一处山坡正要进行土地平整,上面有12座古墓葬。对此,普查队立即与有关部门、镇村取得联系,通过协调该村立即调整了方案,保护了文物的安全。3月9日,在吕山乡胥仓村普查时,听说村里将把胥仓雪藕池南面堤埂挖去,扩大池塘面积时,普查队立即与该村主要领导沟通,说明保持胥仓雪藕池原生地原真性的重要性时,得到了村领导的认可,村干部说:“好在你们来了,否则过段时间,堤埂被挖了,想修还修不起来了。”2009年3月,在泗安镇庆丰村现场抓获盗墓嫌疑人后,在该村及周边开展了声势浩大的宣传活动,效果明显,猖獗的盗墓现象得到了遏制。

六是文物普查与建立文物保护长效机制相结合。“文物保护,只有逗号,没有句号。”要做好文物保护,需要更多的“千里眼,顺风耳”。所以,文物普查开始后文物部门对原有的业余文保员进行了一次排查,根据实际情况局部进行了调整与充实。由此,也收到了很好的成效。有的业余文保员不但在其辖区调查时为普查队带路,而且主动认领了其辖区新发现文物的日常保护督查工作,有时普查后还主动打电话提供新的发现。诸如和平周坞山的周金泉不但在他的村里调查时,开出私家车义务为普查队带路,而且事后还为普查队提供了两条信息。林城镇石英村的李洪云不但主动承担荆竹关战国窑址的义务看护工作,而且2009年9月又为普查找到一处战国窑址。

七是文物普查与非物质文化遗产调查相结合。多年工作实践证明物质文化遗产往往与非物质文化遗产息息相关,非物质文化遗产往往丰富了物质文化遗产的内涵。在全省非物质文化遗产普查中,加强二者结合可相得益彰。诸如在普查中由胥仓雪藕民间传说发现了胥仓桥、花门楼、石元宝、雪藕池等文物点。由畎桥武术找到了畎桥武术发祥地新华村吴家自然村的清中晚期建筑贺宅、陈宅。由百叶龙的传说找到了林城镇天平村塘埂自然村的龙桥、杨家桥等等。

八是文物普查与上级专家辅导相结合。一个县的工作能力、业务水平总是有限的,因而邀请上级专家的指导就非常重要,也非常必要。比如国家局文本的登录规范与实际调查结果往往存在一定的距离,软件多次修改,需要专家把关,才能避免走弯路。对一些文物的认知同样需要专家的指导,如磨盘山越国大墓,省考古所专家三次到现场调查、勘探,给普查队启发很大。新安遗址、空山遗址也是由省专家的指导,提升了普查队员的认识。当然,专家经常光临,对地方政府工作也是一种推进,对群众参与是一种鼓舞,对文物普查工作十分有利。

三、严守规范,保证质量

一是程序规范。

野外文物普查是一项非常特殊的系统工作,涉及面广,要求高,难度大,因而科学规范、行之有效的工作程序非常重要,工作中普查主要做好以下几点。

1.进村做好“三件事”。一是挂横幅、搞展览、发折页,营造浓郁的宣传氛围。“寻找文明”图片展览版面随普查队下乡,到一个村,搞一次展览。二是举行小型座谈会,邀请村里的老教师、老干部、老“古董”与村干部一起座谈,了解第一手资料。三是向村委会赠送《中华人民共和国文物保护法》单行本,把法规送到老百姓的手中。

2.田野普查做到“三个百分之百”。一是自然村普查到达率达百分之百；二是山坡、台地、黄泥岗、古村落地毯式调查率达百分之百，如林城镇石英村地处龙山山脉东侧，其山岗缓坡、台地文物分布十分丰富，普查队两个组一个村就花了一个星期时间，跑遍了每一寸土地。三是新发现应登录文物登录率达百分之百，做到“应登尽登”，坚决杜绝熟视无睹的“审美疲劳”现象。尤其是一些古墓葬、古桥梁，看似相同，但每处文物都有其独有的特征，需要克服“都一样”，可“举一反三”的懒惰思想左右常规登录。

3.数据输入做到“三无”。一是规范无缺项，依据国家规范，本省要求，严格履行，绝无缺项，如在图纸输入中，严格遵循省普查办提出的高要求，在做好所有登录点区位图的同时，古建筑类内有建筑平面，遗址、古墓葬类有文物分布平面图，古建筑文保单位及古建筑群有影像图，花费了大量人力、物力。特别是古墓葬群单体数量非常大，图纸标注非常费时、费力。二是数据无硬伤，针对室外室内多人合作等容易造成数据差误的情况，严格遵守尊重第一手原始资料的原则。如遗址分布范围平面图逐一核对，避免硬伤；三是字句无差错，努力实现规范化、标准化，做到不厌其烦，反复校对。

二是按类分析。

经济学家说：质量是企业的生命。同样，严守登录规范，保证文本质量是本次文物普查最终落脚点，必须一丝不苟。

遗址类：主要是古文化遗址，难点是范围的确定、内涵的判断。一般是通过三个办法确定范围：①寻找陶片分布区域；②依据地形地貌；③对重点遗址进行勘探。图纸标示范围宜大不宜小。一般通过四种途径综合判断内涵（断代）：①采集的标本；②裸露的剖面；③周边古文化遗址文化内涵；④有条件适当进行小范围勘探。文本描述宜宽不宜紧。为了做好做足古遗址调查这篇文章，调查中不惜花更多时间深入调查，确保质量。如太傅遗址为县级文保点，档案时代为商周，本次调查时有新石器时期迹象，普查队不厌其烦三次走进遗址，反复勘察，最终发现该遗址时代为崧泽文化至商周时期，遗址中心应向东南80米，面积达2.5万平方米。

墓葬类：单体墓葬相对简单。长兴丘陵坡地及山脊上古墓葬分布很多。难点是植被太密不易发现（如弁山石室土墩墓群均分布在植被茂密的山脊上，有的海拔达三四百米），分布广而密，不易登记（如韦山1平方公里就有75座），形制大同小异，时代不易判断。对植被太密、海拔较高的办法有三：①远眺高起的地方、植被较好的地方；②咨询看山的老者；③披荆斩棘深入实地查看。为了解山脊古墓葬现场，普查队的定位是“只要上得去，决不放弃”。因此，有时不惜花几个小时，调查一座山头。依照已调查的相关规律：山脊分布为石室土墩墓，山下缓坡及黄泥岗上为土墩墓。对分布较多的点，登记方法为以山脊、坡地、岗地为单元分区块登录。如将2002年省第三次文物普查的近200座石室土墩墓葬群，分片切割成23处古墓葬群进行详细的登录。断代：①尽可能寻找因生产劳动、盗掘散落的陶片、砖块标本；②根据周边考古发掘资料判断。总体宜宽不宜窄。同时对后期耕作扰乱较严重的和植被密集的区域，在备注栏中注明因耕作、水土流失、植被等原因存在未被发现可能，以保证登录的真实性。

建筑类：长兴保存的古建筑中宅第较多，也较复杂。主要难点是取舍、断代、残损描述，尤其是小区域特色明显，建筑难度较大。采取的登录标准是：①构架相对较差，但年代较早；②整体完整，民国初以前;③区域特色明显;④与非物质文化遗产紧密相关。如畎桥新华村的费宅,是长兴武术发祥地宗师古宅,吕山南蒋村钱宅墙壁上有非常珍贵的"大跃进"时期的宣传画等。断代依据:①老人回忆;②族谱记录;③建筑风格;④周边建筑比照。⑤寻找"屋八字"。宜松不宜紧,但跨度不能过大。残损描述,主要是根据建筑保存现状分别对待。残损严重者从大范围表述;保存良好者则小范围表达。图纸要求,典型或保存较好的做柱网图,较差的则做平面图。

桥梁登录主要难点是断代和整修无记录。普查队的方法是:①充分利用方志;②根据桥梁风格、材质进行判断;③向村民、老者进行咨询。登录标准是:明以前所有桥梁,清以前构架基本完整的桥梁,民国体量较大、有地方特色的桥梁。与区域文化相关联则放低对文物本体的标准,如全国"群星奖"金奖舞蹈百叶龙的发祥地"七亩塘"中的两座古桥,残损较严重,规格不高,但还是进行了登录。与此同时,十分注重古桥梁残损相关故事、事件记录,丰富桥梁的文化内涵,如部分桥梁在抗日战争时期被拆、被毁等事件的记录。

石窟寺及石刻:长兴石窟寺、摩崖、岩画相当少,普查队重点是做好散落于民间的一些碑刻。难点是由于历史的原因有的碑刻可能已移位,介于可移动与不可移动文物之间,对于价值较高、内涵丰富,且具备一定独立性,根据规范要求一般都给予登录,但尽可能在备注栏上予以说明。

近现代重要史迹及代表性建筑:

该大类中的17个小类均能认真对待,尤其对濒临消亡的史迹与建筑均选择登录,有代表性地进行。普查队认为文物普查在做到眼勤、口勤、脚勤、手勤的同时,必须"脑勤"。有的史迹除国家规范明确的外,许多要靠普查队员敏锐的"感悟"。比如抗战时期长兴是重灾区,但迄今没有一处日本侵略者烧杀抢遗迹被作为文物点登录,甚至象大村惨案:一个23户村民的村庄,一天内被日本侵略者杀害59人的重要史迹也没被登录。普查中在向导的帮助下,花了半天时间进行调查核定,确定了惨案发生地,并进行了登录。普查队也争取了政府在纪念地立碑,使之成为一处重要勿忘国耻教育纪念地。

其他类:根据新时期对文物认识的不断深化,普查队对边缘文物也进行探索登录。如胥仓雪藕是长兴的特产,清代曾为贡品。其原产地雪藕池,因形似弯刀,当地百姓又称"弯刀池"。该池所产雪藕为11孔,奇特的是将其移植他地则变成10孔,它地种子移入该池又为11孔,并有一个美丽的传说。本次就对池塘及相关非物质文化进行了登录。

在此同时,注意普查中一些未作文本登录的文物信息记录。全省文物普查现场会后,普查队印制"蓝本",逐一记录了调查中发现的非正式登录文物信息,先后共记录文物信息点共1000余处,为全面掌握本区域文化遗产现状起到辅助的作用。

三是个性记录。

1. 重视《手册》中的每一个环节。省普查办提供的《浙江省第三次全国文物普查野外记录手册》可操作性较强,做好相关信息采集,不仅有利第三次全国文物普查登记室内整理、上报,而且将为今后进一步工作留下珍贵的原始资料。因此普查队的理解是规定信息要到位,重点信息要深入。尤其是要充分利用好图纸后的空白页,及时登录现场采集到的信息,可以包罗万象。力求"四多":即标本多采集,照片多角度,卫星多定位,文字多记录。具体做法是:

简介。主要是做好文物形态、沿革、价值的概括性描述,基本要素登记的同时重视个性的记录。

环境描述。野外主要记录文物本体的周边小环境。而大环境则在做标准文本时补入，一般是按不同门类每个乡镇统一一个内容。

备注栏。利用空间很大，普查队能足够重视，做好必要说明。

图纸。普查队的做法是充分利用好地形图和影像图，在标好区位图的同时，有条件或重要文物画好局部区位平面示意图，单体文物画好平面图。如价值较大的建筑画好柱网图，古文化遗址有条件的画好局部剖面图。古墓葬群主要是画好分布平面示意图。这些图纸室内整理时一一粘贴到位。事实证明，野外工作累一点，后期收益颇大，利用率很高。

2. 用足用好现有资源

地形图。将省测绘局提供的地形图，随身携带，大大减少野外画区位图的工作量，且点位正确。

GPS及测距仪。注意雨天、阴天、狭长的山谷对GPS的干扰，海拔高度则以测绘局提供的图纸等高线为准，参照GPS参数。如在和平镇庄里村多处文物点GPS测出的海拔为负数，对此没有盲目登录，而是举一反三，用好地形图。

数码照相。野外文字记录对文物本体及周边环境的记录存在一定的局限性，多角度照像对后期室内整理起到一定的帮助。

3. 数据输入

由于长兴起步比较早，先期调查的4个乡镇是没有地形图的情况下进行的，后期又因部分聘请人员离岗，有的队员生重病，因此，给后期的数据输入带来很大的困难。对此，本着“质量第一”的宗旨，克服了时间紧、任务重、人手少等重重困难，千方百计做好输入。野外存疑时及时下乡查漏补缺，图文错位时反复校对复核，内容单薄时努力咨询丰富。人手不足，除在职人员加班加点，全力以赴外利用暑假招聘回乡大学生参与电脑输入。数据模糊，队长亲自下乡逐一查漏补缺，数据输入人员不厌其烦，一遍又一遍进行校对复核，以极大的耐心和责任心做好每一个数据输入。

长兴县第三次全国文物普查普查队

2010年5月31日

（注：此文中普查成果数据与最后公布数据略有不同。主要是因为后期依据第三次全国文物普查登录规范部分可移动碑刻未录入）

秦汉土冢遗存

长兴地下文物十分丰富，经第三次全国文物普查共登录古墓葬361处，其中涉及秦汉时期土冢墓231处，占总数的64%，单体总数达1829座（不包括一墩多墓，以及因水土流失，植被覆盖未被发现）。在太湖流域无论是数量还是分布密度都是屈指可数的。

（一）分布情况

长兴依山傍水，低海拔水乡易患水涝，因此域内秦汉土冢往往分布于丘陵缓坡及陇岗上。根据长兴山脉分支体系，可分9大区域。

互通山分支脉，横贯长兴县北部，与安徽、江苏交界，东临太湖，海拔611~34米之间。境内共涉及秦汉土冢遗存39处，237座。主要分布于逃牛岭以南(即二界岭乡)的岗地和夹浦镇父子岭周边坡地上，以初康、罗家地、香山南侧坡地一带最为密集。初康、罗家地一带以土坑墓为主，迭楼湾、麒麟山以砖室墓为主。

黄龙头山分支脉，位于长兴县西北侧，箬溪从中穿境而过。海拔501~7米。共有秦汉土冢遗存56处，293座。主要分布于金山、岳飞场、磨盘山、雉山、灵山、白石山的南侧坡地及岗地上。以黄泥地、五峰山、雉山、渚山、灵山等一带最为密集。黄泥地、渚山以土坑为主，五峰山、雉山、灵山土坑墓、砖室墓并存，且有多处大型一墩多墓遗存分布。

煤山丘陵，位于长兴县西北部，箬溪上游。海拔254~16米。共有秦汉土冢遗存4处，12座。主要分布了长公岭东侧，狮子山北侧的谷地缓坡上，以西山岗地为主，发现多处具有楚式风格土坑墓。

龙山分支脉，位于长兴县西南侧，北临泗安塘。海拔208~12米。共有秦汉土冢遗存36处，354座。分布于仙山、龙山、空山坡地及岗地上。以龙山、仙山西侧绵绵陇岗最为密集，一般以土坑墓为主，部分体量较大。

岩山分支脉，位于长兴县西北24公里，箬溪从其北侧流过。海拔525~13米。共有秦汉土冢遗存3处，13座。主要分布乌瞻山东北侧的一些坡地上，数量相对较少。

方山分支脉，位于长兴县中部偏西北，泗安塘从其南侧流过，海拔575~9米。共有秦汉土冢遗存55处，553座，主要分布于排旗岭、方山、阆山南侧坡地及黄泥岗上。以石狮、方山窑、白阜岗地最为密集。主要为土坑墓。

吴山分支脉，位于长兴县西南侧，西苕溪从其北侧流过，海拔564~15米。共有商周土墩遗存17处，69座。主要分布于吴山、青山、韦山坡地、陇岗上，以土坑墓为主。

城山分支脉，位于长兴县南21公里，北临西苕溪下游，海拔265~10米。共有商周土墩遗存7处，39座。主要分布于城山缓坡与横山岗地上。以横山岗地最为密集，土坑墓与砖室墓并存。

弁山分支脉，位于长兴县城东，东临太湖，泗安塘、箬溪、西苕溪分别会聚于此，海拔521.5~9米。共15处，354座。主要分布于弁山脚下的前城、后城、小梅山、吕山、杨家山、乌龟山等山的坡地和谷地上。以前城、后城一带最为密集。以土坑墓为主，砖室墓次之。

近年考古调查发现，长兴境内秦汉土冢遗存分布与周边同类型土冢遗存一样，存在一定的规律性。

首先，秦汉土冢墓一般呈散点分布，密集处如星星点缀，一座挨着一座，密度非常高，如龙山分支脉的仙山长岗岭岗地，2平方公里内发现150余座墓葬，弁山分支脉山脚下的前城和后城1平方公里内就发现95座墓葬。一般以土坑墓为主，其他形式次之，时代基本上为两汉时期，有少量为六朝时期。

其次，秦汉土冢墓与周边水域、河流有密切的关系。临太湖及西苕溪、泗安塘、箬溪、合溪四条主干流三公里以内均有秦汉土冢墓分布，以临太湖、泗安塘、箬溪流域居多。其中，泗安塘流域共91处，907座；箬溪流域共62处，318座；临太湖区域21处，289座；西苕溪流域24处，108座。

第三，秦汉土冢墓极大部分处于向阳区域，即以丘陵、山岗的东南、东北居多，西南次之，西北仅在黄龙头山分支脉的回龙山北侧有少量发现。

第四，秦汉土冢墓一般分布于海拔30以下，海拔10～30米居多，约占90%。唯临黄龙头山分支脉南侧临箬溪区域近20座墓葬海拔仅5～7米，且规模较大，均为人工堆筑而成。

（二）文化内涵及特征

1.墓葬形制

长兴秦汉土冢墓一般外形呈圆形馒头状和椭圆形状。大小不一，圆形居多，约占65%，一般底径在10～35米之间，残高1～5米。椭圆形次之，约占35%，底长在18～45米之间，残高1.5～5.5米。五峰山义冢山大墓长48米，宽28米，高5.5米；仙山庆丰一带圆形馒头状土冢大的直径达35米，高5米，小的直径仅6米，残高约1米；椭圆形长达45米，宽24米，高4.1米。

土冢普遍采用不同的土质平地堆筑而成，一般有两种类型：一是整个土冢均为同一时间段堆筑而成，内部均为同时期的汉墓。或一次性堆筑完成，或堆筑时在规划安放墓葬的位置均预先留出一定的空间，使用时在空间内用板筑的方式构建墓壁。如2008年在林城午山岗清理的3号墩就是一次性堆筑完成，而小浦七女冢营建方式则为先留出一定的空间，使用时在空间内用板筑的方式构建墓壁而成。二是以现成的先秦土墩墓为基础构筑而成，即在小型先秦土墩墓的基础上扩建而成，或在较大型的先秦土墩墓上稍作平整后直接挖坑建墓。土冢底层往往含有个别先秦墓葬。如2010年小浦七女冢局部考古清理中，在一座楚式棺椁墓下发现西周时期的石床墓。同样，2012年在义冢山大墓考古发掘中发现两周时期土墩遗存各一座。

土冢内墓葬的数量1座或多座不一，以5～10座较为普遍，最多者达20余座。如2009年在黄龙头山分支脉的回龙山和2011年在煤山西山汉代古墓葬清理中发现均为一墩一墓。2007年在小浦画溪桥汉代古墓葬清理中发现为一墩多墓。2012年在义冢山考古发掘中发现一墩之中有18座两汉时期墓葬，墓葬年代相近，墓坑的排列具有一定的规律，为前后两排，其中大型的“中”字形墓葬居前，小型墓位于两侧和后排，同一土冢内的各墓都为东西走向。

墓葬形制主要有土坑木棺墓、土坑木椁墓、土坑砖椁墓、券顶砖室墓和藻井顶画像石墓五类，并以土坑木椁墓最为普遍。2006年在林城午山岗高田项目抢救性考古中发现的4座西汉古墓葬和2010年在小浦长湖申河道改道抢救性考古发掘中清理的7 座东汉古墓葬均为土坑木棺墓。七女冢内已发现有2座土坑木椁墓和3 座土坑砖椁墓，而土坑砖椁墓在互通山分支脉、黄龙头山分支脉、龙山分支脉、方山分支脉、吴山分支脉、城山分支脉、弁山分支脉均有发现。龙山分支脉东侧的西峰坝大墓中已发现4 座穹隆顶砖室墓和1 座藻井顶画像石墓，当然藻井顶画像石墓十分少见。弁山碧岩脚下同样也发现多座高规格的穹隆顶砖室墓。据不完全统计长兴历年考古、调查发现的秦汉土冢遗存中，土坑木棺墓近30座、土坑木椁墓近10座、土坑砖椁墓约15座、券顶砖室墓约35座、藻井顶画像石墓1座。

墓葬规模大小不等，一般长约2.5～4.6米，宽0.9～4.2米之间。平面形状以长方形居多，亦有部分带墓道的凸字形和刀形墓，还有极其少量的“中”字形。葬俗以单葬为主，部分为同穴合葬，在义冢山、画溪桥、午山岗、前城、后城、渚山、煤山均有发现。

2.随葬品

从长兴县博物馆档案资料和近年考古调查、被盗墓葬清理、采集标本情况来看，秦汉土冢墓随葬器物一般呈现西汉时期以高温釉陶鼎、盒、壶、瓿和硬陶罐、罍及泥质陶灶、井为基本组合，并伴有铜钱、铜镜、铁釜、铁兵器等。东汉时期以硬陶或青瓷盘口壶、罐、罍、钟和泥质陶灶、井为基本组合，亦伴出少量的铜钱、铜镜及铁兵器。随葬品，除少量数量较多外，一般每座坑中均只有数件甚至只有一件。

高温釉陶，一般为灰白和紫褐色胎，胎体厚重，胎质较粗，施青黄色或青褐釉，施釉不及底。声音较瓷器沉闷，吸水性强。部分器物脱釉较严重。主要器型有鼎、盒、壶、瓿，罍。

泥质陶，一般为土黄色和灰土色胎，胎体厚重，胎质疏松，烧制温度较低，制作较粗糙。主要器型有罐、鼎、罍、灶、豆、簋、壶、井、纺轮。素面硬陶，一般为灰褐色胎，胎质较粗，致密度吸水性强，制作相对粗糙，主要有罐、瓿、豆等。

铁器，锈损严重，保存差。主要器型有剑、刀、削和釜、钱币等。

铜器，除铜镜外，胎体薄，锈蚀严重，主要器型有壶、甑、釜、盉、洗、铜镜、钱币、印章等。

玉石器，主要有玉蝉、璜、饰物，石黛板等。

3.典型墓葬

西峰坝画像石墓

位于黄龙头山分支脉东侧，合溪新港南岸的小娜山，海拔12米。

土冢位于一个长120米、宽70米、高3～5米的人工堆筑的椭圆形大土墩南侧，系叠涩顶画像石墓。墓室建于长方形土坑内，其下部打入生土层0.3～0.5米。整体用扁平自然大块石和少量人工条石构成，间隙处填充小石块和碎砖。方向偏东106°。分别由墓道、前室、耳室和后室所组成，外围长7.86米、宽4.2米、高2.64米。

墓道位于墓室前方中央，由于墓道之上叠压有现代墓，未予清理。横剖面呈上宽下窄的矩形，其中上宽5.6米、下宽2.2米、深3.9米。

前室平面呈方形，内边长2.66米、内高2.88米。耳室位于前室南壁中间处，平面呈近方形，高0.96米、内长1.3米、宽0.78米。耳室口上方有门楣，高0.56米、宽1.58米、厚0.34米，上饰浅浮雕青龙、白虎，门框饰浅浮雕青龙、白虎、朱雀、鹿等。

后室略窄于和低于前室平面呈长方形，内长3.62米、宽2.14米、高2.32米。地面高于前室0.16米。在后室的前端即与前室的交界处，两侧立有门框，中间立一正方形石柱。

墓室券顶采用块石叠压涩法构成，共5层。其中，自下向上第一和第三层两端(墓室转角的上方)的块石呈45° 角斜置，内缘呈六角形，第二和第四层两端的块石作南北向横置，内缘呈长方形，第五层为顶层，用单块的长方形石板覆盖而成。由此墓顶内部形成一个藻井状的结构。

因早期被盗和现代破坏，随葬器物仅存零星小件和部分陶器残片，且已散弃于墓外。经整理和修复，尚残器物9件。其中有陶器5件，铜器2件，玉石器2件。

罍，低温釉陶，直口，宽平沿，弧腹，平底。通体拍印块状叶脉纹。

盆，泥质灰陶。呈腰形，未能复原。

鐎斗，低温釉陶。敞口，鼓腹略扁，浅圜底下附三足，肩部有把，已残缺。

灶，低温釉陶，双眼，平面呈船形，后端烟孔作圆形，前壁灶门呈拱形。灶眼上置有一甑。

跪俑，泥质灰陶。跪坐式，头戴官帽，身穿交领长袍，双手前屈，掌心上翻，掌指稍屈，作托物状。面部勾刻出眉、睛、嘴、胡须，唇部尚描一点红彩。

瑟1件。泥质灰陶。长方形，面板微鼓，有5根弦槽，尾端有5个小孔和4截凸棱。首端残缺。该瑟可能是抚琴俑的一部分。

带钩，铜质，上端呈圆形，中间有一正方形孔，可系绳。

玉鸡心坠，乳白色，呈鸡心状。

滑石璧，残缺。乳白色，璧面饰乳钉纹。

五铢钱若干，锈蚀严重。

西山土坑墓

位于煤山丘陵官山后之西山阳坡上，南为合溪上游之煤山涧。

考古清理结果发现，该土冢南北长11米，东西宽8米，为竖穴深土坑木椁墓。土冢封土层至墓开口2.1米，墓坑长3.1米，宽2.3米，深2米，总深度为4.1米。棺椁无存。共出土楚式泥质陶器22件，质地疏松，残损严重。

泥陶鼎Ⅰ型3件，土黄色胎，胎壁较厚，质地疏松。子母口，鼓腹，圜底，高蹄形足，腹部有对圆形穿，扁圆形器盖。

泥陶鼎Ⅱ型1件，土黄色胎，胎壁较厚，质地疏松。子母口，鼓腹，圜底，矮蹄形足，扁圆形器盖。

泥陶方壶4件，土黄红色胎，胎壁较厚，质地疏松。方口，长颈内收，折肩，斜收腹，方足外撇。

泥陶杯4件，土黄色胎，胎壁较厚，质地疏松。侈口、圆唇、斜腹内收、假圈足，扁圆形器盖。

泥陶簋4只，土黄色胎，胎壁较厚，质地疏松。子母口，鼓腹，圈足外撇，扁圆形器盖。

泥陶豆4只，泥质灰陶，胎壁较厚，质地较疏松。直口、圆唇、浅弧底、喇叭形圈足。

泥陶盂2只。土黄色胎，胎壁较厚，质地疏松。侈口，弧腹，平底。

七女冢棺椁墓

位于黄龙头山分支脉南端，箬溪的北侧的水田中间，海拔6米，土墩外形呈馒首状，整体已遭到严重破坏，现存东西长36米，南北宽31米，中心高5.2米。

M3　位于土墩中心，为带墓道的竖穴深土坑木椁墓，墓向偏东92°。封土经过层层夯筑、呈灰白色，每层厚0.1～0.15米，在清理过程中发现夯土层明显下陷，应系葬具坍塌所致。墓底距地表中心点垂高6.3米。墓道位于东侧，宽1.7米，因受村民房屋限制，墓道未作解剖。墓圹呈方形，底长4米，坑壁较陡直。木椁四周距坑壁0.4米，中间填充白膏泥。该墓有一椁双棺，木椁东侧有遭二次盗扰迹象，在靠近坑壁处有2个盗洞直至接近墓底。木椁残长3.2米，残高0.8米，椁板、底板厚0.1米。双棺并排位于椁内北侧，棺的横截面呈“U”形，由整段木料雕凿而成，残高0.65米，棺板厚约0.08～0.1米，棺木尚未完全腐朽，质地粗而坚硬。椁底板下面横铺两块枕木，长3.2米、宽0.6米、厚0.15米。

在清理椁内的白膏泥中发现伴有较多朱红或褐色的漆器碎片。出土器物仅6件(组)，均在椁室西南角。

盘口釉陶壶2件。盘口，口大而深，斜肩，弧腹，平底，肩贴一对叶脉纹耳，颈部饰细密水波纹，腹部饰粗弦纹。

盘口铜壶2件。器形相似，盘口较浅，平沿，长颈微束，圆鼓腹，圜底，圈足，腹部对贴衔环。

铜甑1件。仅剩底部。五铢钱若干，腐朽较严重。

M4位于土墩中心偏北处，为竖穴深土坑木椁墓，墓向偏东114°，墓坑上部已被破坏。平面呈长方形，长4.58、宽3.54米。坑壁陡直，底面平坦。墓内葬具保存较好，其中椁室四周用白膏泥封填。椁长3.58米、宽2.6米、残高1.18米，椁板、底板厚0.1米；在西侧椁壁位置排列3根直径约0.2米的木桩，间距不等。双棺并于椁室南侧，且均为独木棺，横截面呈“U”形，由整段木料雕凿而成，棺板厚约0.1、高0.64米，其中南侧棺长2.5、宽0.8米，北侧棺长2.4、宽0.74米。在木椁的东北角发现有明显的被砍或撬损迹象。

随葬品大多置于西北角，少量摆放东侧，陶器共11件，铜器9件(组)，漆器6件。

陶罐3件。器形相似，直口，斜肩上贴双耳，弧腹，平底或微凹，上置双耳叶脉纹，腹部饰密集的粗纹。

陶罍2件。印纹陶，器形相似，个体较大，敛口，弧肩，鼓腹，平底微凹，通体拍印规整的方形梳状纹。

釉陶盘口壶 5件。釉陶，器形相似，盘口较大而略深，粗短颈，弧腹，平底或微凹，耳面刻画叶脉纹耳，腹部饰密集的粗纹。

陶灶1件。泥质陶，胎质较松脆，平面呈船形，上设两个圆形灶眼，后壁设近方形灶门，灶面刻画菱形纹。

铜盘口壶1件盘口较浅，长颈微束，扁鼓腹，圜底，圈足外撇。肩部附衔环铺首。

铜甑1件，敞口，折沿，弧腹，平底，矮圈足。

铜釜1件，直口，圆鼓腹，中部有一道腰沿，圜底。

铜洗2件，敞口，宽沿，腹壁上部较直，下部弧收，矮圈足，腹部饰一对衔环铺首。

铜簋1件，侈口，腹壁较直，下部折收，高圈足。

青铜镜2件，其一圆纽，圆座，座外方框环列十二乳钉及十二地支铭，双线方格内十二枚乳钉间隔十二地支铭，方框外四正八乳，八区内规矩纹分饰青龙、白虎、朱雀、玄武及禽兽，铭文为：“尚方作镜真大好，上有仙人不知老，渴饮玉泉饥食枣，浮游天下敖四海，寿如金石之天保兮”，边缘纹饰为三角锯齿纹和双线水波纹。其二，博局镜，圆纽，柿蒂纹纽座，方框外八乳钉，主纹锈驳模糊，边缘为两周锯齿纹夹双线波折纹。

五铢钱1组，出土时成串黏结，其中32枚较完整。

漆盘2件，残，敞口，鎏金铜扣，折肩，浅腹，平底。内外髹漆，外腹朱漆绘4组如意纹，内壁上腹部朱漆绘4组几何线纹、涡纹带梅点纹等，中心朱漆绘等分相间的3组抽象纹、梅点纹等。

漆耳杯4件。残，椭圆形，两侧折长耳，弧腹，平底，耳面镶嵌鎏金的铜条，器外壁及内壁口沿髹深褐色漆，内髹朱漆，在外壁口沿、腹部分别朱绘卷云纹和抽象鸟纹，器内底环周朱绘4道几何纹、涡纹、S形纹等。

十八亩山土坑棺椁墓D1M1

位于南北向横卧于长泗平原的午山岗北端岗脊上，海拔30米。土冢呈圆形馒首状，直径15

米。为竖式土坑棺椁墓，深2.6米，长3.6米，宽3.02米。堆筑致密，棺椁无存。出土文物共28件，其中陶器24件、铁器3件、石器1件、琉璃珠若干

双系陶罐9件，器形相似，直口，斜肩上安双耳，弧腹，素面，平底或平底微凹。

釉陶双系敞口壶9件，盘口，口大而深，溜肩，弧腹，平底，肩贴一对叶脉纹耳，颈部饰细密水波纹，腹部饰粗弦纹，施青灰色釉，釉不及底。

釉陶双系瓿3件，敛口，溜肩，弧腹，平底，肩贴一对兽纹系。

釉陶罍2件，器形相似，个体较大，子母口，扁圆形盖，弧肩，鼓腹，平底微凹，肩部饰凤鸟纹，腹部饰弦纹。施青灰色釉，釉不及底。

陶灶1件，泥质陶，胎质较松脆，平面呈船形，上设两个圆形灶眼，后壁设近方形灶门，残损严重。

铁剑1件，铁刀1件，铁匕1件，锈蚀严重。

琉璃珠若干，细小，圆珠体，光洁，中间有穿，有白色、米色、淡黄色等。

（三）相关文化遗存的关系

秦汉土冢墓是我国文化遗产的重要组成部分，其与周边相关文化遗存有着非常重要的关系。

经第三次全国文物普查发现，长兴共登录古文化遗址222处，其中涉及秦汉时期遗存近40处，窑址5处。分别分布于苕溪、泗安塘、箬溪、合溪四条水系流域及太湖西岸的缓坡、陇岗、台地上。长兴秦汉时期古文化遗存虽未经正规发掘，但在日常调查、勘探或突发性事件清理中，不难发现其与周边土冢墓有许多值得关注和研讨的地方。

1.分布情况

考古调查发现，秦汉时期遗址周边1～3公里内必有土冢墓，反之土冢墓周边1～3公里内一般均有秦汉时期遗址存在。如泗安塘流域的凉亭遗址3公里内共有土冢墓达200余座。箬溪流域的黑松林遗址相邻2公里内土冢墓达到120余座。香山脚下共发现4处秦汉古文化遗存（含窑址），其周边山坡、岗地几乎布满土冢墓。相反，互通山分支的三洲山、青岘岭、白岘岭、襄王岭、缠岭、茗岭、黄塔尖、悬脚岭周边未发现涉及秦汉古遗址，其周边同样未发现土冢遗存。即使宿子岭南侧近10平方公里的岗地，环境与二界岭、石狮黄泥地相同，但周边3～5公里内未发现秦汉遗址，其域内也未曾发现土冢遗存。

2.与釉陶窑址的关系

从互通山分支东端的月亮山，黄龙头山分支脉的长岭山、光耀，方山分支脉中部南侧的方山窑、煤山丘陵的西山等窑址采集的标本与周边古墓葬出土的器物比照来看，长兴秦汉土冢遗存的陶器应为本地烧制。

月亮山窑址，残存呈长条形，长19米，宽2米，可见文化层堆积1.2米。采集标本主要器型有罐、壶、瓿、罍、窑具等。器表呈土黄色或土灰色，部分见少量剥落釉痕。灰白色和灰褐色胎，胎体较厚，大部器物胎质较疏松，窑温明显偏低。大量器物与周边土坑墓出土的器物类同，尤其是泥质弦纹陶罐、敞口壶、田格填线纹陶罍、硬陶瓿等几乎完全一致。

光耀窑址，散点分布于小浦光耀窑墩以北，里窑以西的岗地上，已发掘清理近20座。大部分依附西周土墩墓而建。窑址形制呈马蹄形和三角形。从仅存在窑床和火膛的青砖来看，这里的窑均属

烧制墓砖的砖窑，且形成相当规模。在窑址周边砖室墓来看，均属同一类型。尤其在窑址南侧的画溪、中山、高地、五庄、蝴蝶一带尤其明显。

长岭山窑址，共2座，现存面积约300平方米，文化层堆积0.3～0.8米，采集的标本有各种陶罐、壶、瓿、罍等残件．器表大部分呈褐黄色或土灰色，部分见少量剥落釉痕。紫褐色和灰褐色胎，胎体较厚，大部器物胎质较硬，吸水性较强。同样大量器物与周边土冢墓出土的器物类同，尤其是弦纹陶罐、硬陶罐、敞口壶等比较一致。

方山窑窑址，散点分布于方山南侧的一条长达3公里的陇岗上，方山窑在汉代就有“千户烟灶，万口人丁”的美誉。因为唐宋元明清世代烧制，早期的窑已难于寻觅。但细心寻找，住住在不经意中，会发现一些两汉时期的器物标本，它与周边的一些土冢墓出土的器物也是相同的。

3.两周土墩墓与秦汉土冢墓的异同

两周土墩墓与秦汉土冢墓作为先民重要的葬制形式，毋庸置疑具有一定的类似传承性和不同的时代性。在日常工作中，由丁认知的局限性，往往会出现判断的误差。

分布区域，西周土墩墓与秦汉土冢墓极大部分都分布在坡地和岗地上。且经常出现西周土墩墓与秦汉土冢墓存在叠压关系。仅少数西周土墩墓分布于山脊上，同样少量的两汉土冢墓分布在低洼的水田里。在第三次全国文物普查过程中往往出现断代困难。

外观形制，秦汉土冢墓与两周土墩墓外观形制几乎相同。或呈圆形馒首状，或呈椭圆形状。少量的长方形覆斗状大型土墩是战国贵族墓，还是汉代土冢墓从外表上尚较难正确断定。如义冢山大墓和磨盘山大墓在调查阶段就存在认识的不一致。当然，部分墓葬在体量上略有区别，一般西周土墩墓体量相对较小些，而两汉时期部分土冢墓体量较大。如仙山庆丰村的一批两汉土冢墓直径都在25米以上，有的高度达到4米以上。

夯土层，在部分西周土墩墓和两汉土冢墓的夯土上，会经常发现一种俗称“五花土”，这种土土黄中夹有白点，土质十分致密度坚硬，因此会经常导致调查阶段断代失误。同样大型土冢墓的夯土层与东周大型土坑椁椁墓的夯土层几乎相同，也给考古调查前期工作带来误差。

长兴县博物馆研究馆员　梁奕建

2012年10月

长兴县老㪷门调查研究

一．长兴的“㪷”及“㪷门”

长兴县地处长江三角洲腹地、太湖之滨，有着大片的濒湖平原，历史上及现在都是著名的圩田区。圩，或称之为围、垸。沈括在《万春圩图记》中记载：“江南大都皆山地，可耕之土皆下湿厌水，濒江规其地以堤，而艺其中，谓之圩。”范仲淹对江南圩垸这样描述：“每一圩方数十里如大城，中有河渠，外有门闸。旱则开闸引江水之利，潦则闭闸拒江水之害。”据学者研究，“太湖地区的围田，起源于春秋末期，至战国秦，渐有发展，至汉，进一步拓广。”“太湖地区的塘浦圩田，大约形成于唐后期，发展和巩固于五代吴越时期，北宋以后开始紊乱，明清以后至解放前日益隳坏。”

长兴(湖州)地区的“圩”,即圩田。长兴县现分布有大小数百个“圩”。同治《湖州府志》卷四十三《政经略·水利》:“凡田之在汙下及当水之冲者,必有圩岸围之,如斗之状,其名曰圩。”同治《长兴县志》引用顾应祥明嘉靖《长兴县志》,就罗列有当时长兴县12区共758圩的名称,另有4圩。

有圩(圩)必有水闸,即“圩门”,或称“圩门”、“陡门”。圩门是圩田系统的重要组成部分。现存最早的湖州方志宋嘉泰《吴兴志》就有详述:

“旧沿湖之隄多为溇,溇有圩门,制以巨木,甚固。门各有牐版,遇旱则闭之以防谿水之走泻;有东北风亦闭之,以防湖水之暴涨……今旧牐有刻元丰年号者,则知其来远矣……其牐钥付近溇多田之家。”

这段文献讲了太湖溇港上建“圩门”,“门各有牐版”,适时启闭。还提到了闸门的管理,“其牐钥付近溇多田之家”。

正因为“圩门”的重要。历代水利专著及地方官员奏议中屡次提及“圩门”(闸)的修建和管理,在此不多赘述。

长兴的圩(圩)区历经千百年发展,修建了大大小小数量众多的圩门。历代屡修屡毁,屡毁屡修,特别是新中国建立后经多年的整修改造,境内圩(圩)区的老圩门大部分已经消失,取而代之的是一座座现代钢筋水泥圩门。

二. 长兴老圩门现存状况

长兴县文物普查队在全国第三次文物普查中,共登录老圩门(清、民国)22处,圩门相关文物4处。另记录有多处规模较小或后期维修严重的老圩门。分布于长兴县和平镇、吕山乡、泗安镇等11个乡镇。这些老圩门大部分仍在全部或部分发挥其防洪、灌溉功能,这部分圩门一般能得到正常维护,保存较好。另有部分老圩门由于水系改变或新修了现代圩门已废弃,这部分老圩门保存相对较差。

长兴县现存老圩门一览表

序号	名称	地址	年代	保存情况
1	牧安圩北圩门	长兴县和平镇长城村徐家圩门自然村	清代	较好
2	下吴圩门	长兴县和平镇狄家圩村下吴自然村	清代	较好
3	东圩圩门	长兴县和平镇 泉村七尺浜自然村	清代	一般
4	南淙圩门	长兴县吴山乡南淙村南淙自然村东北角	清代	一般
5	独山西圩门	长兴县吴山乡小溪口村圩门自然村西	清代	较好
6	畎桥大圩门	长兴县林城镇畎桥村畎桥自然村畎桥港	民国	较好
7	胥仓圩门	长兴县吕山乡胥仓村石里自然村	清末	一般
8	薛家圩门	长兴县吕山乡圩门村圩门自然村东	清代	一般
9	西洋圩门	长兴县吕山乡圩门村渎南自然村	民国	一般
10	一来桥圩门	长兴县洪桥镇太湖村邹家港自然村	民国	一般
11	周村大圩门	长兴县虹星桥镇周村东周自然村	民国	较好
12	汤家圩门	长兴县开发区街道五里桥居委会汤家圩门自然村	清代	较差

续表

序号	名称	地址	年代	保存情况
13	空山斗大斗门	长兴县泗安镇管埭村先锋自然村	民国	一般
14	罗家斗门	长兴县泗安镇塔上村罗家斗自然村	明清	一般
15	下潘斗门	长兴县泗安镇五里渡村下潘滩自然村	清道光	一般
16	下潘东斗门	长兴县泗安镇五里渡村下潘滩自然村	清代	一般
17	西斗门	长兴县泗安镇五里渡村西斗门自然村	清代	一般
18	李家斗斗门	长兴县泗安镇皂山村杨树湾自然村	清代	较差
19	大斗大斗门	长兴县雉城镇大斗村斗门斗自然村	清代	一般
20	薛家浜斗门	长兴县雉城镇白莲村薛家浜自然村	清代	一般
21	狐腋闸口	长兴县雉城镇新塘村范家坟自然村	民国	较好
22	梅家桥斗门	长兴县雉城镇古城街道上杨村梅家桥自然村北	民国	较好
附:斗门相关文物				
1	“为斗塍碑记”碑	长兴县林城镇新华村杨家湾自然村杨家富宅前30米处	清代	较好
2	“遵依藩宪批定分沌碑记”碑	长兴县虹星桥镇郑家村南庄自然村	清代	一般
3	东坝斗门石刻	长兴县李家巷镇西坝村东坝自然村	民国	一般
4	空山斗“石鹅”（打桩锤）	长兴县泗安镇管埭村围村自然村66号陈停贵宅南侧	清、中华人民共和国成立初	较好

三. 斗门的一般特征

民国或清代老斗门一般为米黄色花岗岩条石砌成，平面总体呈矩形或矩形两端加以喇叭形开口（“⌶”形）。闸门设在靠近外河的一侧。闸门一般设两道。安放两道闸门的凹槽（当地俗称“金口槽”）一般凿在同一块长条石上，两凹槽间相距20～30厘米；凹槽宽度一般在10厘米以下，深5厘米以下。闸门在拦洪、蓄水时启用；由多块长条形木板（木板的厚度与凹槽宽度相适应）嵌入凹槽叠砌，形成两道木制闸门；再在两道闸门间以泥土填充，从而最终构成实际厚达40厘米左右的拦水闸门。为进一步加固闸门，抵挡洪水的压力，部分斗门还在内侧一道闸门内侧中点处从上向下插入一根较粗的圆木。圆木内靠斗门上部石梁（石梁紧靠圆木处凿空成半圆形，方便圆木插入），向外紧紧抵住内侧闸门。这样给闸门增加了一层保护，增强了闸门的安全系数。

为方便叠砌闸门木板时人的站立，往往在凹槽旁（近外河一侧）中上部位设置一横跨凹槽所在两侧的石板；有的规模较大的斗门还设有下至这块石板的台阶。

斗门的顶部一般置有石梁供人通行，类似单孔石梁桥。

元代《王祯农书》中有“水闸”（斗门）条目：“……前立斗门，甃石为壁，叠木作障，以备启闭。如遇旱涸，则撤水灌田，民赖其利；又得通济舟楫，转激碾硙。实水利之总揆也。”[10]“甃石为壁，叠木作障”八字，正是长兴老斗门的主要特征。

本次调查的𨭁门中，还有一种特殊的涵洞式𨭁门(即下文碑刻中所称“龛”)。[11]该类𨭁门上部封闭，𨭁门上的覆土厚达2米以上，实际上就是在𨭁堤上凿一涵洞。这类𨭁门一般在涵洞的开口两端各设一道闸门。由于此类闸门往往较小，闸门的制作一般采取整体式，以整块木制闸门上下拉动启闭𨭁门。

本次普查中，还登录了一处𨭁门相关文物——空山𨭁“石鹅”(“石鹅”为当地人俗称)，即修建𨭁堤时用以夯筑𨭁堤的打桩锤。本次普查发现了两只“石鹅”，其外形呈传统的锁形，上部为半环形钮，下部为长方体石墩，由整块石头凿成，有点像民间武术练习中使用的“石锁”。“石鹅”下部侧面凿通4个横向圆孔，以插入木棒。使用时“石鹅”被吊在空中，由村民在两侧扶住插入“石鹅”的木棒控制“石鹅”上下运动，锤击木桩。两只“石鹅”由于长期使用，底部被严重磨损。两只“石鹅”上皆有铭刻，一只刻“空山斗”，一只刻“空山𨭁”。据调查，这两只“石鹅”一只为清末制造，一只为20世纪50年代制造。

四、𨭁门题刻及相关碑刻等

在普查的各老𨭁门中，部分𨭁门砌石上刻有当年修建或重建𨭁门时的题记，记述修𨭁时间、主事人等事宜。这些题刻成为今天我们研究认识这些老𨭁门的珍贵资料。

𨭁门名称	题刻	题刻位置
下吴𨭁门	“光緒念(廿)四年春/季告成核□/田畝□前其/四圩兼運志/三圩南至清/水□東並燒/香田共五佰/二十餘畝謹/慎辛儉重修/費洋七佰元/謹示後生”	𨭁门上部石梁
东𨭁𨭁门	“東𨭁門”，款“清朝嘉慶柒年建造”、“至民國十一年重修”	𨭁门上部石梁
薛家𨭁门	“乾隆四十三年建造”	𨭁门上部石梁
	“咸豐八年重建”	𨭁门侧壁砌石
汤家𨭁门	“道光辛巳　道光元年　季春重建”	𨭁门上部石梁
罗家𨭁门	“萬曆元年立/□□□□/許□□□/許□許巡/許□許鎧/許維同造/匠人/□□□□□/于吉旦”	𨭁门西侧砌石上
	“(大)清/(康)熙拾年三月立/重修會首姓名開具于後/許士龍　許九霄　許九齡……”	𨭁门西侧砌石
	“于長/許文章許□仁/許□堅許□□/許明□許思昌/許思□許□□/許□珍許□天/許□□許仁後/許如銓王光□/洞庭山陸忠源/大清乾隆乙酉年穀旦”	𨭁门西侧砌石
	“禁止大樹不許由𨭁門進出”(注：题刻年代约为民国)	𨭁门东侧小石碑
下潘𨭁门	“道光十年重修”	北端出口处上部横置石板外侧面
	“雍正伍年歲在丁未”	北端出口处上部横置石板内侧面
狐腋闸口	“狐腋閘口”，款“乙亥”、“建造”。(注：从建筑风格、石材风化状况等来看，该水闸应是民国时期建造；再据落款“乙亥”年，则该水闸建筑年代应为1935年。)	𨭁门上部石梁
东坝𨭁门石刻	□聞建造閘門自何代/莫可考究問諸□者相/傳在兵燹以前已经坍/損故同治中興本村耆/老□起□□甲數□□/生息作□□□□□□/□六十餘年而子□共/計不下千有餘金為□/民國□貳年間重復□/□本村耆老邀同□姓/人民將閘門□□□□/□議將此□□□□□/工告竣不取□𨭁分文/爰因勒碑而記之也/經理人……(三人姓名)/民國拾貳年仲冬月勒石為記	𨭁门侧壁砌石

以上题刻，大多数年款清楚，其中明代题刻一处，清代题刻8处，民国题刻4处。

以上𬍡门题刻保存最为齐备的是罗家𬍡门，共四方。最早的一方是明万历元年(1573年)，这也是本次普查发现的时代最早的𬍡门题刻；其后依次为清康熙拾年(1671年)、清乾隆乙酉年(1765年)及民国。罗家𬍡门的4方题刻能历经数百年风雨保存下来，实属不易。

本次普查中，还发现与𬍡门相关的碑刻2通。

其一："为𬍡塍碑记"碑。清乾隆七年(1742年)碑。碑高1.2米，宽0.57米，厚0.12米。碑额"为𬍡塍碑记"，楷书；正文17行，480字；楷书。

"特授湖州府長興縣正堂加三級張為恩賜給示以便脩𥧲事，據荊泉區圩長俞曰公叩稟/稱切，荊泉區圩埯𬍡大俞村粮田四百八十餘畝，每遇旱潦仗有四大𥧲洞於水出入，以保/田畝。上年洪水泛溢及今春雨連綿，現今損傷之𥧲三隻不能関閘。但此三𥧲脩資眾約費/銀數十餘金，例係按照田畝各業主捐工均派脩築堅固，以保田疇。身係該地圩長，倘若內/有恃強不遵派脩，致必貽以合𬍡旱潦之患，事関脩𥧲要務，叩乞：青天迅賜飭示，以便循/例派脩，以整𥧲洞，以保旱潦之患，合𬍡均沾頂祝上稟等情，前來據此合行出示曉諭，為此/示仰該𬍡士庶圩保人等知悉，速將圩埯𬍡大俞村𥧲洞三口坍損之處，趁此春和日永，即/日興工，照例輸工捐資，脩築堅固，以保合𬍡田疇。毋許恃強阻撓，倘敢故違，許即指名稟/縣以凴挈究不貸，毋違特示。/乾隆柒年貳月十八日。給/憲諭批飭據荊泉區九庄圩埯𬍡大小俞村𥧲洞陡門，歷來各管各脩。自有埂南/埂北之分，兩分中間依凴横牛背為界，小俞村在横牛背之北，大俞村在横牛/背之南。查明大俞村粮田四百捌十餘畝，每遇旱潦，原有黃沙綠水汪瀆店基/四瀆，自有四𥧲出水車戽。但四𥧲重脩之銀，自横牛背之南田所派，若陡門脩/築之錢自横牛北田所出。𥧲陡各有所事，一產難當兩办。為此勒石為碑以垂/□□，以息訟端。日後𥧲陡如有坍損之處，仍照碑批舊額派銀脩整，無容復辨。/星溪俞燮培書。"

碑文清楚地记载了当时圩埯𬍡的𬍡门情况。既有"陡门"，即本文中所讲的𬍡门，也有"𥧲"，即涵洞式𬍡门。碑文明确强调了𬍡门的重要性，"每遇旱涝仗有四大𥧲洞于水出入，以保田亩。"圩埯𬍡内有大、小俞村，"大小俞村𥧲洞陡门，历来各管各修。"分工明确，大俞村负责四只"𥧲洞"，小俞村负责"陡门"。而"现今损伤之𥧲三只不能关闸"，"例系按照田亩各业主捐工均派修筑坚固，以保田畴。"碑文为我们提供了当时𬍡门管理的详细资料。

其二："遵依藩宪批定分沌碑记"碑。清嘉庆二十二年(1817年)碑。碑高1.6米，宽0.65米，厚0.18米。碑额"遵依藩宪批定分沌碑记"，竖5行，行2字；楷书。正文24行，1158字；楷书。

"特授湖州府長興縣正堂加三級記錄十次延為遵批出示曉諭事/嘉慶二十一年九月十三日奉/本府正堂趙憲牌本年八月二十九日奉/□政使司瑀批本府詳據該縣□□高天富等控楊永福等爭奪車戽一案，□轉由奉批如□飭遵繳等因奉此合亟抄看飭遵為此仰縣官吏查照來檄憲批□看事理，立即出示曉諭/□垂永久，所□爭端仍將遵辦緣由具報毋違等，因□據楊永福李士忠孫秉方張自方張加佩等呈稱高天富等與身等控爭沌戽一案，奉府憲□明前署，断令西珠李庄兩𬍡於十日之/內沌車七晝夜，断合身等醋垷徐庄兩𬍡沌車三晝夜，寔屬確按地勢遠近情形秉公□断，既資灌溉亦可無烈日炎蒸地土燥裂救補不逮之患，委足以昭平允。身等遵查向例，起水車垛共二/十二個，輪值身等亦在原處排車，該處观音廟東西兩頭築坝一條，伊等兩𡋣有低高倉尖角倉三洞進水，輪值伊等沌車日期開倉築坝，輪值身等沌車日期封倉開坝，身等兩𡋣出□一千四/百二作為封倉開坝之費。自外河沌車至內蓄水之處釘有定水椿一隻，不致爭□淺滿。遇旱之年必須沌車以夏至日為始，如西珠兩𡋣以地勢較低內瀆水深□須沌車不肯首先開沌，身等/兩𡋣地勢較高內瀆水淺急需沌救，俟夏至荣八日，身等應先車沌三晝夜再輪伊等兩𡋣接車，庶無救補不逮之患，此系歷來舊例，現奉各憲檄飭給示，理合聲□懇賜給示以便勒碑/永遠遵循等情，到縣據此除□示外合行立定規條，出示曉諭，為此示仰該處各𡋣眾圩保業佃耆民人等知悉，即便遵照憲批，詳定章程，嗣後若遇亢旱之年分，晝照旬日之內令西珠李/庄二𡋣沌車七晝夜，醋垷徐庄二𡋣接車三晝夜，週而復始。倘遇小建醋垷徐庄少車一晝夜以均勞逸。如敢再有□阻撓，許被阻之人指名稟/縣以凴提究押戽，所有按日車水條規開列於後，此系奉憲批定章程各宜稟遵毋違特示/計開/凡遇旱年，定於夏至日戽水輪流為始，如當時西珠李庄二𡋣貼近四安大河，水尚盈餘，無需車戽；而醋垷徐庄二𡋣居於南際，離大河四里之遙，水田乾涸，立待起水救苗。即以夏至/第八日清晨起，先輪醋垷徐庄二𡋣車戽三晝夜，其西珠李庄二𡋣居民不得有心□阻，如違稟候提究。凡遇戽水之時，如西珠李庄二𡋣圩民車戽，許在該處观音廟東西/築坝一條，由高低倉大角倉三洞進水，分別濟禾至第八日清早。輪應醋垷徐庄二𡋣圩民接車，將高低倉尖角倉观音倉三洞起土封閉，竝令西李二𡋣圩民將观音廟直東直西之/坝掘開許，醋垷徐庄二𡋣圩民互相車戽，由李塘□□橋上南過，東至金家倉、十畝倉、六畝倉、西度倉進水，分別救禾，仍令醋垷徐庄二𡋣圩民按田派出封倉開坝錢一千四百文，交/給西珠李庄二𡋣圩民，收為一夏開坝封倉辛力之貴。西珠李庄二𡋣圩民毋得格外多索滋事，致幹提究。/凡遇車水之年，西珠李庄二𡋣與醋垷徐庄二𡋣輪車之日，□由卯時起車寅時停車，按時輪流，不得□意爭阻，如違，許該圩民稟究/凡遇戽水之特其西珠李庄二𡋣車至寅時停車之際，在观音廟倉直東直西之坝內釘下定水椿一個，量定底水深淺，令西李醋徐四𡋣圩民水頭等分別，互相照□。如醋垷徐庄二𡋣/圩民車戽完峻日期，仍將观音廟倉坝築固，戽還底水，毋致淺涸，如違稟候提究。/以上各條均極平允，兩無偏枯，務各凛遵以垂永久。/嘉慶貳拾貳年拾貳月/告示/楊□□李□□張□□張□□李□□孫秉衡孫秉方”

碑文完整记载一起有关“西珠、李庄二𡋣”和“醋垷、徐庄二𡋣”圩民“争夺车戽”的纠纷案件。碑中提到有“高低倉”“尖角倉”“观音倉”“金家倉”“十畝倉”“六畝倉”“西度倉”等7只涵洞式𡋣门，它们在圩民抗旱中发挥了重要作用。

五. 老𡋣门的价值评价

随着中华人民共和国诞生后水利事业的发展进步，昔日𡋣（圩）区常见的老𡋣门已逐渐被机械或电动的现代钢筋水泥闸所取代。民国或清代以前的老𡋣门已日渐稀少。

长兴县保存的老𡋣门，为研究我国长江中下游地区特别是太湖流域的圩田史提供了丰富的实物资料。太湖流域唐宋以来向为中央政府的财赋之地，太湖流域的塘浦圩田地位极其重要，因而长县的老𡋣门在中国水利发展史的研究中具有重要意义。

老𡋣门是我们的先辈们长期治水经验的结晶，是他们认识自然、改造自然的历史见证，是他们留给我们的珍贵文化遗产。这些老𡋣门，不管是仍在使用的，还是已经废弃的，就如同现在的古城墙、古民居一样，代表着一种过去的生产方式，一种独特的江南水乡文化，在它们斑驳的身影中，我们看到的是一个时代的印记，是中华民族披荆斩棘、筚路蓝缕的艰辛。因而今天的我们有责任将这些珍贵的文化遗产加以保护。

长兴县博物馆 毛波

（注：原文刊于《东方博物》第36辑，有删节。）

四、历代名人咏长兴古迹诗文选

夏驾山寻朱思之诗

梁·吴均

（夏驾山，今名杨家山，在县城东南9公里李家巷镇弁山脚）

秣马出城堙，百里寻故人。
禽鱼皆旧赏，松桧是新亲。
有道千木富，无财原宪贫。
寄书鹖冠子，惟得与郑真。

吴 城 赋

梁·吴均

（吴王城亦名夫概城，古名长城，在今城东南1公里，已淹没）

古树荒烟，几千百年，云是吴王所筑，越王所迁。东有铸剑残水，西有舞鹤故廛，萦具区之广泽，带姑苏之远山。

仆本蓄怨，千悲亿恨，况复荆棘萧森，丛萝弥蔓，亭梧百尺，皆历地而生枝，阶�万本，或至杪而无叶。

不见春荷夏槿，唯闻秋蝉冬蝶，木魅晨走，山鬼夜惊。不知九州四海，乃复有此吴城。

夜闻贾常州崔湖州茶山境会亭欢宴诗

唐·白居易

（境会亭在县城西北22公里悬脚岭，古亭已废）

遥闻境会茶山夜，珠翠歌钟俱绕身。
盘下中分两州界，灯前合作一家春。
青娥递舞应争妙，紫笋齐尝各斗新。
自叹花时北窗下，蒲黄酒对病眠人。

宿洞口馆

唐·钱起

（洞口山在县西南35公里长潮乡狮子山）

野竹通溪冷，
秋泉入户鸣。
乱来人不到，
芳草上阶生。

陆汇诗

唐·陆龟蒙

（陆汇今名陆汇头，在县东2.5公里）

五年重到旧山村，树有交柯犊有孙，更感弁峰颜色好，晓云才散已当门
花濑蒙蒙紫气昏，水边山曲更深村，终身拣取幽栖处，老桧成双便作门。
一派溪从箬下流，春来无处不汀州，漪兰未碧蒲尤短，不见鸳鸯正自由！
贤达垂竿小隐中，我来真作捕鱼翁，前村一夜春流急，已学严滩下钓筒。

宿吉祥寺寄庐山隐者

唐·杨衡

凤鸣云外钟，鹤宿千年松。
相思杳不见，目出山重重。

茶山诗

唐·袁高

禹贡通远俗，所图在安人。
后王失其本，职吏不敢陈。
亦有奸佞者，因兹欲求伸。
动损千金费，日使万姓贫。
我来顾渚源，得与茶事亲。
黎氓辍农桑，采掇实苦辛。
一夫旦当役，尽室皆同臻。
扪葛上欹壁，蓬头入荒榛。
终朝不盈掬，手足皆鳞皴。

悲嗟遍空山，草木为不春。
阴岭芽未吐，使者牒已频。
心争造化功，走挺麋鹿均。
选纳无昼夜，捣声昏继晨。
众工何枯槁，俯视弥伤神。
皇帝尚巡狩，东郊路多堙。
周回绕天涯，所献愈艰勤。
况减兵革困，重兹固疲民。
未知供御馀，谁合分此珍。
顾省忝邦守，又渐复因循。
茫茫沧海间，丹愤何由申。

湖州贡焙新茶

唐·张文规

凤辇寻春半醉回，仙娥进水御帘开。
牡丹花笑金钿动，传奏湖州紫笋来。

西山兰若试茶歌

唐·刘禹锡

山僧后檐茶数丛，春来映竹抽新茸。
宛然为客振衣起，自傍芳丛摘鹰咀。
斯须炒成满室香，便酌沏下金沙水。
骤雨松风入鼎来，白云满盏花徘徊。
悠扬喷鼻宿酲散，消峭彻骨烦襟开。
阳崖阴岭各殊气，未若竹下莓苔地。
炎帝虽尝未辨煎，桐君有箓那知味。
新芽连拳半未舒，自摘至煎俄顷馀。
木兰坠落花微似，瑶草临波色不如。
僧言灵味宜幽寂，采采翘英为佳客。
不辞缄封寄郡斋，砖井铜炉损标格。
何况蒙山顾渚春，白泥赤印走风尘。
欲知花乳清泠味，须是眠云跂石人。

寄杨工部闻毗陵舍弟自罨溪入茶山

唐·姚合

采茶溪路好，花影半浮沉。
画舸僧同上，春山客共寻。
芳新生石际，幽嫩在山阴。
色是春光染，香惊日色侵。
试尝应酒醒，封进定恩深。
芳贻千里外，怡怡太府吟。

茶 山 诗

唐·杜牧

（茶山，泛指水口顾渚山，在县北17公里）

山实东南秀，茶称瑞草魁。剖符虽俗吏，修贡变仙才。
溪尽停蛮棹，旗张卓翠苔。柳村穿窈窕，松涧度喧豗。
等级云峰峻，宽平洞府开。拂天闻笑语，特地见楼台。
泉嫩黄金涌，芽香紫璧裁。拜章期沃日，轻骑疾奔雷。
舞袖岚侵涧，歌声谷答回。磬音藏叶鸟，雪艳点浑梅。
好是全家到，兼为奉诏来。树荫浓作障，花径落成堆。
景物残三月，登临怆一杯。重游难自克，俯首入尘埃。

顾渚溪诗

唐·杜牧

（顾渚溪在县北14公里）

倚溪旁岭多高树，
夸酒书棋有小楼。
惊起鸳鸯无限意，
一双飞去却回头。

顾渚行寄裴方舟

唐·释皎然

我有云泉邻渚山，山中茶事颇相关。
鶗鴂鸣时芳草死，山家渐欲收茶子。

伯劳飞日芳草滋，山僧又是采茶时。
由来惯采无近远，阴岭长兮阳崖浅。
大寒山下叶未生，小寒山中叶初卷。
吴婉携笼上翠微，蒙蒙香刺罥春衣。
迷山乍被落花乱，度水时惊啼鸟飞。
家园不远乘露摘，归时露彩犹滴沥。
初看怕出欺玉英，更取煎来胜金液。
昨夜西峰雨色过，朝寻新茗复如何。
女宫露涩青芽老，尧市人稀紫笋多。
紫笋青芽谁得识，日暮采之长太息。
清泠真人待子元，贮此芳香思何极。

杨乌山诗

唐·释皎然

（杨乌山在县东3.5公里，下箬寺杨湾处）

碑残飞雉岭，
井翳潜龙宅，
坏寺邻寿陵，
古坛留砌石。

茶　人

唐·皮日休

生于顾渚山，老在漫石坞。
语气为茶荈，衣香是烟雾。
庭从颣子遮，果任獳师虏。
日晚相笑归，腰间佩轻篓。

将之湖州戏赠莘老

宋·苏轼

余杭自是山水窟，侧闻吴兴更清绝。
湖中桔林新著霜，溪上苕花正浮雪。
顾渚茶芽白于齿，梅溪木瓜红胜颊。

吴儿脍缕薄欲飞，未至先说馋涎垂。
亦知谢公到郡久，应怪杜牧寻春迟。
鬓丝只好对禅榻，湖亭不用张水嬉。

金沙泉

宋·苏轼

金沙泉涌雪涛香，酒作醍醐大地凉。
倒浸九天河影白，遥通白谷海声长。
僧来汲月归灵窟，人到寻源宿上方。
欲续茶经校异品，仙瓢留待羽仙尝。

雹画溪诗

宋·刘焘

（雹画溪今名长兴港，在县西4公里）

竹林深处杜鹃啼，
两岸青青草色齐，
欲识人间真雹画，
朱藤倒影入清溪。

谢章季子教授惠顾渚茶报以宣城笔戏成三绝

宋·王十朋

春回顾渚雪芽生，香味殊宜泌水烹。
搜我枯肠欠诗卷，饮君清得赖诗情。

白齿新芽不出山，青囊谁遣到人间。
午窗惊觉还乡梦，纱帽笼头捧兔班。

雪水书来寄叶嘉，山中人去代琼华。
定将绛帐铸人手，散出毫端千种花。

夫概山诗

元·杨维桢

（夫概山又名戍山，在县西1.5公里）

都城不百雉，私城那耦国？
湖山未为险，形胜颇痹侧。
徒云压王气，在德宁在力。
乘虚窃大位，百世愧至德。

九女冢诗

元·杨维桢

（九女冢在县西4公里柏树头村）

灵山郁葱葱，居人争墓道，借问双石穴，谁家葬翁媪？
乃是九女冢，奇器出天造，巢贼发帝陵，深闺危自保。
义哉一念力，天地共枯槁，遂令父母心，生女作珍宝。
城南故将家，生男多且早，亲表不及奔，埋没随百草。

题义门蒋德芳东湖书院诗

元·杨维桢

（东湖书院在县东北17公里皋塘桥，已废）

匹士义门名已表，学官书院美犹传，范庄未觉师模重，苏谱惟知族属全。
况是私恩生万口，政须吾道计千年，谁家孙子破门户，当日宁无百亩田。

尧 山

元·沈贞

款段不骄堪代步，行行踏遍尧山路。
雨春散香吹暖花，风昼团阴弄晴树。
尧市祠前古木稠，吉祥寺里青苔流。
白头老僧出迎客，共说前代成古丘。
顾渚山头生紫笋，先春金芽绿云隐。
黄犊开耕田水新，锦鸠唤晴谷雨近。

长城太守监贡新，朱轓皂盖笼阳春。
金蓋山头树渺渺，金沙泉底珠粼粼。
江南三月春光好，黄留啼春杜鹃叫。
采茶儿女斑斓衣，招手揶揄使君笑。
押纲使者黄帕鲜，玉膏金屑玻璃泉。
乳花浮碗婕好手，雀舌泛鼎才人煎。
使君闲暇缘山走，谢公诸妓随前后。
村翁野叟迎使君，手折樱桃劝新酒。
我曾三五少年时，使君携我登尧祠。
酒困风暄面生紫，一日轻费千篇诗。
如今重来惊异世，山木凋零屋庐发。
举眸风景更愁人，对泣新亭周顗泪。
冷风激雨吹人衣，海棠无力胭脂肥。
临岐相别二三子，独自微吟乘夜归。

金沙泉

元·沈贞

鳞鳞金屑精，泛彼崖下泌。
远涵珠光润，净閟蟾窟溢。
流芳衍余派，漱甘澈深密。
上栖凤凰林，下隐蛇龙室。
岂惟穴向丙，更激支折乙。
愿分泽疲民，坐致康衢日。

五峰山诗

元·沈贞

（五峰山在县西0.5公里）

亭亭五峰山，磊磊一卷石，郁郁岭上松，憧憧路傍客。
昔为游观地，今作兵戈墟，惟应钟灵秀，潜英閟神宅。

归 茶 山

元·沈贞

（指水口顾渚山）

落落朱樱破雨肥，斑斑红笋透泥齐。
懒童圆药神先睡，病叟观书眼转低。
山挟晴娇新水嫩，地含湿润净苔迷。
临江节士来相访，自把闲门竹上题。

石涧纳凉诗

元·沈贞

（石涧在县北8公里士林头西）

簌簌南薰落枣花，飘来香雪糁晴沙，玉萧吹月新翻曲，石鼎烧云夜煮茶。
浥露扇宽衫袖湿，含风葛软领巾斜，清晖本是娱人处，拟约神仙蔡少霞。

顾渚采茶忙

明·李日华

露蕊纤纤才吐碧，即防茶老采须忙。
家家篝火山窗下，每到春来一县香。

登吕山吴氏池亭诗

明·沈周

（吕山在县东南10公里）

君家四山秀相傍，亭馆依山起池上。画栋飞云天影虚，日映红窗摇谷浪。
美人清歌行玉觞，碧藻出鱼风澹荡。贺鹅鸂鶒似江湖，花径临流紫丝障。
屋阴垒石更学山，意未足真翻假尚。掌上芙蓉百叠青，李怪牛奇知摒挡。
主人去后我却来，物是人非激悲怅。浮生岁月奈有期，富贵役心无尽藏。
老客重游恐未缘，惟以缄书问无恙。

与吴甘泉登董岙绝顶诗

明·刘麟

（董家坞在县东南10公里弁山支脉）

山当天半气全清，影人湖波觉势轻，足下过云应缥缈，此中看月更分明。
狂来欲赋倾才思，醉后重登是性情，却向归樵时讯问，转疑深麓可逃名。

游碧岩诗

明·顾应祥

（碧岩在弁山县东南15公里东侧）

天放新晴岚气开，野僧扶我上崔嵬，百千万折始到顶，五十六年才一来。
巨侵漫空翻雪浪，飞泉激石响寒雷，吾乡胜概无过此，兴尽重呼濯酒杯。

画溪行

明·徐善长

（在县城西4公里）

万溪奔流合一溪，百千转折东复西，藤花夹岸交相映，娇鸟成群不住啼。
谁家结字占花濑，我亦移舟听松籁，月悬溪北匆溪南，山在竹中又竹外。
烟林横截路若穷，回看来路亦不通，一曲棹歌疑隔浦，犹然同在此溪中。
因忆昔登船上阁，见山三面皆红萼。又忆昔登寺边楼，飞雪一天无行舟，
玉树玲珑绝无影，红萼萧疏仍是秋。一游更有一指顾，秋月春华无数路，
来来往往不相商，渔翁鸥鸟自朝暮。

晓发画溪诗

明·李攀龙

扁舟窈窕若耶西，丛竹交加罨画溪，两岸好山啼杜宇，一湾新水隔棠梨。
残红逐雨春香细，斜月窥人树影低，因忆子猷遥入望，采芝何处倚青藜。

徐中行墓诗

明·王世贞

（江西布政使徐中行墓在县东钮店湾河泊所前）

屈指流年醉里论，清溪如旧泪痕新，也知不乏追随客，谁是当时共济人？

龙湾北岸骨堪栖，漠漠愁云片片飞，一种印出寒食地，白公坟畔酒成泥。

同子与诸君游大司寇顾公书院

明·王世贞

（箬溪书院西部别墅，已废）

分韵，时公不出，且折简见招诗：

壶觞选胜一从容，负郭堂开面面峰。地拥菰城横翡翠，天回箬水浸芙蓉。

敢从门外题凡鸟，曾向云间识卧龙。抱日苍虬雄对舞，主人亲植两株松。

石峭庭虚瞰碧空，振衣长啸许谁同，千林瀑过初疑雨，万叶秋归自起风。

洛下名流唯白傅，襄阳耆旧有庞公，仍闻东阁高开宴，不为登临兴易穷。

茗 岭 诗

清·朱升

（茗岭在县西北22公里，与宜兴市交界）

不知茗岭何年始，今日方开茗岭楼。露浥舌根真味出，花生鼻观异香流。

纤柔不取旗枪败，藻绘徒增龙凤愁。名理无穷非一茗，着经空白古人头。

箬溪竹枝诗

清·谭肇基

（箬溪在县城南五十步，即今长兴港）

草阁三间傍水涯，箬溪溪上有人家，青山绕岸船通港，妆镜开时满绿莎。

苕草年年长白沙，雉山山畔足生涯，阿侬只怕山难走，不及同郎去采茶。

黄犊家家浦口眠，寒宵榨得乳如泉，一肩晓入县城里，日暮归来尽换钱。

苕溪波与隔河连，阳羡城边好放船，载到长腰冬白米，炊糕酿酒过新年。

梅花弄诗

清·潭肇基

（梅花弄在县城西10公里八都岕口）

合溪溪上梅花弄，清梦依稀不记年，一棹夷犹入图画，蒙蒙香雪嫩寒天。

邓尉栖贤休例亲，从前过访记谁曾？

顾渚春游图并序

清·钱大昕

群峰踊跃似波腾，阳羡东来翠几层。

占取白云最深处，从来清福付痴僧。

焙得新芽谷雨前，色香味美妙能昼。

谢安墓诗并序

清·钱大昕

（谢太傅墓在县城西南23公里三鸦岗）

谢太傅墓在长兴之三鸦岗，见于《太平寰宇记》，或疑墓当在建康佺山。明府引《南史》陈始兴王叔陵传证徙葬本末，作辨一篇，既确不可易矣。阮云台、秦小岘诸君皆有诗，予亦继作：

一局丁丁棋子堕，指挥小儿贼已破，阿坚连牵二十年，鹤唳风声气先挫。

平生拥鼻洛下吟，不知中抱开济心，文度手版徒倒执，茂弘故节羞重寻。

当年久负苍生望，手护金瓯竟无恙，东山既出果如何，从此一雪清谈谤。

白鸡梦断吁可怜，长千梅岭好墓田，始兴小子肆狂虐，三鸦冈口移今阡。

颜公石柱张公录，表树守冢自胡宿。考证谁如明府文，祠田更得中丞续。

宰相风流百世思，遗民堕泪读新碑。功名盛满保终始，令人太息桓伊诗。

吴均故宅诗

清·王豫

（吴均故宅在县西南30公里青山）

艺苑流传执典型？吴均新体已冥冥。

含情数问当时宅，剩见青山未了青。

夹浦诗

清·沈作忠

浪花飞雨打船青，陆续渔船浦上停。
日落鱼虾都上市，双桥灯火晚风腥。

五、碑文

长兴州修建东岳行宫记

资善大夫徽州路总管孟淳撰

集贤侍讲学士中奉大夫赵孟頫书并篆盖

东岳行宫者泰山神之别祠也自唐封禅始郡县咸有之其在长兴五峰之麓者创建于宋之绍兴戊午迨今几二百载矣圮坏不治神弗顾歆钦惟皇上嗣服徧礼百神知州吕公澍同知州事马公镕禀令从事顾瞻祠庭庳陋颓靡大惧觖民望贻神羞无以称塞明诏谋更新之而土木之费无从所出乃捐禄廪以为众倡于是前白云宗僧正明奉前释教提控僧亨会暨诸山尊宿纲纪葺事而邦人欢趋祠下莫不称力而受任分曹而责成输材赴功百堵俱作正奠庙堂曰嘉宁之殿殿前翼为两楼东拟燕寝西拟后阁又东建太室以奉圣母中殿为献祭之所两庑列佐神之祠又南为正门外为棂星门藻栌绘栱焕焉一新冕旒黼黻具严像设山川改观神人交欢既又筑庵庙左以居奉祠者屋以间计凡七十因而葺治者二十有一撤而改建者四十有九经始于皇庆元年十二月落成于今年四月二公属余以记余谓岱宗鲁望也何四方之人奔走荐虔罔敢或后公羊氏称泰山之云不崇朝而雨天下其威神德惠之所加被古记曰山有金箧玉策定人寿修短又唐张说著封禅赞云天孙总人灵之府则人之生死祸福贵贱贫富帝实司之(故)世之所敬畏而尊事也厥今遐陬裔壤孰非神游之所而长兴之贤守二独能兴坏起废仰副上旨答神休为民福信可嘉也用述其事刻于丽牲之石并谕方来相继必葺俾勿坏若夫任事之氏名具于碑阴兹不复云延祐改元岁在甲寅四月十一日记

圣井铭并叙

余读金史皇统二年使刘筈以衮冕玉册册宋康王为帝以臣宋告中外嗟乎中国於是不得为中国矣绍兴君臣万世之罪人也昔晋永嘉之乱其祸不异靖康然江左世守正朔历五代至於陈正以其力不足与中原抗而未尝少屈也孔子曰微管仲吾其被发左衽矣五代之君其功岂在管仲之下哉陈高祖平侯景之乱卒禅梁祚恭俭勤劳志度弘远江左诸帝号为最贤余来长城游下箬里观其故宅相传其始生时井水沸涌出以浴帝今其井尚如故慨然而叹令人去蔽翳而出之作亭於其上铭曰帝王之生灵感幽赞觱沸井泉浴帝始诞流虹瑶月应时则灭惟不改井於今不竭我寻华渚翳桑之处寒泉古甃如见其沸赫赫陈祖大业光粲寂寞沛乡吾兹感叹嗟後之王荒坠厥绪丽华辱井建康所记

隆庆元年十月十日吴郡归有光撰淮阴吴承恩书

梦鼎堂记

凡州县治其後皆为夹道而官之长贰之私宅别为一区惟长兴治後迫於城故令之宅无周垣门庑燕居之堂与前堂檐相接也余来为县属久废之余为修经阁鼓楼左右廊庑起吏舍仓庾成桥梁筑城水门一岁中略具而燕居之堂穿漏倾圮复加完葺之虽前除不敞而堂中若加恢廓如人外处迫隘之形而中不失宽绰之度因得休暇观古图书於此会有事於贡院一日梦寝庭中有函牛之鼎其旁有破裂处方命修补之觉而以告诸同事适长兴之士试而得隽者三人众皆以为鼎足之应未几而南都报得隽者又一人或又以为此补鼎之验也夫占者之云其果云尔已乎盖鼎三代之传器也圣人取以为卦其辞曰君子以正位凝命又曰主器者莫若长子此其为王者之事矣然又以象三公者何也诚以天下非人主所能独运而所藉者辅相也故鼎天子饰以黄金诸侯以白金三足以象三台三足一体犹三公承天子也以主烹饪不失其和金玉铉之不失其所公卿仁贤天王圣明之象也读鼎之辞可以见君臣一体之义而人臣辅相之道备矣故又曰大烹以养圣贤明天子当以圣贤置之三公之位不宜使在下仅出其否而已而制其毁誉进退於不知者之人使之皇皇焉慎其所之也余少有狂简之志思得遭明时兴尧舜周孔之道尝鄙管晏不足为今老矣无能为矣台鼎之兆其以望诸二三子因取而名斯堂且以俟後之继余而来者云

隆庆元年十月十日吴郡归有光撰淮阴吴承恩书

主要参考文献

宋·嘉泰《吴兴志》。

明,《吴朝清集》。

清·光绪,《长兴县志》。

清,《四库全书》。

清,刻本《茶山老人遗集》。

1979年,《文物》第11期,夏星南撰,《浙江长兴出土五件商周铜器》。

1980年,《吉林师大学报》第2期,夏星南撰《吴承恩在长兴县书写的两块碑文》。

1983年,《嘉兴师专学报》第1期,夏星南撰《吴承恩在长兴》。

1981年,《文物》第12期,夏星南撰,《浙江长兴发现东周青铜器》。

1982年,《文物》第11期,夏星南撰,《浙江长兴县发现一批唐代银器》。

1983年,《考古》第1期,夏星南撰,《浙江长兴县出土一件有刻度的铜弩机》。

1986年,《文物考古资料》第4期,浙江省文物局编。

1986年,《浙江大学学报》第4期,夏星南撰,《咸安韩氏宗谱概述》。

1987年8月,上海人民美术出版社、上海画报出版社出版,上海新四军历史研究会、《大江南北》画集编委会编辑《大江南北——新四军抗日战争革命史料画集》。

1988年,《农业考古》第2期夏星南撰《浙江长兴县出土一批石犁和石破土器》。

1989年,《考古》第1期,夏星南撰,《浙江长兴县发现吴、越、楚铜剑》。

1989年3月,学林出版社出版,《新四军史迹图册》编委会编的《新四军史迹图册》。

1989年,《东南文化》第6期,夏星南撰,《浙江长兴发现的几面南宋湖州青铜镜》。

1990年,《考古》第8期,夏星南撰,《浙江长兴县出土一批古钱币》。

1991年1月,谢文柏主编,上海人民出版社出版,《长兴县志》。

1992年,《浙江学刊》(双月刊)第3期,总第74期,劳伯敏撰,《谢安葬地考》。

1992年12月,由中共浙江省委党史研究室、中共湖州市委、浙江省新四军研究会、浙江省档案局编,杨富茂主编,浙江人民出版社出版,《浙西抗日根据地》。

1992年5月,政协长兴文史资料委员会编著,《顾渚紫笋诗文录》,内部发行。

1993年10月,科学出版社出版,《浙江省文物考古研究所学刊》《浙江长兴县弁山土墩墓发掘报告》《浙江长兴石狮土墩墓发掘报告》。

1994年12月，中共长兴县邮电局委员会编，钟德培主编，当代中国出版社出版《长兴秘密交通史》。

1999年10月，浙江省文物考古研究所编，文物出版社出版《浙江考古精华》。

2001年，《农业考古》第3期，夏星南撰《浙江长兴县出土吴越青铜农具》。

2003年10月，中共长兴县文学艺术界联合会、长兴县龙山新区文史咨询组编，谢文柏主编,《陈霸先研究文集》。

2003年12月，浙江省文物局编，浙江人民美术出版社出版的《意匠生辉》。

2004年7月，浙江省博物馆编，浙江省人民美术出版社出版《越魂——历久弥新的民族精神》。

2004年，《文物》第573期。梁奕建撰《浙江长兴博物馆藏的二通明碑》。

2004年9月，浙江摄影出版社出版，《马家浜文化》，梁奕建、童善平等撰《浙江长兴狮子山遗址》

2004年，张森水著，科学出版社出版，《步迹录——张森水旧石器考古论文集》。

2005年10月，古方主编，长兴县博物馆参加编纂，科学出版社出版的《中国出土玉器全集浙江卷》。

2005年，浙江省文物考古研究所编著，杭州出版社出版，《浙江省文物考古研究所学刊》第七辑。

2006年，浙江省文物考古研究所编著，科学出版社出版，《浙江省文物考古研究所学刊》第八辑。

2007年，《文物》第608期。陈元甫、田正标、梁奕建撰《浙江长兴鼻子山越国贵族墓》。

2008年3月，张柏主编，科学出版社出版的《中国出土瓷器全集浙江卷》。

2008年5月，发表于《中国文物报》，2008年6月6日《遗产周刊》第279期，徐新民、梁奕建、汪良、宋梅辉撰写的《长兴县银锭岗旧石器时代遗址发掘取得重要成果》。

2008年9月，梁奕建著，浙江人民美术出版社出版，《记忆与探索》。

2009年9月，梁奕建主编，浙江省人民美术出版社出版，《物阜长兴——长兴历史文物精华》。

2009年9月，德清县博物馆编，中国文化艺术出版社出版的《瓷之源》一书。

2009年10月，浙江省文物考古研究所编，科学出版社出版的《浙江考古新纪元》。

2009年10月20日，《长兴县第三次全国文物普查实地调查阶段性技术性报告》。

2009年10月，梁奕建主编，中国文化艺术出版社出版，《吴风越韵——长兴第三次全国不可移动文物普查成果丛书》

2009年，浙江省文物考古研究所编著，科学出版社出版，《浙江省文物考古研究所学刊》第九辑。

2009年12月，浙江省文物考古研究所，长兴县文物保护管理所编著，科学出版社出版出版《七里亭与银锭岗》。

2010年，《东方博物》第36辑，毛波撰，《长兴老抖门调查研究》。

2011年5月，《东方博物》二十八辑，杨美英撰《长兴大云寺唐代陀罗尼经幢》。

2011年6月，浙江省文物考古研究所、南京博物院考古研究所编的《江南文化之源——纪念马家浜遗址发现五十周年图文集》。

2012年3月，浙江省文物局主编，浙江古籍出版社出版《浙江省第三次全国文物普查新发现丛书》。

2012年6月，国家文物局主编，中国书店出版《惠世天工——中国古代发明创造文物展》。

2012年7月,《东方博物》四十三期,胡秋凉撰,《长兴七女敦墓葬群清理简报》。

2012年,《湖州师院学院学报》第4期,毛波撰,《唐代书法家胡季良考略》。

2012年,《东方博物》第44辑,毛波撰,《长兴县博物馆馆藏唐代银器及相关问题》。

1998年至2012年,浙江省文物局编《浙江省文物年鉴》。

2013年12月,中国社会科学院考古研究所、浙江省文物考古研究所编著,文物出版社出版《秦汉土墩墓考古发现与研究》。

编后记

在中国共产党诞生100周年之际，经过五年不懈努力，《长兴县文物志》付梓了。这是长兴文物博物馆系统几代人共同努力的成果，是全县文物工作的一件大事、喜事，我们心中充满喜悦。

《长兴县文物志》是长兴县文物博物馆史上第一部志书，是“长兴县地方志丛书”之一。2016年4月开始组织人员编纂，于2020年11月定稿付梓，2020年12月由浙江省方志出版社出版。本志书是在中共长兴县委、县人民政府领导下，在县地方志书办公室指导及县有关部门支持下，由长兴县文化旅游和体育局编纂完成的。是一部具有存史、资治功能的部门志，可供文物博物馆及有关部门、社会团体、文史研究者参考。

长兴县文化广电新闻出版局（后为县文化旅游和体育局）高度重视《长兴县文物志》的编纂工作。编纂工作一开始就成立了由曾善赐局长任主任（后由何杰雄局长担任）的《长兴县文物志》编纂委员会，并同时成立了《长兴县文物志》编纂小组。在县方志办的指导下，确定了《长兴县文物志》体例和篇目的总体安排。2019年年底，志书编纂基础工作全面完成，局党委决定对《长兴县文物志》（送审稿）进行审议并同意出版。在《长兴县文物志》筹划和编纂过程中，县政府县长石一婷、副县长陈峰等领导对编纂工作十分关心和支持，县委宣传部、县政协有关领导也审阅了送审的文稿，提出了宝贵的修改意见。

本志书正文共4章14节，63万多字，收录图片670幅。所有记、述、图、表、录、照片源于文物博物馆系统原始档案及相关县级机关、部门、乡镇（街道园区）及社会各界提供的档案资料，国家正式发行的报刊、出版的书籍发表的考古报告（简报）、学术论文以及第三次全国文物普查登录的信息等。明代顾应祥在修志中主张应“观天之文，察地之宜、而审乎人事之变，斯可以立政矣；政立而教化行矣，此专之所为作也”。根据志书相关规范，联系长兴县文物工作实际情况，本次修志坚持语体文记述，述而不论。在时间、空间上把握章节顺序，力求条理清晰。对于早期原始档案的缺失，坚持“宁缺毋滥”原则，以确保志书的真实性。大事记，以时间为序，按年份重点记录文物工作相关的大事、要事。不可移动文物（分地下、地上文物二章）以各级文物保护单位为主，兼顾部分相对重要的县级文物保护点，按照第三次全国不可移动文物普查分类规范和时代顺序进行记述。可移动文物以已鉴定馆藏珍贵文物为主，兼顾新近认知、后期考古未作文物鉴定且已认知十分珍贵的可移动文物，按照石器、玉器、陶器、瓷器、青铜器、铁器、金银器、碑碣、竹木骨角器、书画砚印、现代文物藏品和时代顺序进行记述。保护管理按照文物工作“保护、研究、宣传”的基本职能为重点进行记述，其中抢救性考古发掘以省文物考古研究所与县文保所联合考古项目为主，兼顾部分有重要价值的抢救性随工清理考古项目。文物普查主要介绍全国、省级文物普查的基本情况，以第三次全国不可移动文物普查成果为重点。研究成果重点收录为正式出版物发表的文章、考古简报，正式出版社出版的书籍。宣传工作突出有影响、有特色、有个性原则，重点记述红色记忆、基本陈列和在省市乃至全国有影响的宣传、展览与活动。附录主要收录了长兴县人民政府颁布的《长兴县文物保护管理办法》和出台的《关于加强文化遗产保护的实施意见》、文物普查报告、重要文物史迹考证及历代相关名人咏长兴古迹诗文选。

本志书在整个志书编纂过程中自始至终得到县委、县政府领导、有关部门的大力支持。县委常委、宣传部长陈少鹏为本志书作序，县公安局、档案馆为志书提供了比较翔实史料和数据，县志办吴连意、周秀明及相关部门专家李士杰等先后多次亲临指导。浙江省文物局、省博物馆、省文物考古研究所等上级文物部门及陈浩、陈元甫、徐新民、方向明、孟国平等专家，曾经在长兴文物线上工作过的刘月琴、夏星南、竺志祥、刘九彬、莫国富、张鑫泉、吕伟宏、王冰、秦桂芹、甘宏伟、周淑娟、章志敏、严伟国、许金娥、陈建梅、王思翰等同行都非常关心《长兴县文物志》的编纂工作，为编纂提供了许多资料、信息和帮助。谨向关心、支持本志书编纂工作的所有同志表示衷心感谢。

本志书于2015年年底开始筹划，分管文物工作的副局长姜新泉、孙权、于晓东及党委委员孙书文、朱磊先后负责对编纂工作的直接领导，县博物馆、县纪念馆原馆长梁奕建研究馆员负责总纂。其间，县博物馆馆长应征、纪念馆馆长秦桂芹、陈峰平积极安排相关人员参与各个阶段工作。马凤琴、陈平、徐丽霞、韩丽为志书前期收集整理了大量原始档案、资料，胡秋凉、童善平、王晓、梅亚龙、何炜提供了许多不可移动文物保护和田野考古资料、图片。王学勤、周凤平、毛波、蒋晨、钱中慧、秦艳等在志书中期撰写、打印、修改、校稿付出辛勤的劳动。桂银春、杨美英、相艳、程晓伟、魏澜、吕玉倩、李朝菊、陈文嘉、史嘉璐、沈健、杨建红也为志书的提供相关资料和合理化建议。《长兴县文物志》的出版是全体参加编纂人员共同的心血结晶，是长兴几代文物博物馆人的共同成果。

本志书的编纂是一项繁重而艰巨的系统工程，由于时间跨度长，县级博物馆、纪念馆基础薄弱，早期文物工作档案不全，相关史料缺乏，文物博物馆专业涉及非常广泛，认知有限，加之编纂志书的水平有限，难免出现一些错漏、偏颇，敬请读者批评指正。

长兴县文物志编纂小组

2020年7月

《长兴县文物志》编纂人员名单

马凤琴　毛　波　王　晓　王学勤　史佳璐　吕玉倩　应　征
李曹菊　何　炜　陈　平　陈峰平　陈文嘉　沈　剑　徐丽霞
周凤平　胡秋凉　杨美英　杨建宏　相　艳　秦　艳　桂银春
钱　斌　钱中慧　梅亚龙　梁奕建　韩　丽　童善平　蒋　晨
程晓伟　魏　澜

《长兴县文物志》组稿、校稿参与人员

王思翰　李士杰　张鑫泉　陈建梅　周秀明　莫国富　章志敏
秦桂芹　夏星南

图书在版编目(CIP)数据

长兴县文物志 /《长兴县文物志》编纂委员会编
. — 北京：方志出版社，2020.9
ISBN 978-7-5144-4464-3

Ⅰ. ①长… Ⅱ. ①长… Ⅲ. ①文物—概况—长兴县
Ⅳ. ①K872.554

中国版本图书馆CIP数据核字(2020)第217786号

长兴县文物志

编　　者：《长兴县文物志》编纂委员会
责任编辑：李志瑜
出 版 者：方志出版社
地址　北京市朝阳区潘家园东里9号(国家方志馆4层)
邮编　100021
网址　http://www.fzph.org
发　　行：方志出版社图书经销中心
电话（010）67110500
经　　销：各地新华书店
印　　刷：杭州富春电子印务有限公司
开　　本：889×1194　1/16
印　　张：28.25
字　　数：631千字
版　　次：2020年9月第1版　2020年9月第1次印刷
印　　数：0001～1000册
ISBN 978-7-5144-4464-3　**定价**：298.00元